读客中国史入门文库

顺着文库编号读历史，中国史来龙去脉无比清晰！

知行合一
王阳明 4

轻轻松松读懂《传习录》

用108个有趣的历史故事解读《传习录》，每一个故事，都是一个心学要点。

度阴山 著

江苏凤凰文艺出版社

图书在版编目（CIP）数据

知行合一王阳明. 4，轻轻松松读懂《传习录》／度阴山著. -- 南京：江苏凤凰文艺出版社，2024.9.
（知行合一王阳明大全集）. -- ISBN 978-7-5594-8709-4

Ⅰ.B248.25

中国国家版本馆CIP数据核字第20243GD381号

知行合一王阳明．4，轻轻松松读懂《传习录》

度阴山　著

责任编辑	丁小卉
特约编辑	乔佳晨　蔡若兰　周喆　沈骏
装帧设计	读客文化　021-33608320
责任印制	杨丹
出版发行	江苏凤凰文艺出版社
	南京市中央路165号，邮编：210009
网　址	http://www.jswenyi.com
印　刷	三河市中晟雅豪印务有限公司
开　本	710毫米×1000毫米 1/16
印　张	33.5
字　数	554千字
版　次	2024年9月第1版
印　次	2024年9月第1次印刷
标准书号	ISBN 978-7-5594-8709-4
定　价	370.60元（全六册）

江苏凤凰文艺版图书凡印刷、装订错误，可向出版社调换，联系电话：010-87681002。

作者序

有人问王阳明:"如何修行您的这门学说?"

王阳明毫不犹豫地回答:"在你心上用功。"

人再问:"不需要听您讲。不需要看您的著作吗?"

王阳明回答:"听我讲可以,但你要问。若没有疑问,你听多少也只是'有脚书橱'。因为听我讲远不如你自己体悟来得深刻。至于我的著作,我哪里有著作?"

弟子希望把王阳明的语录收集刊刻,王阳明不同意,理由是:我的那些话,只是当时固定情境下因地制宜而说的,情境一变,这些话就没有了意义;如果有人把我说的这些话当成规则乃至真理,那对他而言,岂不是作茧自缚?

不过最终,王阳明的语录——《传习录》还是被弟子们刊刻,流传至今。心学的灵动,不拘常规,注定它通往最高境界的途径是"不立文字",不为文字所限,但如果没有"文字",后人就无法学习。这是无可奈何的事,而无可奈何就是历史,就是人生。

《传习录》是王阳明生前讲学的语录和几封回答弟子关于心学的书信合集。除了那几封书信,王阳明所有语录之间都没有逻辑,同时有大量重复。这些重复的话语都集中在他的几个概念和理论上,诸如"立志""心即理""知行合一""良知"等。

我采用的版本,是明隆庆六年初刻版《传习录》,它是之后所有《传习录》的母本,在《传习录》的汪洋世界中,可谓德高望重。

王阳明常讲，做学问要回归本源，这本明隆庆六年（1572年）初刻版《传习录》就是阳明心学的本源。

解释《传习录》简单，因为有白话文翻译，但领悟其文字背后的真理，难度就很大。《传习录》语录部分，每一段都很少，有的读完之后让人眼前一亮，心上一喜，这大概就是明白了它的意思，用王阳明的话来说就是顿悟，而这顿悟必须来自你平时的人生积累，否则，你和它无法心心相印，读了也是白读。

虽然如此，但要问清楚为什么"心上一喜"，这就是我要做的事情：深入文字表面，探寻心学真理，让其大白于天下。

我是采用哪种思路来解析《传习录》的呢？

第一，所有的语录和书信，都必须以阳明心学的灵魂"良知"为主导，直白而言，我是用"良知"这个心和主旨在解读《传习录》中的每一句话——不包括书信。

第二，重复的段落，我将其删除，对于灵动的阳明心学而言，重复不是重点加强，而是画蛇添足。

第三，书信部分，以书信为灵魂加以短小评点。我只是想说，《传习录·中》的几封书信，已经完美地诠释了阳明心学的各个概念、理论，如果再加以大量评析，得不偿失。确切地说，读《传习录·中》，就读它的本来面目，如果读不懂，后面有白话文翻译。

第四，"以意逆志"的事情肯定无法避免，这不能说我是在曲解阳明心学，其实真正的阳明心学，谁也不知道，你现在把其创始人王阳明先生请回人间，他也未必把最原汁原味的心学讲给你听。王阳明曾说，人皆可为尧、舜；我说，人皆可为王阳明。人皆有良知，致良知到光明，就是王阳明。所以，所有人，只要你肯致良知，你就是阳明心学的联合创始人。

第五，入门即出门。王阳明讲究的是事上磨炼，哪怕你把《传习录》倒背如流，对它的解析出神入化，也没有任何意义。最重要的是，当我们知道了阳明心学是怎么回事后，就要抛开书本，去人间以良知修行。

王阳明说，在你心上用功。心去哪里用功？只能在红尘中的那些事上。阳明心学是体悟，是行动哲学，千万别搞得和宗教、玄学一样。倘若这样，那真就愧对了王阳明先生，也耽误了你自己。

目　录

传习录·上 / 001

　　徐爱录 / 003
　　陆澄录 / 039
　　薛侃录 / 156

传习录·中 / 205

　　答顾东桥书 / 210
　　启问道通书 / 246
　　答陆原静书 / 254
　　答欧阳崇一 / 271
　　答罗整庵少宰书 / 279
　　答聂文蔚 / 287
　　答聂文蔚（二）/ 294
　　训蒙大意示教读刘伯颂等 / 305

传习录·下 / 313

    陈九川录 / 315

    黄直录 / 347

    黄修易录 / 369

    黄省曾录 / 388

    黄以方录 / 486

    《传习录》跋 / 523

传习录·上

徐爱录

亲民与新民：独立意志与自由精神

爱问："'在亲民'，朱子谓当作'新民'，后章'作新民'之文似亦有据。先生以为宜从旧本作'亲民'，亦有所据否？"

先生曰："'作新民'之'新'，是'自新之民'，与'在新民'之'新'不同，此岂足为据！'作'字却与'亲'字相对，然非'亲'字义。下面'治国平天下'处，皆于'新'字无发明。如云'君子贤其贤而亲其亲，小人乐其乐而利其利''如保赤子''民之所好好之，民之所恶恶之，此之谓民之父母'之类，皆是'亲'字意。'亲民'犹《孟子》'亲亲仁民'之谓，'亲之'即'仁之'也。'百姓不亲'，舜使契为司徒，'敬敷五教'，所以亲之也。《尧典》'克明峻德'便是'明明德'，'以亲九族'至'平章''协和'，便是'亲民'，便是'明明德于天下'。又如孔子言'修己以安百姓'，'修己'便是'明明德'，'安百姓'便是'亲民'。说'亲民'便是兼教养意，说'新民'便觉偏了。"

【译文】

徐爱问："'在亲民'，朱熹认为应当写作'新民'，后面一章有'作新民'的文字似乎可以作为依据。先生认为应当按照旧本写作'亲民'，有什么根据吗？"

先生说："'作新民'的'新'字，是自新之民的意思，与'在新民'的'新'字含义不同，这怎么能作为依据呢！'作'字与'亲'字相对应，那就不是'新'的意思。下面'治国平天下'等处，对于'新'字均未阐发。例如'君子贤其贤而亲其亲，小人乐其乐而利其利''如保赤子''民之所好好之，民之所恶恶之，此之谓民之父母'之类的话，都是'亲'的意思。'亲民'就如同是《孟子》所谓'亲亲仁民'，'亲之'就是爱他的意思。百姓不仁爱，舜就让契任司徒之职，恭敬地施行五种伦理规范，让百姓互相亲爱。《尧典》中说的'克明俊德'就是'明明德'，'以亲九族'到'平章''协和'，就是'亲民'，就是'明明德于天下'。又像孔子所说的'修己以安百姓'，'修己'便是'明明德'，'安百姓'便是'亲民'。解释成'亲民'便兼具了养育教化百姓的意思，解释成'新民'就有偏颇了。"

【度阴山曰】

一部体现心学精髓的《传习录》，开篇就提"亲民"和"新民"，必有深意。中国古人编书，大多讲"春秋大义"或者是"春秋笔法"，说白了，就是正名。所以，"亲"和"新"的区别，就是王阳明的弟子们在为老师的学说正名。

先看一个故事。

西周初期，周公把姜太公封到齐地为诸侯，把周公的儿子伯禽封到鲁地为诸侯。

姜太公五个月后就来报告政情。

周公问："怎么这么快？"

姜太公答："我简化了政府的组织，礼节都随着当地的风俗。"

三年后，伯禽风尘仆仆地来报告政情。

周公问："怎么如此慢？"

伯禽回答："我改变他们的风俗，革新他们的礼节，这是个大工程。"

周公说："如此看来，后代各国必将臣服于齐啊！处理政事如果不能简易，人民就不能亲近他；平易近人的执政者，人民一定归顺他。"

姜太公和伯禽的治国方略就是王阳明和朱熹对《大学》第二句的理解。

大学之道，在明明德，在亲（新）民……

朱熹认为是"新"民，王阳明认为是"亲"民。

姜太公用的是"亲民"——民之所好好之，民之所恶恶之。顺着百姓的心而用心，不仅关怀他们的身体，更关怀他们的心理。不违背他们的意志，使他们有一定的独立精神。

而伯禽用的是"新民"——以绝对权力按自己的意志来教化、启蒙、改造民众，让他们成为思想上的奴隶、统一行动中的巨人。

从这一点而言，"新民"就是统一思想，不必在乎别人的意志和感受，强行使他们进入自己设置的轨道，使人的独立意志和独立精神彻底丧失。

以人情推之，你真爱一个人，就会给他自由，包括身体上和精神上的。每个人的天性都喜爱自由，这是良知的基本认识，违背这个，就不是真正的致良知。

这就是王阳明心学的基石——人人心中皆有个天理在，心即理，所以人人皆可为圣贤，皆不受外在权威和所谓真理的压迫。人只要致良知，所行所为便皆符合天理，不须外求，不需要外在的设计。

"亲"和"新"，很简单的两个字，背后却极具深意。

北宋时期，有两个皇帝分别是"亲民"和"新民"的代表。"亲民"的代表是赵祯（宋仁宗），其在位时期，大臣最活跃，他也往往凭着大臣之意行决断之事。最好的例子就是，大臣包拯有一次不同意赵祯的建议，直接和赵祯对峙起来，包拯大谈特谈，特别激动时还把唾沫星子喷到赵祯脸上。虽然如此，赵祯后来还是同意了包拯的意见。后人评价赵祯：什么都不会，只会做皇帝。"新民"的代表是赵顼（宋神宗）。他在位时期，用王安石变法，整顿天下的思想秩序，大刀阔斧，雷厉风行，但北宋就是从赵顼时代开始衰亡的。

"亲民"和"新民"，应该合二为一，才是治国平天下的正道。既要有在伟大思想下统一的新民（让百姓得到新知识，开拓新思路），更要有"民之所好好之"的亲民（让整个天下都成为一家人）。

王阳明的学说，只是"致良知"三字。致良知，就是依良知做事，一切好的制度，都应该建立在良知的基础之上，凡是不发自良知制定的制度，就是坏制度。

无论你多么英明神武，全凭自己好恶制定出的制度都有缺陷，制定制度唯一的妙法就是"民之所好好之，民之所恶恶之"，此为致良知。

因此，王阳明的弟子把这一条放在首位，原因如下：

第一，王阳明心学和朱熹理学一样，其思想都来自《大学》，而"亲民"和"新民"是两派学说的分水岭。

第二，《传习录》第一节讲此，足可见王阳明和其弟子们对独立意志和自由精神尤其重视。

第三，人具有独立意志和自由精神是阳明心学的灵魂，是阳明心学的支柱，没有这个，阳明心学的其他概念都立不住。

第四，人只有具备了独立意志和自由精神，才能做自己想做的，只要做自己想做的，才能提高工作和生活中的效率，进而提高人生效率。

只有当人拥有自由精神之后，才能、才敢独立思考，不转折，不转念，以一条直线前进，以最快的速度抵达目的地。

龙场悟道——心即理

爱问："'知止而后有定'，朱子以为'事事物物皆有定理'，似与先生之说相戾。"

先生曰："于事事物物上求至善，却是义外也。至善是心之本体，只是'明明德'到'至精至一'处便是。然亦未尝离却事物。本注所谓'尽夫天理之极而无一毫人欲之私'者得之。"

爱问："至善只求诸心，恐于天下事理有不能尽。"

先生曰："心即理也。天下又有心外之事、心外之理乎？"

爱曰："如事父之孝、事君之忠、交友之信、治民之仁，其间有许多理在，恐亦不可不察。"

先生叹曰："此说之蔽久矣，岂一语所能悟？今姑就所问者言之。且如事父，不成去父上求个孝的理；事君，不成去君上求个忠的理；交友、治民，不成去友上、民上求个信与仁的理。都只在此心，心即理也。此心无私欲之蔽，即是天理，不须外面添一分。以此纯乎天理之心，发之事父便是孝，发之事君便是忠，发之交友、治民便是信与仁。只在此心去人欲、存天理上用功便是。"

爱曰:"闻先生如此说,爱已觉有省悟处。但旧说缠于胸中,尚有未脱然者。如事父一事,其间温清定省之类,有许多节目,不亦须讲求否?"

先生曰:"如何不讲求?只是有个头脑。只是就此心去人欲、存天理上讲求。就如讲求冬温,也只是要尽此心之孝,恐怕有一毫人欲间杂;讲求夏清,也只是要尽此心之孝,恐怕有一毫人欲间杂,只是讲求得此心。此心若无人欲,纯是天理,是个诚于孝亲的心,冬时自然思量父母的寒,便自要去求个温的道理;夏时自然思量父母的热,便自要去求个清的道理。这都是那诚孝的心发出来的条件。却是须有这诚孝的心,然后有这条件发出来。譬之树木,这诚孝的心便是根,许多条件便是枝叶,须先有根,然后有枝叶,不是先寻了枝叶,然后去种根。《礼记》言:'孝子之有深爱者,必有和气;有和气者,必有愉色;有愉色者,必有婉容。'须是有个深爱做根,便自然如此。"

【译文】

徐爱问:"'知止而后有定',朱熹认为这句话讲的是'万事万物都有确定的道理',似乎与先生您的说法相悖。"

先生说:"如果在万事万物上追求至善,就是把义视作外在的东西了。至善只是心的本然面貌,只要通过'明明德'的功夫达到'精深专一'的境界便是至善了。不过,至善也从未脱离具体的事物。朱熹《大学章句》中说'穷尽天理而使得心中无一丝一毫人欲私心'的说法就颇为在理。"

徐爱问:"如果至善只向心中去求,恐怕天底下那么多事物的道理没法穷尽吧。"

先生说:"心就是理。天底下何来心外的事物、心外的道理呢?"

徐爱说:"譬如说侍奉父亲的孝、辅佐君主的忠、与朋友交往的信、治理百姓的仁,这些具体的事里有许多道理,恐怕不能不去仔细研究。"

先生感慨道:"这一说法已蒙蔽世人很久了,一句话怎么能说明白呢?现在姑且就你所问的来讨论一下。比如说侍奉父亲,不能从父亲身上去探求个孝的道理;辅佐君主,不能去君主身上探求个忠的道理;与朋友交往、治理百姓等事,也不能去朋友、百姓这些人身上求个信与仁的道理。这些道理全部在心里,心就是理。如果这个心没有被私欲阻隔,便是天理,不需要再从外面添加一分。凭借此纯粹都是天理的心,作用在侍奉父亲上便是孝,作用在辅佐君主上便是忠,作用在交友、治民上便是信与仁。只要在心中努力摒弃人欲、存养天理即可。"

徐爱说:"听闻先生这么说,我好像有所觉悟了。但以前那套说辞缠绕于胸中,尚有不解之处。以侍奉父亲来说,例如使父亲冬暖夏凉、早晚请安等细节,不还是需要讲求的吗?"

先生说:"怎么能不讲求呢?只是要先有一个宗旨。只要一心在摒弃人欲、存养天理上讲求即可。例如讲求冬天保暖,也仅仅是要尽孝心,唯恐有一丝一毫的人欲夹杂其间;讲求夏天纳凉,也仅仅是要尽孝心,唯恐有一丝一毫人欲夹杂其间,仅仅是讲求这个心而已。这个心若是没有人欲,纯粹都是天理,是一颗诚敬于孝亲的心,那么一到冬天,自然会想到父母是否会冷,便去考虑给父母保暖的事;一到夏天自然会想到父母是否会热,便会去考虑给父母纳凉的事。这些全部是那颗诚敬于孝亲的心自然生发出来的具体行动。只要有这颗诚敬于孝的心,自然而然会考虑到这些具体的事。用树木来打比方,这诚敬于孝的心便是树根,许多具体行动便是枝叶,需要先有个根然后才会有枝叶,而不是先去寻求枝叶,然后再考虑种这个根。《礼记》说道:'如果孝子对父母有深切的感情,那么对待父母必然很和气;而有和气的态度,则必然会有愉悦的气色;有愉悦的气色,必定会有让父母高兴安心的仪容。'"而所有这些,必须有颗真诚的心作为根本,然后自然而然就能如此。"

【度阴山曰】

1508年,王阳明在贵州龙场驿站创建心学,提出"吾性自足,不假外求"的理念,这八个字简单而言,就是一切靠自己,不必寻求外力。这就是龙场悟道,这八个字浓缩成三个字就是,心即理。

所谓"心即理",从字面意义上理解就是,所有的天理、真理乃至于道理,都在我们心里,不在我们心外的事物上。每个人心中都有孝、忠、信、仁这些天理。这些天理不在父亲、领导、朋友那里,而是在我们心里。

我们不能去心外的事物——父亲、领导、朋友那里求这些孝、忠、信、仁的天理,只能在心中求,因为它们在我们心里。倘若没有私欲阻隔,我们真心实意地去对待父母、对待领导、对待朋友,那么,孝、忠、信、仁的天理自然就会从我们心里呈现到父母、领导、朋友身上去。

同时，我们不需要去学习如何孝、如何忠、如何信与仁，只要你没有被私欲遮蔽，真诚无欺地释放这些天理，那么，你就知道怎样做才是孝、才是忠、才是信、才是仁。

当然，这里有个问题，虽然所有的天理、真理和道理都在我们心中，但如果你不去把它呈现出来，就等于没有。王阳明说，心在腔子里是心，到事物上才是理，所以说，心必须到事物上才能呈现出理。比如你心里有个孝顺的理，那必须去父母身上呈现，否则，这个理就不能称为理。那么，心是否还称为心呢？答案是，不能。如果理不能称为理，由于"心即是理"，所以，心也就不是心了。于是，我们可以得出结论：心、理是合一的。

倘若一切理都在我们心中，做事必须靠心，那我们按本心所做的一切事，就都是符合天理的，就都是伟大的事。你用心孝顺父母，用心对待领导，用心交往朋友，看似是小事，其实都是伟大的事。

不在事物上寻求理，而在心里寻求理，这就是让我们用心。比如河水流过石头，会发出响声。你单独在河水和石头这两件事物上都寻不到它响的理，只有用心琢磨，才能明白，河水和石头一起作用，才形成响声。凡事用心，必得其理，是为"心即理"。

当然，心即理远没有这么简单，它还有另外的深邃思想。

来看一个故事：西汉末年，王莽政权失败，各地武装风起云涌。其中刘秀兵团逐渐崭露头角，具备称帝之象。但刘秀不想做出头鸟，对称帝这件事并不上心。下属耿纯提醒他："你现在称帝与否，已不是你自己的事，而是我们大家的事。"

刘秀莫名其妙，心想：我称不称帝，和你们有毛关系？

耿纯说，众人抛家舍业跟着你干革命，你以为真是为了什么平天下？许多情怀在大众心中都是狗屁，他们要的就是实惠，打土豪分田地，抢钱抢粮抢女人，他们出生入死，图的是名利，你若是帝王，他们就是将相。人人都在做攀龙附凤的事，你不满足他们，他们就会抛弃你。

刘秀听完耿纯这段大议论，后背发凉，马上让人筹备登基事宜，东汉帝国就此诞生。

耿纯说出了一个真理：人是欲望的动物，若想成事，必须满足别人的欲望。

儒家哲学认为，人心由两部分组成：性（人性）和情（七情六欲）。朱熹认为，只有人性是符合天理的，所以说"性即理"；王阳明则认为，人性和七情六欲都符合天理，所以说"心即理"。

承认适度的七情六欲是天理，这就是王阳明心学和朱熹理学的最本质不同。而当我们承认人适度的七情六欲是天理后，就会对别人的情欲持包容的态度，唯有承认七情六欲，才能承认人是一个活生生的人，而不是机器人。

我们做事，只要以七情六欲催动人性，那我们就是圣人。人性就如指南针，指引我们正确的人生方向，七情六欲则是加速器，它大多时候展现出来的是一种冲动，这种情感的冲动，对万事万物付诸我们真实的情感，这才是我们成就伟大功业的必备要素。

如果我们只有人性，而没有情感的冲动（七情六欲），那我们就是一尊石佛，空有正能量在，却不能发挥。我们必须认可情感的冲动在我们的人生中起到冲击波的作用，才算真正懂得人生。

这也就是为什么王阳明说"吾性自足，不假外求"，因为我们的心是完整的，但凡你是个人，你就有心，有心就有指南针似的人性和奔向指南针指向的七情六欲，有这两样东西，你还有必要向外求吗？

人性就是让我们走正确的路，七情六欲则是让我们在这条路上加速行走，而且保证能走到底，那由此会产生出无数的理来，何必向外求呢！

没有真诚的仪式，就是形式

郑朝朔问："至善亦须有从事物上求者？"

先生曰："至善只是此心纯乎天理之极便是，更于事物上怎生求？且试说几件看。"

朝朔曰："且如事亲，如何而为温凊之节，如何而为奉养之宜，须求个是当，方是至善。所以有学问思辨之功。"

先生曰："若只是温凊之节、奉养之宜，可一日二日讲之而尽，用得甚学问思辨？惟于温凊时，也只要此心纯乎天理之极；奉养时，也只要此心纯乎天理之极。此则非有学问思辨之功，将不免于毫厘千里之缪。所以虽在圣人，犹加'精一'之训。若只是那些仪节求得是当，便谓至善，即如今扮戏子，扮得许多温凊奉养的仪节是当,亦可谓之至善矣。"

爱于是日又有省。

【译文】

郑朝朔问道:"至善也需要从具体事物上去求得吗?"

先生回答:"至善只是使自己的心达到纯粹都是天理的境界便可以了,在具体事物上又能怎么探求呢?你倒举几个例子看看。"

朝朔说:"比如说侍奉双亲,怎样才能为他们取暖纳凉,怎样才能侍奉赡养,必须做到位才是至善。所以才有学问思辨的功夫。"

先生说:"如果只是取暖纳凉、侍奉赡养得宜这些事,一两天就可讲完,用得了什么学问思辨?只要在帮父母取暖纳凉时,让自己的心思纯粹都在天理上即可;侍奉赡养父母时,让自己的心思纯粹都在天理上即可。这一点才是必须用学问思辨的功夫来求索的,否则不免'差之毫厘,谬以千里'了。所以,即便是圣人,仍然要持守'精研专一'的功夫。如果只认为将那些具体礼节做得恰到好处就是至善,那就好比是扮作戏子,将帮父母取暖纳凉等事一一表演得当,也可以叫至善了。"

徐爱在这天又有所省悟。

【度阴山曰】

东汉后期,山东青州人赵宣号称"大孝子"。东汉强调以孝治天下,儒家规定的给父母守孝三年在当时特别流行。

赵宣在给去世的父母守孝三年后,出奇制胜,宣称守孝三年远远不够,干脆就住在墓道里。要命的是,这一住就是二十年。

二十年里,赵宣名动天下,青州刺史陈蕃初到,闻听赵宣的孝名,急忙去拜访。

二人就在墓道里相见,赵宣眼圈通红,声称是今天才哭完。

陈刺史感动得双手直颤,握住赵宣的手,要给他大官做。

赵宣也激动得要命,喊道:"你们快出来感谢陈大人。"

话音才落,就有五个不到二十岁的儿女跑出来,纷纷跪在陈蕃脚下。

陈蕃愣了，问："这些是什么人？"

赵宣说："他们是我的儿女。"

陈蕃勃然大怒：你这畜生，在墓道里都干了什么！

儒家规定，守孝期间不允许有性生活，赵宣在二十年里却生了五个孩子，由此可知，这孙子根本就不是在真心实意地守孝。

守孝，是一种仪式。所谓"仪式"必须发自真诚地遵循规矩和执行形式。没有了真诚，仪式就成了形式。形式必须去学习，在内心是求不来的。但仪式，不必向外求索，只要真诚，仪式自然就会出现。你若用心孝顺你的父母，还怕没有仪式？你若用心爱你的爱人，还怕没有仪式？你若用心爱天下人，还怕没有仪式？

仪式，要求我们用心；形式，只要求我们外表做得好看，二者看似相似，其实泾渭分明。

我们要有仪式感，而不是形式感。

有人说，有些仪式是不重要的，这话是正确的，因为不重要的仪式就是形式。而有些仪式是绝对重要的，因为通过仪式，可以修炼我们的心。

孔子说，祭神鬼就要内心发自真诚地相信有神鬼在，这就是仪式感；如果你祭祀神鬼，内心却不相信神鬼，那就是形式。

形式，最好一点都不要有，浪费时间。仪式，一定要有，只要你用心了，真理就会在仪式中自然呈现。

王阳明式知行合一

爱因未会先生"知行合一"之训，与宗贤、惟贤往复辩论，未能决，以问于先生。

先生曰："试举看。"

爱曰："如今人尽有知得父当孝、兄当弟者，却不能孝、不能弟，便是知与行分明是两件。"

先生曰："此已被私欲隔断，不是知行的本体了。未有知而不行者，知而不行，只是未知。圣贤教人知行，正是要复那本体，不是着你只恁的便罢。故《大学》指个真知行与人看，说'如好好色，如恶恶臭'。见好色属知，好好色属行，只见那好色时，已自好了，不是见了后又立个心去好；闻恶臭属知，恶恶臭属行，只闻那恶臭时，已自恶了，不是闻了后别立个心去恶。如鼻塞人虽见恶臭在前，鼻中不曾闻得，便亦不甚恶，亦只是不曾知臭。就如称某人知孝、某人知弟，必是其人已曾行孝、行弟，方可称他知孝、知弟。不成只是晓得说些孝弟的话，便可称为知孝弟？又如知痛，必已自痛了方知痛；知寒，必已自寒了；知饥，必已自饥了。知行如何分得开？此便是知行的本体，不曾有私意隔断的。圣人教人必要是如此，方可谓之知，不然只是不曾知。此却是何等紧切着实的工夫！如今苦苦定要说知行做两个，是甚么意？某要说做一个，是甚么意？若不知立言宗旨，只管说一个两个，亦有甚用？"

爱曰："古人说知行做两个，亦是要人见个分晓，一行做知的功夫，一行做行的功夫，即功夫始有下落。"

先生曰："此却失了古人宗旨也。某尝说知是行的主意，行是知的功夫；知是行之始，行是知之成。若会得时，只说一个知，已自有行在；只说一个行，已自有知在。古人所以既说一个知，又说一个行者，只为世间有一种人，懵懵懂懂地任意去做，全不解思惟省察，也只是个冥行妄作，所以必说个知，方才行得是；又有一种人，茫茫荡荡悬空去思一索，全不肯着实躬行，也只是个揣摸影响，所以必说一个行，方才知得真。此是古人不得已，补偏救弊的说话，若见得这个意时，即一言而足。今人却就将知行分作两件去做，以为必先知了，然后能行。我如今且去讲习讨论做知的工夫，待知得真了，方去做行的工夫，故遂终身不行，亦遂终身不知。此不是小病痛，其来已非一日矣。某今说个知行合一，正是对病的药。又不是某凿空杜撰，知行本体原是如此。今若知得宗旨时，即说两个亦不妨，亦只是一个；若不会宗旨，便说一个，亦济得甚事？只是闲说话。"

【译文】

徐爱因未能明白先生"知行合一"的教导，与宗贤、惟贤反复辩论，仍未能明白，于是向先生请教。

先生说："举几个例子看看。"

徐爱说："现如今许多人知道应当孝顺父母、友爱兄弟，却做不到孝顺、友爱，这样看来知和行分明是两件事。"

先生说："这是因为心已为私欲蒙蔽，不是知与行的本来面貌了。没有知道了却不去做的情况，知道了而不去做，那就是不知道。圣贤教人去知、去行，用意正在于使得知与行复归其本来的面貌，不只是简单告诉你怎么去知、去做就可以了。所以《大学》里给出个真知、真行的例子，'就像喜欢美色，就像讨厌恶臭'。见到美色属于知，去喜欢就是行，只要一见到美色便自然而然地喜欢上了，并不是看到美色后又起个念头去喜欢；闻到恶臭属于知，去讨厌便是行，只要一闻到恶臭便自然而然地讨厌上了，并不是闻到恶臭后又起个念头去讨厌。就像一个鼻塞的人虽然看到眼前恶臭的东西，但鼻子闻不到恶臭的气味，便不会十分讨厌它，这也只是因为不曾了解到它的臭而已。例如，称某人知道孝顺父母、友爱兄弟，必然是因为这个人已有孝顺父母、友爱兄弟的行为，才可以称他为知道孝顺父母、友爱兄弟。如若不然，只是说些知道孝顺父母、友爱兄弟的话，怎么可以称之为懂得孝顺父母、友爱兄弟呢？又比如，知道痛，一定是自己痛了才知道痛；知道寒，一定是自己冷了才知道寒；知道饿，一定是自己已经饿了才知道饿。知和行如何分得开？这便是知与行的本然面貌，不曾被私心杂念隔断。圣人教导世人，一定是要这样才可以称为知，否则就是还没有真正的知。这是多么紧迫而实在的功夫啊！如今硬要说知和行分作两件事是什么意思？而我将知与行说成一回事，又是什么意思？如果不知道我为何要如此说，只去分辨知与行究竟是两回事还是一回事，又有什么用呢？"

徐爱说："古人把知和行分作两件事，也只是要世人明白，一方面去做知的功夫，另一方面做行的功夫，这样功夫才能有着落之处。"

先生说："你这样的理解反而是背离了古人的意思了。我曾经说过，知是行的宗旨，行是知的落实；知是行的开端，行是知的结果。如果能够领会，只要说到知，行便包含在里面了；只要说到行，知也包含在里面了。古人之所以将知和行分开来说，只是因为世间有一类人，懵懵懂懂、任意而为，完全不加思考，只是任意妄为，因此才要提出知的概念，这样才能让他们做得恰当；还有一类人，整天空想，不肯切实躬行，全凭主观臆测，因此才要提出行的概念，这样才能让他们知得真切。这是古人不得已而提出的补偏救弊之说，如果能够领会真意，只要一句话便已足够。现如今的人却将知与行分作两边，认为必然是先知道了才能去做。如今我若只是讲习讨论如何去做知的功夫，等到知得真切之后才去行，必然会导致终身一无所成，也终身一无所知。这不是小病小痛，而是由来已久。我今日提出'知行合一'，正是对症下药。但'知行合一'的说法也并非我凭空杜撰出来，而是知与行的本来面貌即是如此。如今你若能明白我为何如此说，即便将知行说成两回事也无妨，本质上则还是一回事；如若不明白我为何这么说，即便将知行说成一回事，又有什么用呢？只不过是说些无用的话罢了。"

【度阴山曰】

1517年，王阳明到江西剿匪，接着在南昌平定朱宸濠叛乱，1527年又到广西剿匪，这三场战争的完美胜利把王阳明推上了圣人的圣坛，而王阳明在这三个战场的胜利，都要归功于他的知行合一。

知行合一，大多数人将其理解为实践和理论的结合，是知道了就要行动。

不容置疑的事实是，倘若知行合一真如此，那王阳明不可能靠它创建那么大的事功，五百年来王阳明的粉丝也不可能多如牛毛。

所以，王阳明所说的知行合一，没那么简单。

1508年，王阳明在贵州修文创建心学，提出"心即理"的概念。第二年，他到贵阳讲学，所讲的却是"知行合一"。

阳明心学，始终是一以贯之的，王阳明不可能犯这样浅薄的错误，在创建心学的第二年，就提出另外的概念。

所以，知行合一，应该是来源于心即理。

心即理，直白而言，就是心理合一。我们的心中有天理，为人处世必须发自本心，如此，天理才能呈现，心中所想不能和行动分道扬镳，是为心理合一。

而知行合一，就是心理合一的另外一种表示：我们的心中有良知，良知真光明者，必有行动，必能呈现出天理。

所以说，知行合一，就是心理合一。

王阳明谈知行合一，谈的是"道"，而其他的知行合一，谈的是"术"。

王阳明如何解释"知行合一"的呢？

见到美色，立刻喜欢上，而不是见到美色后还要思考一下，是喜欢还是厌恶。见到美色，属于知，喜欢上美色，属于行。见到美色和喜欢上美色中间没有间隔,知和行之间没有间隔,本就是一体,所以,知行就是合一的。

再举个不太恰当的例子:被雷劈中是"知",倒地是"行",被雷劈中会立刻倒地,没有思考的时间。

水在自然状态下始终向下流,水"知道"自己向下流是"知",不停向下流是"行",即知即行,即行即知。但水根本没有意识到自己在向下流,为什么向下流。

由此可知,知行合一的知,不是知道,也不是理论,它是我们的一种本能,这本能就是良知。它知道美色是美的,知道狗屎是臭的,知道危急时刻我们该如何快速做出决断。

本能的力量是威力无比的,是人类最厉害的力量。饭,人人都自动自发地去吃;美色,人人都发自真诚地去喜欢,这就是本能的力量,不需要外力。阳明心学,实际上就是让我们把遮蔽的良知这一本能恢复,以创建伟大事功的一门行动哲学。

而"知行合一"就是解决这一问题的唯一方法。

人生在世,如果每个念头,做的每件事,都听命于良知,那最终,我们就能成为无所不能的圣人。

格物:朱熹理学vs阳明心学

爱问:"昨闻先生'止至善'之教,已觉功夫有用力处,但与朱子'格物'之训,思之终不能合。"

先生曰:"'格物'是'止至善'之功。既知'至善',即知'格物'矣。"

爱曰:"昨以先生之教推之'格物'之说,似亦见得大略。但朱子之训,其于《书》之'精一',《论语》之'博约',《孟子》之'尽心知性',皆有所证据,以是未能释然。"

先生曰:"子夏笃信圣人,曾子反求诸己。笃信固亦是,然不如反求之切。今既不得于心,安可狃于旧闻,不求是当?就如朱子亦尊信程子,至其不得于心处，亦何尝苟从？'精一''博约''尽心'本自与吾说吻合，但未之思耳。朱子'格物'之训，未免牵合附会，非其本旨。精是一之功，博是约之功。曰仁既明知行合一之说，此可一言而喻。'尽心知性知天'是'生知安行'事，'存心养性事天'是'学知利行'事，'夭寿不二，修身以俟'是'困知勉行'事。朱子错训'格物'，只为倒看了此意，以'尽心知性'为'物格知至'，要初学便去做'生知安行'事，如何做得？"

爱问："'尽心知性'，何以为'生知安行'？"

先生曰："性是心之体，天是性之原，尽心即是尽性。'惟天下至诚，为能尽其性，知天地之化育。''存心'者，心有未尽也。'知天'如知州、知县之'知'，是自己分上事，己与天为一；'事天'如子之事父，臣之事君，须是恭敬奉承，然后能无失，尚与天为二，此便是圣贤之别；至于'夭寿不二'其心，乃是教学者一心为善，不可以穷通夭寿之故，便把为善的心变动了，只去修身以俟命，见得穷通寿夭有个命在，我亦不必以此动心。'事天'虽与天为二，已自见得个天在面前；'俟命'便是未曾见面，在此等候相似，此便是初学立心之始，有个困勉的意在。今却倒做了，所以使学者无下手处。"

【译文】

徐爱问："昨天听闻先生'止至善'的教诲，已然觉得功夫有所着落，但思前想后，觉得与朱子'格物'之说有所不合。"

先生说："'格物'是'止至善'的手段，既然知道'至善'了，那么也就知道'格物'了。"

徐爱说："昨天以先生的教诲推及'格物'之说，似乎也能通晓个大概。但朱子之说，有《尚书》中的'精一'、《论语》中的'博约'、《孟子》中的'尽心知性'作为依据，所以我还是不明白。"

先生说："子夏虔敬地相信圣人，曾子则切实地反省自身。相信圣人固然不错，但不如反省自身来得好。而今你既然没有想清楚，怎么可以拘泥于旧的学说，而不去探求真正的道理呢？就如同朱子虽然尊信二程，但在义理上有不得于心之处，又何尝盲从了呢？'精一''博约''尽心'，本就与我的学说吻合，只是你未曾认真思考。朱熹'格物'的说法，不免有牵强附会之嫌，不是《大学》的本义。'精研'是'专一'的手段，'博文'是'约礼'的手段。

你既然能够明白'知行合一'之说,这些话我一说你应该就能懂。'尽心知性知天'是'生知安行'的人能够做的事,'存心养性事天'是'学知利行'的人能够做的事,'夭寿不二,修身以俟'是'困知勉行'的人做的事。朱熹错解了'格物',只是因为将之倒过来看了,认为'尽心知性'就是'格物致知',要求初学者就去做'生知安行'的人才能做的事,这怎么可能做到呢?"

徐爱问:"'尽心知性'怎么就是'生知安行'的人才能做的事了呢?"

先生说:"性是心的本体,天理是性的本原,尽心便是尽性。《中庸》说:'只有天下最为诚挚的人,才能真正尽性,才能通晓天地造化。''存心',是因为心有未尽之处。知晓天道的知,如同知州、知县的'知',是将此作为自己分内的事,所以知天就是与天合一;'事天',如同儿子侍奉父亲、臣子辅佐君主,必须是恭敬小心侍奉,才能够没有过失,然而终究是与天分离了,这便是圣人与贤者的区别;至于'夭寿不二'的心,是教人一心行善,不可因为处境顺逆、寿命长短的缘故改变行善的心,而要时刻修养自身、以待天命,只要领悟到处境顺逆、寿命长短都是命中注定的,我也能够做到不为此改变心意。'事天'虽然与天分离,但已然看到有个天道;'俟命'则是尚未看见天道,好比是在等候自己与天道相见,这便是初学者确立其心的开端,是要其于困苦中勉力。如今却倒过来去做,所以使得学者无从下手。"

【度阴山曰】

1508年,王阳明被发配到蛮荒的贵州龙场驿站,那里的生态环境相当恶劣。一方面是空气质量,当地有瘴疠之气,这对于从小患肺病的王阳明而言,无异于雪上加霜;另外就是驿站破败,不能居住,王阳明只能住山洞;同时又缺衣少食,对于过惯了锦衣玉食生活的王阳明而言,龙场无论是从物质条件还是精神角度,都是人间地狱。

人遇到困境,一般有两种反应,一种是自暴自弃,一种是积极面对,寻找破解之道。王阳明显然属于后者,他在内外交困的情况下想到了圣人之学(当然是朱熹理学),试图用圣人之学来解决当下困境。

这种解决问题的方式被称为"格物",朱熹的"格物"是心外去探究万事万物,从而得到真理。为何朱熹的"格物"是这样的?因为朱熹把我们人心中的七情六欲铲除了，我们的心少了一部分，就必须到外面去格真理，以填补我们的心。如此，我们的心才是完整的。

向外去格的物，到底是什么？主要分为两种：一种是未知事物和平常事物，天狗食月，我们要去格，人用腿走路，也要去格，竹子在那里生长，我们还要去格；另外一种就是经典和权威，直白而言，就是那些成功人士的成功经验。

王阳明用朱熹的方法去格物，场景就是这样的：他会去问当地的野兽，因为野兽在当地生存得很好，这就是野兽的成功经验。王阳明可能会碰到两头熊，一个是熊大，一个是熊二。他会问："你们是如何生存下来的？"

熊大、熊二会告诉他："我们靠吃人活下来。"

这绝对是熊大、熊二的生存之理。但这个理，适合王阳明这个人吗？

每个人的成功经验都不能复制，因为每个人的心性不同，阅历不同，遇到问题时的反应也不同，最后的结果就会大不同。所以，别人的成功经验不可复制，也不能借鉴。

王阳明说："子夏虔敬地相信圣人，曾子则切实地反省自身。相信圣人固然不错，但不如反省自身来得好。"

一切靠自己体悟，知行合一，收获必然多多。终于有一天夜晚，王阳明大悟"格物致知"之旨（注意，王阳明的悟道是从《大学》的"格物致知"来的）。

朱熹说，格物致知就是探究万事万物而获取到真知。而王阳明的"格物致知"很简单，由于"吾性自足，不假外求"，所以，格就是"正"的意思，物就是"事"，所谓格物，就是在事情上正念头。只要正了念头，就是致良知了。

这四个字，在王阳明1521年正式提出"致良知"后，又有了新的解释：致知是致吾良知于事事物物，格物就是事事物物得到天理。比如，致我的良知于父母身上，肯定是孝的天理，于是，对待父母这件事就符合天理了。

由于吾性自足，不假外求，所以一切问题都是心的问题，一切问题都可以在心上完成。你要吃饭，就在吃饭这件事上正念头——细嚼慢咽；你要好色，就要在色这件事上正念头——只对自己的女人好色，别去外面胡搞。

这就是王阳明的"格物"，一切都在心上完成。

谈完格物，王阳明又谈到阳明学最重要的一个问题：人分三等。

魏征做宰相时，一天正休息，听到两个参加选官的人在窗下聊天。甲说："咱们的官职都是由屋里的老头决定的。"乙不同意："是由老天定的。"

魏征听后，就写了一封信，让甲送到组织部（吏部）副部长那里去，信里说"给送信的人安排一个好职务"。甲不知道信的内容，一出门，突发心绞痛，就让乙帮忙送过去。

第二天，魏征一看，甲没有被授予官职，乙却被授予了官职，他大为奇怪，问清原因后，大发感叹："官职由天定，确实如此啊。"

岂止官职由天定，我们的命运也是由天定的。

在这段谈话中，有一段话应该引起我们的注意：只要领悟到处境顺逆、寿命长短都是命中注定的，我也能够做到不为此改变心意（见得穷通寿夭有个命在，我亦不必以此动心），这是王阳明心学的一个宿命论，其主张就是，人不能胜天，因为你是由天注定的。

儒家从天赋上把人分为三等：生知安行、学知利行、困知勉行，王阳明认可这种分法。

生知安行的人，尽心知性知天。就是说，他一来到世上就知道自己是什么样的人（知天），能得到什么（知性），最后就是按与生俱来的良知用心去做（尽心）。他不管心外那个客观世界是什么样子，他会创造一个自己的世界。

学知利行的人，存心养性事天。就是说，他来到这世上并不知自己是什么样的人，能创造什么样的人生价值，但他有意识地去追寻这些答案，尽人事听天命（养性事天），时刻让自己良知光明（存心），通过后天努力，也能抵达生知安行的人的境界。和生知安行的人有差异的是，学知利行的人必须和客观世界接触，偶尔会受客观世界的影响，来营造自己的世界。

困知勉行的人，夭寿不二，修身以俟。这种人，没有天赋，或者说良知太小，来到世界上，又不肯光明那可怜兮兮的良知，浑浑噩噩一生。

你认为自己是哪种人？

心外无物

爱曰："昨闻先生之教，亦影影见得功夫须是如此。今闻此说，益无可疑。爱昨晓思，'格物'的'物'字，即是'事'字，皆从心上说。"

先生曰："然。身之主宰便是心，心之所发便是意，意之本体便是知，意之所在便是物。如意在于事亲，即事亲便是一物；意在于事君，即事君便是一物；意在于仁民爱物，即仁民爱物便是一物；意在于视听言动，即视听言动便是一物。所以某说无心外之理，无心外之物。《中庸》言'不诚无物'，《大学》'明明德'之功，只是个'诚意'，'诚意'之功只是个'格物'。"

【译文】

徐爱说："昨日听闻先生教诲，于隐约之间体会到应当怎样用功了。今日听闻先生此言，更没有什么可怀疑的。我昨天早上想，'格物'的'物'字，即是'事'字，都是从人的心上说的。"

先生说："是的。身体的主宰便是心，心的发挥便是意，意的本体便是知，意所作用的对象便是物。如果意念作用于侍奉双亲，那么侍奉双亲便是一件事物；意念作用于辅佐君主，那么辅佐君主便是一件事物；意念作用于友爱百姓、善待万物，那么友爱百姓、善待万物便是一件事物；意念作用于视、听、言、动，那么视、听、言、动便是一件事物。所以我才说不存在心之外的道理和心之外的事物。《中庸》里说'不诚无物'，《大学》里说'明明德'的功夫，都是要教人'诚意'，而'诚意'的功夫就是'格物'。"

【度阴山曰】

公元前356年，卫国人商鞅（曾用名卫鞅）在秦国进行了一场魔术般的变法，这场变法让一直落后于六国的秦国脱胎换骨，成为当时的强国。

商鞅变法的内容，全部出于让秦国强大的诚意，没有这份真诚，变法就不可能成功，即便成功，也不会如此功效显著。很多人都大惑不解，区区一个外国人，跑到异国进行一场翻天覆地的改革，竟然成功了。他凭的是什么？

这就是本段要论述的内容。

首先，商鞅是个有肉身的人，主宰他肉身的是他那颗热血忠诚的心。有了这颗热血忠诚的心，其所思所念就属于正。种种念头的正，并非出于当时的价值观，而只是出于商鞅的知。知就是良知，良知告诉他，什么事该做，什么事不该做，什么事有能力做到，什么事没有能力做到，最后将此良知的答案付诸行动。行动就是物。这其实就是一件事。

身、心、意、知、物，本为一体，本就是一回事，一贯而成。

没有肉身，人就不可能存在，就不可能有心，其他就都不用提了。有了肉身，就能装载我们的心。在良知的指引下，商鞅有了使命感和热血忠诚，这才有了后来变法的种种与成功。

没有了良知指引的心，就不可能有物（事情）的出现，也就无所谓成功。正如你没有孝顺父母的心，就不可能有孝顺父母的这件事（物）出现。

心外怎么可能有物（事）？

中庸的"不诚无物"其实就是心外无物。我们用心，才有物（事）；不用心，就不可能有物（事）。用心就是诚，真诚地对待良知的判定，在所有的事情上正念头，就是格物。

关于心外无物，王阳明在后面还有很多讲解，在这里，心外无物的解释就是，用心才有物，无心即无物。

去除邪念，就是格物

先生又曰："'格物'如《孟子》'大人格君心'之'格'，是去其心之不正，以全其本体之正。但意念所在，即要去其不正以全其正，即无时无处不是存天理，即是穷理。'天理'即是'明德'，'穷理'即是'明明德'。"

【译文】

先生又说："'格物'的'格'如同《孟子》中'大人格君心'的'格'，是去除心中不正的念头，使心之全体归于正当。只要意念所到之处，均要革除其不正之处而使心的全体归于正当，就是无时无刻不存养天理，就是穷尽事物的道理。'天理'就是'明德'，'穷理'就是'明明德'。"

【度阴山曰】

孔子的学生子路，平时喜欢好勇斗狠，自认为是天底下第一等勇人，但孔子总说："知耻近乎勇，你还不是勇。"

子路很郁闷。

某次，孔子和子路去郊外，孔子口渴，要子路去找水。

子路在河边打水时，一只老虎向他扑来，他奋起神威，三下五除二就把老虎打死，然后扯下老虎尾巴，藏在身后，来见孔子。

他问孔子："上士打虎如何？"

孔子回答："执虎头。"

"中士打虎呢？"

"执虎耳。"

"下士打虎呢？"

"执虎尾。"

子路发了怒，扭头就找了块石头，准备要了孔子的命。

在要孔子的命前，他恶狠狠地问孔子："上士杀人用什么？"

"用笔。"

"中士杀人呢？"

"用刀。"

"下士杀人呢？"

"用石头。"

子路愣在当场，以为孔子能掐会算。马上扔了石头，跪拜孔子。

孔子说："一念正就是知耻，知耻就离勇很近了。"

子路去除不正的念头，就是存天理，就是朱熹所谓的"穷尽天理"，不需要再搞别的花招。

中国人祭祀神佛，念头就不正，总是希望神佛能给自己带来利益。这种念头必须去除，我们存的天理应该是，祭祀神佛就是目的。如果祭祀神佛是希望从他们那里得到什么，那就是把祭祀神佛当成了形式，希望得到什么才成了目的。

所谓格物，就是在所有事上去除不正之念，这就是存天理、去人欲了。

良知：道德感和判断力

先生曰："知是心之本体，心自然会知。见父自然知孝，见兄自然知弟，见孺子入井自然知恻隐。此便是良知，不假外求。若良知之发，更无私意障碍，即所谓'充其恻隐之心，而仁不可胜用矣'。然在常人不能无私意障碍，所以须用致知格物之功，胜私复理。即心之良知更无障碍，得以充塞流行，便是致其知。知致则意诚。"

【译文】

先生又说："知是心的本体，心自然会去知。见到父亲自然知道孝顺，见到兄弟自然知道友爱，见到小孩儿坠入井中自然会有所不忍。这便是良知，不需要向外去求。如果良知能够发挥作用，且没有私心妄意的障碍，就是所谓'只要能够扩充悲悯同情的心，那么仁的作用便可用之不竭'。然而，一般人恐怕不能没有私心妄意的障碍，所以才必须要用'致知''格物'的功夫，克除私意、复归天理。这样心中的良知才能没有障碍，才能充塞、周流于心间，这便是致良知。良知得以恢复，那么意念也得以诚敬了。"

【度阴山曰】

这是"良知"在《传习录》中首次出现。在1521年正式提出"致良知"之前，王阳明提的"良知"次数并不多，在《传习录》中，清晰地提出"良知"的，只有此处。

虽然不多，但只要提出，就解决了很多问题。比如，为何心即理（天理在我心中），原因就是我们心上有个良知。心自然会知，全是良知的功劳。由此可知，王阳明当时龙场悟道，已经悟出了"良知"，只是没有正式提出。

见到父亲自然知道孝顺，见到兄弟自然知道友爱，见到小孩在井口玩耍自然内心紧张，这就是良知。

它是自然知道的，不需要靠后天思考和努力。七层楼上掉下个婴儿，走在下面的人自然会知道要去接，这不需要学习，几乎就是我们自然而知的，它可以看作是我们的本能。

既然是自然知道的，那它就是先天而来的，不是后天获取的。我们先天就有这样一个什么都知的良知，所以天理就在我们手上，而不在心外了。

遗憾的是，很多人的良知因被私心妄意遮蔽，无法发挥作用，所以必须"格物"——在所有事上正念头，克除私意，回归天理。良知恢复后，我们再依凭良知去行动，这就是致良知。

良知，不仅仅是良心。譬如七层楼上掉下的不是婴儿，而是一个二百五十斤的胖子，我们就不会去接。同样是生命，为何接婴儿而不会接胖子？原因在于，我们良知里还有个判断力，用孟子的话说就是良能。

如果良心告诉我们，什么该做，什么不该做，那判断力就告诉我们，什么是我们有能力做到的，什么是我们没有能力做到的。

于是，良知就是我们与生俱来的本能的道德感和判断力。

它是我们心的主宰、心的上帝。

天理是动态的

爱问："先生以'博文'为'约礼'功夫，深思之未能得，略请开示。"

先生曰："'礼'字即是'理'字。理之发见可见者谓之文，文之隐微不可见者谓之理，只是一物。'约礼'只是要此心纯是一个天理。要此心纯是天理，须就理之发见处用功。如发见于事亲时，就在事亲上学存此天理；发见于事君时，就在事君上学存此天理；发见于处富贵贫贱时，就在处富贵贫贱上学存此天理；发见于处患难夷狄时，就在处患难夷狄上学存此天理。至于作止语默，无处不然，随他发见处，即就那上面学个存天理。这便是'博学之于文'，便是'约礼'的功夫。'博文'即是'惟精'，'约礼'即是'惟一'。"

【译文】

徐爱问:"先生将'博文'视作'约礼'的手段,仔细思考后,还是不能领悟,请先生稍加提点。"

先生说:"'礼'字就是'理'字。'理'表现出来被人看见就是'文','文'隐藏起来不为人所见就是'理',两者是一个东西。'约礼'是要让人的心中纯粹都是天理。要做到这一点,就需要在'理'能被人所看见的地方下功夫。例如,呈现在侍奉双亲上,就要在侍奉双亲上学习如何存养天理;呈现在辅佐君主上,就要在辅佐君主上学习如何存养天理;呈现在身处富贵贫贱的境遇中,就要在富贵贫贱的境遇中学习如何存养天理;呈现在身处患难、身处荒蛮之地时,就要在身处患难、身处荒蛮之地中学习如何存养天理。无论有所作为还是无所事事,与人交谈还是处于静默之中,没有一处不是这样,随着天理呈现于具体的事物,就要在具体的事物上去学习存养天理。这便是'博学之于文'的含义,便是'约礼'的手段。'博学于文'就是'精研','约之以礼'就是'专一'。"

【度阴山曰】

北宋时期,有宋郊、宋祁兄弟二人,家境贫苦,靠着节衣缩食考取功名,后来都做到了宰相的高位。

二人虽然是兄弟,但对待生活的态度大相径庭。宋郊从小节俭惯了,即使做到宰相,也勤俭持家。而宋祁恰好相反,从前做小官时,就大手大脚,是个"月光族",做了宰相后,更是变本加厉,整日大摆筵席,门庭若市。

兄弟俩是邻居,宋祁不分昼夜地举行宴会,宋郊大大受不了。于是他给宋祁写了字条:还记得当初在某寺庙喝冷粥读书的情景吗?

宋祁第二天从醉酒中醒转,看到字条,觉得好笑,于是回道:"当初喝冷粥读书,不知为的什么?"

这话背后的意思是,还不是为了今天能享受!

有人批评宋祁,认为他的人生观有问题;自然也有人赞颂宋郊,认为他吃苦耐劳的作风才是我们学习的榜样。

阳明心学主张,随情境的变化而变化,这就是存天理。在父亲面前,所存的天理就是孝；在妻子面前，所存的天理就是爱；在贫贱时，所存的天理就是吃苦耐劳；在富贵时，所存的天理就是享受。

不能情境改变了，你的天理还没有变。富甲天下的人还要穿着打补丁的衣服，亲自砍柴烧饭，要么是神经病，要么就是奸诈。

刘彻（汉武帝）特别宠爱宰相公孙弘，但有人就抨击公孙弘："这孙子官职高，薪水高，可仍然盖棉布被，每顿饭只吃一个荤菜，这说明他心性狡诈。"

刘彻就问公孙弘，公孙弘只好承认："我确实有沽名钓誉之心。"

天理，就在我们心里，没有外在的固定的衡量标准。当享富贵即享富贵，就是存天理；当弃富贵即弃富贵，也是存天理。什么时候存，什么时候弃，衡量的标准只有两个字：心安。

所遇情境中，无论你做出什么样的事，只要心安，就符合那个情境，就是在存天理、去人欲。

天理人欲不并立

爱问："'道心常为一身之主，而人心每听命'，以先生'精一'之训推之，此语似有弊。"

先生曰："然。心一也，未杂于人谓之道心，杂以人伪谓之人心。人心之得其正者即道心，道心之失其正者即人心，初非有二心也。程子谓'人心即人欲，道心即天理'，语若分析，而意实得之。今曰'道心为主，而人心听命'，是二心也。天理人欲不并立，安有天理为主，人欲又从而听命者？"

【译文】

徐爱问："朱子说'道心常为一身之主，而人心每听命'，如果以先生'精研专一'的教诲来推断，这一说法似乎有不对的地方。"

先生说："是的。心只是一个心，不夹杂着人欲便是道心，夹杂着人的伪饰就是人心。人心如果能够使其归于正道，则是道心，道心如果失去正当，即是人心，起初并非有两个心。程颐先生认为'人心即人欲，道心即天理'，这话乍听之下像是将心分开来说了，实则是领悟到了一个心的意思。如朱熹所说'道心为主，而人心听命'，则认为有两个心了。天理与人欲从来不能并立共存，哪有以天理为主宰，而人欲听命于天理的道理呢？"

【度阴山曰】

秦桧，谋杀岳飞的主谋。在"莫须有"事件后，他被世人痛骂。他自己也是破罐子破摔，常常树立各种各样的政敌，然后将他们消灭。某次，有个地方官带着十几岁的儿子到京城述职，这个儿子不是什么省油的灯，在父亲的旅馆办公桌上写了"可斩秦桧以谢天下"的字条。

有人就拿着这张字条威胁该官，要他出钱买回。该官拒绝了。此人就把字条给了秦桧的走狗们。走狗们向秦桧报告，请求捉拿那个官员的孩子。

秦桧却说，捉他做什么，他只是个孩子嘛。

这件事告诉我们，坏人也有做好事的时候。

孔夫子，天下第一大好人，大圣人。他在鲁国做官时，有个叫少正卯的学问家，名气很大，在当时很轰动。

孔子就让人把少正卯捉了，定了他五条罪，五条罪都很笼统，比如有一条：口才很好，但没有一句话是真的。

这种罪状，可谓"欲加之罪，何患无辞"。

此事告诉我们，好人也有做坏事的时候。

朱熹认为，心分成两种，一种是人心，即人欲；一种是道心，即天理。这种分法是典型的一刀切，要么是人心，要么是道心，二心水火不容。

可这样一来，就没办法解释秦桧做好事与孔子做坏事了。

秦桧的心属于人心还是道心？如果是人心，他却做怀揣道心之人做的事。孔子的心属于人心还是道心？如果是道心，他也做怀揣人心之人做的事。

王阳明则认为，道心和人心只是一心，人心正了就是道心，道心歪了就是人心。所以，天底下没有永恒的圣人，只有圣人和魔鬼的不停转换。

也就是说，道心人心本是一，天理人欲不并立。拒绝人的脸谱化和僵化，再好的人也有做坏事的时候，再坏的人也有做好事的时候，只看他们是存了天理，还是存了人欲。

如果我们明白了这点，就知道，有些人并不那么坏，他们的身上肯定有人性的闪光点；有些人也并没有那么好，他们的身上也必有恶的火花，稍不留意，就会冒出来。

明白了这点，我们就会对人类报以同情——坏人不是注定就坏，只是常常发挥"人心"。我们也会对那些高大上的人报以警惕——没有永恒的好人，他们只是更多时候遵循着"道心"而已。

人欲太多，天理就不在了，人欲怎么可能听天理的？天理过多后，人欲就不在了，那还去什么人欲？

实用主义的阳明心学

爱问文中子、韩退之。

先生曰："退之，文人之雄耳；文中子，贤儒也。后人徒以文词之故，推尊退之，其实退之去文中子远甚。"

爱问："何以有拟经之失？"

先生曰："拟经恐未可尽非。且说后世儒者著述之意与拟经如何？"

爱曰："世儒著述，近名之意不无，然期以明道，拟经纯若为名。"

先生曰："著述以明道，亦何所效法？"

曰："孔子删述六经以明道也。"

先生曰："然则拟经独非效法孔子乎？"

爱曰："著述即于道有所发明，拟经似徒拟其迹，恐于道无补。"

先生曰："子以明道者，使其反朴还淳而见诸行事之实乎？抑将美其言辞，而徒以譊譊于世也？天下之大乱，由虚文胜而实行衰也。使道明于天下，则六经不必述。删述六经，孔子不得已也。自伏羲画卦，至于文王、周公，其间言《易》，如《连山》《归藏》之属，纷纷籍籍，不知其几，《易》道大乱。孔子以天下好文之风日盛，知其说之将无纪极，于是取文王、周公之说而赞之，以为惟此为得其宗。于是纷纷之说尽废，而天下之言《易》者始一。《书》《诗》《礼》《乐》《春秋》皆然。《书》自'典谟'以后，《诗》自

'二南'以降，如《九丘》《八索》，一切淫哇逸荡之词，盖不知其几千百篇。礼乐之名物度数，至是亦不可胜穷。孔子皆删削而述正之，然后其说始废。如《书》《诗》《礼》《乐》中，孔子何尝加一语？今之《礼记》诸说，皆后儒附会而成，已非孔子之旧。至于《春秋》，虽称孔子作之，其实皆鲁史旧文。所谓'笔'者，笔其旧；所谓'削'者，削其繁。是有减无增。孔子述六经，惧繁文之乱天下，惟简之而不得，使天下务去其文以求其实非以文教之也。《春秋》以后，繁文益盛，天下益乱。始皇焚书得罪，是出于私意，又不合焚六经。若当时志在明道，其诸反经叛理之说，悉取而焚之，亦正暗合删述之意。自秦、汉以降，文又日盛，若欲尽去之，断不能去。只宜取法孔子，录其近是者而表章之，则其诸怪悖之说亦宜渐渐自废。不知文中子当时拟经之意如何，某切深有取于其事，以为圣人复起，不能易也。天下所以不治，只因文盛实衰，人出己见，新奇相高，以眩俗取誉。徒以乱天下之聪明，涂天下之耳目，使天下靡然，争务修饰文词以求知于世，而不复知有敦本尚实，反朴还淳之行。是皆著述者有以启之。"

爱曰："著述亦有不可缺者，如《春秋》一经，若无《左传》，恐亦难晓。"

先生曰："《春秋》必待《传》而后明，是歇后谜语矣。圣人何苦为此艰深隐晦之词？《左传》多是鲁史旧文。若《春秋》须此而后明，孔子何必削之？"

爱曰："伊川亦云：'《传》是案，《经》是断。'如书弑某君、伐某国，若不明其事，恐亦难断。"

先生曰："伊川此言，恐亦是相沿世儒之说，未得圣人作经之意。如书'弑君'，即弑君便是罪，何必更问其弑君之详？征伐当自天子出，书'伐国'，即伐国便是罪，何必更问其伐国之详？圣人述六经，只是要正人心，只是要存天理、去人欲。于存天理、去人欲之事则尝言之。或因人请问，各随分量而说。亦不肯多道，恐人专求之言语。故曰'予欲无言'。若是一切纵人欲、灭天理的事，又安肯详以示人？是长乱导奸也。故孟子云：'仲尼之门，无道桓、文之事者，是以后世无传焉。'此便是孔门家法。世儒只讲得一个伯者的学问，所以要知得许多阴谋诡计。纯是一片功利的心，与圣人作经的意思正相反，如何思量得通？"

因叹曰："此非达天德者未易与言此也！"

又曰："孔子云：'吾犹及史之阙文也。'孟子云：'尽信《书》，不如无

《书》，吾于《武成》取二三策而已。'孔子删《书》，于唐、虞、夏四五百年间，不过数篇，岂更无一事，而所述止此？圣人之意可知矣。圣人只是要删去繁文，后儒却只要添上。"

爱曰："圣人作经，只是要去人欲、存天理。如五伯以下事，圣人不欲详以示人，则诚然矣。至如尧舜以前事，如何略不少见？"

先生曰："羲黄之世，其事阔疏，传之者鲜矣。此亦可以想见其时全是淳庞朴素，略无文采的气象。此便是太古之治，非后世可及。"

爱曰："如《三坟》之类，亦有传者，孔子何以删之？"

先生曰："纵有传者，亦于世变渐非所宜。风气益开，文采日胜，至于周末，虽欲变以夏、商之俗，已不可挽，况唐虞乎？又况羲黄之世乎？然其治不同，其道则一。孔子于尧舜则祖述之，于文武则宪章之。文武之法，即是尧舜之道，但因时致治，其设施政令，已自不同。即夏商事业，施之于周，已有不合。故'周公思兼三王，其有不合，仰而思之，夜以继日'。况太古之治，岂复能行？斯固圣人之所可略也。"

又曰："专事无为，不能如三王之因时致治，而必欲行以太古之俗，即是佛老的学术。因时致治，不能如三王之一本于道，而以功利之心行之，即是伯者以下事业。后世儒者，许多讲来讲去，只是讲得个伯术。"

又曰："唐虞以上之治，后世不可复也，略之可也。三代以下之治，后世不可法也，削之可也。惟三代之治可行。然而世之论三代者，不明其本而徒事其末，则亦不可复矣。"

【译文】

徐爱问先生，如何评价王通和韩愈二人。

先生说："韩愈是文人中的佼佼者，王通则是贤者大儒。后世之人仅从文章诗词方面考量两人，推崇韩愈，实则韩愈相较于王通差得远了。"

徐爱问："那么，王通为何会犯仿作经书的过失呢？"

先生说："仿作经书恐怕也不能全盘否定。你来说说，后世儒者著书立说、阐述经典，与仿作经书相比怎么样？"

徐爱说："后世儒者著书讲经，当然有追求名利的私意，然而主要的目的在于阐明圣贤之道，而仿作经书就纯粹是为了个人的名声。"

先生说:"以著书的方式来阐述经典,又是效仿谁呢?"

徐爱说:"效仿的是孔子通过删述六经来阐明圣贤之道。"

先生说:"那么王通仿作经书就不是效法孔子了吗?"

徐爱说:"著书阐述经典对于圣贤之道总会有所发扬,而仿作经书则只是在形迹上模仿,对于圣贤之道恐怕没有任何补正。"

先生说:"你认为阐明圣贤之道,是使得道理返璞归真,见之于平常生活呢?还是用美艳的言辞哗众取宠呢?天下之所以大乱,就是由于空洞的言辞泛滥,而切实的行为衰败了。如果圣贤之道彰明于天下,孔子就不必删述六经了。而孔子之所以如此做,实在是因为不得已而为之。自从伏羲画八卦,到文王演卦、周公作辞,中间阐释《易》的著述,如《连山》《归藏》等,数不胜数,可是《易》中的道理变得混乱。孔子发现世上崇尚文辞的风气日盛,知道《易》的学说将没有穷尽,故而采用文王、周公的学说加以阐发,并将之作为《易》之正宗。从此,纷繁复杂的学说均被废弃,而天下阐述《易》的学说得以统一。其余五经的情况,也是如此。《尚书》从《典》《谟》之后,《诗》从《周南》《召南》之后,像《九丘》《八索》这类浮夸的辞章,多达上千篇。《礼经》《乐经》中关于事物以及规则的解释更是多到数不胜数。孔子对此也都进行了删削、订正,然后奇谈怪说才得以废止。像《尚书》《诗经》《礼经》《乐经》等典籍,孔子何曾在其中加过一句话?而现在《礼经》中的许多阐释,大多是后世儒者穿凿附会所加,早已不是孔子所删定的版本了。至于《春秋》,虽然大家认为是由孔子所作,但其实都是鲁国史书中的一些旧文献。所谓'笔',就是抄录旧文;所谓'削',就是删除繁杂。都是有所删减但并无增加的。孔子删述六经,是害怕繁杂的文辞惑乱天下,想要简易却很难做到,使天下之人务必去其繁文而求其实质,而不是用文辞来教化天下。《春秋》以后,各种繁杂的文辞日益盛行,天下也就更加混乱。秦始皇因焚书得罪了天下的读书人,固然是出于一己的私心,也确实不应该焚毁六经。但如果当时秦始皇的目的在于彰明圣贤之道,把那些离经叛道的书籍统统焚毁,倒正暗合了孔子删述六经的用意。自从秦汉以来,崇尚文辞的风气又日益盛行,要想根除这一风气恐怕不可能了。只能效法孔子,选取那些与六经的道理接近的加以宣传表彰,这样其他异端邪说就会慢慢自行灭绝。我不知道王通当时为何要仿作经书,却对这一事迹深有同感,认为即便圣人重生,也不会改变王通的做法。天下没有治理好的原因,就在于文辞盛行而实行衰败。每个人都提出自己的见解，新奇的观点竞相高下，眩惑人的耳目以得到名声。这只能混淆天下人的视听，使得天下靡乱相争、崇尚文辞，以求得在世上出名，却不再知道还有实事求是、返璞归真的做法。这都是由那些著作阐述经典的人所开的风气。"

徐爱说："著述也有不能缺少的理由，例如《春秋》这部典籍，如果没有《左传》作为注脚，恐怕也很难理解。"

先生说："《春秋》的微言大义如果必须有《左传》才能明白，那就变成猜谜语了。圣人为何要写这些晦涩难懂的文章呢？《左传》大多是鲁国史书的旧文。如果读《春秋》必须参考《左传》才能明白，那孔子又何苦要把鲁国史书删改成《春秋》呢？"

徐爱说："程颐先生也曾说过：'《左传》就好比一个一个的案子，而《春秋》则是对案子的裁断。'比如《春秋》记载着杀某个国君、征伐某个国家，如果不明白这些事情的经过，恐怕也很难做出裁断。"

先生说："程颐先生这句话恐怕也是沿袭后世儒者的说法，没有真正领会圣人写这些经典的本意。比如写'弑君'，那么杀害国君本身就是大罪，何必要问他杀害国君的详情？征战讨伐的命令应当由天子发布，书中写'伐国'，就是诸侯擅自讨伐某国，这本身便是大罪，何必要问讨伐某国的详情？圣人阐述六经，只是为了端正人的心思，只是要存养天理、去除人欲。对于存养天理、去除人欲的事情，孔子曾经就说过。有时候学生来请教，就因人而异来讲解。但也不肯多说，因为担心学生们专注于言辞表达。所以孔子说'我不想说什么了'。如果《春秋》里都是一些放纵私欲、泯灭天理的事情，又怎么能够详细地告诉世人呢？这岂不是教导人去作奸犯科吗？所以孟子说：'孔子的门下不记述齐桓公、晋文公的事迹，所以他们征战侵伐的事情就没有流传后世。'这是孔子一派的家法。后世的儒者只是去讨论霸道的学问，所以他们要去了解许多阴谋诡计的事情。这全部是出于功利之心，与孔子删述六经的宗旨背道而驰，怎么能够想得明白呢？"

先生接着感慨道："除非是与天同德的人，否则不能轻易和他们讲这些道理！"

先生又说："孔子说：'我还能见到史书上有存疑而未记录的地方。'孟子说：'完全相信《尚书》，还不如不看《尚书》。我只从《武成》篇里取两三卷来读读而已。'孔子删述《尚书》，对于尧舜以及夏朝四五百年的历史也不过保存了数篇，这难道是因为没有更多的事情可以记述了吗？但孔子只记述了这么几件事，他的目的和用意可想而知。圣人只是要删掉那些繁杂的文字，后世的儒者却硬生生地又把繁文添了上去。"

徐爱说："孔子删述六经，只是要去除人欲、存养天理。比如春秋五霸以后的事，孔子不想详细告诉世人，固然是这个道理。至于尧舜以前的事，为何也记载得十分简略呢？"

先生说："上古时代离孔子已经很久远了，事迹也十分模糊，流传下来的很少。这也是可以理解的。那时的民风淳朴，没有浮夸文饰的风气，这就是上古时代的社会状况，不是后世所能比拟的。"

徐爱说："像《三坟》一类的书，也有流传下来的，孔子为什么都删掉了呢？"

先生说："即使有传下来的，也与时事的变革有所不合了。社会风气更加开放，文采更胜以往，到了周朝末年，即便想要恢复夏商时期的淳朴风俗，也已经不可能了，何况恢复到尧舜的时代呢？更不必说恢复到上古时代的风俗了！虽然各个时代的社会治理有所不同，但所遵循的道理是一致的。孔子遵循尧舜之道，效法周文王、周武王之制。文王、武王之道即尧舜之道，只是因为时代不同，社会治理也有所不同，所施的教化与所设的政令自然也不同。即便把夏商时代的制度政令在周代推行，恐怕也不合时宜了。所以周公对于大禹、商汤及周文王的制度都有所研究，遇到有不合时宜的地方就反复琢磨，以至于夜以继日地思考。更何况上古时代的典章制度，又怎么能够恢复施行呢？这就是孔子为何要删述上古时代之事的缘由了。"

先生又说："只采取无为而治的措施，不能够像三王那样因时制宜地治理，反而一定要恢复实行上古时代的典章制度，就是佛家和道家的观点。能够因时制宜地治理，但不能像三王那样本于大道，而是出于功利的心态来推行治理，则是春秋五霸以后的社会治理。后世的儒者讨论来讨论去，只是讲如何实行霸道而已。"

先生又说："尧舜以前的社会治理，后世不可能恢复，因此可以略去不记。夏、商、周三代以后的社会治理，后世不能仿效，因此可以删减。只有三代的社会治理是可行的。现在那些讨论三代之治的学者，不明白三代之治的根本，却钻研那些细枝末节，这样三代之治也不可能恢复了！"

【度阴山曰】

　　王通，隋朝大儒；韩愈，唐代文人。二人都文采一流，但韩愈更胜一等。王阳明则认为，王通优于韩愈，因为王通干的事，都是传播儒家文化的实事，而韩愈则过多的只是在文字上炫耀。当然，韩愈对中国传统文化的贡献也可圈可点，他反对佛教，并且建立了儒家的道统。不过在王阳明看来，王通要比韩愈高明。

　　从王通和韩愈延伸出去，王阳明谈到儒家经典六经。孔子删过六经，有人认为这是对文化的无耻破坏，而王阳明则认为，有些坏的东西，不应该留下，就应该删除。

　　为什么？

　　因为坏的东西会给许多人以启蒙，这种启蒙会给社会带来不好的影响。这就是实用主义。

　　阳明心学就是实用主义，最直接的证据就是下面这一条：

　　徐爱问，为什么三代以前的历史很少，三代以后的历史也很少，只有三代（夏、商、西周）特别多？

　　王阳明回答：三代以前，已不可复制，写了也没用；三代以后，不能复制，所以要少写；只有三代的社会治理是可以效法的，所以圣人们写了很多。

　　三代以前，是高大上的；三代以后，是下三烂的。下三烂的肯定不要写，高大上的也少写，因为不实用。

　　把宏图伟业和超前规划写得天花乱坠，没用，因为实用性不强。没有操作性的东西，写出来何用？

文史哲，不分家

　　爱曰："先儒论六经，以《春秋》为史。史专记事，恐与五经事体终或稍异。"

　　先生曰："以事言谓之史，以道言谓之经。事即道，道即事。《春秋》亦经，五经亦史。《易》是包牺氏之史，《书》是尧、舜以下史，《礼》《乐》是三代史。其事同，其道同，安有所谓异？"

又曰："五经亦只是史。史以明善恶，示训戒。善可为训者，特存其迹以示法；恶可为戒者，存其戒而削其事以杜奸。"

爱曰："存其迹以示法，亦是存天理之本然。削其事以杜奸，亦是遏人欲于将萌否？"

先生曰："圣人作经，固无非是此意，然又不必泥着文句。"

爱又问："恶可为戒者，存其戒而削其事以杜奸，何独于《诗》而不删《郑》《卫》？先儒谓'恶者可以惩创人之逸志'，然否？"

先生曰："《诗》非孔门之旧本矣。孔子云：'放郑声，郑声淫。'又曰：'恶郑声之乱雅乐也。''郑卫之音，亡国之音也。'此是孔门家法。孔子所定三百篇，皆所谓雅乐，皆可奏之郊庙，奏之乡党，皆所以宣畅和平、涵泳德性、移风易俗，安得有此？是长淫导奸矣。此必秦火之后，世儒附会，以足三百篇之数。盖淫泆之词，世俗多所喜传，如今闾巷皆然。恶者可以惩创人之逸志，是求其说而不得，从而为之辞。"

【译文】

徐爱说："以前的儒者讨论六经，认为《春秋》是史书。而史书专门记载具体的历史，恐怕与其余五经的题材体例有所不同。"

先生说："从记事的角度来说就是史书，从论道的角度来说就是经典。历史就是大道的具体呈现，大道就是历史的根本缘由。《春秋》也是经典，其余五经也是史书。《易》是伏羲时的史书，《尚书》是尧舜以后的史书，《礼经》《乐经》是三代的史书。其中的史实并无区别，大道更是一致，怎么会有所谓的区别呢？"

先生又说："五经也只是史书。史书的目的是辨明善恶，将经验教训告诉世人。历史上可以作为示范的善行，就记录具体的事迹让后世效法；历史上可以作为教训的恶行，就记录教训而删去具体的事迹，杜绝类似的奸恶之事。"

徐爱说："保存善行的具体事迹让后世效法，自然也是存养天理。删去恶行杜绝奸恶，也是为了把人欲遏制在将要萌芽的时候吗？"

先生说:"孔子删编六经,当然就是这个用意,但也不必拘泥于具体的词句。"

徐爱问:"可以作为教训的恶行,要保存其教训而删去恶行以杜绝奸恶,那为何不删除《诗经》中的《郑风》《卫风》呢?朱熹认为'恶行可以惩戒人们散漫安逸的心志',是这样的吗?"

先生说:"现在的《诗经》已不是孔子删定的旧本了。孔子说:'要远离郑国的音乐,郑国的音乐十分淫靡。'孔子还说:'我厌恶郑国的音乐扰乱了典雅的音乐。''郑国、卫国的音乐是亡国的音乐。'这是孔子一派的家法。孔子所删定的三百篇,都是典雅的音乐,都是可以在祭祖的时候,或是在乡村中演奏的,都可以起到使人的心志舒畅平和、涵养德行、改变社会风化风俗的作用,怎么会有淫荡的音乐呢?那样只会助长淫靡之风,倡导奸邪啊!《郑风》《卫风》等淫逸的诗肯定是秦始皇焚书之后,世间的俗儒为了补足三百篇之数而穿凿附会的。所谓淫逸的歌曲,民间有很多人喜欢传唱,如今的街头巷尾也是如此。恶行可以惩戒人们散漫安逸的心志,只是无法解释清楚,不得已才这么说的。"

【度阴山曰】

中国历代大学问家、大思想家,都是才、学、识兼备,也就是文、史、哲皆通。本来,在古代中国,一直是史中有哲,哲中有文,文中有史,后来由于帝制时代结束后的强行分科,才有了文史哲的概念。

《春秋》既是史,又是文,也是哲。六经中的其他五经同样如此,从记事的角度来说就是史书,从论道的角度来说就是经典。历史就是大道的具体呈现,大道就是历史的根本缘由。譬如《史记》,从记事的角度说是史书,从文采来讲,就是文学经典,从其历史叙述中总结出的道理,它又是哲学。

大道至简,为何至简?

理由就是,所有的大道都藏在历史中,并且以优美和充满想象力的文字书写成书。所以,人人都喜欢读,在读的过程中人们就明白了什么是大道。

真正的大家,必须是文采、才华、想象力、情怀,与文史知识、学养、功底、治学态度,与思想、见地、智慧、立场的大集合。

文必须和哲在一起,才能展现美好人性,脱离了哲的文只是勾栏瓦肆的小说，没有了哲的史就成了莲花落。

《诗经》就是文史哲合一的产物。它是史，记载了当时的历史；它又是文，以纯粹的文字叙述了那时的人类；它更是哲，读了它，不但能认识很多花草虫鱼的名字，还能懂得人生大道。

所以王阳明认为，《诗经》里的《郑风》《卫风》是伪作，因为它们虽然文采优美，惹人爱怜，却没有哲学大道的成分，没有承载人性大道。

杜甫说："文章千古事，得失存心知。"魏文帝曹丕说："文章者，经国之大业，不朽之盛事也。"周敦颐说："文以载道。"这些大家的话都说明中国古人把文看得很重，为什么很重，因为他们看透了人生是短暂的，但文章是可以超越时空，永恒存在的。

文以载道，是中华传统文化尤其是文学的硬指标，文学必须承载和包含传统文化之道。这个"道"，可以是儒释道，可以是为人处世之道，更可以是"为天地立心"的历史沉淀和哲学思考的通天大道。

陆澄录

专一，"一"是天理

陆澄问："主一之功，如读书则一心在读书上，接客则一心在接客上，可以为主一乎？"

先生曰："好色则一心在好色上，好货则一心在好货上，可以为主一乎？是所谓逐物，非主一也。主一是专主一个天理。"

【译文】

陆澄问："专注于一的功夫，是否就像是读书一心一意在读书上，待客一心一意在待客上？这是否就是专一的功夫？"

先生说："好色就一心一意在好色上，贪财就一心一意在贪财上，也可以算作是专一吗？这不过是追逐物欲罢了。专一是一心专注于天理。"

【度阴山曰】

有人问牧师："我祈祷的时候可以抽烟吗？"
牧师回答："不可以。"

人再问:"我抽烟的时候可以祈祷吗?"

牧师回答:"可以。"

主一,就是敬,就是对天理的无条件崇敬。在这个故事中,祈祷就是天理,是我们专注的唯一。我们要绝对地敬重它,要分清主次,分清灵魂是什么。专注天理时,任何事都可做;不专注天理时,所有事都做不得。

程颢和程颐是兄弟,但性格迥异,程颢洒脱,程颐严肃。性格决定了两人在学术上的不同,于是,二人后来分别成为理学和心学的开山鼻祖。

程颢除了在儒学上有大成就,在所谓的小技,诸如琴棋书画上都有极深造诣;程颐则专心于儒学,心无旁骛。某次,兄弟二人去赴宴,主人给两人找了歌姬陪吃陪喝陪聊天。

程颐浑身不自在,更让他不自在的是,老哥程颢居然很玩得开,尺度相当大。

二人回家的路上,程颐指责程颢说:"老哥,您太不知体统,一点读书人的仪态都没有了。"

程颢问:"什么事?"

程颐就把刚才老哥与歌姬的事说了一遍。程颢大笑:"我出门就把歌姬的事忘了,你居然记了一路。"

程颐犯了个毛病:和歌姬一起时,心不在焉,离开歌姬后,又心有所系,这是典型的不专一。在什么情境下,就该做什么事,不能虚伪,要认真做,不能被从前的规矩束缚。

阳明心学所谓的专一,有两层意思。

第一,在无伤大雅的情况下,要随俗。既然你在人家家里做客,主人请了歌姬,那就不要装君子,那地方不是装君子的地方。但如果有伤大雅,比如进了土匪窝,你就不能当土匪。君子有所为有所不为。

第二,我们做的任何事,都有个主导此事的灵魂在,这个灵魂就是天理。琴棋书画,只是小技,但在锻炼这些小技时,心中要把它们当作修行的术,修行我们的意志力、专注力,最终让心静下来。它是通往道的术,而不是道本身。

程颢和歌姬玩大尺度,只是当时开明知识分子的一种消遣方式,这种消遣方式在当时是无伤大雅的,那就要尽兴、专一。离开这个场景后,马上就忘掉,而不能如程颐那样还惦记着。

遗憾的是,我们所谓的专一,都偏离了这层。正如王阳明所说,好色就一心在好色上，把好色当成了道；贪财就一心在贪财上，把贪财当成了道。

这就不是专一，看似诚心诚意地在做事，其实是在被物牵着走。专一，是炼心。那些看上去不以天理为主的聚精会神，不但不是专一，还是专一最大的敌人！

立志

问立志。

先生曰："只念念要存天理，即是立志。能不忘乎此，久则自然心中凝聚。犹道家所谓'结圣胎'也。此天理之念常存，驯至于美大圣神，亦只从此一念存养扩充去耳。"

【译文】

有人问如何立志。

先生说："只要心心念念存养天理，就是立志。能够不忘记这一点，久而久之，天理自然会在心中凝聚。就像是道家所说的修炼内丹一样。而心中时刻不忘存养天理，逐渐达到孟子所说的美、大、圣、神的境界，也只不过是从起初的念头不断存养、扩充出去的罢了。"

【度阴山曰】

从前，有两个生意人来到一片远离闹市的居民区。两人发现这里没有超市，于是几乎同时在居民区开起了便民超市。

甲的超市比乙的大，但一个月过后，生意惨淡，而乙的小超市风风火火，几乎成了所有居民的不二之选。甲大感不解，找到乙，询问诀窍。

乙也大感不解，他认为甲的实力比他的强，生意应该比他好，但结果竟然相反。

甲就观察乙的超市，发现超市的货物和自己的也差不多。不过有个小细节，乙的货物似乎都很接地气，而且摆放得也特别用心。

他问乙："你为什么要开超市？"

乙回答："我看到这里一个超市都没有，居民们肯定不方便，开这个超市就是方便他们的。"

甲说："我不这样想，我想的是，这是个市场空白，抢占市场空白，就抢占了利润。"

如果把甲和乙对为何开超市的答案看作立志的话，虽然都是开超市，但甲乙二人的"志"完全不同。

我们注意到，乙的"志"是方便当地居民，而甲的"志"是赚钱。

乙立下那样的志向后，如果他能不忘初心，就会为居民着想，就会用心，真正为居民提供便利。而居民认可他的真心后，就会把利润送给他。

甲的志向，看似很精确，其实犯了个大错：真正的志向，是一种情怀，而不是有具体的所指。

在王阳明看来，人如果有志向，并且坚定地走在通往志向的路上，那这个人肯定能成功。志向就是我们人生的指南针。

人之所以要有志向，还有个原因：每个人都会被身边的琐事缠绕，许多人总是抱怨当下，负能量特别多，这就是因为你没有志向。当你有个远大的志向，并特别坚定、特别专一地向志向奔走时，你哪里有时间去管那些鸡毛蒜皮的小事呢？

正所谓"将军赶夜路，不打野兔"。将军赶夜路肯定有大事，这大事就是志向，脚下的野兔就是我们平时遇到的琐碎小事，真正的将军，根本不会去打野兔来浪费时间和精力。

所以，立志可以让我们屏蔽掉身边鸡毛蒜皮的小事，让我们不抱怨，让我们轻装上阵。

王阳明能创建心学，和他的立志密切相关。在他十二岁时，就问老师，何谓第一等事，也就是人生志向是什么。

老师说："读书中举做大官，光宗耀祖。"

王阳明摇着他的大头说："不对，我认为人生第一等事，应该是做圣贤。"什么是圣贤，圣贤就是要立德立功立言，做到这一点，就能普度众生，也能度自己。

我们立志，不是立下想成为什么样的人这种志向，而是想做成什么样的事。用王阳明的说法，立志，就是心心念念存养天理。

这天理就是发自真诚地服务他人，而且毫无保留地付诸实践，最后成就自己。俗一点的讲法就是，为人民服务、天下为公，心怀他人，而不是全怀自己。

比尔·盖茨曾立下志向：要让所有的家庭都拥有一台计算机。倘若他当初立下的志向是要卖计算机给所有家庭来赚钱，恐怕就不会有今天的比尔·盖茨。

每一件事，都存养着为人民服务、天下为公、心怀他人，而非全怀自己的天理，这就是念念存养天理，就是立志。天长日久，就会有圆满人生。

最后，我们要说的是，王阳明在创建心学后制定的《王门四规》中，第一条就是"立志"，而在这里，他所谓的"立志"其实就是做个好人。什么是好人？不作恶就是好人，就是在存养天理。所以，立志说难很难，说不难，也非常容易。

以毒攻毒，方能治毒

"日间工夫，觉纷扰，则静坐；觉懒看书，则且看书。是亦因病而药。"

【译文】

"如果白天用功时，觉得受到干扰，那就静坐；如果懒得看书，那就看书。这也是对症下药。"

【度阴山曰】

宋初，南唐派使者到北宋东京（开封）贡献礼物。按传统，北宋须派出一位接待使到两国边界迎接。这本是常事，随便派出一位官员即可。但满朝文武得知对方使节是徐铉后，这事就成了难事。徐铉是南唐名臣，以擅长长篇大论名扬天下。据说此人能把死人说活，把活人说死。

北宋朝臣都知道这小子口才学识很厉害，所以犯了难，赵匡胤笑道："这有何难，顺手指了一个禁卫军说，就他吧。"

众臣都跳了起来，按规定，禁卫军都是不识字的。

赵匡胤不管，拍板道："就让他去接徐铉。"

那个大字不识的禁卫军和徐铉一见面，徐铉就开始口若悬河，滔滔不绝。随行来的宋人惊愕万分，但那个禁卫军毫无表情，只是"嗯嗯啊啊"地应着。徐铉说的每句话，到他这里都如同进了墓道。

徐铉开始时没有觉察，喋喋不休。在路上走了几天，徐铉一直没有得到该有的应答，也就没有兴趣滔滔不绝下去了。

徐铉后来见到赵匡胤，说话的兴趣全无，他到最后也没有搞明白，那个接待使到底几斤几两。

赵匡胤选使，用的招数叫"以毒攻毒"。以毒攻毒不是以硬碰硬，北宋人才济济，找到一个和徐铉水平差不多的不在话下。但没有必要，两强相争，尤其是动嘴皮子，即使赢了，输的人也是心上不服。那是不是要避开呢？也不行，遇事，必须积极面对，而不是逃避。唯一的办法就是"以毒攻毒"，你用口才好的"毒"，我就用口才不好的"毒"，两"毒"相遇，肯定是后者胜。这就叫"无为而无不为"。

王阳明在这里谈到的问题，和赵匡胤选使神似：白天用功时，觉得外部环境特别嘈杂，你深深受到影响，最好的办法不是跑到密室静坐，而是就在这个嘈杂的环境中静坐，一次不成，两次，两次不成，三次，必须勇于应事，直面困难。

这就是以毒攻毒。

不想看书，非要看书，这也是以毒攻毒。孔子说，君子不立危墙之下，王阳明却说，要立，因为你不立，就永远格不出面对危墙时的真理。如果你特别好色，那为了克掉这个人欲，就绝对不能见到美女就跑，而是要使自己适应美女，只是观赏而不亵玩。

办法就是以毒攻毒：先从看丑女开始，再看姿色一般的女子，拾梯而上，最后看美女，经过这番以毒攻毒后，你对色的敏感度降低，就格出了遇见美女时应该存的天理。

读过《西游记》的人都注意到，十万天兵天将不能捉住孙悟空，偏偏一个在人间的二郎神，捉住了孙悟空。这是因为，孙悟空是地上的神仙，二郎神也是，贼最了解贼，以贼攻贼，无往而不胜。

这就是以毒攻毒。

遇到事，很多人选择的是能避则避，实在避不了再面对。这样一来，不仅浪费了时间，反而会给自己增添心理负担。倒不如在遇到事时直接、快速面对，节省躲避的时间，这就是以毒攻毒。

人世间，最大的捷径就是直线，以毒攻毒、勇敢地面对就是直线。

好朋友vs坏朋友

"处朋友，务相下，则得益，相上则损。"

【译文】

"与朋友相处，务必相互谦让，这样才会得益，如果相互竞争比较，则会受损。"

【度阴山曰】

战国时，齐国宰相孟尝君乐善好施，求才若渴，手下门客几千人，好不热闹。孟尝君对门客说："我把你们当师长，当朋友，如果我有什么过错，你们一定要指出。"

门客们哇呀乱喊，都赞颂孟尝君乃千古第一完人，若想在他身上找到缺点，简直如大海捞针。孟尝君就在这些门客的吹捧中飘飘然。

后来，孟尝君被贬为平民，散伙时，他希望门客们跟着他，帮他东山再起，但门客们卷起铺盖，立即走人，连个招呼都不打。

孟尝君不由得感叹说："世态炎凉至此啊，朋友不过如此。"

再后来，孟尝君又恢复了荣誉和地位，那些门客又都跑回来，溜须拍马，好不恶心。

孟尝君很愤怒地道："你们这些禽兽不如的东西，当初走的时候多么干净利落。即使我今天有脸见你们，你们还有脸见我吗？"

门客们大笑道："你敢有脸见我们，我们就有脸见你啊。"

孟尝君把门客当好朋友，但显然，门客们根本不是他的好朋友，而是坏朋友。

孔子说，好（有益的）朋友有三种：正直的、诚信的、知识广博的；坏（有害的）朋友有三种：谄媚逢迎的、表面奉承而背后诽谤人的、善于花言巧语的。

如何判断一个人是好朋友还是坏朋友，孔子没有说。仅凭这些无法量化的正直、诚信、知识广博、谄媚逢迎、阳奉阴违、花言巧语的概念，我们无法知道谁是好朋友，谁是坏朋友。

王阳明给出一个方法：一定要在与朋友相处的过程中，看他是否诚信、正直，知识广博倒是其次的。谦让他而不是与他比高低，就能很快判断出他是坏朋友还是好朋友。

但说真的，朋友这玩意儿，有句话叫"臭味相投"，只要脾气对了，胃口对了，无论他对别人有多坏，对你都会很好。因为人都是有感情的，人性都是善的，大奸大恶之人，对他的家人和爱人，也会付出真情，无微不至。

什么是好朋友，什么是坏朋友，评价标准不是恒定的，更不是客观的。你的好朋友，只是你眼中的那人，而不是他本身。任何一个人都有优点，也有缺点，交朋友，只要记住一条：相互谦让，别相互竞争。

这就足够了。

大树理论——自以为是者，知识越渊博，就越危险

孟源有自是好名之病，先生屡责之。

一日，警责方已，一友自陈日来工夫请正。

源从旁曰："此方是寻着源旧时家当。"

先生曰："尔病又发。"源色变，议拟欲有所辨。

先生曰："尔病又发。"因喻之曰，"此是汝一生大病根！譬如方丈地内，种此一大树，雨露之滋，土脉之力，只滋养得这个大根。四旁纵要种些嘉谷，上面被此树叶遮覆，下面被此树根盘结，如何生长得成？须用伐去此树，纤根勿留，方可种植嘉种。不然，任汝耕耘培壅，只是滋养得此根。"

【译文】

孟源有自以为是、爱好虚名的毛病，先生曾多次批评他。有一天，先生刚刚批评过他，一位学友来谈自己修养的近况，请先生指正。孟源在旁边说："你才刚刚达到我以前修行的水平。"

先生说："你的毛病又发了。"孟源脸色通红，想要为自己辩解。

先生说："你的毛病又发了。"先生借此教导孟源，"这是你人生中最致命的病根！就像方圆一丈的地里种了一棵大树，雨露滋润，土壤栽培，只是滋养这棵大树的根。如果在这棵大树周围种些好的庄稼，上面的阳光被树叶遮蔽，下面的土壤为树根缠绕，这些庄稼怎么长得成呢？只有砍去这棵大树，将树根拔得一干二净，才可以种植这些好庄稼。如若不然，任凭你如何努力耕耘栽培，也不过是滋养这个树根罢了。"

【度阴山曰】

汉末的杨修，他名扬中国历史，靠的不是功绩，而是诸多小聪明。

关于他的小聪明，史不绝书，仅举几例。某次，曹操让人建造一座花园，建成之日，他去观看时，什么都没说，只取笔在门上写了一"活"字。

许多人都不明白。杨修跳出来道破天机："门内添活字，乃阔字也。曹先生嫌门太阔了。"

工匠们急忙把门改窄，曹操再来看，很高兴地问："谁告诉你们的？"

有人说："是杨修。"

曹操觉得杨修很聪明。

不久，有人给曹操送来酥饼一盒。曹操随手在盒上写了"一合酥"三个字，就放到了案头上。

杨修进来看见，就把酥和大家分吃了。

曹操问他什么意思。

杨修回答："丞相您盒上写着'一人一口酥'嘛，我们岂敢违背您的命令呢？"

曹操觉得杨修真的很聪明。

身为乱世丞相，曹操总是担心别人暗杀他，于是就吩咐侍卫说："我这人精神不好，即使睡觉，也会突然对近我身的人下杀手，你们千万不要在我睡梦中近身。"

侍卫们都遵令而行。但有一次，曹操"睡梦"中把被子蹬掉了，有个侍卫过来给他盖被，曹操抽出宝剑，宰了侍卫，然后继续睡觉。

醒来后，众人对他说了事情经过，曹操大哭，厚葬了那个侍卫。

事后，众人都认为曹操能梦中杀人。

只有杨修说："不是丞相在梦中，而是我们在梦中。"

曹操觉得杨修聪明过了头，但他决定再给杨修一次机会，可惜杨修没有珍惜。

大耳贼刘备亲率大军打汉中，曹操率大军迎战。

两军在汉水一带对峙。

曹操屯兵日久，进退两难。于是就对着厨师端来的鸡汤发呆，他看到碗底有鸡肋，有感于怀，正沉吟间。有将军入帐禀请夜间号令，曹操随口说："鸡肋！鸡肋！"人们便把这个号令传下去。

杨修听了，就开始在军营上蹿下跳，说丞相要撤兵，因为鸡肋这玩意儿，食之无味，弃之可惜。

曹操知道后，暴跳如雷，怒斥杨修造谣惑众，扰乱军心，于是将其斩首。

一代聪明人杨修，就这样没了。

杨修的确聪明，思维敏捷，很多别人制造的迷雾问题，他都洞若观火。王阳明的弟子孟源也具备这种才能，这位安徽滁州人，在王阳明身边多日，听了那么多心学课，却仍是一副自以为是的模样，惹得王阳明把他训斥得体无完肤。

杨修和孟源都有个共同点：炫耀时不知道这是小聪明，他们还以为自己良知很明。

孟源和杨修为什么被称为自以为是，而不是高度自信？原因如下：

第一，他们固然能发现问题的关键，但全部说了出来。

第二，他们发现的那些问题，其实都是小问题，人对于发现小问题的沾沾自喜，往往是难成大事的直观呈现。

第三，在无伤大雅的小问题上自以为是，是表演给别人看；高度自信，是表演给自己看。

第四，表面看上去他们知识很渊博，无所不知，其实只是读书读偏了，真正的读书人，是壮大自己，而不是炫耀自己比别人聪明。

人一旦自以为是后，就如王阳明所说，你学得越多，掌握的知识越渊博，其实就越给你带来伤害。因为自以为是是大树，遮蔽了你认知的一切，你唯一留下的只有那棵自以为是的大树，什么种子都不会发芽。

杨修如果不是饱读诗书，他不会有那么多才能，没有那么多才能，就不会猜中曹操的问题，不会猜中，就说不出来，这样他可能就会躲过一劫。

这就是"大树理论"——自以为是者，越是知识渊博，就越危险。

真理是简单的，不然，大家早就知道了

问："后世著述之多，恐亦有乱正学？"

先生曰："人心天理浑然，圣贤笔之书，如写真传神，不过示人以形状大略，使之因此而讨求其真耳；其精神意气，言笑动止，固有所不能传也。后世著述，是又将圣人所画，摹仿誊写，而妄自分析加增，以逞其技，其失真愈远矣。"

【译文】

陆澄问："后世的著述汗牛充栋，恐怕也会扰乱儒家的正宗吧？"

先生说："人心与天理本就浑然一体，圣贤将之写进书里，就像给人画像一般，只不过是给人看一个基本的轮廓，使得人们能够据此探求真正的心体；至于所画之人的精神相貌、言谈举止，本来就不太能表现出来。后世的许多著述，是将圣人所画的像再描摹誊写，又在里面加入许多妄自尊大的理解，试图展示自己的才能，这样就离真正的圣学越来越远了。"

【度阴山曰】

如果有人问你，"孝钦慈禧端佑康颐昭豫庄诚寿恭钦献崇熙配天兴圣显皇后"是谁，你大概答不上来。但如果有人问你，慈禧是谁，你一定知道。很多人总是把简单的东西搞复杂，就如慈禧太后这个谥号。同样，真理也是如此。

顾城说，我不知道什么是真理，但我知道，它一定是简单的，要不人早知道它了。

顾城说的是真理。

中国古人常讲，大道至简。意思是，真正的人生大道理，生存真理都是特别简单，妇孺能知的。孔子说，仁者爱人，这就很简单，要注意的是，孔子所谓的"人"可不是所有苍生，而只是当时的贵族阶级。墨子则说，要兼爱天下人。只要是个人，我们就都要爱。

如此简单的真理，被后人解释得神乎其神，复杂艰涩。"仁者爱人"四个字，就能写出一本书。

哪里有那么复杂？

只要发自真心地去爱别人就是了，搞那么多理论，把一个人人都能明白的真理解释得"山路十八弯"，最后连自己都蒙了。

王阳明说，真理这玩意儿就像一幅简单勾勒出的肖像画，大家一看，原来是这样。但自作聪明的人觉得圣人画的这画肯定没这么简单，于是左一笔右一笔地涂抹，最后，这幅画就成了一幅复杂的油画。

这样一来，就产生了两种恶果。

第一，真理这幅肖像画升级为油画，它就成了艺术。艺术不是人人都懂的，所以很多人就放弃了追求真理，放弃了遵循人生大道理。他们一致认为，真理这玩意儿是圣人玩的，咱们普通人怎么玩，咱们只能玩玩人欲。

第二，一旦对朴素的真理添油加醋，人就只会在理论上付出精力，而少了许多行动。最后导致的就是知行不一。

中国传统哲学，是以儒学为根基的。事实上，儒释道三家，道家哲学最深奥，其次佛家，最简单的才是儒家。中国人选择了最简单的儒家，而不是道、佛，已足以说明，真理就是最简单的，若想让所有人能知能行，只有最简易的哲学才可以。

孔孟之道，一以贯之，忠恕而已；阳明心学，一以贯之，这个"一"就是心，就是良知。为人处世凭良知，这就是阳明学的真理，非要把阳明学搞得高深莫测，不但是画蛇添足，而且是贻害众生，是人类的最大敌人。

我们常常为真理涂脂抹粉，掩盖了它的本来面目，我们要认清它，必须为它卸妆。这卸妆的工作是最难的，但最难的事，有人做得不亦乐乎，做得很成功。

对最简单的事情，我们却丧失了认清和处理它的能力。你对父母孝顺吗？你对工作忠诚吗？你对身边的人友好吗？这些简单的事，认识和做起来，在今天非常费劲。所以，顾城才说，真理一定很简单，否则，大家就都懂了。

不给真理涂脂抹粉，不把真理搞得复杂的唯一途径，就是遵循经典，回归本心。因为所有的真理、经典，说的都是一件事：真心！

阳明学大旨：对的时间，做对的事

问："圣人应变不穷，莫亦是预先讲求否？"

先生曰："如何讲求得许多？圣人之心如明镜。只是一个明，则随感而应，无物不照。未有已往之形尚在，未照之形先具者，若后世所讲，却是如此，是以与圣人之学大背。周公制礼作乐，以文天下，皆圣人所能为，尧舜何不尽为之，而待于周公？孔子删述六经以诏万世，亦圣人所能为，周公何不先为之，而有待于孔子？是知圣人遇此时，方有此事。只怕镜不明，不怕物来不能照。讲求事变，亦是照时事。然学者却须先有个明的工夫。学者惟患此心之未能明，不患事变之不能尽。"

曰："然则所谓'冲漠无朕，而万象森然已具'者，其言何如？"

曰："是说本自好，只不善看，亦便有病痛。"

【译文】

陆澄问:"圣人能够随机应变以至于无穷,难道不是因为预先都研究过吗?"

先生说:"怎么可能预先研究那么多事呢?圣人的心就如同一面明亮的镜子。正是因为镜子明亮,一旦有东西出现在镜子前面就能有所感应,没有东西能够不被照到。镜子过去所照的东西不会滞留在镜子里,未曾照过的东西也不可能事先就存留在镜子里,这是后世儒者的说法,与圣人的学问相悖甚远。周公制礼作乐、教化世人,这是任何一个圣人都能够做到的事,尧和舜为何不如此做,却非要等周公来做呢?孔子删述六经流传万世,也是圣人都能做的,周公为何不先做,非要等孔子来做?这是因为圣人只是在特定的时机,才会应对特定的事情。因此,做学问的人只要担心镜子是否明亮,不需要考虑事物出现在镜子前面时能否照见。探究时事的变化,也就像是拿镜子来照。然而,为学之人必须先下功夫,使得自己的心如明镜。为学之人只要担心自己的心不能明亮,而不必担心时事之变化无法穷尽。"

陆澄说:"那么程颐先生说'天地浑然未分时,万事万物的理就已经在冥冥之中',这句话怎么样呢?"

先生说:"这句话本身没错,只是后人并未好好地加以领会,也就有所偏颇了。"

【度阴山曰】

刘恒(汉文帝)某次遇到一侍卫,感觉很奇怪。因为这侍卫已经是胡子花白的老头,而担任侍卫的大都是年轻人。

于是,他和这老侍卫聊了起来。

老侍卫叫冯唐,是因美好的品德而被推荐上来的。刘恒很赞赏他的品德,但冯唐说:"我不但有品德,而且还有超凡脱俗的能力;我熟读兵书,能运筹帷幄、决胜千里之外。"

刘恒不禁叹息说:"若是在高祖(刘邦)时代,和匈奴开战,你一定会封侯拜相。"

冯唐说:"高祖在时,和匈奴打了败仗,后来再不敢提战争,我从那时就蹉跎岁月直到今天，怀才不遇，让人心死。"

刘恒很不高兴地说："上有圣明天子，下有礼仪之民，你怎么能说这种丧气话？"

冯唐反问："既然如此，为何我只能做个侍卫，而不是征战沙场的大将军？"

刘启（汉景帝）时代，冯唐仍然是个政府中的低级官职，刘彻（汉武帝）即位后要和匈奴开战，准备重用冯唐。但冯唐已老得不能走路，一生就这样过去了。

后人因此总结出个成语，曰"冯唐易老"。意思是，世界上有很多人，身怀绝技，却没有碰上好平台和机会，最终碌碌一生。

但事实真是这样吗？

王昌龄，盛唐时期的著名诗人，因一句"但使龙城飞将在，不教胡马度阴山"而名垂青史。

他说的飞将指的是汉代的李广。李广在刘彻反击匈奴的战争中，杀敌无数，功勋卓著，但始终未被封侯，所以他和冯唐联袂主演了"冯唐易老，李广难封"的著名悲剧。

王昌龄的时代，大唐强大到宇宙第一。王虽然是诗人，但总想建点功业，可惜没有机会，只好把李广拎出来，诉说衷肠。

李广无法被封侯，有各种原因，当时将星璀璨，李广绝对不是最好的那位，只是因为司马迁的情感倾向，后人添油加醋，把李广塑造成了悲剧英雄。

而王昌龄感觉自己怀才不遇，其实是无病呻吟。那个强大的时代，没有战争，一心想要在战争中建功立业的人是违背历史潮流的。

天下太多所谓怀才不遇的人，都是在没有龙的时代，学了一手屠龙之技，这种高超的技巧，有，等于没有。

有人问王阳明，圣人做事前是不是有所准备，有所预料。

王阳明的回答是，圣人又不是神仙，怎么可能预知未来的事，他们只是心如明镜，物来则照。不担心能否创建事功，只担心镜子是否明澈。

这段话的意思就是，圣人遇其时才有其事，时不来，不会去刻意争取，时来了，良知光明，自然就能水到渠成。

周公制礼作乐，尧舜也能。为何尧舜不为？因为那个时代，还不是制礼作乐的时候。周公也能创建儒学，为何要等到孔子来创建？原因就是周公那个时

传习录·上 053

代还不需要儒学。

人要成事,被万众瞩目,必须具备三大要素:才、气、势。

拥有改天换地的才能,无往而不利的气场,历史大势。心如明镜,除了自身才能,必须有观察大势的能力。

在什么样的时间就该做什么样的事。确切地说,在对的时间做对的事,这就是知行合一。对的时间,你的能力有了,事情其实也就成了。

李鸿章曾说,一代人只能做一代的事。这话乍一看像是废话,因为人不可能活两次。他其实想说的是,不要思考那么多身后的荣辱,专心做好时势所要求的当下的事情,无论成败,以后自然会有人给你接盘。

人之所以纠结,就是因为想得太多,在正确的时间没有做正确的事。有人之所以终生碌碌,也不过是因为在无数对的时间没有做对的事。

世界上有无数个冯唐、王昌龄,不值得替他们遗憾,逆流而上者,是可恨的,所以也就不可怜。

善恶没有止境,只能止于人心

"义理无定在,无穷尽。吾与子言,不可以少有所得,而遂谓止此也。再言之十年、二十年、五十年,未有止也。"

他日又曰:"圣如尧舜,然尧舜之上善无尽;恶如桀纣,然桀纣之下恶无尽。使桀纣未死,恶宁止此乎?使善有尽时,文王何以'望道而未之见'?"

【译文】

先生说:"义理没有固定的处所,没有穷尽的可能。我与你讲学,不能因为稍有所得,便觉得满足。即便与你再讲个十年、二十年、五十年,也没有止境。"

一天,先生又说:"圣人做到像尧和舜一样就足够了,但在尧舜之上,善也还未穷尽;恶人做到像桀和纣那样就十分可恶了,但在桀和纣之下,恶也并未穷尽。假如桀和纣不死，恶难道到他们那儿就终止了吗？假如善有尽头，周文王为何会'看到大道，却还像没有见到一样'呢？"

【度阴山曰】

传说中，尧、舜是天底下一等大善人。尧就像太阳，无时无刻不照料着天地万物，直到死去；舜更不用说，即使他的老爹和弟弟三番两次谋杀他，但他仍然秉承孝悌之道。两人的善，被后来的儒家门徒奉为善的最高级，无人可以超越。

至于恶的代表人物，非桀、纣莫属。纣好像是桀的转世，两人恶的形式都那么相似：都毫无底线地奢侈，喜欢美女，诛杀忠臣，与人民为敌。人民一听到他们的名字，就魂不附体，如果不是商汤和周武王横空出世，干掉了他们，不知道天下苍生要受多少苦。

王阳明说，义理没有固定的处所，也没有穷尽的可能。所谓义理，就是善，善没有穷尽的可能，我们终生追求善、行善，就算活上一万年，也见不到它的止境。

善的对立面——恶，同样如此。为善为恶，都没有止境。

如此一来，你就明白了，为何有些人为善，却不得善终；有些人为恶，却寿终正寝。原因就在于，他们的为善和为恶都没有抵达最高峰，所以，善恶终有报，却未必是善有善报恶有恶报。

那么，既然为善为恶，都没有止境，我们为什么要为善而不能为恶呢？

因为，无论为善还是为恶，关键点在心安。你若做件坏事，是心安的，那你就做；你若做件好事，是心不安的，那你就不要做。

问题恰好相反，我们做好事时是心安的，做坏事时是心不安的。所以，相对于我们的心而言，为善是天理，为恶是人欲。

为善为恶，看似没有止境，但其实止境就是我们的心。

桀、纣的心始终停留在恶那里，于是一直为恶；周文王的心始终停留在善那里，所以一直为善，而且风雨不改，雷打不动。

阳明心法：事上磨炼

问："静时亦觉意思好，才遇事便不同。如何？"

先生曰："是徒知静养，而不用克己工夫也。如此，临事便要倾倒。人须在事上磨，方立得住，方能'静亦定，动亦定'。"

【译文】

陆澄问："静守时感觉不错，但遇到事情就感觉不同。为何会如此？"

先生说："这是因为你只知道在静守中存养，却不去努力下克制私欲的功夫。这样一来，遇到事情就会动摇。人必须在事情上磨炼自己，这样才能站得稳，达到'无论静守还是做事，都能够保持内心的安定'的境界。"

【度阴山曰】

有部叫《双旗镇刀客》的电影，主人公是个小孩，武器是双刀。后来他干掉了号称一刀仙（大概是杀人只用一刀）的第一大坏蛋。

但和一刀仙决斗前，他心惊胆战，毫无信心，还请了位吹牛皮的高手。因为那位吹牛皮的高手不敢来，所以小孩只好硬着头皮上了，结果却大大出乎他的意料。

这部影片如果从心灵鸡汤的角度来讲，它告诉我们，千万别小看了自己。从阳明心学的角度来讲就是，你不去事上练，就永不知道自己到底有多厉害。

南宋中期，有位叫郭倪的官员，认定一条真理：世上没有读书人不会的事。他认为，文人带兵，就如老猫捕鼠，手到擒来。所以，他向来认定自己是"大宋诸葛亮"。

为了和诸葛亮有贴心的感觉，郭倪在自己的扇子上面郑重地题下"三顾频烦天下计，两朝开济老臣心"。在屋舍中的墙壁上写满了"伯仲之间见尹吕，指挥若定失萧曹"这类赞颂诸葛亮的诗句。

郭倪的种种行为艺术传到了权臣韩侂胄耳里，韩侂胄大喜过望，任命他为北伐军总司令，征伐金国。

接受重任的郭倪扬扬得意，在地图上排兵布阵，指挥若定，口若悬河。众人都认为他真的是在世诸葛亮。

可惜，他指挥的大军在几个月的时间里被金军打得屁滚尿流，这位"大宋诸葛亮"更是带头落荒而逃。

经过这么一仗，大家也都看清了郭倪"纸上谈兵"的草包本质，对其鄙视之余，干脆给他起了个新的外号：带汁诸葛亮。

这个故事告诉我们，不去事上练，你永远不知自己的良知有多小。

"克己"是克制私欲、存天理、去人欲的意思。王阳明说，人必须去事上磨炼，其实就是要克己。但怎样克己呢？

整日端坐，想尽各种方式抵御诱惑，这算克己吗？

根本不算，因为没有现实的诱惑在，你把自己想得多么伟大都可以。

人必须去经历诱惑的事，只有在事情上抵御住诱惑，才算是克己了。

为什么要去事上磨炼呢？

因为你的心在腔子里是心，到事物上才是理。若没有理，也就等于你没有心，因为心即理。

去事上磨炼，得到的种种道理，无论是好的还是坏的，都是在磨炼你的心。

有人号称是有良知的人，必是他做了很多有良知的事，否则，众人怎么可能知道他是有良知的人呢？

良知必须体现到现实中来，才是真良知，你也才能知道你的良知到底多光明，多黑暗，多大！

只顾眼前利益，才是大赢家

问上达工夫。

先生曰："后儒教人，才涉精微，便谓'上达'未当学，且说'下学'。是分'下学''上达'为二也。夫目可得见，耳可得闻，口可得言，心可得思者，皆下学也；目不可得见，耳不可得闻，口不可得言，心不可得思者，'上达'也。如木之栽培灌溉，是'下学'也；至于日夜之所息，条达畅茂，乃是'上达'。人安能预其力哉？故凡可用功、可告语者皆'下学'，'上达'只在'下学'里。凡圣人所说，虽极精微，俱是'下学'。学者只从'下学'里用功，自然'上达'去，不必别寻个'上达'的工夫。"

【译文】

陆澄向先生请教如何通达天道的功夫。

先生说："后世的儒者教导人，才涉及精深细微之处，就说这是'上达'的学问，现在还不到学习的时候，然后就去讲'下学'的功夫。这是将'下学'与'上达'分开了。眼睛能看到、耳朵能听到、嘴上能表达、心里能想到的学问，都是'下学'；眼睛看不到、耳朵听不到、嘴上说不出、心里没法想的学问，都是'上达'。就好比是种树，栽培、灌溉即是'下学'；树木日夜生长、枝叶繁茂，即是'上达'。人又怎能强制干预呢？所以，那些可以用功、可以言说的都是'下学'的功夫，而'上达'就包含在'下学'里。但凡圣人所说的道理，即便再精深、微妙，也都是'下学'的功夫。为学之人只要在'下学'上用功，自然能够'上达'，不必去别处寻找'上达'的功夫。"

【度阴山曰】

刘秀（汉光武帝）年轻时在一次酒局上喝多了，于是他爬上桌子，用筷子敲打着饭碗，吼叫着："诸位诸位，如今的政治看似风平浪静，其实暗流涌动，将来天下必将大乱。男儿志在四方，大家都说说自己的凌云壮志。"

众人纷纷诉说自己的雄心，轮到刘秀，他摇摇晃晃地在桌子上说："我的壮志就是，娶妻当娶阴丽华（当时美女），做官当做金吾卫（皇家卫队首领）。"

大家哄堂大笑，有人讥笑他："刘秀，你也算是皇族中人，这是什么狗屁雄心，太不符合你的身份了。"

刘秀说："没有雄心，就是最大的雄心，咱们走着瞧。"

几年后，绿林赤眉大起义，中原鼎沸，五花八门的英雄豪杰都走向战场，决心用枪杆子发家致富。刘秀自然也在其中。

刘秀因为有皇族的旗子，所以很快就招揽了一批人为他效力，但他的魄力或者说是雄心低于其他人，所以发展缓慢。

天下所有的豪杰们都在努力争夺龙椅时，刘秀一直默默无闻。他和哥哥后来投奔了北方最大的实力派刘玄，刘玄对刘秀的哥哥说："你弟弟呀，将来会比你强。"

刘秀的哥哥问："为什么？"

刘玄阴冷地一笑说："他无大欲无大求。"

刘秀的哥哥哑然失笑道："你错了，人非要有雄心壮志，才可成大事。我弟弟没有雄心，很难成大事。"

后来，刘玄把拥有雄心壮志的刘秀的哥哥宰了，刘秀忍住悲痛，在刘玄面前强颜欢笑。刘玄最终放了刘秀一马，并让他去河北开拓市场。

刘秀一到河北，听过他大名的人都跑来跟随。很快，他就组建了一支足以和任何军阀抗衡的兵团。后来，他建立东汉政权，统一中国。

元朝末年，朱元璋在寺庙里当和尚。当时天下大乱，无人烧香拜佛，所以寺庙里的日子尤其清苦。朱元璋吃了上顿无下顿，只好离开寺庙，到处要饭（佛家称为化缘）。

在乞讨过程中，朱元璋注意到农民起义风起云涌，也遇见些农民起义军，对他们的印象极为深刻。而这深刻印象就是，他们常常喝酒吃肉。

朱元璋在心里对自己说：我一定要过上这种好日子。

后来，他参加了起义军，因作战勇敢，智慧百出而在军中站稳脚跟。再后来，他当上了最大起义兵团的司令，然后先后灭掉了两个实力派起义兵团。1368年，他在江苏南京称帝，建立明王朝。

称帝后的某一天，朱元璋心烦意乱地找刘伯温聊天。

他对刘伯温说："我跟你说个秘密，你不要传出去。早些年做和尚时，我的雄心壮志就是吃饱饭。后来参加了农民军，有点改变，只是想打家劫舍，想不到弄假成真，做了皇帝。我这个心啊，现在总是忽上忽下的，不安定。"

刘伯温说："这就对了，您的雄心壮志跟您所处的当下有关，一个成功的人，看似没有雄心壮志，其实他是在认真地走好当下的每一步，这就是最大的雄心。没有雄心，就是最大的雄心。"

大部分历史伟人回顾或者是别人撰写他们的人生履历时，我们都会发现，他们从小就树立了远大的理想，或者说是雄心壮志。我们不必对此当真，因为为了渲染他们的超级能力，历史学家使用了"事后追溯"的手法，以引导我们相信，伟大人物从小就不平凡。

其实人性化地讲，你忍心让一个人在10岁的时候就决定自己未来一辈子要做什么吗？你又怎么可能在10岁或者15岁又或者20岁时就故步自封地为自己树立个壮志，无论客观环境如何改变，都矢志不渝？

有人问王阳明：如何通达天道？其实也就是问，如何树立和实现远大理想。

王阳明说，种下一棵树，别管它到底长多大，只要尽心尽力灌溉培育就是了。

上达在下学里，下学就是努力做好眼前的事，做好眼前的事，上达就在其中。

看似只顾眼前，没有雄心，其实这才是最大的雄心。

什么是工匠精神

问："'惟精''惟一'，是如何用功？"

先生曰："'惟一'是'惟精'主意，'惟精'是'惟一'功夫。非'惟精'之外复有'惟一'也。'精'字从'米'，姑以米譬之：要得此米纯然洁白，便是'惟一'意，然非加舂簸筛拣'惟精'之工，则不能纯然洁白也。舂簸筛拣是'惟精'之功，然亦不过要此米到纯然洁白而已。博学、审问、慎思、明辨、笃行者，皆所以为'惟精'而求'惟一'也。他如'博文'者即'约礼'之功，'格物致知'者即'诚意'之功，'道问学'即'尊德性'之功，'明善'即'诚身'之功，无二说也。"

【译文】

陆澄问："如何做'精研'和'专一'的功夫？"

先生说："'专一'是'精研'所要达到的目的，'精研'是'专一'的实现手段。不是在'精研'之外另有'专一'。'精'字是米字旁，姑且就用米来做比喻：要使得大米纯净洁白，便是'专一'的意思，但是如果不对米进行舂簸筛拣精选，那么大米便不能纯净洁白。舂簸筛拣便是'精研'的功夫，其目的也只不过是使大米纯净洁白罢了。博学、审问、慎思、明辨、笃行，都是通过'精研'来达到'专一'的目的。其他诸如'博文'是'约礼'的手段，'格物致知'是'诚意'的手段，'道问学'是'尊德性'的手段，'明善'是'诚身'的手段，其中的道理都是一致的。"

【度阴山曰】

很久以前，有个厨子叫庖丁，此人最擅长的就是杀牛。他给魏王现场表演宰牛，手所接触的地方，肩膀所依靠的地方，脚所踩的地方，膝盖所顶的地方，都哗哗作响，进刀时音律和谐，看他宰牛，哪里是看宰牛，简直是在欣赏一场艺术。

魏王看到最后，眼睛都直了，问他："你宰牛的技术怎么高超到这种程度？"

庖丁平静地回答道："要依照牛体本来的构造去宰去解，刀刃要始终像刚磨过一样锋利。每当碰到筋骨交错、很难下刀的地方，便要格外小心，提高注意力，动作缓慢，把视力集中到一点……"

这就是庖丁解牛。它给我们熬了一碗这样的鸡汤：做任何事只有做到手到、眼到、神到、心到，才能创造奇迹。

最终的一点就是要心到，以阳明心学的语境而言，就是用心。用今天的话语来讲，就是工匠精神。

工匠精神，说得假大空一点则是，不要把工作当成谋生的工具，要树立一种对工作执着，对所做事情、所制产品精益求精、精雕细琢的精神。

说得朴实一些就是，把最简单的事、最简单的动作，不停地用心重复，做到极致，到最后，你就是大师。

归根结底，就是用心。

北宋初期，皇帝赵匡胤要把封禅寺扩张为开宝寺，该工程的带头人是当时最牛的建筑师喻浩。喻浩接到任务后，整日在工地东量西测，三过家门而不入。他事无巨细，全部躬行，甚至是挑选搬运工人，都要亲自面试。

几个月后，开宝寺建成，政府派人来检查。开宝寺从里到外，处处体现着喻浩的匠心独运，但就在众人的赞叹声中，有人突然发现，开宝寺塔身不正，很明显地向西北方倾斜，也就是说，大名鼎鼎的建筑师喻浩把这个工程搞砸了。

为什么塔是歪斜的呢？

喻浩揭开谜底，他说，京城（开封）这个地方平坦无山，总刮西北风，所以我把塔建成向西北方倾斜的样子，一百年后，风就会把它吹正。

普通人的认识中，一个建筑师，只要把建筑本身打造完美就万事大吉了，但喻浩还在建筑本身之外充分考虑了气候因素。这就是用心！

没有这种用心的精神，喻浩只能是个伟大的工匠，而有了这种用心的精神，喻浩就成了大师。

精研、专一，说的就是这种用心精神。王阳明以米为喻：我们若想吃到纯净洁白的米，必须聚精会神地用心精研，把米舂簸筛拣精选，做到这一点，就会抵达专一境界。

心即理，人的心是无穷的，因为我们心上有个良知，肯用心就是肯致良知，良知无所不能，肯致良知，就能解决人生中的一切问题。肯用心，就有无限可能，就能达到无限阔达的人生境界。

致良知的过程，就是用心的过程，就是工匠精神的展现。

在我们的生活和工作中，总能见到那些把工作和生活打理得特别好的人，做同样一份工作，他就是做得比你好。就如同样建造一座塔，喻浩就比你想得多。大家的智商层面都差不多，之所以造成这种结果，只有一个原因，那就是大家用心的程度。

工匠精神，就是用心！

人生最遗憾的，就是做了很多半途而废的事

"知者行之始，行者知之成。圣学只一个功夫，知行不可分作两事。"

【译文】

"知是行的开端,行是知的结果。圣人的学问只有一个功夫,知与行不可分作两件事。"

【度阴山曰】

东汉时,河南郡有位奇女子,没有留下姓名,只知道她老公叫乐羊子,于是后人称她为乐羊子妻。

乐羊子后来出去寻师求学,一年后归来。

乐羊子妻问他:"你学成了?"

乐羊子摇头说:"出门时间太长,想家了。"

乐羊子妻突然就操起一把刀走到织布机前:"这机上织的绢帛产自蚕茧,成于织机。一条丝一条丝地积累起来,才有一寸长,一寸寸地积累下去,才有一丈乃至一匹。但我现在将它割断,就会前功尽弃,从前的时间和精力等于浪费了。"

这碗鸡汤令乐羊子羞愧地低下了头。

乐羊子妻继续阐释她的纺织观点:"读书也是这样,你积累学问,应该每天获得新的知识,从而使自己的品行日益完美。如果半途而归,和割断织丝有什么两样呢?"

如你所知,乐羊子被老婆这段话感动,跑出去七年都没有回家,后来终于学业有成。

《中庸》说:"君子遵道而行,半涂(即"途")而废,吾弗能已矣。"这就是"半途而废"的典故。

大家可能看过这样一幅漫画,一个挖井人,挖了很多坑,有的坑下面就是水源,但他没有挖下去,而是潇洒地扛着铁锹离开了。

人生在世往往做事半途而废,为什么会如此,原因只有一个:没有搞明白知和行的关系。

王阳明认为,最完美的人生体验,就是知是开始,行是结束,如同一条直线的两头,离了哪一头,都不是直线,也不是完美。

半途而废,就是我们只有直线的开头,却没有这条直线的结尾。

知，是良知，只有我们依凭良知判定的行动，才是好的开头，也才能有好的结尾。那些半途而废的人，往往都是没有依凭良知的判断去行动，所以虎头蛇尾。

如果我们的视听言动都是发自良知，那当我们遇到困难时就会回溯起始点。一旦我们知道起始点是正确的，我们就会一往无前，绝不会被困难阻挠。最终，就能达到知行合一。

圣人的学问，只是一件：知行是一回事，绝不会分成两件事。

没有行动到底，就没有开花结果，没有开花结果的行动，就不是真的知，直白而言，就不是良知，而只是简单的知道。

真正的宁静，就是去事上练

问："宁静存心时，可为'未发之中'否？"

先生曰："今人存心，只定得气。当其宁静时，亦只是气宁静，不可以为'未发之中'。"

曰："'未'便是'中'，莫亦是求'中'功夫？"

曰："只要去人欲、存天理，方是功夫。静时念念去人欲、存天理，动时念念去人欲、存天理，不管宁静不宁静。若靠那宁静，不惟渐有喜静厌动之弊，中间许多病痛，只是潜伏在，终不能绝去，遇事依旧滋长。以循理为主，何尝不宁静？以宁静为主，未必能循理。"

【译文】

陆澄问："在宁静之中存心养性，这算不算是'感情未发出来时的中正'呢？"

先生说："现在的人存心养性，只是使气不动。当他平静的时候，也只不过是气得到平静，不能认为是'未发之中'。"

陆澄说："未发出来便是中道，这不也是求'中'的功夫吗？"

先生说："只有摒弃私欲、存养天理，才能算是功夫。在平静时心心念念要摒弃私欲、存养天理，在行动中也要心心念念摒弃私欲、存养天理，无论外在是否平静都要如此。如果只一味依靠外在的平静，不但会逐渐养成喜静厌动的弊病，还会有许多其他的毛病，只是潜伏着，终究不能根除，一遇到事情便会滋长。只要内心时刻依循天理，又怎会不平静呢？然而仅仅追求平静，未必能够依循天理。"

【度阴山曰】

隋朝末年，群雄并起，争夺天下，其中李渊、李世民父子兵团最出类拔萃。当李氏兵团进入河南少林寺后，少林寺认定李世民是真龙转世，想帮助李世民快速统一中国。

于是，少林寺一些老僧人组织起来，有文有武。文的负责给李世民念经祈祷，武的负责上战场，凭借少林寺绝学建立功业。

遗憾的是，武僧们一上战场，就被敌人打得鬼哭狼嚎，表现乏善可陈。

少林和尚，常常"嘿哈"地练武，但他们也有专业功课，那就是静坐。和尚的居所，大都在深山老林的幽静之处，这就是试图靠外在的平静使内心平静。

不过正如王阳明所说，人长期处于外在宁静的状态中，就会养成喜静厌动的毛病，这些毛病在平时不会发作，一遇事马上就会显露出弊端来。

朱由检（崇祯）末年，半吊子心学大师刘宗周在朝中担任要职，朱由检面对风起云涌的反抗军和满洲人的不断侵袭，手足无措。

他问刘宗周："天下如何能宁静？"

刘宗周回答："心静则天下静。"

如你所知，刘宗周是个半吊子心学家，他根本不懂心学的真谛。

朱由检问："如何才能快速有效地解决盗贼问题？"刘宗周回答："以仁义治国。"

这是儒家最蹩脚处，正如一房屋失火，儒家不教人如何灭火，反而就在火堆旁大谈如何防火。乍一看，感觉他们好像什么都不懂，其实正是他们的主张——静——在支配着他们。

王阳明认为，人常常喜欢安静，并且在安静中修炼，这等于是自掘坟墓。人生中有很多问题，都不是能靠宁静解决的，必须跳出宁静，去事上磨炼，才能在遇到问题时，快速有效地解决。遇到问题，大谈仁义道德，这是智障做的事。

人类历史上，有太多这样的人，正如心学家李贽所讽刺的那样：这些人无事时只知"打躬作揖""同于泥塑"（指朱子教人习静坐和闭目反思的训练），而国家"一旦有警，则面面相觑，绝无人色"，以至于"临时无人可用"。

宁静不是不可以，但在宁静中要有存养天理的意识，这存养天理的意识必须成为经验，而经验必须去事上磨炼。

所以，纯粹的宁静，只是枯木死灰，于事无补，相反，还会给当事人带来更大的灾难。

真正的宁静，是"鹰立若睡，虎行似病"。老鹰在山巅休息时，像是睡着了，但它时刻在监控着猎物，老虎行走时半死不活，可一旦发现猎物，立即就能发出雷霆一击。

能有这样的效果，全在于它们平时的训练——小鹰和小老虎就没有这样的本事——所谓宁静，其实是在休养生息，当转化成动时，就会天地失色。

何谓正确：对的时间、对的空间做对的事

问："孔门言志，由、求任政事，公西赤任礼乐，多少实用。及曾皙说来，却似耍的事，圣人却许他，是意何如？"

曰："三子是有意必，有意必便偏着一边，能此未必能彼。曾点这意思却无意必，便是'素其位而行，不愿乎其外，素夷狄行乎夷狄，素患难行乎患难，无入而不自得矣'。三子所谓'汝，器也'，曾点便有'不器'意。然三子之才各卓然成章，非若世之空言无实者，故夫子亦皆许之。"

【译文】

陆澄问："孔门的弟子各谈志向，子路、冉有想从政，公西赤想从事礼乐教化，多少有点实际用处。等到曾皙来说，却跟玩耍似的，但圣人偏偏赞许他，

这是何意？"

先生说："其他三人的志向多少都有些主观和绝对，而有了这两种心态的影响就会偏执于一个方面，能做这件事就未必能做那件事。曾皙的志向却没有主观和绝对的意思，这就是'在其位而谋其政，不做超出自己分限的事，身处荒蛮之地便做身处荒蛮之地该做的事，身处患难之时便做身处患难时该做的事，无论何种情况都能恰当自处'。其他三人是孔子所说的具有某种才能的人，而曾点便有点不拘泥于某种特定才能的意思。不过其余三人的才能也各有过人之处，并非当今许多只会空谈却无实干才能的人，所以孔子也都认可他们。"

【度阴山曰】

"但教方寸无诸恶，狼虎丛中也立身"，讲出这句话的人是五代时期的冯道，这个效忠于四朝十个皇帝的自封"长乐老"的人，常常被宋代的士大夫们攻击。

如果我们仔细梳理冯道的仕途，则会发现，他所建立的功勋，比那些道貌岸然，整日对他人进行道德攻击的人强百倍。

冯道年轻时，家境贫寒，他在劳作之余读书写文，在艰难困苦中锻炼自己。后来因为学识广博，被日后的皇帝李存勖重用。在军中，冯道艰苦朴素，睡的是茅草席，吃的是粗茶淡饭，别人都以为他很苦，他却乐在其中。

在他后来为另外几个皇帝效力时，冯道总是提出各种建议，要他们关注民生，关注天下太平。李嗣源（后唐明宗）曾问他："天下战乱何时能休？"冯道回答他："只要等一位真英雄出世，而我们现在能做的只是尽力行好事，等这位大英雄的出现。"

后晋末年，耶律德光进攻中原，取得天下，准备杀光中原人。

冯道劝阻说："天下如此大乱，百姓如此凄惨，只有佛才能解救他们，而您就是佛。"

这一句话，就让耶律德光改变了主意，冯道因此而拯救了成千上万的黎民百姓。

欧阳修批评冯道，说他毫无羞耻心，侍奉完这个皇帝就侍奉另外一个皇帝，真正有廉耻的人应该是不事二主，不嫁二夫。

但是，冯道能在危险的情境下，解救很多人的性命，这就是大义，这就是最大的羞耻心。

五代时期，乱哄哄一片，冯道适应了十几个皇帝的作风，在虎狼丛中立身，明明德，亲民。这就是在对的时间、对的空间里做对的事。

孔子赞赏曾皙，因为曾皙心上没有主观和绝对，没有把自己限死在一个所谓的人生规则中，所以他一定是个能在任何时间和空间，做正确事情的人。

何谓正确？无非适应所有的空间，在各种空间里做符合天理的事——身处荒蛮之地便做身处荒蛮之地该做的事，身处患难之时便做身处患难之时该做的事，无论何种情况都能恰当自处。

这个"恰当自处"，就是适应各种情景做正确的事。

你在屠宰场，就不能念佛、假慈悲；你在寺庙，就不能谈屠宰猪羊的事，空间变了，你也要随着改变，而不是胶柱鼓瑟，刻舟求剑。

人处清净时，谈仁义道德，谈心性大义，易如反掌。只有在身处逆境、困境时，还有仁义道德、心性大义在骨子里，并且将其呈现出来，才是真的不易，才是真的伟大！

远大理想和谋生目标不同

问："知识不长进，如何？"

先生曰："为学须有本原，须从本原上用力，渐渐'盈科而进'。仙家说婴儿，亦善譬。婴儿在母腹时，只是纯气，有何知识？出胎后，方始能啼，既而后能笑，又既而后能识认其父母兄弟，又既而后能立、能行、能持、能负，卒乃天下之事无不可能。皆是精气日足，则筋力日强，聪明日开，不是出胎日便讲求推寻得来。故须有个本原。圣人到'位天地，育万物'，也只从'喜怒哀乐未发之中'上养来。后儒不明格物之说，见圣人无不知、无不能，便欲于初下手时讲求得尽。岂有此理！"

又曰："立志用功，如种树然。方其根芽，犹未有干；及其有干，尚未有枝；枝而后叶；叶而后花实。初种根时，只管栽培灌溉，勿作枝想，勿作叶想，勿作花想，勿作实想。悬想何益？但不忘栽培之功，怕没有枝叶花实？"

【译文】

陆澄问："知识没有长进，该怎么办？"

先生说："为学必须有个本原，从本原上下功夫，循序渐进。道家用婴儿做比喻，也十分精辟。婴儿在母亲腹中，只是一团气，有什么知识？出生后，一开始能哭，继而能笑，再然后可以认得父母兄弟，再然后可以站立行走，能拿东西能负重，最后世上各种事情都能做。这都是因为婴儿的精气日益充足，筋骨力量日益增强，耳目的聪明日益增长。并不是婴儿一出生就可以推究到这个地步。因此才需要有个本原。圣人达到'天地各安其位、万物生长繁育'的境界，也只是从'喜怒哀乐未发之中'培养出来。后世的儒者不明白格物的学问，看到圣人无所不知、无所不能，便想在初学时就达到这样的境界。哪有这样的道理呢！"

先生又说："立志下功夫，就像种树一样。刚有根芽的时候，还没有树干；等到有树干了，还没有树枝；有了树枝之后，才会发叶；发叶之后才会开花、结果。起初种下根芽的时候，只需要栽培灌溉，不必想到往后的枝、叶、花、实。空想这些有什么用？只要不忘栽培灌溉的功夫，何必担心没有枝、叶、花、实？"

【度阴山曰】

有个寓言说，有两个猎人去打猎，他们看到天上飞过一只鸟，于是将箭上弦。正要拉满弓，其中一人说："咱们烤了吃。"另外一人不赞同，说要红烧。两人吵起来，吵了许久，鸟已经飞走了，二人连根鸟毛都没有得到。

很多人都树立过远大理想，于是就像鸭子一样伸出脖子，盯着那个理想，忘记了脚下的路该怎么走。

人树立大理想，没有问题，这就譬如爬山，大理想是山顶，可我们千万别忘了小理想，这个小理想就是脚下的每一个台阶。

站在第一级台阶，最现实的理想就是如何爬上第二级台阶，而不是山顶。

远大理想这玩意儿，千万别说出来，即使说出来，也千万别当真。远大理想是成功后才能说的，而且说得越烂漫，就越吸引人。

那些成功的人，往往都是埋头苦干。正如王阳明所谓的种树一样，种下根芽后，只需要栽培灌溉，不必想到往后的枝、叶、花、实。空想这些有什么用？只要不忘栽培灌溉的功夫，何必担心没有枝、叶、花、实？

要获取我们需要的成功，至少要注意以下几点。

第一，我们所树立的理想必须是以良知为灵魂的。确切地说，是发自我们本心的，有益于大多数人的理想。

第二，一旦树立这种理想后，就不要总时常挂念它，只是一门心思地去做些符合道义的事，尽一切可能无限地接近它。关注当下，把当下的每一步走好。

第三，远大理想和谋生目标截然不同。开个商店，只是为了糊口，但开个跨界超市，就是为了满足大多数人的需求，是为远大理想。

人生的成功就是每一个正知正念主导下的细节的链接，这是一条悠长的链条，缺少哪一环都不成。因此，现在就立下伟大志向，然后暂时忘记它，走好每一步。

怎样读书最有效

问："看书不能明，如何？"

先生曰："此只是在文义上穿求，故不明。如此，又不如为旧时学问。他到看得多，解得去。只是他为学虽极解得明晓，亦终身无得。须于心体上用功，凡明不得、行不去，须反在自心上体当，即可通。盖四书、五经不过说这心体。这心体即所谓道，心体明即是道明，更无二。此是为学头脑处。"

【译文】

陆澄问："看书却不能明白其中的含义，该怎么办？"

先生说："这是因为仅仅在文字意思上探求，所以才不能明白。要是这样，还不如专做朱子的学问。朱子的学问看得多了，意思自然能理解得明白。只是朱子的学问虽然讲得十分明白，但对于自己终其一生而了无所获。所以必须在自己的心体上用功，凡是不明白、行不通的地方，需要返回自己的心中去体会,这样自然会想得通。四书、五经也不过是说这个心体。这个心体便是道,心体明白,就是大道彰明,两者是一致的。这就是为学的宗旨。"

【度阴山曰】

北宋开国宰相赵普,足智多谋,总能在最复杂的情况下做出最精准的判断,从而解决别人无法解决的困难。

皇帝赵匡胤曾问他:"你是天纵英才,还是后天修炼所得?"

赵普回答:"世上有几个圣人?我当然是后天修炼所得。"

赵匡胤又问:"怎么个修炼法?"

赵普回答:"读书啊。"

"你读过多少书?"

"数不过来,万卷是破了。"

赵匡胤不禁称赞起来,对身边的老弟赵光义说:"瞧见没有,还是要多读书。"

后来,赵光义继承帝位,继续任用赵普,赵普又兢兢业业辅佐赵老二。再后来,赵普老了,临死前,他让人把一个箱子交给赵光义,说:"告诉皇上,我毕生所读,尽在其中。"

赵光义接到箱子,听了传话人的话,大惑不解,箱子太小,实在装不了万卷书。

他打开箱子,只见里面躺着本破破烂烂的《论语》,拿起来一看,居然还是半部。

这就是赵普"半部论语治天下"的典故。

显然,赵普犯了欺君之罪。他为什么要欺君,据野史猜测说,如果他对赵匡胤坦白自己只读了半部论语,那赵匡胤肯定打死都不信,因为在人们刻板的印象中,人只有读书越多,才会越聪明。赵匡胤不相信,就不会信任他,他的宰相之位恐怕就不保了。

但是,赵普的读书方法其实有些不靠谱。明代心学大师王阳明创建心学后,有弟子问他:"该如何读书?"

王阳明回答:"读经典(儒家经典)。"

弟子再问:"经典就那么几本,读了真有效吗?"

王阳明回答："当然有效。所谓经典，全是古人呕心沥血以良知创作而成，它说的全是人性的事，如果你对人性了如指掌，世上还有什么事不能了解，不能做到？"

众弟子不禁赞叹起来，王老师能创建一门学说，并立下赫赫战功，德行高超，全是因为只读那几本经典的缘故啊。

但是，他们不可能不知道，王阳明在创建心学之前，可谓无书不读，正是因为有这些阅读积累，他才能从量变到质变，创建心学。

这也就是说，王阳明给弟子们的读书建议值得商榷，他因为读了太多书，知道什么是有用的，什么是无用的，可他的弟子们没有他的经历。没有经历，就没有体悟，没有体悟，却照搬别人的鸡汤，非中毒不可。

王阳明在给家人的信中，提出了最有效的读书方法。第一步，泛读，有书就读；第二步，精读，挑选你认为最好的书，持续不断反复地读；第三步，是最重要也是最要命的，那就是自得于心。

什么是自得于心？那就是形成自己的思想。不形成自己的思想，就算你读书破百万卷，也是个有脚书橱、别人的传声筒。

但很少有人能做到这点。我们常常能听到某些人讲话，开口就是"某某著名人物说"。注意这种掉书袋的人，他们和蠢货的差距几乎就是没有差距。

形成自己的思想之所以最要命，就是因为它特别有难度。

越是智商高的人，就越有难度。因为他接收别人的思想速度快，能轻而易举读懂别人的思想，或者说，别人的思想会快速地进入他脑里被他铭记，各种各样的思想全部进入他的脑袋，塞得满满的，他自己的思想就没有了立锥之地。

于是，我们看到很多自诩学富五车的人，好像都是一个模子刻出来的，这就是别人思想的行尸走肉。

你若想最有效地读书，非得建立自己的思想不可。其实在王阳明看来，你的思想本就有，是与生俱来的，你所做的就是把它激活。而激活的手段就是读别人的书，别人的书是一把钥匙，只要你肯用心，就能打开本有的宝藏。

我们应该把别人的书当作是资料和工具书，绝对不能把它当成思想本身。

实际上，怎样读书最有效，不在书，而在人。即是说，你读书的目的是什么？

有人说，读书可以改变自己，这是客套话。如果一个人能轻易地被一本书改变，那实际上是件可怕的事。你能被《论语》改变，自然也能被《金瓶梅》

改变。

还有人说，读书使人增长智慧，这是虚无。读书不可能使人增长智慧，通过读书形成自己的思想才能。

又有人说，读书可以发家致富，那是从前的事。现在这个社会，只要你读完大学，熟练运用互联网，你就有机会发家致富，真要想发财，读那么多书干什么？

至于有人说读书可以附庸风雅，那就更扯了。书本身就是个商品，如果商品能附庸风雅，何必用书？

真正最有效的读书方式，其实就是顺其自然地读书，没有目的，读书本身就是目的。正如食色一样，它是我们的本能。

如果你有意识地去读书，那就不是最有效的读书方式，正如你有意识地去食色一样，都失了心的本体。

所以你喜欢读什么样的书，就去读，小人书可以，故事大王也可以，千万别随大流。别被什么四大名著、世界名著套住，以为是名著，就非要去读。

有些名著，其实就是文字垃圾，捏着鼻子都读不完一页。读书本是快乐的事，你何必跟自己过不去？

或许有人说：哎哟，名著那可是经过时间的判定流传下来的，肯定是好东西，若读书，非读名著不可。

这话没有错，但问题是，我们每个人的心性是不同的。你的心里有某某名著，你读它会有喜悦感，因为你的心和它发生了感应；但如果你的心里没有它，你读起来比自我阉割还难受，就感应不了。感应不了的东西，为什么还要强逼自己？

所以，最后要说的是，读书最有效的方式就是，读你爱读的，不读你不爱读的。

另外，生活的乐趣有无数种，不一定非要读书。

心外什么都没有

"'虚灵不昧,众理具而万事出。'心外无理,心外无事。"

或问:"晦庵先生曰:'人之所以为学者,心与理而已。'此语如何?"

曰:"心即性,性即理。下一'与'字,恐未免为二。此在学者善观之。"

【译文】

"'让心体空灵而不为外物所迷,各种事物的道理存于心中,万事万物则会自然呈现。'离开了心,便没有什么道理;离开了心,也不存在事物。"

有人问:"朱子说:'人之所以要学习,不过是学习心和天理罢了。'这句话对吗?"

先生说:"心就是性,性就是天理。将'与'字放在'心'与'理'之间,难免是将心和理分作两边了。这一点是为学之人需要善加观察体会的。"

【度阴山曰】

几万万年前,有颗类似鸡蛋的椭圆体在暗黑的宇宙中飘浮着,四周死一般沉寂,就像今天的宇宙飞船在太空中一样。在鸡蛋里,住着一位叫盘古的神仙。

他睡了不知多久,突然有一天醒来,发现自己居然在一个类似鸡蛋的东西里,沉闷抑郁。他摸到了身边的斧头,用尽全身的力量劈了出去。

但"鸡蛋"只裂了一道痕,盘古气冲斗牛,一念咒语,斧子成双,自己站在中央,伸直两条拿着斧子的胳膊,以自己的身体为轴,两条胳膊逆时针光速般旋转起来。

鸡蛋裂开,上面的部分慢慢上升,成了天;下面的部分逐渐下移,成了地。

盘古累得心肺震荡,坐下歇过后,一站起来,脑袋就碰到了白云,仍然感到压抑。

盘古再怒,脚踩着地,手举着天,身体急剧变大,大叫一声:"我开!"

天于是被他撑得奇高,地于是被他踩得奇低。做完这件事后,盘古累得五脏俱裂,这位顶天立地的汉子倒在了地上。

将要死去的时候,他把自己的眼睛挖出来,一颗扔到天上,由于扔得很远,所以成了月亮;一颗扔得很近,于是成了太阳。

盘古在呼出最后一口气后死去了。

但他的尸体创造了万物。

他嘴里呼出的气变成了春风和天空中的云雾,声音变成了天空中的雷霆,千万缕头发变成满天星斗,鲜血变成江河湖海,肌肉变成千里沃野,骨骼变成树木花草,筋脉变成道路,牙齿变成石头和金属,精髓变成明亮的珍珠。

盘古倒下时,他的头化作了东岳泰山(在山东),他的脚化作了西岳华山(在陕西),他的左臂化作南岳衡山(在湖南),他的右臂化作北岳恒山(在山西),他的腹部化作了中岳嵩山(在河南)。

盘古牺牲自己,创造了天地,成为我们中国人铭记在心的伟大人物之一。

没有盘古那份要开天辟地的心,就不可能有开天辟地这回事,所以,心外无事;没有盘古开天辟地这份心,就更不可能有开天辟地这个天理,所以,心外无理。

心外无理,由此可知,所有天理都在我心中;心外无事,由此可知,所有事情都从心出。天下万事,皆不在我们心外,只在我们心内。

每个人心中都有天理。我们在西方影视剧中经常能看到法庭审案的场面,在法官的右侧,有两排人坐在那里,他们就是陪审团。其主要任务就是,倾听原告被告以及他们的律师在法庭上诉说案情。最后,他们这些人会私下开个会,举手表决,决定被告是有罪还是无罪。

让人莫名其妙的是,判一个人有罪属于法律问题,必须得是法律专业的人才有资格作出判决,而陪审团成员几乎都对具体的法律条款一无所知,他们为何有权力判定被告的生死呢?

其理论基础就在我们中国人的阳明心学:所有的天理、道理和真理都在我们心中,既然是真理和天理,那它就符合善,即是说,我们每个人,不需要专业知识,就能判定谁对谁错。因为我们心中有个能判定是非的良知,所以,人人心中都有天理,人人都能判定是非善恶,人人也就是平等的。

当我们离开了心,不用心去判定是非对错时,那就没有是非对错,没有理了;正如我们不用心去做事,事情就不能成一样,是为心外无理,心外无事。

心即理,可做如下理解:以人对事物而言,则在人为心,在物为理。

以盘古开天辟地这件事而言,在盘古这里是心,在开天辟地上就是理,这也正重新诠释了王阳明那句"心在物为理"的话。所以,心和理是一回事,只是内外的叫法不同而已。

心外什么都没有,不动心,就是让自己成为鸡蛋里的盘古,永远混沌,但一旦发作,必将天翻地覆。

恶人,到底是什么人

或曰:"人皆有是心,心即理,何以有为善,有为不善?"
先生曰:"恶人之心,失其本体。"

【译文】

有人问:"既然每个人都有这颗心,这心就是天理,那为何会有善与不善呢?"
先生说:"恶人的心,已然不是心的本然状态了。"

【度阴山曰】

1510年,王阳明在江西庐陵做县令,公安部门捉到一个恶贯满盈的江洋大盗,王阳明在取得无数证据后,迅速做出秋后问斩的判决。

有弟子问王阳明:"人皆有良知,知善知恶,那为何会有坏人?"

王阳明回答:"坏人也是有良知的。"

众弟子不信,王阳明就把那个江洋大盗带进一密闭房间,当时正是盛夏,酷热难耐。

囚犯汗流浃背,王阳明说:"如果你感觉很热,就把囚衣脱了吧。"

江洋大盗说:"我连死都不怕,还怕脱衣服吗?"

于是他脱掉外衣,只剩下内裤。

过了一会儿,仍然很热,王阳明又说:"你把内裤也脱了吧。"

江洋大盗犹豫起来，王阳明就打开门，和在外面观赏的弟子们说："你看，他虽然十恶不赦，但仍是有良知的，他知道什么是羞耻。"

这个故事的真实性有待查验，不过它告诉了我们这样一件事：坏人也有良知，坏人的人性也是善的。他之所以做出坏事，不是良知和人性变异，而是七情六欲出了问题。

坏人对七情六欲的掌控没有好人那么自律，所以总是被七情六欲驱使，做一些不被良知认可的坏事，天长日久，他们就成了人们眼中的坏人。

如果对利益产生欲望，坏人就会向奶粉里加有害物质；如果对情爱的欲望过于强烈，坏人就会做出欺负女性的事。但你不能说，坏人没有人性，因为无论多么坏的人，他对自己的爱人都会付出真心。坏人仍有良知，他知道做坏事是错的，所以绝不敢光明正大地去做。

儒家胸怀博大，包容天地万物，尤其是我们人类。所以无论是多么恶的人，儒家都认为他们仍然具有人性，仍然有良知在身，只是为情欲所左右，最终才成为坏人。

我们要如何对付坏人呢？

多年以前，孟子千里迢迢去见魏国国王，兜售他的仁政。

魏王问："你有什么绝活？"

孟子昂首挺胸道："仁者无敌。"

魏王不明白。

孟子说："人性本善，任何坏人都可被教化成好人。您如果多一点仁心、多一点耐心，就能把全天下的坏人都教化成好人，好人不会与您为敌，所以整个天下都是您的朋友，那天下岂不就是您的了吗？"

魏王撇嘴："我的监狱里关了一批十恶不赦的人，你让我感化他们？"

孟子说："仁者之所以无敌，是因为把敌人感化成了朋友，当然就无敌啦。"

魏王说："老头，吃完饭，哪儿来的回哪儿！"

若干年后，荀子路过魏国。魏王请他吃饭，问他："多年前，有个老头让我的祖先教化恶人，您怎么看？"

荀子问："恶人有多恶？"

魏王说："屡教不改。"

荀子说："如果所有的恶人都能被教化，那要军队和监狱干什么？对屡教不改的恶人，教化成本太高，不如火化。"

魏王不是完全赞同，说："孟子太迂腐，你太狠毒，你二人若中和一下就好了。"

如你所知，中国人后来走的是孟子的那条路，主张人性本善，人人都可自我管理，尤其是至高无上的君王。于是，没有了制度约束，独裁体制建立，延续了两千多年。

孟子的徒子徒孙们主张的最美好政治是圣君贤相，却没有建立制度来保证这一美好愿景的发生。所以当"君不圣相不贤"时，唯一能做的就是干瞪眼。

感化思想，是罪魁祸首。

程颢有一天仰观天俯视地，突然说道："万物一体。"

由此开创了中国哲学家们的一个世界观：万物一体。所谓万物一体，简单得很，就是把天地万物都当作自己身体、心灵的一部分，爱护它们，敬爱它们。你对自己的身体有多爱护，就应该以此心去爱护别人和万物。

王阳明也谈"万物一体"。在他看来，我们之所以"万物一体"，是因为我们心中有良知。看到小孩要掉井里了，我们就会紧张，心就会不安。但小孩并非我们身体的一部分，为何我们会对此紧张呢？因为我们心中有良知，我们的良知有恻隐的成分，于是，就把我们和小孩联通到了一起。

按王阳明之前的思想家之见，当有人饥饿时，我们纵然自己饿着肚子，也要把食物给对方，因为万物一体。如此，就更显得我们高风亮节，良知光明。

爱天地万物，爱他人，看似理应如此。但问题是，对方值得爱吗？

有些人十恶不赦，你也非要用你的仁义之心去感化他吗？

1527年，王阳明到广西平定思田二州的叛乱。大功告成后，有人对他说，这地方有两股土匪，真是无恶不作，搞得民不聊生。

王阳明翻阅卷宗，认定这些人的确是十恶不赦之徒。从前，他喜欢招抚，而现在，直接动用武力，全部剿杀。

有弟子说："土匪里面恐怕也有好人。"

王阳明说："大多数都是坏透了的人，其中那些好人当然可以被感化，但成本太高！"

所以，王阳明的"万物一体"，包含了感化和火化两种手段。良知判定你可以被感化，那我就感化你；良知判定你无法被感化，那我浪费那么多时间和精力做什么？

直接火化！

俗话说，给脸不要脸，说的就是很多无法被我们感化的人。你越是动之以情，晓之以理，他越是觉得天理站在他那一边，越是对你的慈悲嗤之以鼻。

对付这种人，你必须提高你的行动力，那就是火化他。

每个人都不可能被别人感化，看似他听了你的谆谆教导后，懊悔得痛哭流涕，其实只是他的良知做出了正确的判断，你只不过点亮了他的心灯而已，但你的谆谆教导不是心灯本身。

所以当你试图感化他人时，主动权不在你这里，而在对方身上；但当你用火化的手段时，主动权就在你这里，而不在对方身上。

争取主动权，就是知行合一。我们必须有主动权，才能做到心想事成。

西方厚黑学始祖曾说，不仅仅是领导者，任何人若欲心想事成，就必须让人惧怕你，而不是让人爱你。

让人怕你，主动权在你手里；让人爱你，主动权则在对方手中。

火化这一手段，它是我们从良知的判断力出发（而不是道德感），得出的最简捷、最有效率的解决问题的路径。遵循这一路径，不废话，不絮叨，斩钉截铁，就能让对方瞬间知道你的严正立场，剩下的事，就好办了。

我们为什么很难拒绝别人？不是我们的判断力不够精准，而是我们叽叽歪歪不想遵循判断力的指示。我们还是希望有些事情可以通过漫长的、深刻的沟通得到皆大欢喜的结果。

这就是我们本性里的仁义希望我们去感化别人，但这仁义有时候是假仁假义，有些人，值得我们用仁义，而有些人未必。

省察存养，本是一回事

"省察是有事时存养，存养是无事时省察。"

【译文】

"反省体察是在有事时的存心养性，存心养性是在无事时对天理的反省体察。"

【度阴山曰】

曾国藩是省察存养方面的高手，也是凭借着省察存养，智商不高的他成为中国历史上两个半圣人中的那半个。

所谓省察，就是检讨自己的思想行为，用阳明心学的说法，就是认真检查念头发动时的一刹那；所谓存养，就是保持赤子之心，修养善良之性。在阳明心学这里，善良之性本具足，不需要外来的补足和修养，所以存养，就是光明良知。

当然，这只是理论，我们还必须有方法。曾国藩和大多数儒家知识分子的方法是写日记，记下每天的言行举止，然后在错误的言行举止上，省察存养，第二天不要再犯。

比如曾国藩某篇日记中曾有这样的记述：今天，在同僚家中遇到其妻，真是倾国倾城，不禁多看了几眼，搞得同僚一直咳嗽。这个好色的毛病很不好，要改正！

再比如，今天看同僚下棋，下得臭得要命，我居然不由自主地蹿上去下了两盘，这是错的，要改正！

曾国藩还有自己的省察存养特色：功过格。做了件好事就记在功格里，做了件坏事就记在过格里，时刻提醒自己，要存天理、去人欲。

有事时反省体察不得力，多因无事时失于存心养性所致；无事时反省存心养性不得力，多因有事时不能反省体察。

无论是反省体察，还是存心养性，其实都是持续不间断的"存天理、去人欲"。

如果能将反省体察和存心养性合二为一，那就是圣人。

譬如你要走远路，存心养性就是粮食，省察则是指南针。指南针要提前准备，粮食也要提前准备，指南针在路上可用，粮食同样如此。所以省察存养，本是一回事，就如知行是一回事一样。

人的一生就四个字：人情事变

澄尝问象山在人情事变上做工夫之说。

先生曰："除了人情事变，则无事矣。喜怒哀乐非人情乎？自视、听、言、动以至富贵、贫贱、患难、死生，皆事变也。事变亦只在人情里，其要只在'致中和'，'致中和'只在'谨独'。"

【译文】

陆澄曾经向先生请教陆九渊在人情世变上下功夫的学说。

先生说："除却人情世变，就没有别的事了。喜怒哀乐难道不是人情吗？从视、听、言、动到富贵、贫贱、患难、生死，都是事变。事变也都体现在人情里，关键是要维持心绪的中正平和，而要维持心绪的中正平和关键在于独处时要恪守本己。"

【度阴山曰】

东晋末期，权臣刘裕已有了做皇帝的实力，于是让人给当时的皇帝司马德文送去禅位诏书，意思是，让出位子。

司马德文的皇帝位是刘裕帮他撑着，从他做皇帝那天起，一直就是个傀儡。曾有人偷偷劝他从刘裕手中拿回权力，他只是笑笑说："俺信佛，相信缘分。"

很快，他和龙椅的缘分到了头。刘裕送来禅位诏书让他画押时，他的老婆和亲信都号啕大哭，司马德文却一脸宁静地说："不做皇帝也好，刘裕应该比我做得好。"然后司马德文对刘裕的使者说："我禅位给你家主子，并非被逼，而是心甘情愿，所以我没有什么怨恨的。"

龙椅完成交接后，新皇帝刘裕就封司马德文为零陵王，迁居秣陵县城，让人带兵监管。

在秣陵县，司马德文生活得有滋有味，许多人都认为他没心没肺——被人赶下台，即使不自杀，也应该整日愁眉苦脸才对。

司马德文却说，不做皇帝的生活也不错啊。

刘裕不相信司马德文如此豁达，就让人干掉了他新出生的儿子。这回，司马德文不乐观了，而是痛哭了两天，但两天过后，他仍然是从前那副不悲不喜的模样。

刘裕不知道司马德文到底搞什么鬼，一个皇帝被废掉，居然还能保持如此心态，他下令让司马德文自杀。

司马德文看着刘裕的人端来的毒酒，心平气和地说："我信佛，佛教不允许人自杀，自杀者都无法转投人胎。"

于是刘裕的人就一拥而上，把他活活勒死。

作为皇帝，司马德文是失败的，但作为普通人，司马德文在人情事变上的态度值得所有人学习。

所谓"人情事变"，王阳明已经说得很清楚。我们的情绪（喜怒哀乐）是人情，从这点而言，人情，就是我们的七情六欲；而事变，就是从视、听、言、动到富贵、贫贱、患难、生死，也就是我们人生里的各种常态和变态的经历。

简单而言，人情事变就是说，我们应该以什么样的"人情"去应对"事变"。司马德文做皇帝时，刘裕把持朝政，他知道自己无法和刘裕抗衡，那就安心地做他的傀儡皇帝，这就是以自知之明的人情去应对刘裕把持朝政的事变。当他被废掉后，他又以平淡的心、毫无怨恨的人情去对待龙椅被别人撤走的事变。纵然面对儿子死亡的事变，他的"人情"也没有变态，依然号啕大哭。

这就是以正确的人情对待事变：遇到该喜怒哀乐的事变，我们就喜怒哀乐。在"事变"中保持正确的"人情"，也是应对事变的高明之法。

我们如何做到这一点？王阳明说，要维持心绪的中正平和。而要维持心绪的中正平和，关键在于独处时要恪守本己。独处时，我们就要保持正知正念，不要有各种欲望的念头。你是否有坏念头，良知知道。它一知，你就立即改正。调整好自己的"人情"，才能解决以后的"事变"。

人只有一物：心

澄问："仁、义、礼、智之名，因已发而有？"

曰："然。"

他日，澄曰："恻隐、羞恶、辞让、是非，是性之表德邪？"

曰："仁、义、礼、智也是表德。性一而已。自其形体也，谓之天；主宰也，谓之帝；流行也，谓之命；赋于人也，谓之性；主于身也，谓之心。心之发也，遇父便谓之孝，遇君便谓之忠，自此以往，名至于无穷，只一性而已。犹人一而已，对父谓之子，对子谓之父，自此以往，至于无穷，只一人而已。人只要在性上用功，看得一性字分明，即万理灿然。"

【译文】

陆澄问："仁、义、礼、智的名称，是不是由发现于外的感情而得名的？"

先生说："是的。"

又一天，陆澄说："恻隐、羞恶、辞让、是非这四种感情，是性的别名吗？"

先生说："仁、义、礼、智也是性的别名。性只有一个。就其具有形体而言，称为天；就其主宰万物而言，称为帝；就其流动于天地而言，称为命；就其赋予人而言，称为性；就其主宰人之身体而言，称为心。心则有其作用，表现在事亲上便称为孝，表现在事君上便称为忠，以此类推，各种名称没有穷尽，其实只是一个性而已。好比同一个人，对父亲而言称之为子，对儿子而言称之为父，以此类推，也没有穷尽，但只是一个人而已。所以，为学只要在性上下功夫，只要能够把握这个性字，那么一切道理都能明白了。"

【度阴山曰】

南宋大将岳飞，对子女慈爱，对手下的将士爱如子女，与妻子恩爱有加，对皇上忠心耿耿，看上去，岳飞是个具备了仁义礼智的大好人。但他对敌人残酷无情，从不宽恕。

如果"仁义礼智"是我们的人性本身，那岳飞应该有万物一体之仁的心，对任何人都会付出爱。如果"恻隐、羞恶、辞让、是非"也是我们的人性本身，那我们对所有人都会采用同一种包容、慈悲的态度。

可事实不是这样。

仁义礼智固然是人性，但它只是人性的一部分，或者说是人性呈现出来的表象，而不是人性本身。人性中有正的，比如仁义礼智；也有恶的，比如残忍、冷酷。

王阳明认为人性是善，但这不是绝对概念，而是相对的。对亲人仁是善，对敌人的残忍，看似恶，其实也是善。

真正的人，会针对不同的人，发挥人性中正的或者是恶的部分。人之所以为人，就在于恩怨分明和是非分明上，而不是老好人般地和稀泥。

一个人总发挥人性中的正的部分，对任何人都宽容，对任何事都不计较，恰好证明了他不是个好人。对他人他事宽容的人，对自己也会宽容。对任何人和事都保持一致的平和，只能说明他不太在乎这些事，冷漠！

最终的结果就是，他会纵容恶，会让本该杜绝恶念的人将恶火点燃。

其实我们人只有一个东西，就是人性，而人性归根结底就是我们的心。我们的心会不断变化，在不同的情境里，针对不同的人，做出正确的判断，然后依此判断去行动。

仁义礼智、残忍冷酷，就是这人性指导我们做出的行动，所以王阳明才说，这些看上去特别正能量的人性，其实只是人性的表象。人应该对境应感，对父母是这样，对敌人就要那样。

每个人最终表现出来的，都是人性，区别在于，圣人表现得特别精准到位，庸人则表现得乱糟糟，坏人则故意逆人性而动。

这就是圣人、庸人和坏人的区别。

如何修习阳明学

一日，论为学工夫。

先生曰："教人为学，不可执一偏。初学时心猿意马，拴缚不定，其所思虑多是人欲一边。故且教之静坐，息思虑。久之，俟其心意稍定。只悬空静守，如槁木死灰，亦无用。须教他省察克治。省察克治之功则无时而可间，如去盗贼，须有个扫除廓清之意。无事时，将好色好货好名等私逐一追究搜寻出来，定要拔去病根，永不复起，方始为快。常如猫之捕鼠，一眼看着，一耳听着，才有一念萌动，即与克去。斩钉截铁，不可姑容、与他方便，不可窝藏，不可放他出路，方是真实用功，方能扫除廓清。到得无私可克，自有端拱时在。虽曰'何思何虑'，非初学时事，初学必须思。省察克治即是思诚，只思一个天理，到得天理纯全，便是'何思何虑'矣。"

【译文】

一天，大家讨论做学问的功夫。

先生说："教人做学问，不能偏执于一边。人在刚开始学习的时候，容易心猿意马，不能集中心思，而且所考虑的更多是私欲方面的东西。故而要先教他静坐，使其停止思虑。久而久之，待得心思稍能安定。但如果只悬空静坐，身如槁木、心如死灰一般，也没有作用。这时需要教他内省体察、克制私欲的功夫。省察克制的功夫在任何时候都要持守，就像铲除盗匪，必须有彻底扫除的决心。闲来无事的时候，要将好色、贪财、求名的私欲逐一省察，务必要拔去病根，使它永不复起，才算是痛快。就好比猫捉老鼠，一边用眼睛盯着，一边用耳朵听着，私心妄念一起，就要克制它。态度必须坚决，不能姑息纵容、给它方便，不能窝藏它，不能放它生路，这才算是真真切切地下苦功，才能够将私欲扫除干净。等到没有任何私欲可以克制的时候，自然可以安安心心地坐着。虽然说'何思何虑'，但这不是初学时的功夫，初学的时候必须去思考。内省体察、克制私欲就是使念头诚敬，只要心念所思均是天理，等到心中纯然都是天理，就是'何思何虑'的境界了。"

【度阴山曰】

1508年，王阳明创建心学后，提出了著名的王门四规，即立志、勤学、改过、责善。所谓立志，就是以做好人为志向；勤学，就是勤奋学习经典；改过，就是要不停地行动，只有不停地行动才能产生过错，然后快速改之；责善，就是交往志同道合的朋友，在与朋友的交流中，提升自己，以朋友的智识磨炼自己。

王门四规是学习阳明心学的门槛，而本段落所提到的方法，则是学习阳明心学的不二法门。

人生在世，未接触阳明心学前，总是劳心劳力，整日都在忙碌。这种忙碌不仅局限在身体上，更在精神上，我们的心永远都无法安静下来，所以王阳明指出，第一步就是静坐。通过静坐，把心上所有的繁杂全部去除。

但这不是重点，重点是心安静下来后，还要"内省体察、克制私欲"，所谓"内省体察、克制私欲"，就是要去事上有意识地磨炼自己的心，最终让心不被动，让心控制万事万物，而不是被万事万物控制心。

王阳明举的例子就是猫捕捉老鼠，猫在老鼠洞前等待时，是聚精会神的：一边用眼睛盯着，一边用耳朵听着，一动不动，除了捉老鼠的念头，全无他念。人也应该如此，私念一起，立即克除，绝不能给它生存一息的机会。

如果按照这种方式做了，那最终就能抵达"何思何虑"的境界。

总结而言，修习王阳明心学步骤如下：

第一，遵守王门四规——立志、勤学、改过、责善。

第二，静坐（禅宗式），将自己的心放空。

第三，省察克己，去事上磨炼心，达到"此心不动，随机而动"的境界，此心不动，就是不要被动。

第四，静坐（儒家式），如猫捕捉老鼠一样，捕捉自己心里的私念。

"鬼"，是由良知制造的

澄问："有人夜怕'鬼'者，奈何？"

先生曰："只是平日不能'集义'，而心有所慊，故怕。若素行合于神明，何怕之有？"

子莘曰："正直之'鬼'不须怕，恐邪'鬼'不管人善恶，故未免怕。"

先生曰："岂有邪'鬼'能迷正人乎？只此一怕，即是心邪！故有迷之者，非'鬼'迷也，心自迷耳。如人好色，即是色鬼迷；好货，即是货鬼迷；怒所不当怒，是怒鬼迷；惧所不当惧，是惧鬼迷也。"

【译文】

陆澄问："有的人晚上怕'鬼'，怎么办？"

先生说："只是因为平时不能积德行善，心中有所愧疚，才会怕'鬼'。如果平日里做事都能合乎神明的意志，那又有什么好怕的？"

子莘说："正直的'鬼'不需要怕，怕的是恶'鬼'，不管好人坏人都要加害，所以才会害怕。"

先生说："哪里有'恶鬼'可以迷惑正直的人的？仅仅有这个怕的感情在，心就已经不正了！所以有被鬼迷的人，不是真正被鬼迷惑，而是被自己内心迷惑。比如喜欢美色的人就为色鬼所迷；贪财的人就为贪财鬼所迷；易怒的人就为怒鬼所迷；胆小的人就为胆小鬼所迷。"

【度阴山曰】

山东人蒲松龄多次落榜，认清自己的智商后，决定不再高考，发奋写一些稀奇古怪的故事，打发余生。在这些稀奇古怪的故事中，有一部分故事就是鬼故事。我说的不是那些青面獠牙的大丑鬼，而是风姿绰约、柔情似水的女鬼。

这些"女鬼"，任何一个都是男人追思的对象，但这些"女鬼"有个择偶标准，她们要迷惑的人，必须是人文知识分子。

具体而言，就是那些正准备科举考试，绝对没有做官的读书人。这些人其实就是蒲松龄内心深处的自己：既然得不到官，又没有现实中的妙龄女郎，那创作出几个"女鬼"总可以吧。

所以，《聊斋志异》中的读书人都以蒲松龄本人为原型。大略看下这些"女鬼"就会发现，她们和那些青面獠牙、凶巴巴的"鬼"不一样，她们对男主人公特别好，全身心付出。这才是最要命的，那些青面獠牙的"鬼"只攻击人的身体，可"女鬼"们不但攻击人的身体，还攻击人的心灵。

当她们和男主人公欢乐多时，让男主人公对她们念念不忘后就突然离开，男主人公茶饭不思，最后到半死不活的地步。

蒲松龄制造出来的这些"女鬼"德艺双馨。我们每个人都和蒲松龄一样，都在制造着各种"鬼"，至于是什么样的"鬼"，和我们的心性有很大关系。

东方的鬼和西方的鬼大大不同。西方的鬼无论是吸血鬼还是狼人，给人的感觉固然恐怖，但那种恐怖不是深层的，过眼即忘。吸血鬼和狼人很多时候攻击的是人类的肉体，在血肉横飞中给人感官刺激，所以我们看这些影片时，现场很恐怖，但出了电影院，恐怖就烟消云散。

这是因为西方文化中，人人都是罪人，所以人人心中都有"鬼"，而要消除这个"鬼"，必须借助外力——上帝的力量，而且只有这个力量才能让人消除鬼，这是一种外力依凭。

这种巨大外力的存在，导致了西方人不会在心上用功，只要有鬼怪，就找上帝，所以，鬼的形象没那么复杂。

东方就截然不同。

受儒家心性学派影响，东方人认为靠自己在心上用功就能成功，所以他们在心理上琢磨的功力无比巨大。比如，《聊斋志异》中讲述聂小倩夜晚来到宁采臣身边，与之对话，话语间的氛围渲染让人的恐惧久久无法消散。

这是因为它设计的鬼的形象全来自我们的心，人心复杂，鬼自然也就复杂。

一个是攻身，一个是攻心，效果高下立判。

有弟子问王阳明："人晚上怕'鬼'，怎么办？"

王阳明回答："只因为平时不能积德行善，心中有所愧疚，才会怕鬼。如果平日里做事都能合乎神明的意志，那又有什么好怕的？"

某影片中，主人公总坐地铁上班，由于旅途乏味，他总是向窗外张望，希望能看到有趣的事。有一天，他看到外面一废弃的房子窗户上有个人影，再定睛一看，居然是他前女友。

这让他毛骨悚然，因为他前女友早就因堕胎而去世了！

主人公以为看花了眼，但接下来的几天内，他的前女友始终站在窗前，冷冷地看着他。这让他最终鼓起勇气，去那个废弃的房子一探究竟。

但他到后，发现那扇窗户的房间里尘埃遍地，看上去已经多年无人居住了，房间里只有一个木偶，那木偶看上去根本不像他的女友。

这件事让他心神不宁，他千方百计寻找线索，希望能得到那座废弃房屋的一些信息。某日，他又来到废弃的房屋，忽然发现里面有很多人，这些人都神情紧张，众人互相介绍后发现，大家有个共同点，都在这个废弃的房间里看见过人。

主人公大为惊骇，难道自己的前女友真的活着吗？

但之后众人的说法更让他惊异万分，每个人看到的人都不一样，只不过，所有人看到的人，都是不想再看到的。

主人公坦白说："我前女友本来想要那个孩子，可我不同意，在堕胎时发生了意外，她死了，这件事让我大为愧疚，直到现在。"

其他人也说："我们所见到的人，也是我们心里最不想见到的，因为我们都做了有愧于他们的事。"

这部电影，很好地印证了王阳明上面这段话：你怕"鬼"，是因为你心里先有了"鬼"，所以才怕；如果心中没有"鬼"，"鬼"不是客观存在，也就不会怕了。

我们内心有愧时，其实就是我们的良知制造了一个"鬼"在我们心里，它不停地使我们紧张乃至恐惧。消除它的办法只有一个，那就是不要做坏事，做了坏事后立即改正，除此，别无他法。

或许有人问，良知应该是保护我们的，为何它会制造"鬼"恐吓我们？恐吓我们，就是在提醒我们，归根结底还是保护我们。良知不是永远一副慈眉善目的样子，它会随着你的行动而改变模样，要么和蔼可亲，要么青面獠牙。

但接下来，又有弟子问王阳明："正直的'鬼'不需要怕，可怕的是'恶鬼'，不管好人坏人都要加害，所以才会害怕。"

王阳明回答："哪里有'恶鬼'可以迷惑正直的人？仅仅有这个怕的心理在，心就已经不正了！所以那些被'鬼'迷的人，不是真正被'鬼'迷惑，而是被自己内心迷惑。比如喜欢美色的人就为色鬼所迷；贪财的人就为贪财鬼所迷；易怒的人就为怒鬼所迷；胆小的人就为胆小鬼所迷。"

这段话，乍一看，王阳明似乎答非所问，其实恰好一语道破了其中的关键。

我们每个人，对欲望过度追求时，良知就会提醒我们。提醒的方式之一，就是制造一个鬼。你对美色的欲望过高，它就会制造个色鬼给你；你对财富的欲望过高，它就会制造个贪财鬼给你；你胆小怕事，良知就会制造个胆小鬼给你；你无所事事，它就会制造个空虚鬼给你。

这些"鬼"被良知制造出来，反过来又干扰你的良知，使你内心不宁，心理压力增大，最后就会发现自己是具行尸走肉。

人人都在制造各种各样的鬼，要清除它，唯一的途径就是借助良知的力量，看清楚自己为何会空虚，为何会贪财，为何会好色，为何小肚鸡肠。

总结出这些问题后，首先去做正义的事、自己喜欢做的事，然后关注当下，认真做好每件事。少去胡思乱想，因为就在胡思乱想中，藏着多如牛毛的鬼，你不召唤它，它不会出来，你一召唤它，它绝对俯首听命。

物来顺应，就是圣人

"定者心之本体，天理也。动静，所遇之时也。"

【译文】

"心的本然状态就是安定平和，也就是天理。心之所以有动有静，都是在不同的境遇下的表现不同罢了。"

【度阴山曰】

天理是亘万古而不灭的，是永恒的，是定的。一个人若有天理之心，就如静水深流，你根本看不出他有多大本事，只有他把天理幻化成以下两种状态时，我们才知道他是圣人。

天理的两种状态，一是动，二是静。比如一件事特别危急，那就要动若脱兔，动若脱兔救人于危难，就符合天理；再比如等待检查结果，那就要静，不要焦急，不要絮叨，静候消息，就符合天理。

良知会告诉我们，什么时候该静，什么时候该动，其主旨就是，物来顺应。

曾国藩说："当读书，则读书，心无着于见客也；当见客，则见客，心无着于读书也。一有着，则私也。灵明无著，物来顺应，未来不迎，当下不杂，既过不恋。"这就是对物来顺应的最好解释。

直白而言，这段话告诉我们的就是，关注当下，勿瞻前顾后，该静时就静，该动时就动，这就是物来顺应。

《大学》和《中庸》的关系

澄问《学》《庸》同异。

先生曰:"子思括《大学》一书之义为《中庸》首章。"

【译文】

陆澄问《大学》与《中庸》两书的异同。

先生说:"子思总结概括《大学》的主旨作为《中庸》的首章。"

【度阴山曰】

《中庸》首章主要讲了以下内容(都是古汉语,建议略过):

(1)天命之谓性,率性之谓道,修道之谓教。

(2)道也者,不可须臾离也;可离,非道也。

(3)是故君子戒慎乎其所不睹,恐惧乎其所不闻。莫见乎隐,莫显乎微。故君子慎其独也。

(4)喜、怒、哀、乐之未发,谓之中。发而皆中节,谓之和。中也者,天下之大本也。和也者,天下之达道也。

(5)致中和,天地位焉,万物育焉。

王阳明说,《中庸》首章是《大学》的中心思想,可谓一针见血。

《大学》所谓的明德、亲民、至善,就是《中庸》的天命、率性、修道。《大学》所谓的诚意、正心、修身,就是《中庸》的不睹、不闻、慎独。《大学》所谓的齐家、治国、平天下,就是《中庸》里的致中和、天地位、万物育。所以说,《大学》的全书要义,《中庸》首章都概括了。

无论是《大学》还是《中庸》,千万别把它当成永恒的经典看,它只不过是一群儒生呕心沥血琢磨出的一段大战略,这大战略能否付诸行动,关键还是看每个人,而不是看《大学》《中庸》本身。

《大学》首章就是一幅圣人恢宏的大战略图景,《中庸》首章把这战略图景又细化了一下,这两本书号称千年经典,其实说来说去,就说了一件事:大家要知行合一，才能大有可为，否则就是穷嚼咀。

感情流露太多就是欲

澄在鸿胪寺仓居，忽家信至，言儿病危，澄心甚忧闷，不能堪。

先生曰："此时正宜用功，若此时放过，闲时讲学何用？人正要在此等时磨炼。父之爱子，自是至情，然天理亦自有个中和处，过即是私意。人于此处多认做天理当忧，则一向忧苦，不知已是'有所忧患，不得其正'。大抵七情所感，多只是过，少不及者。才过便非心之本体，必须调停适中始得。就如父母之丧，人子岂不欲一哭便死，方快于心？然却曰'毁不灭性'，非圣人强制之也，天理本体自有分限，不可过也。人但要识得心体，自然增减分毫不得。"

【译文】

陆澄跟随先生在南京鸿胪寺居住，突然收到家书，说儿子病危，陆澄十分担心、郁闷，难以纾解。

先生说："此时正是修养的好时机，如若放过这个机会，平时讲学讨论又有什么用呢？人就是要在这样的时刻多加磨炼。父亲爱儿子，是十分真切的感情，不过天理告诉我们应当适度，超过合适的度就是人欲。许多人在这种时候往往认为按照天理应当有所忧虑，于是就一味地忧愁痛苦，却不知道如此已经是'过度忧患，心绪已然不正了'。大致而言，人有七种感情，感情流露得太多即是过度，流露得太少则是不够。才超过一点就已不是心的本然状态了，所以必须通过调节，使得心绪中正平和才可以。以子女哀悼父母的丧事为例，作为父母的孝子，难道不想一下哭死才能纾解悲痛之心？然而圣人却说'哀伤不能害了性命'，这不是圣人要强人所难，只是天理的本来状态规定了一定的限度，因此不能超过。人只要能够认识心的本来状态，自然一丝一毫都不会有所增减。"

【度阴山曰】

按王阳明心学的观点，人的七情六欲如果能保持适中状态就是符合天理的，这也是他和朱熹理学的本质区别所在，朱熹认为七情六欲不符合天理，所以要彻底去除。

那么七情六欲如何保持适中状态，也就是和的状态，可以举例说明。比如陆澄这个例子，儿子生病，父亲理应担心，满脸愁容。但绝不能担心得死去活来，因为人最宝贵的就是生命，生命乃父母所赐，伤害自己，就等于伤害父母，这是不孝。

陆澄更不能不担心，只有畜生才没有感情。但担心得过了头，走到哪里都拉着一张苦瓜脸，这就有点做作，似乎是做给别人看的。

饿了吃饭，找个干净的饭馆就是，这符合天理，但你非要在点菜和吃饭的过程中，显示你有钱，这就是过度的七情六欲。孝顺父母，这符合天理，但你非要搞得尽人皆知，这就是过度的七情六欲。

人心的本来状态，其实就是中和状态。中和状态，就是点到为止，不能过度。这甚至是一种本能，不知不觉，你就处在这种状态中了。

古人说，万恶淫为首，这个"淫"不是卖淫，而是过度。我们在感情上常常淫，哀伤到要死，狂喜至闭气，这都是毁情灭性的事。

《红楼梦》里的林黛玉，最后就死在了多愁善感上，这多愁善感就是淫，和这种人在一起，他总是愁眉苦脸，毫无情趣，你也跟着难受。《水浒传》中的李逵，最后是活生生乐死的，这也是淫。

我们为什么要保持情绪、情感的中和状态？原因不是中和状态会给我们带来利润，而是因为人心本就如此，一旦过度，就是在逆心而行。

明白了心教导我们的对情感的态度，就明白了过度悲喜都是错误，适度悲喜才符合天道。

什么样的心，决定了什么样的行

"不可谓'未发之中'常人俱有。盖'体用一源'，有是体即有是用。有'未发之中'，即有'发而皆中节之和'。今人未能有'发而皆中节之和'，须知是他'未发之中'亦未能全得。"

【译文】

"不能说常人都能保持'感情未发出来时的中正'。因为'本体与作用同源'，有怎样的本体就有怎样的作用。有'未发之中'的本体，自然有'发而皆中节之和'的作用。现在的人没有做到'发而皆中节之和'，可见是因为还没有完全实现'未发之中'。"

【度阴山曰】

清朝末年，西方崛起，多次击败中国。痛定思痛之下，一大批本土思想家、军事家和从西方返回的思想家提出了"中学为体，西学为用"的主张。他们深信，只要将这主张付诸实践，必能重新让中华帝国回归世界中心的地位。

但后来的事，众所周知，甲午中日战争、八国联军进京让中国颜面扫地，"中学为体，西学为用"的战略成为千古笑柄。

用王阳明心学来解释，这种战略不符合心学思想，因为本体和作用是同源的，有怎样的本体就有怎样的作用。这就像你种了棵竹子，只能结出竹子，不可能长出土豆。

两种思想文化的合作，还要分出主次，这就是猫指挥老虎去捉耗子，非但多此一举，而且绝对泡汤。世界上有一种橘子，在南方就是甜美的橘子，移植到北方，就成了苦涩的枳子。这个"体"就是南方的土质，"用"就是橘子。只有南方的土质才能长出橘子，只有"未发之中"的本体，才能有"发而皆中节之和"的作用。

想要在北方的土质里长出橘子，绝不可能；正如想要在南方的土质里长出枳子，也是妄想。

其实，"体用一源"真正告诉我们的是，我们的视听言动，就是"用"，这种"用"若要符合天理，必须是"体"里有良知。我们的每一个言谈举止，每一个人生决定，若想正确，就必须发自本心。否则，必然大错特错。

如果我们的心不够强大，我们的良知不够光明，整日私欲丛生，又不肯努力恢复良知，那我们做什么事都不会成功，因为如果"体"本身就是错的，那"用"就不可能正确。

用王阳明的说法就是，现在的人没有做到'发而皆中节之和'，可见是因为还没有完全实现'未发之中'。"

世界上就没有跨界这一说

澄问"操存舍亡"章。

曰："'出入无时，莫知其乡。'此虽就常人心说，学者亦须是知得心之本体亦元是如此，则操存功夫始没病痛。不可便谓出为亡，入为存。若论本体，元是无出无入的。若论出入，则其思虑运用是出。然主宰常昭昭在此，何出之有？既无所出，何入之有？程子所谓'腔子'，亦只是天理而已。虽终日应酬而不出天理，即是在腔子里。若出天理，斯谓之放，斯谓之亡。"

又曰："出入亦只是动静，动静无端，岂有乡邪？"

【译文】

陆澄问先生关于《孟子》"操存舍亡"那一章。

先生说："'心的出入并没有规律，也不知道它的方向。'这虽然是针对常人的心而言，为学之人应当明白心的本体也是如此，操持与存守时才不会出问题。不能随随便便认为出就是失去，入就是保有。就心的本然状态而言，原本并无出和入。就出和入而言，则人的思虑运用就是出。然而人心明明就在里面，怎么能叫出呢？既然没有所谓出，那又何来的入呢？程颐先生所说的'腔子'，也只是天理而已。虽然每天应酬，也不外乎天理，那么心体就在胸腔里。如若超出天理，便是放纵心体，放纵心体就是失去了心体了。"

先生又说："心的出入也只是动和静，动和静并无端倪，怎么会有方向呢？"

【度阴山曰】

提到达·芬奇，很多人只知道他是个画家，其实，达·芬奇跨的界太多，而且都是某一领域的天骄，恐怕他自己都不知道自己有那么厉害的简历。达·芬奇不但是位画家，而且还是寓言家、雕塑家、发明家、哲学家、音乐家、医学家、生物学家、地理学家、建筑工程师和军事工程师。

在天文领域，他提出月亮并不能发光，只是在反射太阳的光辉；在物理领域，达·芬奇重新发现了液体压力的概念，提出了连通器原理；在医学上，达·芬奇掌握了人体解剖知识，成为近代生理解剖学的开山鼻祖；在建筑上，达·芬奇除了设计了无数桥梁、教堂、城市街道和城市建筑外，还在城市街道的设计中，将车马道和人行道分开。

在军事上，达·芬奇发明了簧轮枪、子母弹、三管大炮、坦克车、浮动雪鞋、潜水服及潜水艇、双层船壳战舰、滑翔机、扑翼飞机和直升机、旋转浮桥等。

同时，他在水利、地质、机器人上也有重大研究和突破，成为这些领域中无法绕开的权威。

他是个超级发明狂，乐器、闹钟、自行车、照相机、温度计、烤肉机、纺织机、起重机、挖掘机……都通过他的脑袋，呈现于世。

说了这么多，其实我想说的是下面的话：

一般而言，人在世上，会面临两个世界，一个是物质世界，即我们可以触摸的世界；另外一个则是精神世界，就是我们无法触摸，却无限广大的内心世界。

所谓"心的出入"，其实就是从精神世界到物质世界再返回精神世界的跨界。古典儒家哲学认为，心的出入是确实存在的，当我们不去物质世界时，我们的心在精神世界，而当我们的心动时，去了物质世界，就等于是把精神世界和物质世界做了连接。

精神世界是我们的家，我们出门，就是进了物质世界，这就是心的出入。儒家认为，心的出入是没有规律的，更不可能有方向。

也就是说，每个人在世界上，出门后所能做的事，非常有限，能把出门后做的事做好，更是有限。王阳明则说，只要内心纯粹，出门和入门本就是一回事，或者说，当我们的精神世界无比强大后，与物质世界的所有事物都能连接，我们的心不是没有规律和方向，而是会寻觅出各种规律与方向。

就如达·芬奇一样，只要精神世界强大，那他和物质世界的勾连就轻而易举，可以在物质世界称王称霸。当达·芬奇安静地待在家里时，他的心也不是真的在家里，而是在和物质世界建立各种各样的联系。

这其实仍然是王阳明心学的"心即理"。心，必须到事物上去呈现，理才能称为理，所以心和理是一回事，只不过呈现的场景不一样。心在内，理在外，但没有内就没有外，之所以有外，是因为有内。

世人常将跨界一词挂在嘴边，但其实根本没有跨界这一说，只不过是用心后的不同呈现出来的理罢了。

海纳百川，才是正途

王嘉秀问："佛以出离生死诱人入道，仙以长生久视诱人入道，其心亦不是要人做不好。究其极至，亦是见得圣人上一截，然非入道正路。如今仕者，有由科、有由贡、有由传奉，一般做到大官，毕竟非入仕正路，君子不由也。仙佛到极处，与儒者略同。但有了上一截，遗了下一截，终不似圣人之全。然其上一截同者，不可诬也。后世儒者又只得圣人下一截，分裂失真，流而为记诵、词章、功利、训诂，亦卒不免为异端。是四家者，终身劳苦，于身心无分毫益，视彼仙佛之徒清心寡欲、超然于世累之外者，反若有所不及矣。今学者不必先排仙佛，且当笃志为圣人之学。圣人之学明，则仙佛自泯。不然，则此之所学，恐彼或有不屑，而反欲其俯就，不亦难乎？鄙见如此，先生以为何如？"

先生曰："所论大略亦是。但谓上一截、下一截，亦是人见偏了如此。若论圣人大中至正之道，彻上彻下，只是一贯，更有甚上一截、下一截？'一阴一阳之谓道'，但'仁者见之便谓之仁，知者见之便谓之智，百姓又日用而不知，故君子之道鲜矣'，仁智岂可不谓之道？但见得偏了，便有弊病。"

【译文】

王嘉秀问道:"佛家用超脱生死轮回来引诱人信佛,道家以长生不老来引诱人修道,他们的本心也并非要人去作恶。究其根本,他们两家也都能看到圣人之教的'上达'功夫,但不是入道的正途。好比如今为官的人,有的通过科考,有的通过举荐,有的通过继承,同样做到了大官,但如果不是为官的正途,君子是不会去做的。道家与佛家到达极致,与儒家有相同之处。然而有了'上达'的功夫,失去了'下学'的功夫,终究不像圣人的学问全体兼备。但是佛与道在'上达'方面与儒家的相同,这点不能随便否认。后世的儒者又都只得到了圣人之学'下达'的功夫,分割了圣学,使之失去本真,沦落为记诵、词章、功利、训诂的学问,最终也难免沦为异端邪说。从事这四种学问的人,一生劳苦,却于自家的身心没有丁点益处,相比佛家、道家那些清心寡欲、超脱于世俗牵累之外的人,反而有所不及。如今的学者,不必先就排斥佛、道,而应当笃志于圣人之学。圣人之学发扬光大了,佛道的学说自然就会消亡。如若不然,对于儒者所学的东西,佛、道两家恐怕不屑一顾,还想使佛、道两家拜服儒学,可能吗?这是我的浅见,先生认为如何?"

先生说:"你的看法大体上正确。但你区分了'上达'和'下学',也只是一般人的见识罢了。如若讲到圣人大中至正的道,则是通天彻地,一贯而下,哪里有上与下的区分呢?'一阴一阳之谓道',然而'仁者见仁,智者见智,百姓与大道日日相处视若无睹,故而君子所遵循的大道很少有人能够明白',仁爱与睿智不也是道吗?但理解得片面,就会有弊病。"

【度阴山曰】

王嘉秀大致说了以下几点人生大道理。

第一,人类历史上,无论是哪种宗教、哲学,归根结底都是指向人心、让人向善的。道、佛虽然有各种不同于儒家的奇思妙想,但教人向善的主旨相同。如果一种宗教和哲学没有这样的主旨,那它就不是好的宗教、哲学。

第二,王嘉秀指出,人在世上,通往的目标可能一样,但路径不一样。有人通过学佛学道做大官,有人通过科举考试做大官,有人靠祖宗的白骨做大官,无论是哪一种,都不是圣贤大道。圣贤大道只有一条:不在乎心外的这些功名利禄，只在乎内心的强大与否。

第三，击败对手的唯一方法，只能是强大自己。儒家如果强大了，就会吸引那些参加道佛的人弃暗投明。所以，我们不是喋喋不休地攻击对方有多坏，重要的是我们自己做得有多好。我们如果是坨狗屎，只能吸引来屎壳郎，纵然我们把鲜花骂得体无完肤，也不能让蜜蜂来咱们这里。如果我们是鲜花，那何愁蜜蜂不来？

第四，王嘉秀说，道家和佛家理论深奥，是上达，是道，但没有实践，所以就没有下学，没有实践和术，而儒家很实际，恰好与道佛相反，只有术没有道。

王阳明只总结了一点，他说，别说谁有下学、谁有上达，但凡你用心去学任何一种好的思想，就能学到，学到了就是上达和下学兼而有之；反之，如果总是在那里胡扯下学、上达，而不去做，那再好的思想，也和你无缘。

这是一种海纳百川的胸怀，因为心外无学，凡是不用心学的思想，根本学不到，凡是用心学的思想，你管它叫什么名号，为我所用，就是天理。

内容为王，工具永远只是工具

"蓍固是《易》，龟亦是《易》。"

【译文】

"用蓍草占卜是《易经》，用龟甲占卜也是《易经》。"

【度阴山曰】

李世民发动玄武门之变前，找他的幕僚们来商议。有占卜师用蓍草占卜了一卦，卦意是，可以行动。但这场行动意义太重大，李世民又让占卜师用龟甲占卜，结果卦意显示是，不能行动。

按占卜师们的说法，龟甲比蓍草高级，更能还原《易经》的真实意图。李世民蒙了。

此时，老军人尉迟敬德跳了出来，吼道："大丈夫做事只靠自己，为何要寄托于一本破书和几块龟甲？你们若说信任《易经》，为何要占卜两次？这是典型的不信任。蓍草占卜就是正确的，咱们干吧。"

两天后，李世民在玄武门发动政变，干掉了太子李建成。不久，李世民逼迫老爹李渊退位，成为唐帝国皇帝，开创了贞观盛世。

很多时候，我们会发现这种情况：同样是卖烤鸭，有的烤鸭店生意兴隆，有的就门可罗雀，而即便门可罗雀的店家用尽各种营销手段，也不能挽回败局。其根本原因就在于，卖烤鸭，这本身就是内容，而各种营销只是工具，它不是决定因素。正如我们学拳王打拳，有人苦练拳击技术，而有人认为拳王的厉害是在他戴的手套上，于是到处去买最好的手套。

《易经》就是内容，无论用什么样的工具，只要遵循内容来占卜，就能得到正确启示。倘若《易经》的内容很差，即使用黄金来占卜，也是徒劳。

无论什么时代，花里胡哨的形式只能赢在一时，唯有好的内容，才能赢得一世。如果你有了好的内容，什么样的形式都是锦上添花；如果你没有好的内容，那就算用尽世界上所有的形式，也只是穷折腾，留下笑柄。

阳明心学就是内容，无论你学习的形式怎样，都能有所收获。

遇到事，我们是立即行动还是静观其变

问："孔子谓武王未尽善，恐亦有不满意？"

先生曰："在武王自合如此。"

曰："使文王未没，毕竟如何？"

曰："文王在时，天下三分已有其二。若到武王伐商之时，文王若在，或者不致兴兵，必然这一分亦来归了。文王只善处纣，使不得纵恶而已。"

【译文】

陆澄问:"孔子说周武王还没有达到至善,恐怕是孔子对武王伐纣的行为有所不满吧?"

先生说:"作为周武王来说,自然应当如此做。"

陆澄接着问:"假如周文王没有死,那会如何?"

先生说:"文王在世时,三分之二的诸侯已归顺了周。如果武王伐纣时文王还在,或许不需要兴兵,另外三分之一也会归顺。文王只是善于与纣王相处,使他不能肆意为恶罢了。"

【度阴山曰】

姬昌(周文王)在位时,通过政治、经济、文化等手段,已经征服了当时三分之二的领土,商王朝只剩下三分之一。

姬昌死后,姬发(周武王)运筹数年,才向商王朝发动致命一击,最终取代商王朝,建立西周王朝。

孔子后来说,关于武王的歌舞很美,但还不是最善,理由就是,周武王发动了战争,虽然是正义的,可还是血流漂杵。如果按姬昌的战略,商王朝那剩下的三分之一,或许也会在悄无声息中归西周所有。

这是儒家极端狂热的知识分子都认可的,似乎王阳明也不例外。

第二次世界大战后期,美国向日本宣战,在太平洋战争即将结束、日本即将崩盘时,美国情报部门和战略部门做出了如下判断:如果进攻日本本土,至少会有十万士兵死亡。但也有战略家指出,如果不进攻日本本土,凭日本现在的衰落状况,他们也会被困死,最后投降。

按儒家的分析,日本就相当于从前的商王朝,美国本可以当周文王,等着它灭亡,但美国最后还是做了周武王,把两颗原子弹投向日本,快速地结束了战争。

其实,王阳明和弟子们的这段谈话,是关于行动的。

西汉初年,藩国势力越来越强,大臣晁错决定削藩,结果七十多岁的吴王刘濞领导其他六国叛乱,险些把西汉王朝推翻。事后有人分析说,晁错太心急,只要他能等,等到刘濞一死,就不可能有七国之乱。

我们遇到事，是原地不动，靠时间的力量击败它，还是主动出击，用主观能动性消灭它，这问题的答案显而易见。

但世界上就是有很多人，想凭以静制动来解决问题。

以静制动不是不行，只是太过于被动，给了事情趋向复杂的时间。古训云，当断不断必受其乱，所以遇到任何事，第一步就应该快速解决它，除此之外，似乎没有更好的办法。

阳明心学就是因时制宜

问孟子言"执中无权犹执一"。

先生曰："中只是天理，只是易。随时变易，如何执得？须是因时制宜，难预先定一个规矩在。如后世儒者要将道理一一说得无罅漏，立定个格式，此正是执一。"

【译文】

有人向先生请教孟子所说的"执中无权犹执一"的意思。

先生说："中道便是天理，便是权变。随时而变，又如何可以执着？必须因时制宜，很难预先设定一个标准。后世的儒者要把各种道理阐述得没有纰漏，确立一个固定的格式，这正是执着于一。"

【度阴山曰】

隋朝人徐文远，德才兼备，远近闻名。隋末大乱，各地武装风起云涌，徐文远隐居起来。但很不巧，他被农民武装之一的李密兵团抓获。李密曾经做过他的学生，一见到徐老师，就毕恭毕敬，嘘寒问暖，但徐文远好似没有看到李密一样。

李密摆酒设宴，请他出山，徐文远说了一通大道理，最后却拒绝了李密，说:"我可不陪你玩。"

李密没有生气,依旧对徐老师恭恭敬敬。自此,徐老师"清高孤傲"的名声传开了。后来,李密和王世充打仗,李密失败后,徐文远被王世充抓了去。王世充也做过徐文远的弟子,看见老师来,非常高兴,好吃好喝供着他。

和对待李密不同的是,徐文远每次见到王世充,都恭敬下拜,从不像在李密跟前时那般随便。

有人好奇地问徐文远:"您一向对这些草头王都是傲慢的,比如李密,现在却对王世充如此恭敬,是什么原因啊?"

徐文远神秘兮兮地说:"李密是君子,我在他面前摆谱,他不会拿我怎么样;王世充可不同,他是小人,惹恼了他,谁都敢杀。不同的人就得不同对待,这是古人的教诲啊!"

徐文远告诉我们的正是王阳明告诉我们的:随时而变,不可执着。

预先设定一个标准,是人类的通病。每个学问家都有个标准,按他们的说法,依此标准,就能一劳永逸,无往而不利。

功利主义认为,人就应该功利。这就是个标准,但你不能什么时候都功利,以此标准去为人处世,注定是胶柱鼓瑟,非碰钉子不可。

无私主义认为,人就应该无私。这就是个标准,但你不能什么时候都无私,以此标准去为人处世,会碰上更大的钉子。掩耳盗铃、不顾现实地去坚持一种人生观,这就是为自己确立了一个固定的格式,就是执一。

中国儒家非常推崇"中庸"。"扣其两端而执其中",说得简单,这个中,你真能精确到是两点的中点?中庸本身就是执,不是什么时候都可以中庸。

去厨房宰杀鸡鸭,就不要念佛;去佛堂祈祷,就不要拎着菜刀,这就是因时因地制宜。

我们所确立的格式应该不是人生观,而应该是价值观,这种价值观就是知行合一:依凭良知的判定去行动。良知不会欺骗你,它能在任何情境下,做出保护你的所有的正确判定。

有心为善，虽善不赏

唐诩问："立志是常存个善念，要为善去恶否？"

曰："善念存时，即是天理。此念即善，更思何善？此念非恶，更去何恶？此念如树之根芽，立志者长立此善念而已。'从心所欲不逾矩'，只是志到熟处。"

【译文】

唐诩问："立志就是要时刻存守善念，时刻想着为善去恶吗？"

先生说："善念得到存守之时，便是天理。这个念头本身就是善，还要去想什么善？这个念头本身就不是恶，还要去什么恶？这个念头好比树木的根芽，立志之人只要时刻确立这个善念便足够了。孔子说'从心所欲不逾矩'，只是立志达到纯熟的境界而已。"

【度阴山曰】

《聊斋志异》中有个故事叫《考城隍》，大致内容是说，有个活人提前被通知去当考官，考试的人如果通过，就是某地的城隍。此人安排好家事后，就离世来到阴间，开始主考。

考题是，一人二人，有心无心。

考生们似乎对这两句话理解不透，所以答得都不怎么好。

作者蒲松龄在文末回答：有心为善，虽善不赏；无心为恶，虽恶不罚。

按王阳明的意思，做件好事就是天理，但你做件好事非要让人知道，这就是人欲。也就是说，我们做好事本身就是目的，而不能为了某种目的去做好事。

念头、动机特别重要，很多人总是成不了圣人，就是因为想法太多，每一个动作中都包含着千百万个目的，这样一来，虽然你做了很多好事，但最终反倒成了坏事。

为什么有心为善，虽善不赏？

因为良知发动是刹那之间的事，是无心之事。见到孩子要掉井中，听凭良知快速去救，这就是无心为善。如果是有心为善，那就是看到孩子要掉井中时，思考了一下：我救这个孩子能得来什么好处呢？

由此可知，有心为善的有心，其实是有脑，我们经过思考后做出的善事，就不是善事。

至于"无心为恶，虽恶不罚"同样如此，注重的也是动机。比如好心办了坏事，这种情况下，因为有错误在先，还是要罚，只是要罚得轻一些。

好心办坏事，恐怕是因为当事人的良知只拥有道德感（哪些事是我应该做的），而没有判断力（哪些事是我有能力做到的），最后，搞得自己里外不是人。

我们所能掌控的，只是我们的心

"精神、道德、言动，大率收敛为主，发散是不得已。天、地、人、物皆然。"

【译文】

"精神、道德、语言、行动，大多以收敛为主，发散于外是特定情况下不得已而为。天、地、人乃至万物都是如此。"

【度阴山曰】

北宋名相富弼年轻时就以胸怀宽大著称。

曾有人向他告密："某某骂你。"

富弼回答："恐怕是骂别人吧！"

人解释说："叫着你的名字骂的，怎么是骂别人呢？"

富弼说："恐怕是骂与我同名字的人吧。"

那位骂他的人听说此事后，惭愧不已。

王阳明说，精神、道德、语言、行动，大多以收敛为主。这个"收敛"其实是管理和掌控，我们人类并没有想象中的那么伟大，我们所能管理和掌控的其实只有我们自己的精神、道德、语言和行动。

唯有能管理和掌控我们的精神、道德、语言和行动，宁静于内，我们才能在发散时做到无敌于外，不会受外界干扰而乱了方寸。

其实，我们唯一能掌控的只是我们的心、我们的精神世界，我们只有掌控了自己的心，才能在不得已的时刻与客观世界建立对接，创造一个最能保护自己的全新世界。

富弼之所以能成为北宋名相，并在和辽国的谈判中大获全胜，全因他平时能管理和掌控自己的精神、道德、语言和行动。

真正的真相，是没有真相

问："文中子是如何人？"

先生曰："文中子庶几'具体而微'，惜其蚤死。"

问："如何却有续经之非？"

曰："续经亦未可尽非。"

请问。

良久，曰："更觉'良工心独苦'。"

【译文】

陆澄问："王通是怎样的人？"

先生说："王通几乎已具备圣人的才智，只是在某些方面还略有欠缺，可惜死得太早了。"

陆澄问："那他为何会做出仿作经典这种错事呢？"

先生说："仿作经典也并不全错。"

陆澄接着问。

先生过了好一会儿，说："通过王通这件事，我更能体会到'良工心独苦'这句诗的含义了。"

【度阴山曰】

隋人王通被后世儒者批判得极为严厉，其中一条大罪状就是他伪造经书。但这些儒者似乎忘了，他们的老祖宗孔丘是"伪造经书"的鼻祖。

王阳明认为，王通伪造经书是出于一片良苦用心。真正的经书已经不存在了，或者是被人描述得离经叛道。王通只能用自己的才智，通过自己的方式来还原经典。

由此可知，世间一切，都没有真相，没有真相，才是真相。

1068年，山东登州地界有个叫阿云的少女，父母早亡，在她守孝期间，她的禽兽叔叔为了点钱，就把她强嫁给当地的超级丑男韦大。

阿云虽然年纪小，但知道幸福应该自己掌控，所以在一个月黑风高之夜，她摸到韦大的家中，砍了韦大十几刀。由于她只是柔弱女子，没有力量，最后的结果是，韦大只掉了一根手指。

韦大第二天就报了案，当地的县长捉来阿云，未经审讯，阿云就招供了。

该县长认定，阿云犯了谋杀亲夫罪，按《宋刑统》，应判处死刑。

依司法程序，该县长的判决不是最终的，他必须将案子和判决书交到上一级——登州州长。

当时的登州州长叫许遵，许遵看了案宗，觉得该县长判得不对。他觉得阿云在守孝期间被她叔叔定下的婚事是违背伦理的，所以，阿云和韦大就不是夫妻。既然不是夫妻，那就只是一件杀人未遂案，和杀夫扯不上关系。于是，他判了阿云有期徒刑。

当然，他自己也做不了主，还要把案件交到大理寺。

大理寺的官员们看待这件案子和那个县长不同，和许遵也不同。他们认为，阿云即使和韦大不是夫妻，但既然是故意杀人，虽未得逞，也应判死刑。

许遵大怒道："阿云属于自首，在此之前，皇上发过'敕令'（皇帝本人的话），说自首者不能判处死刑，只能判有期徒刑。"

为此大理寺展开激烈争论，惊动了皇上。皇上让当时最聪明的两个人参加讨论。这二人就是王安石和司马光。

王安石认为，既然有皇帝的敕令，那就该按皇帝的敕令办，所以阿云不该判死刑。

司马光认为，皇上的敕令不能大过法律，因为法律明文规定，杀人未遂，也是死刑。

双方展开言语大战，王安石一派要阿云生，司马光一派要阿云死。

最后，皇上出面说："老子说的话难道是放屁吗？就按王安石的意思办。"

于是，阿云被判流放。但几年后就碰上大赦，又获得了自由。

这个故事最精彩的部分其实在后面：

若干年后，司马光成为宰相，掌握了实权，他重新翻出阿云案，将阿云判了死刑。

一个人能坚持到如此境界，实在让人佩服得五体投地。

很多人都在阿云案的判决上动脑筋，想思考出到底哪个法官的判决是公正的，或者说，在这些人眼中，阿云伤韦大的真相到底是什么。

那个县长眼中的真相就是，阿云是韦大的老婆，妻子杀丈夫，纵然未遂，也是死罪，因为法律有明文规定，有明文规定，就按明文规定办，省事又合法。

许遵眼中的真相就是，阿云在守孝期间的婚事是违法的，所以阿云伤韦大，不是妻子伤丈夫。

县长与许遵如果有是否致良知的区别，那司马光和王安石的不同意见，就纯粹是立场的不同了。

当时，王安石正要进行变法，而支持他的只有皇帝，反对他的人多如牛毛，比如司马光。王安石必须表现出将皇帝的命令视为第一位的态度，如此才能将变法顺利推行下去。所以他觉得应该遵循皇帝的敕令。

而司马光也许是为了维护法律的尊严，反对皇帝的"乱命"，或者就只是为了和王安石对着干，总之，他认为真相就是阿云伤了人，就该杀。

我们大为不解的是，阿云伤人是客观存在的，为什么在不同的人眼中，这个客观存在的真相会如此不同？

天地万物，固然客观存在，但赋予它们价值、善恶、是非的是我们每个人。因为所有的真相，不过是我们的一个投射，而我们做出的投射的原理就是我们看待事物的视角。

视角不同，真相就不同，追寻真相的人，一直感觉自己的视角是正确的，当他真的追寻到所谓的真相时，其实那根本不是真相，而只是他的视角。

真正的真相，就是没有真相。因为一切真理、天理都在我们心中，不在事物上，所以，我们用心追寻到的真相，不可能是事物本身，而只是我们良知和无良知的体现。

正因为没有真相，所以才需要我们诚心实意地致良知，以我们内心最真实的声音，作为视角，去审视万事万物。

一念天堂，一念泡汤

"许鲁斋谓儒者以治生为先之说，亦误人。"

【译文】

"许鲁斋认为儒者以谋生为第一要务的说法，实在是误人子弟。"

【度阴山曰】

许鲁斋就是许衡，元初大学问家，是当时儒家学派的代表人物。他主张儒生最重要的不是读多少书，而是应该先让自己活下来，也就是要学到谋生手段。

这种主张被王阳明评议为"误人子弟"，归根结底，这还是念头的问题。

战国后期，秦国蚕食东方六国，尤以魏、韩两国受祸最大。公元前261年，在秦国的重压下，韩国力屈，割让上党郡给秦国，以苟延残喘。

上党郡地处韩、赵、魏三国交界，居高临下，战略位置相当重要。当时韩国内部分成两派，一派全力支持韩王的决定，一派死都不给。上党郡司令官属于后者，于是韩王迅速派大将冯异去上党郡，要他完成和秦国的交接。

冯异一到上党，立即和赵国取得联系，声称要把上党赠送给赵国。

赵国群臣欢天喜地，决定接收上党。

只有大将廉颇极力反对，他说："上党是个烫手的山芋，咱们躲还来不及，为何要承接？"

群臣们纷纷鄙视廉颇说:"你老了,胆小如鼠。"

后来的历史,已如你所知,赵国接收上党,秦国进攻上党,先是廉颇闭门据守,然后秦国派间谍到赵国四处宣扬"只有赵括才能击败秦人"的鬼话,偏偏赵王听信了,最后,长平之战,赵国主力全军覆没,再也没有一丝能力和秦国抗衡。

接受上党,赵国为这一念付出了惨重代价。在赵国君臣眼中,上党郡是块肥肉,但在廉颇眼中,上党郡则是颗炸弹。

为何会有如此天差地别的判断,原因就在念头上。

赵国君臣和廉颇看到的都不是上党郡,前者看到利,后者看到害。

一念天堂,一念泡汤。

倘若我们每事都以利为先念,那追逐的目标和方式就会特别功利,为此,我们将无所不为。倘若我们每事都以义为先念,那就会在前进途中有所为有所不为。

人心本就如此,只是个念头而已。

名有千万种,实只有一个

问仙家元气、元神、元精。

先生曰:"只是一件,流行为气,凝聚为精,妙用为神。"

【译文】

陆澄向先生请教道家所说的元气、元神、元精究竟是什么。

先生说:"这三者只是同一个事物,流动的时候就是气,凝聚起来就是精,发挥奇妙的作用就是神。"

【度阴山曰】

元气、元神、元精,这是道家仙人的三宝,但其实这只是个名,道家喜欢云遮雾罩，故弄玄虚。王阳明就说，这三个名称只是一回事：流动的时候被称为气，凝聚起来被称为精，发挥奇妙的作用时就被称为神。

以名乱实，是人类的陈规陋习。在名称上，故意搞复杂，让人丈二和尚摸不着头脑，比如我和你说"范天合道哲肃敦简光文章武安仁止孝显皇帝"，你根本不知道他是谁，但如果我和你说，他就是明神宗，就是万历皇帝，你也许就会知道他是朱翊钧。

对一个事物，就算有千万种称谓，但都能归为一，这就是它的本源。在五彩缤纷的世界中，我们很容易迷失自己，但这不能全怪我们。故意把简单的世界弄得复杂，此乃人类通病。

今日世界，各种创新的概念层出不穷，仔细思索之下，其实都是新瓶装旧酒。无论是多么崭新、出奇制胜的瓶子，酒都是一样的。

王阳明想说的其实是，无论是元气、元神、元精，都只是一个良知。

欲让人知，就是私欲

"喜怒哀乐，本体自是中和的，才自家着些意思，便过不及，便是私。"

【译文】

先生说："喜怒哀乐的感情，其本然面貌便是中正平和的，只要加入一点自己的意思，便会过度或不及，便是私欲。"

【度阴山曰】

唐人卢藏用才华横溢，有人劝他去做官，他嗤之以鼻。有人劝他去投靠名门望族做门客，卢藏用立即掀了桌子，捂起耳朵大喊："快走，快走，我不听这种俗话。"

世人都认为卢藏用淡泊名利，只想做个普通百姓。

卢藏用也知行合一，跑进首都长安附近的终南山隐居起来。

开始，很多人都找不到他，就连对终南山最熟悉的砍柴工也不例外。可后来，不知什么原因，连去终南山旅游的游客都能见到他的身影。

卢藏用名声大噪，很快就传入禁宫。

皇帝得知后，要宰相去请他出来做官，卢藏用推辞了很多次，但最终，他还是无法推辞，出山做了官。

这就是成语"终南捷径"的由来，意思是，用直线（科考）无法做官时，可以曲线（隐居混得名气后）做官。

卢藏用的故事，恰好能从另外一个角度切中王阳明这段话的七寸。

喜怒哀乐，本是人心具有，属于天理。我们遇到突如其来的好事，就会惊喜；遇到让人焦虑的事，会立刻显出哀伤；看到不平事，会发自本能地呈现愤怒。这些感情的自然流露，就是中正平和。

但是，加入一点自己的意思，就是私欲，就不符合天理了。

比如，我们遇到好事大欢喜是中和，可非要让别人知道我们大欢喜，这就是私欲；我们遇到让人焦虑的事，会哀伤，可非要让别人知道我们哀伤地死去活来，这就是私欲。

"加入一点自己的意思"，就是我们在展现感情时，故意想让人知道，这就是别有用心，就不是中和了。正如卢藏用，隐居就是隐居，非要让别人知道他隐居，其用心是做官，这就是私欲。

见到老鼠，对于一般人而言，肯定会紧张，这紧张就是中和，但你非要夸张地绕柱还走，这就是人欲。

直接而言，就是不端不装。遇事时全凭我们自然情感的推动，不掺杂一点故意让人知道自己情感的心，这就是中和。

对职业有敬畏心

问"哭则不歌"。

先生曰："圣人心体自然如此。"

【译文】

陆澄问孔子的"哭过便不再唱歌"的含义。

先生说:"圣人的心体自然而然就是如此。"

【度阴山曰】

在孔子之前,儒生有一项工作很另类,就是主持别人家的丧事。不仅仅要做主持,还要演戏,有一出戏就是扮演丧者的家人,在死者坟前号啕大哭。

孔子说"哭则不歌"——在一天时间里,哭过了就不要再唱歌。这是想告诉我们,对职业应该有敬畏心,刚从工作岗位下来,就变成另外一个人,和自己在工作岗位时泾渭分明,这是不对的。

好比你刚在人家坟头哭过,一转身就哈哈大笑,这不但侮辱自己的职业,对客户也是极大的不尊重。

特别是那些身居高位的人,更要保持对职业的敬畏,不能台上一套,刚一下台就男盗女娼。

哭则不歌,其实讲的还是知行合一。我们做的每一件事都应该发自真诚,如果是发自真诚地哭,那就很难在同一天内笑;如果不是发自真诚地哭,那哭完就能笑。

只是用心和不用心的差别。

私欲一起,效率降低

"克己须要扫除廓清,一毫不存方是。有一毫在,则众恶相引而来。"

【译文】

"克制自己的私欲必须彻底扫除干净,一丝一毫都不能存留。只要有一丝一毫的私欲尚存，众多的恶念便会接踵而至。"

【度阴山曰】

《中庸》曰：率性之谓道。什么是率性？就是顺着我们人的人性，听命于人性。我们每个人的人性都是善的，只要顺着它，视听言动就皆符合天理。

但是，一旦有私欲进来，也就是我们一旦思考，那众恶就全部出现了。

为什么会这样？

原因就是，我们一旦思考，所思考的必然是"利害毁誉"，譬如我见到孩子在井边玩耍，率性而为，就应该立即跑去井边，把孩子从井口抱过来。如果我们在去抱孩子之前，掺入思考：我解救了孩子，会得到什么报酬；我解救了孩子，万一孩子有什么损伤，孩子的父母找我麻烦该如何？

这就是私欲，不是我们人性的自然流露，一旦有了这种私欲，我们做的事就会变质，甚至压根就不会做这件事。

人生在世，有很多事都是我们应该做的，比如见义勇为，为民请命，为天地立心。但这些符合人性、遵循天理的事情，要么只是一念起就灭，要么半途而废。其原因就在于，我们有私欲掺杂进来。

当官的就应该为民请命，私欲则是，我会不会得罪领导，顶戴花翎不保？做企业的就应该做良心产品，私欲则是，我会不会耗费大量人力物力后，得不偿失？见到不仁不义之事，就应该拔刀而起，私欲则是，我会不会因此犯罪或者是受到伤害？

只要有一丝一毫的私欲尚存，众多的恶念便会接踵而至。想得太多，效率就无法提高，事情就无法成就，没有效率的人生，就是恶的人生。

有心就有理，无心就无理

问《律吕新书》。

先生曰："学者当务为急，算得此数熟亦恐未有用，必须心中先具礼乐之本方可。且如其书说，多用管以候气，然至冬至那一刻时，管灰之飞或有先后，须臾之间，焉知那管正值冬至之刻？须自心中先晓得冬至之刻始得。此便有不通处。学者须先从礼乐本原上用功。"

【译文】

陆澄向先生请教《律吕新书》。

先生说："学者以确立礼乐的根本为当务之急，否则将乐律算得再熟也未必有用，心中必须有礼乐的根本才行。就像《律吕新书》中所说，一般用律管来查看阴阳二气的变化，但是到冬至那一刻，律管中的芦苇灰飞扬或许有先后，顷刻之间，怎么能确定是哪根律管中芦苇灰的飞扬表示了冬至的到来呢？必须心中事先知道冬至的时刻才行。所以这是说不通的。学者必须从礼乐的根本上下功夫。"

【度阴山曰】

北宋时期，法律规定，御史如果在百日内没有提案，就要被免职。有个叫王平的御史，眼看就要到百日，却仍没有提案拿出。

有人认为，王御史必定是在憋大招，所提议案必将改变王朝命运乃至人类命运。

王平在第九十九天上了一道提案，内容是，最近看皇上鬓角有白发，恐怕是日夜辛苦，一定要保重龙体啊。

朝堂哄堂大笑，王平凛然而立，认为此提案实乃千百年来最佳提案。

《律吕新书》是一部关于礼乐技术的书，书中详细记载了哪个节日应该举行哪样的礼乐。王阳明的意思是，如果你心中真有礼乐，何必去死记硬背这本书，到了那天，看别人怎么做礼仪，只要发自真诚，自然就会做了。如果你心中没有礼乐的概念，即使把此书倒背如流，做出来的礼仪也是假大空。

御史提案，要知道规矩，比如百日内必须有提案，可如果心中没有为民请命、为天下苍生谋福的心，提案就是走了个过场，贻笑大方。

很多王朝的御史在要求提案之前，都绞尽脑汁地想提案，这本身就是心中没有提案。所谓提案，出发点必须是为国为民，有了这份心，你必能看到现实中的种种不公，这就是提案的源泉。

有心，就有天理；无心，必无天理，只有笑话。

人心如明镜，看你怎么擦

曰仁云："心犹镜也，圣人心如明镜，常人心如昏镜。近世格物之说，如以镜照物，照上用功，不知镜尚昏在，何能照？先生之格物，如磨镜而使之明，磨上用功，明了后亦未尝废照。"

【译文】

徐爱说："人心好比镜子，圣人之心好比明亮的镜子，而常人之心好比昏暗的镜子。朱熹的格物学说，好比拿镜子去照物，只在照的行为上下功夫，却不知道镜子本身是昏暗的，又怎么能够照物呢？先生的格物之说，好比是打磨镜子，使它明亮，在打磨镜子上下功夫，镜子明亮了自然能够照物。"

【度阴山曰】

禅宗五祖老了，准备把衣钵传给弟子。在其弟子中，有两位最优秀，一是神秀，二是慧能。五祖让两位交份修行感悟，神秀的修行感悟是：身是菩提树，心如明镜台。时时勤拂拭，勿使惹尘埃。
五祖说："你呀，还没有入门。"
慧能的修行感悟是：菩提本无树，明镜亦非台。本来无一物，何处惹尘埃。
五祖说："你呀，只不过刚入门。"
后来，慧能离开寺庙，行走人间，终于证道，成为禅宗六祖。
今天来看，神秀属于理学，必须刻苦修行，得到天下真理；慧能属于心学，我心中即有天理，不必向外求学。

而阳明心学和传统心学不同,他说,人心是明镜,只要擦拭明镜即可。

但拿什么擦?

慧能才入门时,认为只要拿自己的念头擦就是了,而王阳明则认为,拿念头擦,不是如枯木死灰地在那里坐着,认为天理在我心中,就万事大吉,你必须去事上验证这个天理。

确切地说,这是一种科学精神,要不停地做实验。做实验的真正目的不是创造新事物,而是验证已经存在的事物的正确性。经过验证后,若发现从前的天理不对,那就要立即纠正。这纠正的过程就会产生新事物。

做实验,就是如慧能一样去人间,体悟各种人情事变。

镜子本身如果昏暗,就是良知不明,这样一来,你越是涉猎外物,就越是迷惑,越不能获取到真正的知识,因为你的镜子是昏暗的。若要良知光明,就必须擦镜子。

擦的过程就是去事上磨炼的过程,磨炼的过程,其实就是验证我们心中与生俱来的真理的过程。

真理非常简单,人所共知,所以人人都能验证真理,只要肯擦镜子,镜子就没有不明的。

人能弘道,非道弘人

问道之精粗。

先生曰:"道无精粗,人之所见有精粗。如这一间房,人初进来,只见一个大规模如此。处久,便柱壁之类,一一看得明白。再久,如柱上有些文藻,细细都看出来。然只是一间房。"

【译文】

陆澄向先生请教道的精与粗的问题。

先生说:"道无所谓精粗,是人对道的体会认识有精粗之分。好比这一间房子，人刚进来时，只看到个大概。待得久了，才将梁柱、墙壁一一看清楚。再待一段时间，柱子上的花纹都能看清楚了。然而，从头至尾也只是同一间房而已。"

【度阴山曰】

有个鸡汤故事：两个人同时在监狱牢房里向外看，甲看到的是窗上的铁栏杆，乙看到的是窗外的满天星斗。

这道鸡汤想告诉我们，同样一件事物，你审视的角度不同，看到的结果就不同。

西汉末年，儒家学派从古典儒家转到经学派，所谓经学，简单而言，就是死抠经典。作为中华古典文化的群经之首《周易》，被抠的次数最多，抠得也最深。

有人认为《周易》是西周灭商之前的国史，有人则认为它是宇宙之道，还有人认为它就是一部占卜之书，更有人认为，它是人类的救赎之书，只要读懂它，就能读懂地球、月球、太阳，乃至整个宇宙。

就像同样是读《红楼梦》，有人看到儿女情长，有人看到传统文化的精华，甚至有人看到阶级斗争。

《周易》《红楼梦》是客观存在的，如果它们是道，那每个人对道的体会就有精粗之分。

王阳明的比喻很精准：好比这一间房子，人刚进来时，只看到个大概。待得久了，才将梁柱、墙壁一一看清楚。再待一段时间，柱子上的花纹都能看清楚了。然而，这从头至尾也只是同一间房而已。

既然从头到尾只是同一间房，那看得精和看得粗，就没有了分别。我只要看到我想看的，且能为我所用，道就是真正的道。

厨子读《庖丁解牛》会读到精湛的技艺，那么，他就会去琢磨如何能获取到这种技艺；管理者读《庖丁解牛》会读到抓主要矛盾，那么，他就会去琢磨如何获取到这种方法；工匠读《庖丁解牛》会读到工匠精神，那么，他就会去琢磨怎样才能拥有这种精神。

我们对一个事物，不必面面俱到，抓住适合你、能给你带来好处的一点，就足矣，这就是道。

天下大道，并非客观存在，因为道是被人弘（琢磨）出来的——人能弘道，非道弘人。

学如逆水行舟，不进则退

先生曰："诸公近见时少疑问，何也？人不用功，莫不自以为已知，为学只循而行之是矣。殊不知私欲日生，如地上尘，一日不扫便又有一层。着实用功，便见道无终穷，愈探愈深，必使精白无一毫不彻方可。"

【译文】

先生说："你们近来疑问少了，这是为何？人不用功，就会以为自己什么都知道，认为只要按过去的方法做就可以了。殊不知私欲日益增长，好比地上的灰尘，一日不扫便会多一层。如果在实处下功夫，便会发现大道无穷无尽，愈探究便愈精深，只有做到精确明白，没有一丝一毫不彻底之处方可。"

【度阴山曰】

人的脑子是个特别奇怪的器官，它能让你快速学到东西。你本以为学到脑子里的东西会永远待在脑子里，但遗憾的是，它除了能学到东西，还能快速忘记东西。

深奥的东西，遗忘的速度快；浅显的东西，遗忘的速度慢。但无论是深奥还是浅显，如果不反复复习，终究会忘。

学如逆水行舟，不进则退。你不进，由于水在流动，你其实就是在退。

如何做到不退？必须前进。这前进就是对从前知识的复习以及接受新知识。王阳明的解释很耐人寻味：不用功的人，不会知道自己在退步，天长日久，你就真的退到愚昧之境了。

如果你肯用功，就会发现你所知道的不过是九牛一毛。知道自己不知道，就是进步。你如何才能知道自己不知道？只能是去学习，唯有学习，才能获取新东西，才能知道自己不知道。

我们如何才能不遗忘从前学到的东西？只有一个办法，就是反复温习。反复温习，就会把深奥的东西变得浅显，浅显的东西，比如我们用筷子吃饭，是绝对不会被遗忘的。

所以，这个公式就是，深奥化为浅显，浅显化为本能。

如何看清天理和人欲

问："知至然后可以言诚意，今天理、人欲知之未尽，如何用得克己工夫？"

先生曰："人若真实切己用功不已，则于此心天理之精微，日见一日，私欲之细微，亦日见一日。若不用克己工夫，终日只是说话而已，天理终不见，私欲亦终不自见。如人走路一般，走得一段方认得一段；走到歧路处，有疑便问；问了又走，方渐能到得欲到之处。今人于已知之天理不肯存，已知之人欲不肯去，且只管愁不能尽知，只管闲讲，何益之有？且待克得自己无私可克，方愁不能尽知，亦未迟在。"

【译文】

陆澄问："致知的功夫实现了才可以谈诚意的，如今天理和人欲还没弄明白，如何去做克制私欲的功夫呢？"

先生说："一个人如果自己切实不断地下功夫，那么对于心中天理的体会认识必然日益精微，而对私欲的认识也日益精微。如若不去做克制私欲的功夫，整天只是嘴上说说，终究看不清天理和私欲。好比人学习走路，走过一段路才认识这段路；走到分岔路口时，有疑问便问；问了再走，才能慢慢到达目的地。现如今有些人，对于已经体会到的天理不愿存养，对于已经认识到的人欲不肯除去，自顾自地去担心是否能够全部弄明白，只顾空谈，又有什么作用？等到克己的功夫下到无私欲可克的地步，再去担心不能全部弄明白，也还不算迟。"

【度阴山曰】

古代杞国有个人总担心天塌地陷，所以寝食难安，瘦得只剩下骨头。他的一位哲学家朋友生了恻隐之心，就安慰他：天是气，塌不下来；地广阔深厚，也陷不了。

杞人立即从忧虑中解脱出来，如同经历了三灾八难，比从前还快活数倍。

哥白尼之前，西方世界都主张"地心说"，但哥白尼觉得不对，他开始认真做实验琢磨这个地心说。有人跑来和他说："地心说是对的，你就别疑神疑鬼了。"

哥白尼问："为什么是对的？如果我找不到这个理由，那它就是错的。"

这和那个杞国人的态度截然不同，有人告诉他不可能天塌地陷，他就点头称是，而不再担心。而哥白尼保持着这种怀疑的态度在这种怀疑下，提出了日心说。

回到王阳明的语录中来，有人问他："天理和人欲如何区分？"

王阳明回答："如果你不切实不断地下功夫，那就没有办法区分天理和人欲，因为外在的天理和人欲的规定看上去都是不言自明的。"但真的是这样吗？

凡是普世的东西真的就是真理？未必，所以，你必须去探究。

哥白尼如果没有探究精神，就不可能推翻地心说，提出日心说，这样人类的科学就没有办法进步。

怀疑的精神包括两方面：敢于怀疑，然后拿出行动来证明你的怀疑有道理。敢于怀疑是知，拿出行动是行，这其实就是"知行合一"。

王阳明举的例子是，譬如你走路，从前常常走的一条路，好久不走了，今天你去走，发现岔路口多了，你该怎么办？

王阳明的办法是，遇到岔路口就问，不要以为你曾经走过，就认为自己掌握了路径，人需要不停地怀疑和追问，才能得到天理。这天理是与时俱进的，不是大家耳熟能详、不言自明的从前的真理。

你站在岔路口，一门心思琢磨这条路该怎么走，可就是寸步不移，这对于走这条路毫无帮助，必须即走即问，即问即走。

若想搞清楚一些事，就必须去行动，就如走路，先走起来再说，遇到不明白的地方，自然要问，这就是知行合一。

心外无道

问："道一而已，古人论道往往不同，求之亦有要乎？"

先生曰："道无方体，不可执着，却拘滞于文义上求道，远矣。如今人只说天，其实何尝见天？谓日、月、风、雷即天，不可；谓人、物、草、木不是天，亦不可。道即是天。若识得时，何莫而非道？人但各以其一隅之见，认定以为道止如此，所以不同。若解向里寻求，见得自己心体，即无时无处不是此道，亘古亘今，无终无始，更有甚同异？心即道，道即天，知心则知道、知天。"

又曰："诸君要实见此道，须从自己心上体认，不假外求，始得。"

【译文】

陆澄问："道只有一个，古人所谈论的大道却往往有所不同，求道也有要领吗？"

先生说："道没有具体的形体，无法把捉，所以不能执着，若拘泥于文字意思上探求大道，实则差得远了。好比现如今的人们谈论天，他们又何曾真正见到过天？将日、月、风、雷等天象视作天，不对；认为人、物、草、木就不是天，却也未必如此。道就是天。如果体会到这层意思，那还有什么不能认为是道的呢？人们只是各自依据自己的偏见，就认为道只不过如此，因而所见才会有所不同。如若不断向内探求，体认到自己的心体，道便会周流于任何时间与地点，从古至今，自始至终，哪有什么不同呢？心即是道，道就是天，体认心体就是体认道、体认天。"

先生又说："诸位要想真正体认大道，必须从自己的心上去体认，不能向外去探求，这样才能有所发现。"

【度阴山曰】

孔子当初站在水边，说："逝者如斯夫。"意思是，时间像流水一样，一去不还了。

老子看着滚滚大河，由衷地说："上善若水，江海所以能为百谷王者，以其善下之。"意思是，最伟大的东西莫过于水，江海所以能成王，是因为它肯谦卑地下流。

中国古代鸡汤大师们教导人们："人往高处走，水向低处流。"

同样是水，孔子、老子、鸡汤大师看待它的角度不同，解析出来的道自然就不同。

但正如王阳明所说，大家总谈论天，可谁见过真正的天？将日、月、风、雷等天象视作天，这不对；认为人、物、草、木就不是天，却也未必如此。

大家总谈论水，可谁见过真正的水？有谁把水最本质的特性说了出来？

无论孔子，还是老子，或者是鸡汤大师，他们说的水，其实都是我们感官能得到的水的特点，任何人都没有说出水的本质：它为什么不停地流？它为什么总会向下流？

如果用今天的科学来解释，是因为地心引力，所以水才会永远不停地向下流。

这就是水背后的道——地心引力。而这个道，根本不会轻易展现在所有人面前，你必须用心去琢磨、实验才可得到。

孔子、老子、鸡汤大师说的水，只是依据自己的偏见，得出的一种现象而已，它并不是本质。只有透过现象，用心用脑，才能发现本质，才能发现道。

王阳明说，心即道，道即天，知心则知道、知天。这个知心，即是用心。

我们常常会被一些外表华丽的东西蒙骗，原因就在于，我们从来没有用心去了解华丽外表的本质。正如我们从来不想去了解生活的本质，却把生活中的诸多外在的装饰（房子、车子、容貌）当作本质。其实，生活的本质只有一个，那就是心安。

住大房、开豪车、左拥右抱的人心未必安，倘若能安，房子、车子、女人这些表象才有真正的意义。

否则，就不是道，就不是天，就不是心。

心外无道，一切道都在心里。

不局限自己

问:"名物度数,亦须先讲求否?"

先生曰:"人只要成就自家心体,则用在其中。如养得心体,果有'未发之中',自然有'发而中节之和',自然无施不可。苟无是心,虽预先讲得世上许多名物度数,与己原不相干,只是装缀,临时自行不去。亦不是将名物度数全然不理,只要'知所先后则近道'。"

又曰:"人要随才成就,才是其所能为。如夔之乐、稷之种,是他资性合下便如此。成就之者,亦只是要他心体纯乎天理,其运用处,皆从天理上发来,然后谓之才。到得纯乎天理处,亦能'不器',使夔、稷易艺而为,当亦能之。"

又曰:"如'素富贵行乎富贵,素患难行乎患难',皆是'不器'。此惟养得心体正者能之。"

【译文】

陆澄问:"事物的名称与度量,是否需要预先讲究?"

先生说:"人只要能存养自己的心体,具体的作用便自然在心体之中了。如果存养心体能够达到'感情未发出来时的中正'状态,自然会有'发而中节之和'的作用,自然无所不到、无事不可。如果没有确立心体,即便预先探求许多事物的知识,与自己的心体也毫无关系,只是装点门面的功夫,遇到事情没有任何作用。当然,也并非全然不讲究事物的知识,只是'要知道何者为先、何者为后,就接近道了'。"

先生又说:"人要根据自己的才能去成就事业,才能有所作为。如同夔之于音乐、稷之于农事一样,是他们的天性适合做这样的事情才能如此。要有所成就,就是要让心体纯粹都是天理,心的运动作用,都是从天理上发现出来,方能称之为才。等到心里纯粹都是天理,甚至可以不为具体的才能所束缚,让夔和稷互换工作,他们也能够做好。"

先生又说:"像《中庸》所说,'身处富贵则做富贵时该做的事;身处患难则做患难时该做的事',都是不为具体的才能所束缚。而这只有心体达到中正的人才能够做到。"

【度阴山曰】

曾国藩、李鸿章、左宗棠是清末最耀眼的三颗政治明星，一般排序，都是"曾李左"，但左宗棠一生都不服气这种排名，因为他是三人里面智商最高的。

如果三人同时答一份试卷，三人都能得一百分，但是在左宗棠看来，曾国藩、李鸿章答一百分，是因为他们就这水平，而他答一百分，是因为试卷只有一百分，如果是一千分，那他仍然是满分，但曾、李二人就未必了。

同样一个难题，让曾国藩处理，你会看到他抓耳挠腮，但左宗棠处理起来云淡风轻。哲学家都主张人人平等，然而这不可能，至少智商方面，人与人之间就是不平等的。

每个人都有天赋，遗憾的是，很少有人刻意去寻找，只是随波逐流，看到别人在某方面成就很大，就钦羡起来，然后去学人家。拿自己的努力和别人的天赋去拼，只能累到吐血。

所以王阳明说，人要根据自己的才能去成就事业，才能有所作为。夔的天赋是音乐，稷的天赋是农事，因为他们的天性适合做这样的事情，才能做得特别好。所谓天性，就是天赋。

有人问王阳明："名物度数，是否要预先讲究一下？"

意思是，咱们要不要先设定一个规则，我要做什么，不要做什么？从前古圣先贤做事的套路，我要不要预先学习讲究一下呢？

王阳明说："不必这样，人只要能存养自己的心体就可以了。"

意思是，人只要在心上用功，不必局限自己。遇到什么事就用心来做这件事，这才是真正的讲究。

就如同你去买手套，买之前，不必量手，到了那里，用手试一下就知道买哪种了。

这个手就是心。

如何在心上用功，王阳明没有说透彻。他最后一句话大概就隐藏着答案："像《中庸》所说，'身处富贵则做富贵时该做的事，身处患难则做患难时该做的事'，都是不为具体的才能所束缚。"

不为具体的才能所束缚，就是不要把自己所谓的优势当成真理，必要时，要放弃自己的优势。你说你是个超级美食家，这就是优势，但闹饥荒时，根本没有美食，你只能吃些草根树皮，如果这个时候，连草根树皮都不吃，你就会被饿死。

所以，不能执，万不可先给自己设定人生规则，一旦时间和空间发生转变，你所坚持的规则和你所拥有的优势，就成了扼杀你的毒药。

阳明心学主张心外无理，一切天理都在心内，所以根本不必去准备讲究，只要心光明，遇其事，就有其理。

人但能如此，就是圣人。

要做有源之水

"与其为数顷无源之塘水，不若为数尺有源之井水，生意不穷。"

时先生在塘边坐，旁有井，故以之喻学云。

【译文】

"与其挖一个数顷之大而无源头的水塘，不如挖数尺深而有源头的井，井水会源源不断。"

那时先生正坐在池塘边，旁边有一口井，因而先生以此来比喻做学问。

【度阴山曰】

朱熹说："问渠那得清如许，为有源头活水来。"意思是，渠水之所以清澈永恒流动，是因为有源头，而源头是源源不断的。我们处理问题的方式就是渠水，良知就是源头。

"挖一个数顷之大而无源头的水塘，不如挖数尺深而有源头的井。"这句话正是王阳明龙场悟道"吾性自足，不假外求"的最佳注解。

它的意思是，我们每个人其实都是一口深而有源头的井，但是很多人不在这口井上用功，非要到处去挖各种各样无源头的水塘。水塘固然能暂时解决问题，但它并不长久。

很多人有了烦心事，不在心上用功，从解决这个烦心事，而是去借酒浇愁，或者颓废地生活一段时间，这都不是解决问题的态度。

学问是什么？学问的第一法门，就是要认定，成败皆在我身，和其他无关，就是要认定自己是个能量源，能解决人生中所遇到的所有问题，通过调节自己的情欲和遵循人性，无往而不利。

而情欲和人性都是我们与生俱来的，不需要靠外物来加持，唯有如此认识，学问才有所增长，而不是毫无根基的金玉其外、败絮其中。

我们要做有源之水，这有源之水就在我们自己身上，我们千万别做无源之水，这无源之水就是那些能暂时缓解我们痛苦，使我们推迟解决问题的特别坏的外物。

保持清明平和的心

问："世道日降，太古时气象如何复见得？"
先生曰："一日便是一元。人平旦时起坐，未与物接，此心清明景象，便如在伏羲时游一般。"

【译文】

陆澄问："如今世风日下，上古时代的景象如何才能再见到呢？"
先生说："一天便是一个循环。人早晨起来，还未与物接触，心中清明平和，就好像悠游于伏羲之世一般。"

【度阴山曰】

所谓伏羲之世、尧舜之世，只不过是儒家学派一厢情愿的传说而已。如果真有这种光明之世，那它也已经消失，一去不返。

王阳明的学生觉得如今世风日下，上古时代的光明景象再也不能见，该如何是好。

王阳明告诉他，这种神话太过遥远，人能关注的只能是当下，最多也不过能关注一天，这一天就是一个修行的轮回。如果能把每一天过好，那就等于是在伏羲之世、尧舜之世。

人刚睁开眼，大脑还未正常运转，心没有与外物接触，还处在无善无恶的境界，这个时候我们每个人的心，是清明平和的，如同神仙、圣人一样。

但当我们的大脑开始运转，心与外物开始接触时，很多人的烦恼就来了。

倘若我们在与外物接触时，仍能保持清明平和的心态，这一天的时间中我们就永远处于伏羲之世、尧舜之世。

人醒来，保持清明平和的心容易，但一和外物接触，若还想保持就难了。而这种难，正是我们修心的帮手。

心要逐物，该怎么办

问："心要逐物，如何则可？"

先生曰："人君端拱清穆，六卿分职，天下乃治。心统五官，亦要如此。今眼要视时，心便逐在色上；耳要听时，心便逐在声上。如人君要选官时，便自去坐在吏部；要调军时，便自去坐在兵部。如此，岂惟失却君体，六卿亦皆不得其职。"

【译文】

陆澄问："心要去追逐外物，该怎么办？"

先生说："君主庄严肃穆，垂拱而坐，六卿各司其职，天下才能得到治理。心统摄五官，也要如此。如果眼睛要看时，心便在追逐颜色上；耳朵要听时，心便在追逐声音上。就好比君主要选任官员时，便去吏部；要调用军队时，又去兵部。如果这样，不但君主失去了君主的体统，六卿也无法各司其职。"

【度阴山曰】

要铭记一点，阳明心学主张心外无物。

所谓心外无物，有两种解释。

第一，物者，事也。心外无物，就是心外无事。凡是不用心做的事，都不能称其为事；凡是用心做的事，才叫事，只是个用心或不用心的分别。

第二，心外没有任何物，这个物，可当万物讲。我们每天都能见到很多物，但真正能记得的少之又少，这是因为我们对那些物只是走马观花，所以我们不会记得它。真若想记得一物，就必须用心，譬如你会记得早就去世的亲人，这个亲人已经消逝了，为何你还会记得，就是因为你用心了，它不在你的心外，只在你的心内。

心要逐物，就如一个君主要去做六部的职位，一会儿这样，一会儿那样，心中没有个定性。

心不逐物，就是要如君主一样，端坐中央，指挥若定，非礼勿视、非礼勿言、非礼勿听。

天下万物千千万，我们只找自己最应该视听言动的那些，除此而外，一切物都不在我们心内。

心外无物的提出，目的有二：

一、要我们专注于天理，做正确的事，把事情做正确。

二、人的一生精力有限，在你喜欢擅长的物上竭尽全力，这就是成功之道。

意志征服世界

"善念发而知之，而充之；恶念发而知之，而遏之。知与充与遏者，志也，天聪明也。圣人只有此，学者当存此。"

【译文】

先生所说:"善念萌发时要认识它、扩充它;恶念萌发时,要认识它、遏制它。认知、扩充、遏制,都是意志的作用,都是天所赋予的聪明才智。圣人也只是有这个意志,学者应当时刻存养这个意志。"

【度阴山曰】

人一出生,就带着良知而来。良知能分是非善恶,可解决天地间一切人情事变。依此而言,我们在人间遇到的所有事,根本轮不到你拼超能力,仅凭我们的诚意之心,就能解决掉所有的人生问题。

但为什么还是有很多人做了无数半途而废的事,最终一事无成呢?原因就在王阳明所说的意志力。西方心理学认为,所谓意志力,就是指人自觉地确定目的,根据目的来支配、调节自己的行动,克服各种困难,从而实现目的的一种品质,乃至一种人格。

尽管我们常常用判断力思考问题和解决问题,但最终能否解决问题的关键,还在于意志,而不是才智。

王阳明所谓的意志力,是这样的:善念萌发,就坚持把它扩充;恶念萌发,就不择手段地将其遏制。不管遇到任何困难,坚持这两点,那就是合格的意志力了。

一旦有这种意志力,那就能征服世界,天下无敌。

我们在善念和恶念上的态度,决定了我们将来的人生。善念萌发,不去扩充,等于没有善;恶念萌动,不去遏制,就真的成了恶。

归根结底,王阳明还是要你去行动,在行动上见真章,而不是满口的理论大道。

不要小看了对待善念恶念的态度,倘若你连善念恶念都不能坚持扩充与遏制,那其他事,根本就不必谈。

意志力,最基本的表现就是对善恶的分辨与行动,最灵魂的表现也是如此。知道了善恶,并以行动确定,你就是个圣人了。

闲思杂念也是私欲

澄曰:"好色、好利、好名等心固是私欲,如闲思杂虑,如何亦谓之私欲?"

先生曰:"毕竟从好色、好利、好名等根上起,自寻其根便见。如汝心中决知是无有做劫盗的思虑。何也?以汝元无是心也。汝若于货、色、名、利等心,一切皆如不做劫盗之心一般都消灭了,光光只是心之本体,看有甚闲思虑?此便是'寂然不动',便是'未发之中',便是'廓然大公'。自然'感而遂通',自然'发而中节',自然'物来顺应'。"

【译文】

陆澄说:"好色、贪财、求名等心固然是私欲,而那些闲思杂念,为何也叫私欲呢?"

先生说:"这是因为闲思杂念也是从好色、贪财、求名这些根上生发出来的,找到其根源你就能明白了。比如你心中知道自己绝对不会去做抢劫、盗窃之事。为什么?因为你原本就没有这个念头。如果你贪财、好色、追求名利等念头,一切都像不做抢劫、盗窃之事的念头一般消灭殆尽,恢复到心体的本然状态,那还有什么闲思杂念?这便是心体寂静不动,便是一切情感未发时的中正平和,便是心胸广阔、公正。这样的心体自然能够感遇外物而无所不通,心体的发用也自然能够符合中正节制,有事物呈现于心体也自然能够顺应了。"

【度阴山曰】

每个人在闲极无聊时常常畅想未来,而且这个未来绝对是美好的,画面恐怕是,在万众瞩目之下,所有的人都对你赞不绝口;家里金山银山;拯救了人类,成为救世主;纵横天下,无人可敌。

除了这些美好画面,还会有各种丑陋的画面,它们是我们人类某种负面情绪的呈现,比如患得患失,瞻前顾后,心不在焉,等等。

无论是美好的画面还是丑陋的画面,都是王阳明所谓的闲思杂念。

陆澄问的问题很好："好色、好利、好名等心，固是私欲，可除此之外的那些无关的闲思杂虑，怎么也称为私欲？"

王阳明的回答直指本心："闲思杂念，到底是从好色、贪财、慕名这些病根上滋生的，你自己去寻求本源定会发现。例如，你自信绝对没有做贼之想，什么原因？因为你根本就没有这份心思，如果你对色、财、名、利等想法，似不做贼的心一样都铲除了，完完全全只是心之本体，还哪里有闲思杂念？这便是'寂然不动'，便是'未发之中'，自然可以'发而中节'，自然可以'物来顺应'。"

也就是说，我们平时的"闲思杂虑"并非闲的、杂的，而是有所指的。人在胡思乱想时可能会想好的，也可能会想坏的。人人都会想自己发财，人人也会想自己可能会碰上倒霉事。这些胡思乱想的背后，其实都是我们对名利的奢望和对失去的担忧，它们都属于非分之想。如果你真看淡名利，如果你真看透生死，就不可能在平时胡思乱想。

当然，王阳明之所以说闲思杂念也属于私欲，还因为闲思杂虑只存在于我们脑海中，还没有被实现。因此我们思虑的善恶、是非，并非如白昼和黑夜那样容易分辨。我们以为自己正在憧憬未来，实际上却是贪欲；我们以为自己是在立志当一个伟大的人，实际上却是好名的私欲。在这些真假难辨的闲思杂虑中，很容易会让良知无法判断，最终会遮蔽良知。

所以王阳明说，一定要根除闲思杂虑，唯一的办法就是把那些影响闲思杂虑的私欲给克掉。而这些私欲，就是名利之心。

少点名利之心，心上就会很清淡，闲思杂虑就少。心如果清淡干净，没有杂念，就能专注于任何事，并取得成效。这叫釜底抽薪，是解决闲思杂虑的根本之道。

接地气和不接地气，都是知行合一

问："先儒曰：'圣人之道，必降而自卑；贤人之言，则引而自高。'如何？"

先生曰："不然，如此却乃伪也。圣人如天。无往而非天：三光之上，天也；九地之下，亦天也。天何尝有降而自卑？此所谓大而化之也。贤人如山岳，守其高而已。然百仞者不能引而为千仞，千仞者不能引而为万仞。是贤人未尝引而自高也，引而自高则伪矣。"

【译文】

陆澄问：程颐先生说："'圣人之道，必然谦逊而朴素；贤人的言说，则自我抬高。'这话如何？"

先生说："不对，如果这样就是作假了。圣人像天一般。没有什么不是天：日月星辰之下是天；九泉之下也是天。天何尝需要自己降低自己、让自己显得谦卑呢？这是孟子所谓'大而化之'的含义。贤人则像高山，固守其高处而已。然而百仞的高山不能抬高自己到千仞，千仞的高山不能抬高自己到万仞。所以贤人也并未抬高自己，若是这样便是作假了。"

【度阴山曰】

李适（唐德宗）在位初期，常常打亲民牌——到首都长安郊区和最底层的老百姓聊天。某次，李适带着许多史官到一农民家中，嘘寒问暖，说些真情实意的废话。农民感动得要命。

李适一走，有人就跑来和农民说，这个皇帝不咋地。皇帝是天，何尝见过天和地打成一片的？

正如此人所说，李适做皇帝是不咋地，执政后期，帝国发生泾原兵变，李适被叛军赶出长安，后来虽然平定叛乱，回到长安，但他开始了昏聩时代，大唐帝国从此一蹶不振。

中国历史上有几位打亲民牌的皇帝，把国家治理得都不怎样，那些看上去傲慢、永远不接地气的皇帝，反而把国家治理得很好。李世民、忽必烈是典型代表。

有弟子问王阳明："《大学》讲亲民，是否可以这样理解，做大官的乃至皇帝，都要到基层和群众打成一片？"

王阳明回答："天何尝与地打成一片，天只要做天该做的事，不必下移，就是真天。如圣人一样,做圣人该做的事,纵然高高在上,也能普度众生。"

圣人之道,并非像隔壁笑呵呵的老王一样,谦虚而朴素。真圣人,肯定和众生不同,看上去端着装着,其实他就是在做圣人该做的事。如果让一个圣人,天天和民众打成一片,不分彼此,让自己显得谦卑,那神秘感就会消失,庄严感荡然无存,圣人就玩不转了。况且,圣人何必如此?

在什么位置就把这个位置的事做好,这就是真圣人。

有些人接地气,是知行合一;有些人不接地气,也是知行合一。

至于贤人,就要按能力来做事为人,绝对不能把自己抬到高不可攀的地步,贤人接地气,就是致良知。

一旦想脱离自己的位置,就是伪。为何要脱离?恐怕不是公心,必是私意。

圣人知道自己该做什么,所以不接地气;贤人知道自己该做什么,所以接地气,这样世界就和谐了。

中正不是目的,而是手段

问:"伊川谓'不当于喜怒哀乐未发之前求中',延平却教学者看未发之前气象,何如?"

先生曰:"皆是也。伊川恐人于未发前讨个中,把中做一物看,如吾向所谓认气定时做中,故令只于涵养省察上用功。延平恐人未便有下手处,故令人时时刻刻求未发前气象,使人正目而视惟此,倾耳而听惟此,即是'戒慎不睹,恐惧不闻'的工夫。皆古人不得已诱人之言也。"

【译文】

陆澄问:"程颐先生说'不该在喜怒哀乐未发之前追求中正之道',李侗先生却教导学者要体会情感未发之前的境界,他们的说法对吗?"

先生说:"都对。程颐先生唯恐人们在感情未发之前追求中正,把中正看作一件事物,就如同我曾经说的把气的安定当作中正平和一般,所以才让学者只在涵养省察上下功夫。延平先生害怕人们一开始找不到下手之处，所以要人时刻观察体会感情未发前的境界，使人全神贯注地去听、去看这个未发前的境界。这就是'戒慎不睹，恐惧不闻'的功夫。这都是古人不得已，引导别人做学问的话头罢了。"

【度阴山曰】

程颐让人在涵养省察上下功夫，目的是保持正确的念头，也就是"未发之前"时的正念。要注意的是，这种所谓正念，不能有丝毫目的性，比如你在喜怒哀乐未发之前就想着追求中正之道，那就大错特错。

如果这样，那中正就成了一种目的，而不是手段。中正，必须是手段，以这种手段去行动，所行所为就符合中正。

所谓涵养省察就是这个意思。

李侗和程颐略有不同，他让人体会情感未发之前的境界，因为他担心有些人没有这种境界，一旦发出，就成了恶。

但李侗的方法值得商榷，他是用"戒慎不睹，恐惧不闻"——戒惧，就是通过外在的力量让人体察本心。

阳明心学不须如此，只是顺其自然。以心管心，不靠外力，这就是慎独。

无论是程颐还是李侗，说的都是同一件事：我们一定要在情感"未发之前"谨慎审视，以中正为手段，唯有如此，才能在情感发出去之后符合天理，符合良知。

天理就是中

澄问："喜怒哀乐之中和，其全体常人固不能有。如一件小事当喜怒者，平时无喜怒之心，至其临时，亦能中节，亦可谓之中和乎？"

先生曰："在一时一事，固亦可谓之中和，然未可谓之大本、达道。人性皆善，中和是人人原有的，岂可谓无？但常人之心既有所昏蔽，则其本体虽亦时时发见，终是暂明暂灭，非其全体大用矣。无所不中，然后谓之大本。无所不和，然后谓之达道。惟天下之至诚，然后能立天下之大本。"

曰："澄于中字之义尚未明。"

曰："此须自心体认出来，非言语所能喻。中只是天理。"

曰："何者为天理？"

曰："去得人欲，便识天理。"

曰："天理何以谓之中？"

曰："无所偏倚。"

曰："无所偏倚是何等气象？"

曰："如明镜然，全体莹彻，略无纤尘染着。"

曰："偏倚是有所染着，如着在好色、好利、好名等项上，方见得偏倚；若未发时，美色、名、利皆未相着，何以便知其有所偏倚？"

曰："虽未相着，然平日好色、好利、好名之心，原未尝无。既未尝无，即谓之有。既谓之有，则亦不可谓无偏倚。譬之病疟之人，虽有时不发，而病根原不曾除，则亦不得谓之无病之人矣。须是平日好色、好利、好名等项一应私心扫除荡涤，无复纤毫留滞，而此心全体廓然，纯是天理，方可谓之喜怒哀乐'未发之中'，方是天下之大本。"

【译文】

陆澄问："喜怒哀乐等感情中正平和的状态，要全体皆备，常人固然很难做到。比如遇到一件应当高兴或愤怒的小事，平时没有喜怒之心，等遇到事情也能使感情符合中正的标准，这是否也能算是中正平和呢？"

先生说："于一时一事上可以说达到了中正平和，然而并未真正实现中道的根本、平和的大道境界。人性都是善的，中和也是人人俱有的，怎么能说没有呢？不过常人的心有所蒙蔽，心之本体虽然时不时地显现，终究断断续续，并非心之全备之体、广大之用。时时刻刻都是中正，就是'大本'，时时刻刻都是平和，即是'达道'。只有天下最真诚的人，才能确立中道的根本。"

陆澄说："我对'中'字的含义还不甚明白。"

先生说："这必须从自己的心体上体会出来，不是言语所能说清楚的。'中'其实就是天理。"

陆澄问:"什么是天理?"

先生说:"摒弃私欲,便能体认天理。"

陆澄说:"天理为什么被称为'中'呢?"

先生说:"因为天理不偏不倚。"

陆澄说:"没有偏倚是怎样的呢?"

先生说:"就好比是明镜,通体晶莹剔透,无纤尘沾染。"

陆澄说:"偏倚就是有所沾染,如沾染上好色、好名、好利等事,便是有所偏倚;如果感情并未萌发,美色、名利等都未显现,如何知道它是否有所偏倚呢?"

先生说:"虽然没有表现出来,但平日里好色、好名、好利的念头并非没有。既然并非没有,那就是有这些念头。既然有这些念头,便不能没有偏倚。比如患疟疾的人,虽然有时病未发作,但病根没有根除,那么也不能认为他是没有病的人。必须把平日里好色、好利、好名等事一一扫除干净,丝毫不留,而心里纯然都是天理,才可以称为喜怒哀乐'未发出来时的中正',这才是天地间中道的根本。"

【度阴山曰】

这段大论,阐述的问题有三点。

第一,天理的概念。什么是天理?王阳明说,去掉人欲就知道了什么是天理。显然,他把天理和人欲合二为一,不是天理就是人欲,不是人欲就是天理。所以由此可以推论出什么是人欲,失了天理就是人欲。

第二,天理是中,也就是不偏不倚。什么是不偏不倚的状态呢?王阳明给出的答案是——如明镜,通体晶莹剔透,无纤尘沾染。而偏倚就是有所沾染,如沾染上好色、好名、好利等事,便是有所偏倚。一面光明的镜子,应该是这样的:它自己不动,物来则照,毕现万物本来面貌,从不作假。来一头驴,它就照出驴;来一头猪,它就照出猪。倘若它把一头驴照成一头猪,或者照不出驴来,就说明它沾染了尘埃,有所偏倚了。

第三,如何知道天理有所偏倚呢?很多时候,对那些不遇事的正人君子,因为他们善于伪装,所以我们不知他们的真正面目。但只要你抛出一点点利益,他们就会蜂拥而上,以利试人心,无往而不利。正如狗不见骨头,都是好狗，但不见骨头的好狗并不能证明真的是好狗，只要用骨头一试，就知道到底是不是好狗了。就是说，若想知一个人，必须以利示之，一切结果都应该在行为上做出判断。为什么会有坏狗，并非因为那根骨头，而是它心中本来就有骨头，所以一遇骨头，顿现无耻原形。

综上所述，我们可以总结如下：

天理=去掉人欲=中=不偏不倚；

人欲=去掉天理=不中=偏倚。

我们人心中，要么全是天理，要么全是人欲。

圣人就是博文约礼

问："'颜子没而圣学亡'，此语不能无疑。"

先生曰："见圣道之全者惟颜子，观'喟然一叹'可见。其谓'夫子循循然善诱人，博我以文，约我以礼'，是见破后如此说。'博文''约礼'如何是善诱人？学者须思之。道之全体，圣人亦难以语人，须是学者自修自悟。颜子'虽欲从之，末由也已'，即文王'望道未见'意。望道未见，乃是真见。颜子没而圣学之正派遂不尽传矣。"

【译文】

陆澄问："先生您曾说'颜渊死后孔子之学便衰亡了'，对此我有疑问。"

先生说："能够全部领会孔子圣学的，只有颜回一人，这从颜渊'喟然一叹'便可以看出。他说'孔子善于循序渐进引导学生，以文教扩充我的学识，以礼仪约束我的行为'，这是他全部领会孔子之学后才能说的话。'博文''约礼'怎么能够善于教导人呢？为学之人必须认真思考。对于道的全体，即便是圣人也很难告诉人，必须是为学之人自己去修行、去体悟。颜回'想要再向前迈进一步，却又不知怎样着手'，也就是文王'见到大道却如同没有见到一样渴求'的意思。见到大道而如同未见到一般渴求，才是真正的见到。颜回死后，孔子的学说正宗便无法尽数流传下来。"

【度阴山曰】

孔子弟子多如牛毛，可惜只有一个叫颜回的领悟到孔子所谓的圣人之道。这个圣人之道是，以文教扩充人的学识，以礼仪约束人的行为。简单而言，即是儒家系统里被说烂了的"博文约礼"。

王阳明认为，此句话的确是孔子作为圣人的标准。就好比说，孔子为何是圣人，因为他博文约礼。听起来很简单，但为何只有颜回一人悟到了？

因为颜回有一种别人所没有的精神：探索、实验，亲身去修行、去体悟。

探索，就是拥有好奇心以及怀疑的精神；实验，则是验证，用自己的身心去验证。拥有了这些基本特质，离圣人就不远了。

另一个人就是周文王，这人在儒家系统里太过于经典，因为他"见到大道却如同没有见到一样渴求"。不是他瞎了，而是觉得大道这种物品不是一劳永逸，而是永无止境的。

不停地渴求才会去追求，追求得越深入，就越明白，真正的大道就是要不停地渴求、追求。

这是一个良性循环：渴求、追求、见道，感觉没有见道，渴求、追求、见道，感觉没有见道……

而很多人没有这种博大心态，略摸索出点小技，就以为见到了道，然后手舞足蹈，傲视天下，不思进取，最后，道就从他手中滑掉了。

孔子弟子那么多，只有颜回一人如此，可见，真正的见道没那么容易。虽然中国人说，大道至简，但其实说的是，真大道是简单的，正因为简单，所以才容易被人忽略滑落。如果能保证不滑落，那就是真的见道了。

保证不滑落，很难，迄今为止，只有一个方法论：博文约礼，永不停息。

按心学做事的套路——身、心、意、知、物

问:"身之主为心,心之灵明是知,知之发动是意,意之所着为物,是如此否?"

先生曰:"亦是。"

【译文】

陆澄问:"身体的主宰是心,而心的灵动明亮就是知,知的生发作用就是意,意所指向的对象就是物,是这么理解吗?"

先生说:"可以这么说。"

【度阴山曰】

人在做任何事情时,绝对不只是简单地动手动脑动心,而是整个身体全部开动。譬如你吃饭,大多数情况下,你是身体饿了,才要去吃。但你身体并不知道自己饿了,而是你心内的良知告诉你饿了。所以,其实是你心上的良知在指使着你:要去吃饭。这个指使你行为的就是意,是念头。念头着眼在饭上,吃饭就是一物。

身、心、意、知、物全部到齐,吃饭这一行为才能发生。缺少了哪一样,都不成。

一个人身体死亡,人就不存在了,后面的"心意知物"全是虚无。若只有身体,而没有"知",你就无法判别是非善恶,该吃饭不吃,不该吃饭玩命吃。一旦"知"跑偏,你就是个行尸走肉。

所以,良知是我们人生中最重要的东西,离了它,就等于自我灭亡。但空有良知,而不去真诚地执行良知的命令,也没有用。

良知告诉你,饿了吃饭,这个念头是对的。但你就是不吃,不把念头着眼于吃饭这件事上,吃饭这个"物"也不会发生,这就是把知和行分离了。

这也可以解释为什么心外无物,你不用心将正念付诸行动,这件事(物)就不会发生。

身心意知物，全部到齐，整个流程不能缺少任何一环，事情才可成。

人做事，会成事也会坏事。成事，就是身心意知物全部到齐。坏事，要么在"意"上出了差错，比如坏念头；要么就是没有把"意"发射出去，无法让"物"呈现。

明白了这一点，我们做事就有了套路，按照套路来，任何事都可成。身心意知物，就是套路。

关注当下

"只存得此心常见在便是学。过去未来事，思之何益？徒放心耳。"

【译文】

"只要时刻存养本心就是学习。过去与将来的事，想它又有何益处？只会迷失本心罢了。"

【度阴山曰】

人受情绪和现实的影响，总会患得患失，瞻前顾后。对过去的事，耿耿不忘；对将来的事，疑神疑鬼。

王阳明说，你想那些过去未来的事，有何益处？非但没有益处，而且全是坏处。

每个人都在空间和时间中不停转变，特别是在时间上，由于它的流逝，所以会形成"从前的我""当下的我""未来的我"。你想过去事，就是用"从前的我"顶替"当下的我"思考问题；你想未来事，就是用"未来的我"顶替"当下的我"思考问题。

这是一种典型的神经错乱，你没有办法掌控从前的你和未来的你，你唯一能掌控的就是当下的你。

唯一能掌控的却不掌控，无法掌控的却千方百计去掌控。其实，你只有关注好当下、掌控好当下，才能掌控好未来。反之，就是缘木求鱼，注定镜花水月。

如何关注当下，这需要你学习。学习的方式就是时刻存养本心，存养本心就是听凭良知。当下所能掌控的任何事，都以良知为指导，能致良知，这就是圣人了。

因为圣人的基本要素之一，就是能关注和掌控当下。

话语是心的外化

"言语无序，亦足以见心之不存。"

【译文】

"说话颠来倒去，也足以说明心没有得到存养。"

【度阴山曰】

中国古人始终相信：人情不同，其辞各异。比如心中有忤逆之意，言辞就会有惭愧意味，心中疑惑不定，言辞就枝蔓。顺利的人言辞很果断，焦躁不安的人言辞就啰唆，没有操守的人说的话就很不坚定。

说话颠三倒四，既说明其心中疑惑不定，又说明其焦躁不安。对任何事没有判断力就会疑惑，疑惑后就会焦躁。焦躁又导致其内心不静，没有判断力。这是个恶性循环。

如何打破这恶性循环？或者说，如何使自己讲话时不要颠三倒四？这只能在心上下功夫。

存养心，就是要让内心强大，高度自信，时刻训练能使自己在社会上生存下来的技能，内心宁静而不受外部欲望的吸引。人有技能在身，就会高度自信，内心平静，就能快速冷静地观察出事物的本质，找到这一本质，则能迅速解决问题。

"不动心"的两种境界

尚谦问孟子之"不动心"与告子异。

先生曰："告子是硬把捉着此心，要他不动。孟子却是集义到自然不动。"

又曰："心之本体原自不动。心之本体即是性，性即是理。性元不动，理元不动。集义是复其心之本体。"

【译文】

薛侃问孟子所说的"不动心"与告子所说的"不动心"有何差别。

先生说："告子的不动心是强行把捉住心，使心不动。孟子的不动心则是通过不断修养德行使心自然不动。"

先生又说："心的本体原本是不动的。心的本体便是性，性便是理。性原本不动，理也原本不动。不断修养德行，就是复归心的本体。"

【度阴山曰】

王阳明年轻时曾两次落榜，落榜后他无动于衷。有个落榜考生号啕大哭，看到他不哭，就说他不知羞耻。王阳明给出一句经典回答：你以落第为耻，我以落第动心为耻。

直白而言就是，王阳明对落榜这件事不动心。如果能做到对任何事不动心，那就能宁静于内，无敌于外。

但是，不动心有两种境界，一种是告子所谓的"不动心"，一种是王阳明赞同的孟子所谓的"不动心"。

告子的"不动心"，是强行把捉住心，让心不动。我们见到美色，心动

传习录·上　143

了，想干点不符合道德的事，但转念一想，绝对不能这样，心不能动。

乍一看，这种不动心也很好，至少我们有意识地把持住心，没有做坏事。但仔细一想，这种不动心，不是长久之计。你不停地在强行控制自己，虽然没有行动，但心却始终在动，心动了，又没有出口，长期下去，你就会被憋成变态。

孟子和王阳明的不动心就是另外一种神秘境界了，二人觉得，不动心是通过各种修养德行，让心自然不动。

修养德行，只是个理论，方法是什么？

我们如何才能通过修养德行的方法，让此心自然不动呢？

王阳明又说了一套理论：心的本体原本是不动的。心的本体便是性，性便是理。性原本不动，理也原本不动。不断修养德行，即是复归心的本体。

由此可知，此心自然不动，本是天理使然。人心的本体就是自然不动的，我们恢复了心的本体，就大功告成。

王阳明心学讲究心外什么都没有，该看的看，不该看的不看。在五彩缤纷的大千世界，做到这一点很难。所以，想达到心自然不动的境界很难。

正因为难，我们才需要去修养德行，以良知作为行为坐标，一切都听良知的，尽力做到，凡事不能尽如人意，但求无愧于心。

心外无物就是心外无事

"心外无物。如吾心发一念孝亲，即孝亲便是物。"

【译文】

"心之外没有事物。如果我的心中产生一个孝顺父母的念头，那么孝顺父母便是一件事物。"

【度阴山曰】

作为王阳明心学的重要概念之一，"心外无物"在《传习录》中出现的频率极高。之前有过对心外无物的解释，后面还有个"岩中花树"的例子，但最简易明晰的解释就是这个：倘若我的心中产生一个孝顺父母的念头，那么，孝顺父母便是一件事物。

反之，如果我心中没有产生孝顺父母的念头，那就没有孝顺父母这件事物。

所以，心外无物，物者，事也，心外无物就是心外无事。你心动了，产生个念头去做某件事，这件事才存在。你没有心动，就没有产生要去做某事的念头，那件事就不可能凭空出现。

心外无物的直接解释就是，心外什么都没有。它给了我们一个积极和一个消极的天启。

积极的天启：做任何事，发心，也就是你的念头，非常重要。念头要绝对正，唯有这样，你所做的事才具备伟大意义。对于伟大之事，人人都会用心去做，一旦用心，天下万事皆可成。反之，不用心或者念头不正，这件事就是无聊的，甚至是恶事，尽量不要做。你若用心，"物"就出现，你若不用心，"物"就不可能出现，这就是心外无物。

消极的天启：心外什么都没有，是一种提醒甚至是警告。人类之所以迷惑痛苦，就是因为把很多不属于你心内的事情拿进了心内，导致了心外什么都有。

你看到别人起高楼、买豪车，你就羡慕嫉妒恨，发出"大丈夫当如斯"的感叹，在这种心态下，你会急功近利，不择手段，只为能快速致富。

大千世界，在我们心外的确什么都有，但倘若你心外有物，那你会被活活累死。心外之物永远是别人的，只有你肯用心的东西，才是你的，那才是你的心内之物。

我们对他人的羡慕嫉妒恨，让我们内心波澜四起，无法心安，这就不是我们的心内之物。

王阳明说心外无物，其实是告诉我们，关注那些让你心安的物，而不是让你心生不悦的物。

心外无事，凡是和我的心安相抵触的事，都要把它从心内驱赶出去。

格物的公式

先生曰:"今为吾所谓格物之学者,尚多流于口耳,况为口耳之学者,能反于此乎?天理、人欲,其精微必时时用力,省察克治,方日渐有见。如今一说话之间,虽只讲天理,不知心中倏忽之间,已有多少私欲。盖有窃发而不知者,虽用力察之,尚不易见,况徒口讲而可得尽知乎?今只管讲天理来顿放着不循,讲人欲来顿放着不去,岂格物致知之学?后世之学,其极至,只做得个'义袭而取'的工夫。"

问格物。

先生曰:"格者,正也。正其不正以归于正也。"

问:"知止者,知至善只在吾心,元不在外也,而后志定?"

曰:"然。"

问:"格物于动处用功否?"

先生曰:"格物无间动静,静亦物也。孟子谓'必有事焉',是动静皆有事。"

【译文】

先生说:"现在许多学习我的格物之学的人,大多停留在口耳之间,何况那些喜欢空谈学问的人,怎能不如此呢?天理和人欲的分辨,在精微之处必须时刻下功夫,反省体察,时时克制,才能逐渐有所得。就我们现在说话的这点时间,虽然讲的只是天理,却不知心里一瞬间又夹杂了多少的私欲。对于那些偷偷地发生而无法察觉的私欲,虽然下苦功去体察,也不容易发觉,何况仅仅口头上说说,又如何能够全部发现呢?如今空讲天理,却放着它不去遵循,空讲人欲,却放着它不去摒弃,这怎么是格物之学呢?后世的学问,即便做到极致,也不过是个'不通过积累便想获得成就'的功夫。"

陆澄向先生请教格物。

先生说:"格就是纠正的意思。格物就是使那些不正的念头复归于正。"

陆澄问:"'知止'是否就是明白至善只在自己心中,并不在外面,然后志向就能够确定了?"

先生说:"是的。"

陆澄问:"格物是否是在动的时候下功夫?"

先生说:"格物不分动静,静处时也有事物。孟子说'必有事焉',意思是在动和静的时候都要与事物相处。"

【度阴山曰】

阳明心学所说的格物,格是正,物是事,格物就是在事情上正念头。

向外延伸就是,格物=存天理去人欲=为善去恶=行动=在每一件事上都正念头。不是说,你只在一件事上正了念头,做了一件好事,就是格物了。

格物不分场合、不分动静,一天二十四小时都要格物。

中国传统哲学的动静,并非我们认为的客观性的动静——动就是行动,静就是安静。中国传统哲学的动静犹如一只雄鹰:翱翔时是动,但它翱翔时,翅膀不动,这也是静;它静立悬崖时,一动不动,但浑身上下都在盯着猎物,一旦条件成熟,它就会快如闪电般扑出去。

动和静是自动自发产生的,不动就是静,不静就是动,就像一枚硬币的两面。

当你说一件事物是动的时候,它肯定静过,否则,你就不可能称它为动;当你说一件事物是静的时候,它肯定动过,否则,你也不能称它为静。

为什么王阳明说,格物只需要在事情上正念头就可以了呢?

因为我们每个人的心是具足的,这也是他龙场悟道得出的"吾性自足,不假外求"。何为吾性自足?第一,我们的人心是圆满的,无论是人性还是七情六欲都符合天理,所以,我们在心中就能通过对人性的把握和对情欲的调和,使自己达到圣人境界;第二,我们每个人心中都有个良知,它能判定是非善恶,只要依良知而行,何必向心外求取?

王阳明龙场悟道得出的"吾性自足,不假外求",应该是"吾心自足,不假外求"。心分两部分,性和情,王阳明说心即理,就是性和情都符合天理,所以不仅仅是"吾性自足",吾情也自足。

诚意：真诚无欺地对待自己的念头

"工夫难处，全在格物致知上。此即'诚意'之事。意既诚，大段心亦自正，身亦自修。但'正心''修身'工夫亦各有用力处，'修身'是已发边，'正心'是未发边。心正则中，身修则和。"

【译文】

"做功夫的困难之处，全部在格物致知上。这就是如何'诚意'的问题了。意念如果真诚，那么心也差不多能够摆得正，修身也就水到渠成了。不过'正心'和'修身'的功夫也各自有着力点，'修身'是就已经发出来的情感而言，'正心'是就还未发出来的情感而言。心摆得端正，那么未发的情感就能够中正；身得以修养，那么已发情感就可以平和。"

【度阴山曰】

格物致知的关键点就是诚意。所谓诚意，就是真诚无欺地对待自己的念头，做到这一点，后面的正心、修身就没有问题了。做不到诚意，后面的一切都玩完。

我们可以举个例子来说明诚意。譬如你要去西天，意就是念头，诚意就是把去西天这个念头坚定下来，无论遇到多大挫折，都要有必须到达的信念。但这还不够。你要去西天，但你知道路吗？去哪里乘车、去哪里坐船、带多少粮食、携多少水，这都需要你准备。

你如何准备呢？

就是要用心，全盘考虑，制订周密的计划，然后才能上路。否则，只凭有个坚定抵达西天的意志，就奋不顾身地上路了，最后的结果肯定不会圆满。

所以，"诚意"是既要树立信念，又要为这信念做充足的准备，缺了哪一样，都不是诚意。

阳明心学是行动哲学，没有了行动，一切都是虚无。所以无论是格物、诚意，还是正心，最终都要把事情呈现出来。凡是不呈现出来的，就是佛老，凡能呈现出来的才是阳明心学。

明明德和亲民，才是知行合一

"自'格物''致知'至'平天下'，只是一个'明明德'。虽'亲民'，亦'明德'事也。'明德'是此心之德，即是仁。仁者以天地万物为一体，使有一物失所，便是吾仁有未尽处。"

"只说'明明德'而不说'亲民'，便似老佛。"

【译文】

"从'格物''致知'到'平天下'，只是'明明德'的具体展开而已。虽然说'亲民'，其实也是'明明德'的分内事。'明德'就是内在的德行，就是仁。有仁德的人将天地万物视作为一个整体，只要有一物不得其所，便是仁德还不完备。"

"只谈'明明德'而不谈'亲民'，就和佛、道两家的思想接近了。"

【度阴山曰】

阳明心学的"明德"就是良知，"明明德"就是致良知，之前的"格物"到"平天下"都只是致良知的具体展开。

但只谈致良知，不谈亲民，只有美德，不能把美德呈现到事物上去，那就不是明明德。

朱熹虽然也把明明德和亲民并提，认为它们同样重要，但还是看作两件事，而王阳明将明明德和亲民合二为一，亲民是明明德的实效。没有了明明德的亲民，就不是亲民，只是一种形式，没有了亲民的明明德就是佛老。

阳明心学，把所有看似没有关系，甚至是水火不容的两样事物全部合一，心理合一、知行合一、天理人欲合一、明明德亲民合一。他只是告诉人们，一

传习录·上　149

切问题，破开复杂形式和缠绕于上面的各种迷雾，都只是一个问题，那就是心的问题，就是知行合一的问题。

心搞明白了，真心实意地致良知，就解决了一切问题。

如何做到精准地格物

"至善者性也。性元无一毫之恶，故曰至善。止之，是复其本然而已。"

问："知至善即吾性，吾性具吾心。吾心乃至善所止之地，则不为向时之纷然外求，而志定矣。定则不扰扰而静，静而不妄动则安，安则一心一意只在此处。千思万想，务求必得此至善，是'能虑而得'矣。如此说是否？"

先生曰："大略亦是。"

【译文】

"至善是天性使然。天性原本没有一丝一毫的恶，所以才叫至善。止于至善，就是复归于本来的天性而已。"

陆澄问："明白至善是人的本性，而本性就包含在人的心中。人的本心就是至善的所在，明白这个道理就不会像以前那样去外面探求至善，这样意志才能确定。意志确定之后就可以不受干扰、内心平静，内心平静就不会心念妄动、就会感到心安，心安就能够一心一意只关注至善。思来想去，都是要探求这个至善，这样便是'能虑而得'了。这样理解可以吗？"

先生说："大体上不错。"

【度阴山曰】

王阳明心学的"格物"，是在事情上正念头。但为什么很多人都做不到呢？有时候明明念头是对的，却不肯去按这念头行动；有时候念头根本就正不过来，反而成了坏念头。

确切地说，我们如何才能做到精准地"格物"呢？

要做到精准地"格物"，就要明白格物前的四字诀：止、定、静、安。

这四字诀来自《大学》：知止而后有定，定而后能静，静而后能安。

所谓知止，就是知道人生所追求的一切，都止于我们内心。也就是说，我们心中有个良知，听心上良知的命令，就能解决一切问题，不需要去外求。

知道了止后，你心中就有定见：不需要去外求，只关注自己的心，听本心的，而且要明白，本心无所不能。如此一来，你就有了高度自信，志向和意志全部确立了。这就是定。

志向和意志确立了，又有了高度自信，你就会不受外界干扰，内心平静。这就是静。

静之后，就会感到心安。心安之后，你会发现心安的原因是我们在关注内心的良知，你更会发现，一切按照良知来，就能在考虑和做任何事情时都心想事成，就是能虑能得了。

止、定、静、安、虑、得。

而"虑"和"得"就是格物的方法和结果，能虑必能得，格物必精准。

1508年，王阳明在龙场大悟"格物致知"之旨，其实悟到的就是格物不是向外求，而是向心内求。但如何能做到精准地格物？就是需要我们明白（知止）：良知乃吾师，听凭良知就是立志，就是高度自信（定），感悟到这一点，你就不会胡思乱想，能静下来（静），听良知的声音，听良知后，你的心就会安（安），然后你再格物（虑），就必能得。

王门四规的"立志、勤学、改过、责善"，归根结底，就是要你止、定、静、安，为精准地格物做充足的准备。

博爱，不靠谱

问："程子云：'仁者以天地万物为一体。'何墨氏兼爱，反不得谓之仁？"

先生曰："此亦甚难言，须是诸君自体认出来始得。仁是造化生生不息之理，虽弥漫周遍，无处不是，然其流行发生，亦只有个渐，所以生生不息。如冬至一阳生，必自一阳生，而后渐渐至于六阳，若无一阳之生，岂有六阳？阴亦然。惟有渐，所以便有个发端处；惟其有个发端处，所以生；惟其生，所以不息。譬之木，其始抽芽，便是木之生意发端处；抽芽然后发干，发干然后生枝生叶，然后是生生不息。若无芽，何以有干有枝叶？能抽芽，必是下面有个根在。有根方生，无根便死。无根何从抽芽？父子兄弟之爱，便是人心生意发端处。如木之抽芽，自此而仁民、而爱物，便是发干、生枝、生叶。墨氏兼爱无差等，将自家父子兄弟与途人一般看，便自没了发端处。不抽芽，便知得他无根，便不是生生不息，安得谓之仁？孝弟为仁之本，却是仁理从里面发生出来。"

【译文】

陆澄问："程颢先生说：'有仁德的人将天地万物视为一个整体。'为何墨子的兼爱之说，反而不能认为是仁德呢？"

先生说："这很难说清楚，诸位必须自己体会才能明白。仁德是造化万物、生生不息的天理，虽然弥散流动在天地之间、无所不在，然而它的流动变化、作用发生，也都是逐渐发生的过程，因此才能够生生不息。好比冬至的时候，阳气刚刚生发出来，阳气慢慢积聚才会旺盛，如果没有一开始阳气的发生，哪里来后面旺盛的阳气呢？阴气的变化也是同样的道理。正因为仁德的作用是一个过程，所以才会有一个发端之处；正因其有个发端之处，所以才能生出万物；正因其能生出万物，所以才能不停不歇。例如树木，一开始发芽，就是树木生生之意的发端之处；发芽后长出树干，继而长出树枝、树叶，才得以生生不息。如果没有发芽，何来的树枝、树叶？而树木之所以能够发芽，是因为下面有一个树根。有树根才能够生，没有树根就会枯死。没有树根如何发芽呢？父子、兄弟之间的感情，便是人心中生生之意的发端之处。就像树木发芽一样，从孝悌之情开始，渐渐能发展成仁民和爱物的感情，就好比是树木长出树干、树枝和树叶。墨子的兼爱之说提倡没有差别的感情，将自己的父亲兄弟视作与路人相同，这就没有了发端之处。无法发芽，就知道墨子的兼爱是没有根的感情，便无法生生不息，这样怎能称其为仁德呢？孝悌之情是仁德的根本，而仁德正是从孝悌之情中生发出来。"

【度阴山曰】

有一个特别无聊却极能引人深思的问题：当你老婆和你老妈同时落水时，你先解救谁？

有人的答案是，救最近的那个。

为什么？因为情境来得太快，你根本无暇考虑，只能凭借良知的判定做出那个正确的举动。

但是，当你老妈和一个陌生人同时落水时，你先救谁？

如果有人的答案还是救最近的那个，无论最近的那个是不是你老妈，那只能证明，此人要么在起哄，要么就是白痴。

中国古代，有个"赵氏孤儿"的故事，说的是，有人为了解救他人的儿子而牺牲了自己的儿子。这个故事被传诵至今，很多别有用心的人都在称赞牺牲自己儿子的那个人是义士。

王阳明说，仁是爱人，但有个发端处，也就是说，爱别人也是分等级的，我们最先爱的应该是自己和亲人，而不是和我们没有血缘关系的人。如果一个人连自己和亲人都不爱，你怎么敢指望他爱其他人？

墨子说，要无差别地爱所有人。这就是没有根的爱，它无法生息，因为不符合人性。仁是从孝悌之情中生发出来的，不是从众生中生发出来的。

要想博爱，第一要务就是爱自己和身边的亲人，从此慢慢铺展出去，渐渐去爱别人。倘若有人大言不惭地说，他能爱一切人，那一定要小心他。

这种人，肯定有不可告人的勾当。

博爱不靠谱，圣人虽把天地万物当成一体，但在这一体中也有个轻重。当你在手指和脑袋中只能选择留下一样时，没有人会选择留手指而砍脑袋，这就是轻重。

搞不清轻重缓急，就不是良知，更不是博爱，只能是傻或者别有用心。

佛家是否有私心

问:"延平云:'当理而无私心。''当理'与'无私心'如何分别?"

先生曰:"心即理也,'无私心'即是'当理',未'当理'便是'私心'。若析心与理言之,恐亦未善。"

又问:"释氏于世间一切情欲之私都不染着,似无私心。但外弃人伦,却是未当理。"

曰:"亦只是一统事,都只是成就他一个私己的心。"

【译文】

陆澄问:"延平先生说:'合乎天理而没有私心。'合乎天理与没有私心如何区别?"

先生说:"心就是天理,没有私心就是合乎天理,不合乎天理就是有私心。如果将心和理分开来说,恐怕不太好。"

陆澄接着问:"佛家对于世间一切情欲私心都不沾染,似乎没有私心。但将一切外在的人伦关系全都抛弃,却也不合乎天理。"

先生说:"佛家和世人都是一回事,都只是要成就自己的一己私心而已。"

【度阴山曰】

在中国古代的四川,有一个传说,有一种蛊,作用就是让情侣永生永世不得见面。下蛊后,男的白天是人,晚上就成了蝙蝠;女的白天是石像,晚上是人。

这对情侣就是天理和私心,二者永不可能相见。要么是天理,要么就是私心。

按朱熹的解释,天理在天地未开时就已存在。但朱熹一系,乃至中国古代哲学家们都无法解释——你凭什么知道天理在天地未开时就存在?确切地说,这种说法没有一个终极解释,即使有,也是似是而非。

其实,朱熹这样解释天理,很可疑。生命可贵,不能乱伤人,这就是天理。但你问,凭什么说生命是可贵的?有什么终极依据和解释吗?

对方肯定回答不出来，因为它是人类自己创造出来的，然后又把它当成天经地义的天理，让人类遵守的。

这类似于画地为牢和作茧自缚。

天理是什么？王阳明认为，它就是我们人类为人处世时所依凭的一个心安的坐标系。为人处世，心安就是天理，心不安就不是天理。

所以他一直强调：心即理。就是说，所有的天理和道理都在我们每个人类的心里，而不在心外，因为所有天理、道理都是我们人类自己用心创造的，而不是外星人和神仙提前创造好的。

失了天理就是私心，就是人欲。其表现特征就是心的安与不安。你追逐私欲太频太多，就会感到心不安。

那么你不追逐，比如出家当和尚，是不是天理呢？

王阳明的回答：不是。和尚把人之为人的对家庭、社会的责任都抛弃，只为了自己成佛，这是最大的私心，丧尽天理。

人生在世，必须有个坐标系，这个坐标系就是社会，你在这个坐标系上必须有位置，也就是承担各种社会责任。逃避，没有担当，跑进深山古寺一心想成佛，看似是信仰，其实是懦弱无能的胆小鬼，私心最重的，莫过于此。

薛侃录

意志力就是血液

侃问:"持志如心痛,一心在痛上,安有工夫说闲语、管闲事?"

先生曰:"初学工夫如此用亦好,但要使知'出入无时,莫知其乡'。心之神明原是如此,工夫方有着落。若只死死守着,恐于工夫上又发病。"

【译文】

薛侃问:"持守意志好比心痛,一心一意全部放在感受这个痛上,哪还有工夫说闲话、管闲事?"

先生说:"初学时这样用功固然好,但是要知道意志的生发与作用是'出现与消失都无法确定时间,也不知道去往何方'的。心的神妙灵明本来就是如此,功夫才能够有所着落。如果只是死守着,恐怕又犯了执着的毛病了。"

【度阴山曰】

阳明心学将意志力解释为:它是以我们良知的判定,对一件发自正念的事物保持长久而高度的热情，并能知行合一，最终将此正念呈现，将事物完成。

拥有这种意志力，就是拥有良知，无时无刻不在用良知提醒自己，现在做什么，下一步该做什么。所以它就如心脏病一样，时刻都会被我们感受到。一旦拥有意志力，就没有工夫说闲话、管闲事，一门心思都在这意志力上。

然而，王阳明的说法是，保持意志力如得了心脏病，这还只是初期。当我们做一件事，在初期阶段时，为了完成此事而有此意志力，没有问题；可如果这件事已经到了中期甚至晚期，还把意志力保持得如得了心脏病一样，就有点过度了。

真正的意志力不会有意识地展现在你心中，它就是你的血液，在你体内不停地流动，但你感觉不到它。倘若你每天都有意识地倾听自己的血液流动，并且能听到它，这就不是纯粹的意志力了。

如果一门心思关注意志力，哪里还有心思去关注必须用意志力贯穿其中的事情呢？

成吉思汗一生的成就，靠的全是意志力。但在他看来，意志力就是一种看不见、摸不着，已经和你身体融为一体的东西。在无事时，它安静如死水，一旦有事，它就在你身体里沸腾起来，催着你向前向前。

我们过度关注意志力，就会丧失意志力。真正的意志力不需要关注，它就是你的呼吸、你的细胞、你的血液。你何尝关注过这些？

可它始终在帮你，帮你修身养性和成就功业。

涵养讲求合一

侃问："专涵养而不务讲求，将认欲作理，则如之何？"

先生曰："人须是知学，讲求亦只是涵养。不讲求，只是涵养之志不切。"

曰："何谓知学？"

曰："且道为何而学？学个甚？"

传习录·上　157

曰："尝闻先生教，学是学存天理。心之本体即是天理。体认天理，只要自心地无私意。"

曰："如此则只须克去私意便是，又愁甚理欲不明？"

曰："正恐这些私意认不真。"

曰："总是志未切。志切，目视耳听皆在此，安有认不真的道理！'是非之心，人皆有之'，不假外求。讲求亦只是体当自心所见，不成去心外别有个见。"

【译文】

薛侃问："专注于涵养德行而不注重讲究求索的功夫，把私欲认作天理，应该怎么办？"

先生说："人必须知道如何学习，讲究求索也只是涵养德行。不做讲究求索的功夫，只是涵养德行的意志不够坚定。"

薛侃问："什么叫知道如何学习？"

先生说："你且说说为何要学习？学些什么东西？"

薛侃说："以前曾听闻先生说过，学只是学习如何存养天理。心的本体就是天理。体认天理，就是要使得心中没有私欲。"

先生说："如果是这样，就只需要克除私欲便可，又何愁不明白天理和私欲呢？"

薛侃说："我正是担心辨认不清哪些是私欲。"

先生说："说到底还是意志不够坚定的缘故。如果意志坚定，眼睛、耳朵都在察觉私欲上，怎么会认不清呢！'辨别是非的能力，是人天生所具备的'，不需要向外去求。讲究求索也只是体会内心的感受，并非向外去求别的认识。"

【度阴山曰】

阳明心学，最讲究二合一，德行的提升属于涵养，研究事物属于讲求。但是，王阳明认为，体认天理，克去私意，求之于身心，就是讲求，就是涵养。向高手学习，只要是依凭良知，真心实意，这就是讲求，同时也是涵养。

人生总向外求，原因是对自己的不自信。王阳明拎出人心中能知是非善恶的良知，就给了人以高度自信。既然良知无所不能，那还向外求取什么？

况且，王阳明断定，心外无物。为何心外没有事物？因为万物是一体的。你不能把你的手当成是外物，也不能把你所看到的万事万物当作外物，所以只要你用心去求索，被求索的事物就成为你心中的一部分，那么心外哪里还有物？

所以，一切都在心中求。涵养和讲求本是一回事，它们都必须在心内完成。

中国古人始终主张"德艺双馨"。德，就是涵养；艺，就是讲求。缺艺，空有德，你只能算是个好人，影响力有限；缺德，空有艺，你也只能算是个匠人，算不上大师。

德艺必须兼备，才算是人生大师。世上很多人，只有其中一样，所以费尽周折，也无法抵达圆满境界，问题就在这里。

因为涵养和讲求是一回事啊，并非搞成两回事，那就是分裂。这和人格分裂一样，都不是美好。

只谈功夫

先生问在坐之友："比来工夫何似？"

一友举虚明意思。先生曰："此是说光景。"

一友叙今昔异同。先生曰："此是说效验。"

二友惘然，请是。

先生曰："吾辈今日用功，只是要为善之心真切。此心真切，见善即迁，有过即改，方是真切工夫。如此，则人欲日消，天理日明。若只管求光景，说效验，却是助长外驰病痛，不是工夫。"

【译文】

先生问在座的学友："近来功夫有何进展？"

一位学友说自己心中感到清澈明亮。先生说："这是说做功夫的情景。"

一位学友叙述了自己过去和现在的区别。先生说："这是说做功夫的效果。"

两位学友一片茫然，向先生求教。

先生说："我们现在下功夫，只是要使得为善之心更加真切。为善之心真切了，见到善就自然会贴近，有过错就会改正，这才是真切的功夫。只有这样，才能使得人欲日渐消弭，天理日渐明白。如果只是探求做功夫的情景和效果，反而会助长向外求的毛病，不是真正的功夫。"

【度阴山曰】

按中国传统的思想，人生只有今生，没有前世和来生。所以它不像宗教，对未来有所期待，只要为善这一生，就足够。

这为善就是功夫，为善之心真切，见到善就自然贴近，有过错就会立即改正，这就是功夫用得好。

功夫若用得好，人欲日渐消弭，天理日渐明白。你能识得天理，还会担心结局很差吗？

但问题恰好在这里，许多人不是不用功夫，是总想用了功夫就立刻出效果，目的性太强。

一个目的性太强的人，在某件事上用功夫时就会不停地关注结果，一旦结果缓慢或者不如他意，他就会放弃这一功夫，改另外的方法。正如我们常常看到的那幅漫画，在漫画主人公身后有多处马上要见到泉水的井，但没有一处井水被挖掘出来。

只谈功夫不谈结果，就是让我们一门心思地专注于功夫，而不要分心去想结果。功夫到了，结果自然会好。功夫没到，想那么多结果也毫无意义。

王阳明所谓的功夫就是"存天理、去人欲"，把这一功夫做好，也就等于过好了你的人生。反之，总想着"存天理、去人欲"后会有什么效果，这念头就大错特错。因为人生就是个"存天理、去人欲"的过程。

在"存天理、去人欲"中寻找快乐，身心愉悦，功夫就成了本体。

有心求异，就是错

朋友观书，多有摘议晦庵者。

先生曰："是有心求异，即不是。吾说与晦庵时有不同者，为入门下手处有毫厘千里之分，不得不辩。然吾之心与晦庵之心，未尝异也。若其余文义解得明当处，如何动得一字？"

【译文】

学友们看书，时常指摘议论朱子。

先生说："存心去找区别，就是错误的。我的学说与朱子往往有所不同，在入门功夫上甚至有毫厘千里的差别，必须分辨清楚。然而我的用心与朱子并无二致。如果朱子在文义上解释得清楚明白的地方，又怎能改动一个字呢？"

【度阴山曰】

朱熹和王阳明的学说肯定不同，阳明心学是对朱熹理学的拨乱反正。朱熹说心能辨别出天理，王阳明却直接说，心之好恶就是天理；朱熹说，只有人性才符合天理，情欲不符合，王阳明则说，人性和情欲都符合天理；朱熹说先知后行，王阳明说知行合一。

两人学说黑白分明。

在入门功夫上同样如此。朱熹的方法论"格物"是探究万事万物的真理，王阳明的方法论"格物"是在事情上正念头；朱熹说"存天理、灭人欲"，王阳明说"存天理、去人欲"。总之，方法上，一个如果是剑，那另外一个就是流星锤——二者固然都是兵器，却一眼就能分辨出来。

王阳明的弟子们读朱熹著作时，常常指责朱熹的错误（和王阳明不同就是错误），王阳明却说，存心去找区别，就是错误。

为什么？

因为王阳明和朱熹的出发点都是为了人能做圣贤，二人的学说、方法论虽然不同，却都是导人向善的，没有说让人去做坏事。

也就是说，两个人的学说都是好学说，都是让人为善之学说，有人可能在王阳明这里找到方法，而有人能在朱熹那里找到方法，双方没有高下之分。

人一旦要存心去找两个学说的区别，就是要分门别派，就是要自立门庭，自我关闭。王阳明说，心外无学，不论是什么学说，只要学说的出发点是好的，那你但肯用心去钻研，就必有所成。一切好的学说，都是从心出发的学说。你若有心求异，念头就先错了，求出来的东西再让人耳目一新，它也不符合天理。

认可别人的"是"，就遵循；发现了别人的"非"，也别张牙舞爪，绕过去就是了。真正的聪明人，永远在学别人的"是"，从不在别人的"非"上较真。

从来没有人因为给别人挑毛病而成就学问的。一旦盯着人家的"非"不放，就忘记了人家的"是"，最后学了一肚子小肚鸡肠和意气，于学问和做人，都不是好事。

所以，做人和做学问一样，有心求异，就是错。

不比才力比减人欲

希渊问："圣人可学而至，然伯夷、伊尹于孔子才力终不同，其同谓之圣者安在？"

先生曰："圣人之所以为圣，只是其心纯乎天理而无人欲之杂。犹精金之所以为精，但以其成色足而无铜铅之杂也。人到纯乎天理方是圣，金到足色方是精。然圣人之才力，亦有大小不同。犹金之分两有轻重。尧舜犹万镒，文王、孔子犹九千镒，禹、汤、武王犹七八千镒，伯夷、伊尹犹四五千镒。才力不同，而纯乎天理则同，皆可谓之圣人。犹分两虽不同，而足色则同，皆可谓之精金。以五千镒者而入于万镒之中，其足色同也。以夷尹而厕之尧、孔之间，其纯乎天理同也。盖所以为精金者，在足色而不在分两；所以为圣者，在纯乎天而不在才力也。故虽凡人而肯为学，使此心纯乎天理，则亦可为圣人，犹一两之金，比之万镒，分两虽悬绝，而其到足色处，可以无愧。故曰'人皆可以为尧舜'者以此。学者学圣人，不过是去人欲而存天理耳，犹炼金而求其足色。金之成色所争不多，则煅炼之工省而功易成；成色愈下，则煅炼愈难。人之气质清浊粹驳；有中人以上、中人以下；其于道，有生知安行，学知利行。其下者必须人一己百，人十己千，及其成功则一。后世不知作圣之本是纯乎天理，却专去知识才能上求圣人，以为圣人无所不知、无所不能，我须是将圣人许多知识才能，逐一理会始得。故不务去天理上看工夫，徒弊精竭力，从册子上钻研，名物上考索，形迹上比拟。知识愈广而人欲愈滋，才力愈多而天理愈蔽。正如见人有万镒精金，不务煅炼成色，求无愧于彼之精纯，而乃妄希分两，务同彼之万镒。锡、铅、铜、铁杂然而投，分两愈增而成色愈下，既其梢末，无复有金矣。"

时曰仁在旁，曰："先生此喻足以破世儒支离之惑，大有功于后学。"

先生又曰："吾辈用力，只求日减，不求日增。减得一分人欲，便是复得一分天理，何等轻快脱洒！何等简易！"

【译文】

希渊问："圣人可以通过学习来达到，然而伯夷、伊尹与孔子相比，才学与能力终究不同，为什么孟子均称其为圣人呢？"

先生说："圣人之所以为圣人，只是心中纯粹都是天理而不夹杂着人欲。好比纯金之所以是纯金，只是因其成色足而没有铜和铅等杂质。人达到心中纯然是天理就是圣人，金达到成色十足就是纯金。然而圣人的才学能力也有大小的区别，好比金的分量有轻有重。尧舜好比是万镒的黄金，文王、孔子好比是九千镒的黄金，大禹、商汤、武王好比是七八千镒的黄金，伯夷、伊尹好比是四五千镒的黄金。他们的才学与能力虽然不同，但心中纯粹都是天理这一点是相同的，因此都可以称为圣人。这就好比黄金的分量虽然不同，但成色十足是相同的，故而都可以称为纯金。将五千镒的纯金融入一万镒的纯金中，成色还是相同的。以伯夷、伊尹的圣德与尧、孔子的圣德相比较，心中纯粹都是天理是相同的。因此纯金之所以为纯金，在于成色是否十足而不在于分量的多少；圣人之所以为圣人，在于心中是否纯粹都是天理，而不在于才学和能力的大小。因此，即便是一般人，只要肯用功学习，使得心中纯粹都是天理，也可以成为圣人，好比一镒的纯金，相比于万镒的纯金，虽然分量上悬殊，但就其作为足色的黄金而言并没有可以挑剔的地方。正因为如此，孟子才说'人人都可以成为尧舜'。为学之人向圣人学习，也不过是学习摒弃人欲、存养天理的功夫，好比学习炼金也就是学习如何将黄金炼到纯净。如果原料成色本身就比较足，冶炼的功夫就相对省力，炼成足金也相对容易；成色越差的原料，冶炼起来也就越难。人的气质禀赋有清澈浑浊、纯粹驳杂的差异；有一般人以上、一般人以下的才能差异；对于道的体悟，有生而知之、安而行之、学而知之、践而行之的差别。各方面较差的人，必须比别人多下数倍，甚至数十倍、数百倍的功夫，然而一旦功夫做成了就都是一样的。后世的学者不理解学做圣人的根本在于心中纯粹都是天理，却专门在知识与才能上下功夫，认为圣人无所不知、无所不能，认为自己必须将圣人的许多知识和才能都逐一掌握，才能成为圣人。故而，这些人不务求在存养天理上下功夫，却费尽心思钻研书本、考究事物、追求形迹。知识越发广博，人欲也日益滋长；才能越发增进，天理却日益遮蔽。好比看到有人有万镒的黄金，就不去冶炼黄金的成色，不求在成色上无可挑剔，却妄想在分量上与他人相同。锡、铅、铜、铁等杂质一并投下去，分量是增长了，但成色下来了，炼到最后，连黄金都不是了。"

这时徐爱在旁边，说："先生这个比喻足以破除现今儒者唯恐学问支离破碎的困惑，对后世的学者大有裨益。"

先生又说："我们做功夫，只求每日减少，不求每日增加。减去一分人欲，便恢复得一分天理，多么轻快洒脱、多么简单的功夫！"

【度阴山曰】

这段"精金分量之喻"在阳明心学中，分量重如泰山。

古人认为，人禀气而生，含气而长，得贵则贵，得贱则贱。朱熹一针见血地说：人人都是禀气而生，禀气之清者，为圣为贤；禀气之浊者，为愚为不肖。

也就是说，人的生死贵贱是由生而禀受的气所决定，这是典型的宿命论。幸好，古人还认为，气的清浊只能决定你后天的才力（智商、家庭背景、事功、影响力）大小，却无法决定你是否能成为尧舜那样的圣贤。

王阳明说，你的气注定你是一斤重的金子，而有人的气注定他是十斤重的金子。在金子的分量上，你肯定比不过人家。

有人是含着金汤勺出生，有人在娘胎里智商就比你高，有人天赋中就有影响别人的能力，这些硬指标，你是绝对比不了的。

在事功上，有人被万众瞩目，有人却默默无闻，有人能飞黄腾达，有人却总遭遇失败。如果你的奋斗方式是正确的，却仍无法超越别人，那可能就是你禀的气不怎样。

如果你非要在才力上超越那些比你禀气好的人，那如王阳明所说，你就要在金子上增加重量，把些破铜烂铁掺杂进来——重量虽然上去了，你却不纯了。

这就是为什么有些人在开始的时候为求目的不择手段，到最后又长期处于心不安的状态。那么，我们是否要通过奋斗来完成我们的人生价值？

当然要！但要量力而行。别拿你的努力去和人家的天赋拼，这样会累死你的。

王阳明认为，才力限于气禀，你若非要在才力上和别人比拼，那你会发现不可能成为圣人；但你若在天理上用功而不论才力，那你就很容易成为圣贤。

在天理上用功，其实就是向内求，接受自己金子的重量，而不是向外求，去弄些破铜烂铁。向内求，就是减少欲望，"减去一分人欲，便恢复得一分天理，多么轻快洒脱、多么简单的功夫"。

当你毫无欲望时，你就成了圣人。圣人就是好人，好人就是在你的人生圈子里被所有人喜欢，即使有一天你离开这个人间，也会活在别人心中。

能活在别人心中的人，世界上还真没有几个。

归根结底，王阳明就是让你做最好的自己，而不是做最传奇的别人。深刻认识到自己有圣人潜质，而开发潜质的方法也在自己身上——事事时时都依着自己的良知去做，就能成为最好的那个金灿灿的自己。

别给事物贴标签

侃去花间草，因曰："天地间何善难培，恶难去？"

先生曰："未培未去耳。"少间曰，"此等看善恶，皆从躯壳起念，便会错。"

侃未达。

曰："天地生意，花草一般，何曾有善恶之分？子欲观花，则以花为善，以草为恶。如欲用草时，复以草为善矣。此等善恶，皆由汝心好恶所生，故知是错。"

曰："然则无善无恶乎？"

曰："无善无恶者理之静，有善有恶者气之动。不动于气，即无善无恶，是谓至善。"

曰："佛氏亦无善无恶，何以异？"

曰："佛氏着在无善无恶上，便一切都不管，不可以治天下。圣人无善无恶，只是'无有作好''无有作恶'，不动于气。然'遵王之道''会其有极'，便自一循天理，便有个裁成辅相。"

曰："草既非恶，即草不宜去矣？"

曰："如此却是佛老意见。草若是碍，何妨汝去？"

曰："如此又是作好作恶。"

曰："不作好恶，非是全无好恶，却是无知觉的人。谓之不作者，只是好恶一循于理，不去又着一分意思。如此，即是不曾好恶一般。"

曰："去草如何是一循于理，不着意思？"

曰："草有妨碍，理亦宜去，去之而已；偶未即去，亦不累心。若着了一分意思，即心体便有贴累，便有许多动气处。"

曰："然则善恶全不在物？"

曰："只在汝心。循理便是善，动气便是恶。"

曰："毕竟物无善恶？"

曰："在心如此，在物亦然。世儒惟不知此，舍心逐物，将'格物'之学错看了，终日驰求于外，只做得个'义袭而取'，终身行不著、习不察。"

曰："'如好好色，如恶恶臭'则如何？"

曰："此正是一循于理，是天理合如此，本无私意作好作恶。"

曰："如好好色，如恶恶臭，安得非意？"

曰："却是诚意，不是私意。诚意只是循天理。虽是循天理，亦着不得一分意。故有所忿懥好乐，则不得其正。须是'廓然大公'，方是心之本体。知此，即知'未发之中'。"

伯生曰："先生云'草有妨碍，理亦宜去'，缘何又是躯壳起念？"

曰："此须汝心自体当。汝要去草，是甚么心？周茂叔窗前草不除，是甚么心？"

【译文】

薛侃在花园里除草，问道："天地间为何善难以培养，恶难以除去呢？"

先生说："只是因为没去真正去做培养善、去除恶的功夫罢了。"过了一会儿又说，"像你这样看待善和恶，都是因为从自己的身体出发来思考，这样就会出错。"

薛侃没有理解。

先生说："天地间的生命，比如花和草，又有什么善恶之分？你想要赏花，就认为花是好的，草是坏的。如你想要用草，又会认为草是好的了。像这样的善恶之分，都来自你心中喜欢与厌恶的感情，所以我才知道这是错的。"

薛侃说："难道世间就没有善恶之分了吗？"

先生说："无善无恶是天理的静止状态，有善有恶的是气化的流动。气如果不动，便没有善与恶的区分，这就是至善。"

薛侃说："佛家也说无善无恶，如何与之区别开来呢？"

先生说："佛家执着于无善无恶，一切人事都不管不顾，不能用来治理天下。圣人所说的无善无恶，只是让人'别刻意去为善为恶'，不为气所动。然而'遵循王道''归于标准'，就是自然遵循天理，自然会有帮助天地万物各得其所的力量。"

薛侃说："既然草并不是坏的，那也没有除去的必要了。"

先生说："这样说的话就又是佛、道的观点了。草如果有所妨碍，去掉又何妨？"

薛侃说："那这样又是刻意地为善为恶了。"

先生说:"不刻意去为善为恶,并不是要你完全没有好恶之心,要是这样就成了没有知觉的人了。所谓不刻意,只是说好恶都依循天理,不夹杂一点私意。做到这样,就好像自己没有了好恶一样。"

薛侃说:"去除杂草怎样才能算是依循天理,不夹杂一点私意?"

先生说:"草有妨碍,理当去除,去除便是;即便并未去除,也不要放在心上。如若夹杂了一点私意,那么心就会受到拖累,就会为气所动。"

薛侃说:"那么善恶完全与事物无关吗?"

先生说:"善恶只在你自己的心上。依循天理就是善,为气所动就是恶。"

薛侃说:"事物本身终究没有善恶吗?"

先生说:"对于心而言是如此,对事物而言也是这样。世俗之儒就是因为不知道这个道理,舍弃本心去追逐外物,将格物的意思理解错了,整日向外去求,只是妄想'不通过积累便获得成就',刚开始做时不明白其所以然,习惯后更不明白其所以然。"

薛侃说:"'好比喜欢美色,好比厌恶恶臭',要如何理解呢?"

先生说:"这正是依循天理,是天理要求人应当如此,并非刻意而为。"

薛侃说:"喜欢美色、厌恶恶臭,如何不是刻意的行为呢?"

先生说:"这是因为其中的意念是诚挚的意念,而非私意。诚意只是依循天理。依循天理,便是没有一丝一毫私意。故而有愤怒、怨恨、喜欢、快乐的感情,心便无法保持中正。必须使得心胸广阔公正,才是心的本体。了解到这个层面,就能知道什么是感情未发时的中正了。"

孟源说:"先生说'草如果有妨碍,理当去除',为何又说是从自己身上产生的念头呢?"

先生说:"这需要你自己去心中体会。你要除草,是出于什么用心?周敦颐窗前的草不除去,又是什么用心?"

【度阴山曰】

人因为发自真诚的好恶,而给事物贴上善恶的标签,这没有问题。问题是,人在给某事物贴上善恶标签后,忘记了摘,那件事物的善恶就成了天经地义、自然而然了。

于是，明明是被我们所掌控的事物，反过来控制了我们。

譬如，当你把金钱贴上善的标签而忘记摘下后，"金钱是善的"就成了不言而喻的真理。赚到金钱，你高兴；失去金钱，你痛苦。金钱控制了你，你却永远都不会反省，其实金钱是无善无恶的，之所以有了善，只是你给它贴的标签。

你痛恨一个人，就给他贴上恶的标签，当你忘记摘下后，"此人是坏蛋"就成了不言而喻的"真理"，你无时无刻不在想念着他。如果他倒霉了，你就大笑；如果他比你风光了，你就如丧考妣。他成了你人生中不可缺少的一部分，他控制了你的喜怒哀乐。

王阳明说，天地万物是无善无恶的，之所以有了善恶，只是我们人类用心给他们贴的标签。没有了我们人类，天地万物也就没有了善恶是非的意义。任何一件事物如果没有了善恶是非的意义，它也就失去了存在的意义。

所以说，善恶只在我们人类心中，而不在我们心外的万事万物上。

薛侃花园除草，是《传习录》中最详细、最有味道的一个故事，从这个故事中我们清晰地认知到：善恶只在人心，不在万事万物。所以说，心外无物。

同时，我们在人世间做的每一件事，只要是倾听内心的声音去做的，事后就不要回想，一回想就是心有挂碍，就不符合天理。

薛侃要除草，那就除掉，除掉后就把这件事抛到九霄云外去。薛侃不除草，那就暂时不除，不能因为没有除草，就整日想着除草这件事，这又是混进了私欲，而不是天理了。

所以我们应该明白的是，人生在世，难免给事物贴标签。但贴过之后要立刻摘下——摘下也别理解为放下，不是手上的放下，更不是心上的放下——如果你不摘，被贴的事物就有了善恶，它会反过来控制你。

为学宗旨：行良知

先生谓学者曰："为学须得个头脑，工夫方有着落。纵未能无间，如舟之有舵，一提便醒。不然，虽从事于学，只做个'义袭而取'，只是行不著、习不察，非大本、达道也。"

又曰："见得时，横说竖说皆是。若于此处通，彼处不通，只是未见得。"

【译文】

先生对学生们说："做学问必须有个宗旨，功夫才有着落之处。即便功夫与宗旨之间有所阻断，但就好比船有舵一样，只要一提就能明白。如若不然，虽然还是做学问，却只是做个'不通过积累便想获得成就'的功夫，刚开始做时不明白其所以然，习惯后更不明白其所以然，这不是学习的根本，也不是通往大道的路径。"

先生又说："如果能够明白为学的宗旨，怎么说都能明白。如果这里懂了，那里却不懂，那只是因为还没把握为学的宗旨。"

【度阴山曰】

学问分很多种，自然科学、人文科学、宗教，甚至鬼神研究。无论你选择的是研究原子弹的学问还是烹饪学问，在中国古人看来，你都避不开人生学问。

人生学问贯穿我们整个人生，不懂人生，你就万事难成。

要做人生学问，就必须有个宗旨。这个宗旨，在王阳明看来就是行良知。

很多人会不解，人生中有太多的学问要学，一个"行良知"就全部解决了吗？

完全可以解决。按王阳明的意思，人生在世，你能掌控的东西很少。天下大势你掌控不了，不可抗力你掌控不了，人生中许多偶然因素你更掌控不了，你所能掌控的只有良知。因为它是我们心上的，行良知是我们一念之事，这是很容易被操控的。

所以，无论外面发生什么，你只专注于行良知这一学问，把"行良知"作为你做学问的宗旨，你就能掌控自己的命运。

倘若能明白这一点，并且做到这一点，那外面的任何风浪和诱惑都无法动摇你，因为一旦遇上风浪和诱惑，你就会想到你的学问宗旨是，只行我心上的良知，不管其他。

这样，你就能心平气和，继续走向通往人生大道的路上。

倘若做学问没有个宗旨，一遇外部诱惑和风浪，人就很容易放弃这门学问，随波逐流，半途而废。

说到底，为学须有个宗旨，这也是立志的问题。无论做哪一门学问，都要先有志向和宗旨，它就如同船之舵。无论你遇到什么困难，只要想起你的志向和宗旨，马上就能聚精会神于学问，从而获得成功。

明白了这个，怎么说都明白，不明白这个，说破天，也没用。

因为宗旨，是靠你自己的心来决定的，外力帮不上任何忙。

有志向，就没有牵累

或问："为学以亲故，不免业举之累。"

先生曰："以亲之故而业举为累于学，则治田以养其亲者，亦有累于学乎？先正云：'惟患夺志。'但恐为学之志不真切耳。"

【译文】

有人问："为父母参加科举，难免要被科举所牵累。"

先生说："为父母参加科举会妨碍学习，那么种田赡养父母也会妨碍学习吗？程颐先生说：'只是害怕科举事业会使学者失去志向。'为学之人只需要担心自己为学的志向不够坚定罢了。"

【度阴山曰】

这段对话，要认真看才能明白。

问的人，想必是在王阳明门下学心学很有收获。但是，阳明心学不是科举考试的内容，只是课外兴趣班。问的人的父母，希望他能学朱熹理学（科举考试内容），通过科举考试，升官发财，赡养父母。

所以，此人才哀叹说："为父母参加科举，难免要为科举所牵累，而不能专心学习阳明学。"

王阳明告诉他："父母让你去参加科举，你说妨碍学习，那么父母让你去种田，你也说妨碍学习吗？"

这段话其实是点出了中国传统思想的一个重点：孝。

凡是父母让你做的事，你都要去做，不能有怨言说妨碍了你的事情。当你认为父母让你做的事妨碍了你的事时，其实问题不在于你的父母，而在于你的志向。程颐就说过，科举之事，无论是谁让你做的，你都应该抱怨自己为学的志向不够坚定，而不应该抱怨其他。

天下事成败的关键点就在于志向的坚定与否。志向坚定，心外无物，就什么事情都妨碍不着你；志向不坚定，一有风吹草动，你马上就会发出抱怨，然后放弃。

只要你确立"学心学是做圣人"这一志向，什么种田、科举，根本碍不着你什么；如果你这个"学心学是做圣人"的志向不坚定，岂止是科举、种田，天热天冷都会让你觉得受到妨碍。

很多人为什么会有那么多抱怨，就是因为不能坚定志向，甚至没有志向，所以总活在浑浑噩噩中，身边鸡毛蒜皮的小事都会成为他的绊脚石。有志向的人，心中坚定，必须实现这志向，在通往志向这条路上，遇到石头就踢开，遇到鬼怪就绕开，哪里有时间抱怨？

所以，人有志向，是多么重要的事，它不但能让你意志坚定，心想事成，还能让你去除负面情绪，光明上路。

天，为什么不忙

崇一问："寻常意思多忙，有事固忙，无事亦忙，何也？"

先生曰："天地气机，元无一息之停。然有个主宰，故不先不后，不急不缓。虽千变万化，而主宰常定。人得此而生。若主宰定时，与天运一般不息，虽酬酢万变，常是从容自在，所谓'天君泰然，百体从令'。若无主宰，便只是这气奔放,如何不忙?"

【译文】

欧阳德问:"平常思想意念多忙乱,有事时固然忙乱,无事时却也忙乱,这是为何?"

先生说:"天地万物生生不息,没有一刻停止。然而天地之间有一个主宰,所以天地万物才不会乱了秩序。虽然有千变万化,但主宰不变。人正是因这个主宰才得以产生的。主宰恒定不变,与天地运动不息一起存在,即便万物运动变化不止,主宰还是能够从容自在,这就是所谓'天君泰然不动,百体遵令而从'。如果没有主宰,只是气的奔放流窜,怎么能够不忙乱呢?"

【度阴山曰】

阳明心学和孔孟思想一样,只注重人生观,而很少关注宇宙观。一切貌似宇宙观的东西,比如"天"这个字,其实也是为人生观服务的。确切地说,就是看宇宙识人生、指导人生。

弟子问王阳明:"平常思想意念多忙乱,有事时固然是忙,无事时心也难以平静,还是感觉忙,这是咋回事呢?"

王阳明说:"你看天地万物,生生不息,从来没有停止过。人也应该是这样的,倘若你真的感觉心上不忙了,要么就是死了,要么就是枯禅,这就不是人生观了。"

天地的忙碌有个主宰,这主宰就是从容不迫、自然而然的生生不息。天如果着急了,就会加速度日升日落,地如果着急了,就会快速旋转,天摇地动之下,岂有生灵?

万物如果着急了,违背了其生长规律,那长出来的东西肯定不会好吃,今天我们吃的各种催生食物就是证明。

速度快了,急功近利,非但心上忙乱,而且还很难抵达目的地,人生就是如此。我们每个人和天地万物一样,也有个主宰,这个主宰就是良知。

凡事按照良知去做,不急不缓,不焦不躁,形成一种生生不息的惯性,而不要像乱气一样奔放流窜,这样,我们就是天地。

反之，倘若不能按良知来，时时事事都要争先恐后，该是你的你拿，不该是你的你还拿，你就不可能没有无事之时。即使有无事之时，也会被闲思杂虑充斥，心上烦乱。

越有事，就越有事；越无事，则越无事。

我们唯一能控制的名就是务实

先生曰："为学大病在好名。"

侃曰："从前岁自谓此病已轻，此来精察，乃知全未。岂必务外为人？只闻誉而喜，闻毁而闷。即是此病发来？"

曰："最是。名与实对。务实之心重一分，则务名之心轻一分。全是务实之心，即全无务名之心。若务实之心如饥之求食，渴之求饮，安得更有工夫好名？"

又曰："'疾没世而名不称'，'称'字去声读，亦'声闻过情，君子耻之'之意。实不称名，生犹可补，没则无及矣。'四十五十而无闻'，是不闻道，非无声闻也。孔子云：'是闻也，非达也。'安肯以此望人？"

【译文】

先生说："做学问最大的毛病在于爱好虚名。"

薛侃说："从去年起，我认为我的这个毛病已经减轻了，现在认真省察，才知道并非如此。难道我真的十分在意外人的看法吗？只是听到赞誉便高兴，听到诋毁便郁闷罢了。想必这就是这个毛病发作时的表现？"

先生说："正是如此。虚名与实务相对。务实之心多一分，务名之心就少一分。如果全都是务实之心，就没有务名之心了。如果务实之心像饿了要吃饭、渴了要喝水一样迫切，哪里还有工夫爱好虚名呢？"

先生又说："'疾没世而名不称'中的"称"字读第四声，也就是'声名超过实情，君子感到羞耻'的意思。实情与声名不相称，在世时还可以弥补，过世后便没有办法了。'四十五十而无闻'是指没有听闻大道，并不是没有声名在外的意思。孔子说过'这是声名，并非贤达'的话，他又怎么会用声名来评价人呢？"

【度阴山曰】

孔子有个极端严肃的主张，就是正名。孔子坚信，名可以控制实，只有名实相符才是正道。当时的楚国早就是王国了，但孔子偏不承认它，非要称它的国王为楚子。子是"公侯伯子男"的倒数第二级，是很多年前由西周国王封赐给楚国国君的。

在现在看来，孔子有点掩耳盗铃。但孔子格外严肃地认为，名可以控制实，让实和名不相符合的人感到惭愧，最后自动自发地承认错误，达到名实相符。此意为，楚王会取消国王称谓，改邪归正为子。

实大于名，对个人而言是好事。一个人功力深厚，却寂寂无名，这是符合天道的。最怕的就是"盛名之下，其实难副"的名大于实。

爱好虚名，是人之通病。其实爱好虚名的人，并非真的爱好那个名，而是名背后的利。名利向来是孪生兄弟，有了名自然就有了利。

在王阳明看来，人追求名声没有问题，中国古人最称赞的三不朽（立德、立功、立言）就是名。但是，一个人若想三不朽，必须有立德、立功、立言这个实。没有了实的名，就成了虚名，不堪一击。

我们以一杯茶来做比喻。名是水，实是茶叶，一满杯茶里，茶叶多些，水就会少些；水多些，茶叶就会少些。水太多，茶水没有味道，就不是茶水了，当然，全是茶叶而没有水，也不能称为茶水。

所以说，名和实都要有。不过，人还是要重实轻名，这就如同一个少林寺扫地僧，毫无名气，但一展露实力，就立刻名闻天下。但如果你名声在外，就会引得人都来和你争，万一你实力一般，身败名裂可立而待也。

王阳明说："虚名与实务相对。务实之心多一分，务名之心就少一分。如果全都是务实之心，就没有务名之心了。"没有了务名之心就全是务实，虽然没有名气，但一有机会，立即会名动天下。

倘若全是务名之心，总在名上下功夫，而不去务实，就是舍本逐末，扬汤止沸，最终什么都不会得到，唯一能得到的就是别人的嘲讽。

务实是向内求，专心用功即可，所以它可被我们控制；务名是向外求，千方百计要别人认可，而我们根本无法控制别人。

我们唯一能控制的名就是务实。

最好的后悔药就是立即改正

侃多悔。

先生曰："悔悟是去病之药，然以改之为贵。若留滞于中，则又因药发病。"

【译文】

薛侃经常后悔。

先生说："悔悟是治病的良药，然而悔后能改才难能可贵。如果悔悟之情滞留在心中，又会因药而病了。"

【度阴山曰】

人非圣贤，亦非未卜先知的魔法师，所以人人都做过后悔的事，但不同的人面对后悔的事，行为截然不同。

有人根本就不在乎，做了就做了，好像做了错事天经地义一样。

有人会悔悟，而悔悟又分两种。一种人是捶胸顿足，大骂自己是猪，骂完后就把这件事抛到九霄云外了。另一种是懊恼后，立即想办法补救，这补救可能无效，但它是阳明心学真正的后悔药——他在以行动为自己做的错事负责，也就是王阳明所谓的"改过"。

悔悟之后改过，一方面是良知的谴责，另一方面则是良知给出的最佳方式。正如王阳明所说，如果悔悟之情滞留在心中，又会因药而病了。

阳明心学主张：心，在物为理。就是说，你的每个念头，都要去物（事情）上将其呈现，否则就不符合真正的"心即理"。

悔悟也是一样，悔悟本身就是良知光明的人心中的一个"理"，可如果你不把它呈现出去，那这个理就不能称为真正的理。它会一直在你心里折磨你，让你痛苦，最后就真的病了。

我们必须把悔悟这个天理呈现出去，那就是要改过。一旦改过，就符合了阳明学的基石"心即理"这个理论。

从这一点而言，行动正是阳明心学的特征，一切事情都必须以行动来衡量。离了行动，再伟大的概念、理论也只是水中月、镜中花。

古人云，世上没有后悔药可以吃，言外之意是，人做任何事都要谨慎。可一旦做了让自己懊悔的事，也别焦虑。

首先，你还知道懊悔，就说明你良知还算光明；其次，知道懊悔是"知"，改过是"行"，要把"知"和"行"合一；最后，懊悔和改过这个"知行合一"就是世界上最有效的后悔药。

万不可"希高慕大"

德章曰："闻先生以精金喻圣，以分两喻圣人之分量，以煅炼喻学者之工夫，最为深切。惟谓尧舜为万镒，孔子为九千镒，疑未安。"

先生曰："此又是躯壳上起念，故替圣人争分两。若不从躯壳上起念，即尧舜万镒不为多，孔子九千镒不为少。尧舜万镒，只是孔子的，孔子九千镒，只是尧舜的，原无彼我。所以谓之圣，只论'精一'，不论多寡，只要此心纯乎天理处同，便同谓之圣，若是力量气魄，如何尽同得？后儒只在分两上较量，所以流入功利。若除去了比较分两的心，各人尽着自己力量精神，只在此心纯天理上用功，即人人自有，个个圆成，便能大以成大，小以成小，不假外慕，无不具足。此便是实实落落明善诚身的事。后儒不明圣学，不知就自己心地'良知良能'上体认扩充，却去求知其所不知，求能其所不能，一味只是希高慕大，不知自己是桀纣心地，动辄要做尧舜事业，如何做得？终年碌碌，至于老死，竟不知成就了个甚么，可哀也已！"

【译文】

刘德章说:"听闻先生用纯金比喻圣人,用金的分量比喻圣人的才力,用炼金比喻学习,十分深刻。只是说到尧舜是万镒的纯金,孔子是九千镒的纯金,似乎不妥。"

先生说:"你这又是从外在的事物上起念头,所以才要替圣人去争些分量。如果不从外在的事物上起念头,就不会认为把尧舜比作万镒纯金太多、把孔子比作九千镒纯金太少。尧舜的万镒也是孔子的,孔子的九千镒也是尧舜的,原本没有彼此之分。圣人之所以为圣人,只看心体是否'精研专一',不论才力多寡,只要心中纯粹都是天理这一点相同,便都可以称为圣人。如果在才力气魄上比较,如何能够相同呢?后世的儒者只是在分量上计较,所以才流于功利。如果去除计较分量的心思,每个人尽力让心中纯粹是天理,那么人人都能有所成就,才力大的人成就大,才力小的人成就小,无须向外追求就都能完备。这便是实实在在、明于至善、以诚立身的事业。后世的儒者不明白圣人之学,不知道在自己心里的'良知良能'上去体认扩充,却去追求那些自己所不知道的知识,学自己所不会的技艺,一味地希求高远、羡慕博大,不知道自己依然是桀纣的心思,却动不动想做尧舜的事业,这又怎么办得到呢?一年到头忙忙碌碌,等到老死,却不知道自己做成了什么事业,可哀可叹!"

【度阴山曰】

西汉大儒董仲舒说:"利以养身,义以养心。"意思是,人有两种食物,一是物质的,它负责供养我们的身体;一是精神的,它负责供养我们的精神。

我们的身体很容易供养,一斤鲍鱼能吃饱,一斤馒头也能吃饱,极端情况下,一斤树皮也没有问题。但是,正因为供养容易,所以消失也快——我们的身体很容易饿。这就能解释,为什么许多物质的东西无法让我们愉悦,即使愉悦了,也不持久。

人的愉悦、人生价值主要还是靠精神食物,精神食物难求而不易得,可一旦得到,就不会消逝。一部经典著作、一首美丽诗歌、一件雅致的艺术品,若能被你吸收,就足以在你的精神世界驻足一生。

义(精神食粮)是养心的,我们人类就是靠心才能活得愉悦,纯粹靠利,绝对达不到这种效果。人类追求利（物质食粮），并没有错。错的是一门心思追求利，而忘记了追求义（精神食粮）。

一门心思追求利，就是在躯壳上起念，整个身心都扑在物质上，要享尽世间荣华富贵——别人有的，我要有；别人没有的，我也要有。这是典型的向外求，身体被养得如同肥猪，养心的食物却没有跟上，最后就成了一个时刻都空虚、无聊的行尸走肉。

王阳明让你不要在躯壳上起念，只让你在心上用功。不要希求高远、羡慕博大，因为那是别人的，是你心外的。

你要明白一点，每个人来到这个世界上都有个使命，有的使命大，有的使命小，但无论大小，你都要践履你自己的使命，而不是别人的。

若要知道自己的使命，就该在心上求：做任何一件事都保证能心安，这心安的事做得多了，你就知道自己的使命是什么了。

致良知，不是不能，而是不肯

问："上智下愚，如何不可移？"

先生曰："不是不可移，只是不肯移。"

【译文】

薛侃问："孔子为什么说，最聪明的人和最愚笨的人，他们的性情都不能改变呢？"

先生说："并不是说不能改变，而是不愿改变。"

【度阴山曰】

一年轻人去拜访一老禅师（或者是智者、老道、仁波切、老和尚），他问："怎样才能活得幸福？"

智者闭目不语。

年轻人以为老人家眼花耳聋,所以提高嗓门,又问了一遍。

老道仍不语。

年轻人急了,吼了一遍。

仁波切睁开眼,指了指年轻人的心:"问它。"

年轻人低头看了半天,作恍然大悟状:"我明白了,问自己的心。"

老和尚微微一笑。

"能不能有点具体的,可以操作的?"

"日行一善。"老和尚说。

年轻人沉思半晌,不阴不阳地问:"行一善在哪儿?"

有弟子对王阳明说:"唯上知与下愚不移。"

这是孔子老先生的话,孔子把人分三等:"上知"(上等智慧、上等性情)、"中人"(中等智慧、中等性情)、"下愚"(下等智慧、下等性情)。

"中人"是两头草,肯学的话,就可升级为上知,不肯学就滑落到"下愚"。也就是说,"中人"可移,但"上知"和"下愚"不可移。

王阳明却评判道:"不是不能移,而是不肯移。只要肯致良知,'下愚'也能移成'中人'。若不致良知,'上知'也能移成'中人',甚至是'下愚'。"

"下愚"移成"上知"的典型人物是曾国藩。曾国藩天赋奇差,一篇文章背诵一夜,仍磕磕巴巴。他年轻时性情也坏,狂傲轻忽,尖酸刻薄,搞得人际关系如糨糊。但他后来发愤图强,以比别人多十倍,甚至百倍的努力苦学,终成一代理学大师;又在性情上痛改前非,终成人见人爱的道德圣人。

"上知"移成"下愚"的例子也有,无数平庸人物,起初都天赋异禀,但因不肯努力,最终被人遗忘。

当然,"上知"和"下愚",恐怕不仅仅是单纯地指聪明和愚笨,聪明和愚笨指的是致良知的能力,自动自发致良知的就是聪明,被动致良知的就是愚笨。

简单而言,致良知就是以良知为你行为的准则,致良知永远是自己的事,而且也是你唯一能掌控的事。只要你想,你就能致良知,如孔子所说,你欲仁,仁就来了;你欲致良知,良知就在眼前。

因此，每个人都能轻而易举地致良知，但为什么仍有那么多下愚的人呢？不是他们不能致良知，而是不肯。

人类最大的问题就在于，明知道自己有缺点，而且自己有能力改变，却不肯改。世间此类人多如牛毛。他们在世间把自己不好的一面全部展现出来，由此制造了社会陋习，这种社会陋习成为常态，又浸染进入社会的人。最终，绝大多数人生活在这一乌烟瘴气的环境中，浸染越深，就越不想改变，良知之灯，不绝如缕。

若想改变社会风气，那每个人都要致良知。这是轻而易举的事，因为人们不是不能致良知，而是不肯。

只要你肯，良知之灯就一定能重现世界。

而难度也就在于此，大多数人在没有外力推动时，很少能做到主动。不能改和不肯改，有时候就成了一回事。

由此我们知道，王阳明所谓的"移"只是要人致良知，致良知就是行良知，以良知为人生指示牌，不停向前奔跑，这就是走正确的道路，你只有走正确的道路，才有可能把道路走正确。

遗憾的是，很多人走的路都是不正确的，而且他们明明知道，却不肯改弦更张，这就是不肯移。

交友之道

问"子夏门人问交"章。

先生曰："子夏是言小子之交，子张是言成人之交。若善用之，亦俱是。"

【译文】

有人向先生请教"子夏门人问交"这一章。

先生说："子夏说的是小孩间的交往，子张说的是成人间的交往。如果善于运用，都是正确的。"

【度阴山曰】

《论语》中有个故事：子夏的学生请教子张交友之道。

子张很伶俐，反问道："你师父子夏是怎么说的？"

那人回答："我师父说：'可以相交的就和他交朋友，不可以相交的就拒绝他。'"

子张一拍大腿："胡说！君子既尊重贤人，又能包容众人；能够赞美善人，还能同情能力不够的人。如果自己是十分贤良的人，那对别人有什么不能包容的呢？如果自己不贤良，那人家就会拒绝你，又何谈能拒绝人家呢？哈哈。"

王阳明的弟子就问王阳明："您说子夏和子张两人谁说得对呢？"

王阳明回答得超级巧妙："子夏说的是小孩的交友之道，子张说的是成人的交友之道。能看清对象使用交友之道，就是正确的。"

这段话太重要了，我们在日常生活中交朋友总出错，就是把这两种方式搞混了。

小孩子之间交朋友，就是这样简单干脆：我觉得你可以相交，那咱就是好朋友，某天你把我惹恼了，咱们就绝交。我觉得你不可以相交，那绝对不交。

大人之间的交往就比小孩子复杂得多，对各色人等都要交往，但交往的深度不能一样。中国儒家主张入世，人是个社会的人，所以人际关系特别重要。问题是，你如何才能交往到各种人呢？这就要从自己身上下功夫，自己要把自己锻造得特别贤良。

只要你德艺双馨，所有人都会被你交下；如果你无德无才，根本没有人交你，还哪谈得上拒绝别人？

但大多数人活到快入土了，还没有搞明白交友之道。他们至少犯了以下的错误：

第一，像小孩子一样，以意气交朋友，朋友符合心意，就两肋插刀；一旦不符合你心意，马上就拔刀相向，老死不相往来。

第二，总以为朋友越多，人脉越广就越好，其实你自己不强大，交再多朋友也没有用，因为朋友，本来就是同一阶梯的人。

第三，最强大的人脉是实力，只需要锻造自己的实力，就是在交朋友。这是一举两得之事，一方面你提高了自己，另一方面在提高自己的同时还交到了朋友。

这就是交友之道，它是天理，天理自在人心，真正朋友多的人都是这么想的。

阳明心学的"学习"是学什么

子仁问："'学而时习之，不亦说乎？'先儒以学为'效先觉之所为'，如何？"

先生曰："学是学去人欲、存天理。从事于去人欲、存天理，则自正诸先觉。考诸古训，自下许多问辨思索、存省克治工夫，然不过欲去此心之人欲，存吾心之天理耳。若曰'效先觉之所为'，则只说得学中一件事，亦似专求诸外了。'时习'者'坐如尸'，非专习坐也，坐时习此心也；'立如斋'，非专习立也，立时习此心也。'说'是'理义之说我心'之'说'。人心本自说理义，如目本说色、耳本说声，惟为人欲所蔽所累，始有不说。今人欲日去，则理义日洽浃，安得不说？"

【译文】

子仁问："孔子说：'学习并时时练习，不是很愉快的事情吗？'朱熹认为学习是后觉者效法先觉者的过程，对吗？"

先生说："学是学习摒弃人欲、存养天理。只要专注于摒弃人欲、存养天理，便自然是效法先觉者了。推究古人的遗训，许多学问思辨、存养省察克制的功夫，也不过是为了去除心中的私欲、存养心中的天理罢了。说'效法先觉者的行为'，其实只说了为学的一件事，而且也还是向外求索。'时习'的时候'像受祭者一样端坐'，并不是专门学习静坐，而是在静坐时修习本心；'像斋戒那样恭敬地站着'也不是专门学习站立，而是在站立时修习本心。'悦'是'天理道义愉悦我心'的'悦'。人心原本就会对天理道义感到愉悦，好比眼睛喜好美色、耳朵喜好美声，只是被私欲遮蔽牵累，才会不愉悦。如今人欲日益去除，天理道义日渐滋养，岂会不愉悦呢？"

【度阴山曰】

朱熹认为，人的学习有两种方式：第一，正诸先觉；第二，考诸古训。正诸先觉是效仿先觉者，向比你厉害的人学习，考诸古训是推究古人的遗训，向经典书本学习。

其实这两种学习方式，无论解释得多么神乎其神，都只是读书学习。

王阳明则说，学习不仅仅是学习书本知识，也不仅仅是从实践中学习，学习的内容不重要，重要的是学习的目的。

这学习的目的就是，存天理、去人欲。

正诸先觉，效仿先觉者，还是在向外学。王阳明不主张效仿他人，只一门心思发展自己。"时习"的时候"像受祭者一样端坐"，并不是专门学习静坐，而是在静坐时修习本心；"像斋戒那样恭敬地站着"也不是专门学习站立，而是在站立时修习本心。

一旦如此学习，就能得到天理，而天理总是让人愉悦的。为什么天理会让人感到愉悦呢？

因为良知是个好恶之心，纯粹发自良知的好恶就是天理。你特别喜欢美色，美色就是天理；你特别喜欢美乐，美乐就是天理。因此，喜欢天理能让人愉悦。

但这好恶是纯粹的好恶，不能沾染一点私欲。若想得到愉悦，就必须存天理、去人欲。

忠恕合一

国英问："曾子三省虽切，恐是未闻一贯时工夫？"

先生曰："一贯是夫子见曾子未得用功之要，故告之。学者果能忠恕上用力，岂不是一贯？'一'如树之根本，'贯'如树之枝叶，未种根，何枝叶之可得？体用一源，体未立，用安从生？谓'曾子于其用处盖已随事精察而力行之，但未知其体之一'，此恐未尽。"

【译文】

陈杰问:"曾子每日多次反省自身,虽然真诚,恐怕还是没有领会一以贯之的功夫吧?"

先生说:"一以贯之是孔子看到曾子没有掌握下功夫的关键才告诉他的。为学之人如果能在忠和恕上下功夫,不就是一以贯之吗?'一'好比树木的根,'贯'好比树木的枝叶,没有根,何来的枝叶?本体与作用本就同源,本体未能确立,作用如何生发出来?朱熹说'曾子在体会心的作用方面,已经能够做到随事情精确体察并努力践行了,只是还不知道心的本体和作用是合一的道理',这样说恐怕不全面。"

【度阴山曰】

孔子的弟子曾子特别善于反省,一天至少三次,反省的内容为:"为人谋而不忠乎?与朋友交而不信乎?传不习乎?"

意思是,替人谋事有没有不尽心尽力的地方?与朋友交往是否诚信了?有没有复习师长传授的学业?这反省恐怕是晚上的事,如果真有错误,曾子该如何?抽自己两个嘴巴吗?《论语》里没有说。

有人就此事问王阳明,曾子虽然反省的条目很多,恐怕还是瞎反省,没有领会孔子一以贯之的功夫。

王阳明说,没错,孔子的一以贯之,就是忠恕。忠是向内,对待人、物上有没有全心全意;恕是对外,己所不欲,勿施于人。

至于复习师长传授的学业,其实还是学忠恕之道。一以贯之的"一"好比树木的根,没有根,何来的枝叶?本体与作用本就同源,本体未能确立,作用就不能生发出来。

无论是忠还是恕,虽看上去有向内向外之别,但其实是合一的。只有恕而没有忠,就是只有知而没有行。知道己所不欲,勿施于人,不在人、事上全心全意执行这个道理,就等于没有恕。

知行合一就是忠恕合一,忠恕之道就是知行之道。

立志贵在专一

"种树者必培其根,种德者必养其心。欲树之长,必于始生时删其繁枝;欲德之盛,必于始学时去夫外好。如外好诗文,则精神日渐漏泄在诗文上去。凡百外好皆然。"

又曰:"我此论学,是无中生有的工夫。诸公须要信得及,只是立志。学者一念为善之志,如树之种,但勿助勿忘,只管培植将去,自然日夜滋长。生气日完,枝叶日茂。树初生时,便抽繁枝,亦须刊落,然后根干能大。初学时亦然。故立志贵专一。"

【译文】

先生说:"种树必须先培育树根,培养德行必须先存养本心。想要树木生长得好,必须在初生时就删剪繁枝;想要德行隆盛,必须在初学时就摒弃外在的爱好。如果除此之外还喜好诗文,那么精神就会渐渐转到诗文上去。凡是各种外在的喜好,都是这样的。"

先生又说:"我这样论述学问,是无中生有的功夫。诸位如果相信,便要立志。为学之人有一个为善的念头,就像是树的种子,既不要去助长它,也不要忘却它,只管慢慢培育,自然会日渐生长起来。生机一天天旺盛,枝叶一天天繁茂。树木初生时,便会长出多余的繁枝,必须加以剪去,然后根干才能粗壮。初学的时候也是一样的道理。所以立志贵在专一。"

【度阴山曰】

王阳明太重视立志了,创建心学后不久,就提出王门四规,第一规就是"立志"。在《传习录》《文录》中,常常提到"立志"的重要性,其重点想要阐述的就是,志不立,天下无可成之事。

在此处,王阳明说,立志就像是种下一粒种子,种子落地后,不要去拔苗助长,也不能忘记它,要按照它的生长规律时刻照顾它,这就叫"勿助勿忘"。最后,种子会生根发芽,成为参天大树,而在生长过程中,如果有多余的繁枝（私欲），还要剪掉它。

这段话的中心就是"勿忘勿助"，但行好事，莫问前程。

立志之所以重要，在于我们一旦确立志向后，就会以它为指南针，所做的一切事都以它为指引。在通往志向实现的伟大道路上，我们不会被其他事困扰。韩信能忍胯下之辱，就在于志向。倘若韩信毫无志向，那当时肯定会和对方一决雌雄。对于韩信而言，呈一时之勇固然痛快，却要承担犯罪的风险，没有必要为了这一点小事而耽误了志向的实现。

倘若我们能明白这一点，就会对身边发生的一些琐碎之事一笑置之，因为我们还要赶着去做伟大的事。我们也不会常常感到空虚寂寞无聊，因为伟大的志向正在前方召唤我们。

志向就是心内之物，凡是和志向无关的人和事都是心外之物，确立志向就是要做到心外无物。这心外无物就是专一，所以立志贵在专一。

德行和知识，哪个更重要

因论先生之门，某人在涵养上用功，某人在识见上用功。

先生曰："专涵养者，日见其不足；专识见者，日见其有余。日不足者，日有余矣；日有余者，日不足矣。"

【译文】

在论及先生的弟子时，谈到某人在德行存养上下功夫，某人在知识见闻上下功夫。

先生说："专注于德行存养的人，每天都会发现自己德行上的不足；专注于知识见闻的人，每天都会发现自己知识的富余。每日发现自己德行不足的人，德行便会日益富余起来；每日发现自己知识富余的人，德行却会日益不足。"

【度阴山曰】

中国有句话叫德才兼备,这不是句虚话,而是确有其事,也确有其人。比如被儒家吹捧为圣人的舜,此人才华突出,治理天下游刃有余,最重要的是,他有孝心,无论老爹老妈如何处心积虑要谋杀他,他都一笑置之,拼命地对老爹老妈孝顺。再比如司马光,编写了《资治通鉴》,做过宰相治理国家,还急中生智砸过缸救了人,当时人认为他有无懈可击的道德,简直就是圣人转世。

王阳明认为,人的才华靠知识见闻得到,这属于向外求;但人的德行必须在自己身上下功夫,这就必须向内求。向内求,能否求到呢?

孟子说,万物皆备于我,意思是所有的德行(物)都在我心中。王阳明则说,德行在你心中只是一个基本常识,没有意义,只有把这些德行呈现出来,才有意义。

由此可知,德行的呈现也要下功夫,去心外谋取知识也要下功夫。而人的时间和功夫是有限的,如果你把工夫用在德行上,知识谋取这一块就会少些工夫;反过来,如果你把工夫用在知识谋取上,德行的呈现上就会少些工夫。

你得到的知识越来越多,却发现自己知道得越来越少,这样就会越向外寻求,结果,你就没有时间去追求德行了。所以世上很多人都是有才无德。

才华横溢固然能使你成功,可如果没有德行保驾护航,那这才华注定会害了你。人类历史上那些因"恃才傲物"而被杀、被唾弃的人不胜枚举。

因此,当你的才华很高,足以支撑你的名位时,就必须具备德行。德行是一种软实力,它会让人不太关注你的才华而关注你的德行,在赞赏你有德行的时候会更加欣赏你的才华。

才华这东西,和个人智商有关,你永远拼不过智商比你高的人,但德行可以,它与生俱来,你只需要把它呈现出来。人有个思维误区:你的德行超过你的才华,他认为你是德艺双馨;你的才华超过你的德行,他就认为你是个人渣。

所以德性这玩意儿,看似软弱无力,不堪一击,其实只要把它和才华合二为一,那你就能成为人们口中的圣贤,即使你的才华非常平庸。

德行之所以重要,还因为受智商和精力所限。我们在知识的探索上总会碰到天花板,这个时候,若想名副其实,就必须用德行来补。

一旦德行补上来，才华这一块几乎就可有可无了。如果你不信，可以随便找几个历史上名动天下的人物，就能发现他们都是道德完人。能力、才华固然有，可比他们高明的多如牛毛。

为什么是他们功成名就？是因为道德在锦上添花。

最后，我们要确定一件事：德行和知识，哪个更重要？其实要分阶段来看：前期，你必须靠知识、才华使自己有事功；后期，事功要用道德来保驾护航。

因此，都重要。

居敬穷理合一

梁日孚问："居敬、穷理是两事，先生以为一事，何如？"

先生曰："天地间只有此一事，安有两事？若论万殊，'礼仪三百，威仪三千'，又何止两？公且道居敬是如何？穷理是如何？"

曰："居敬是存养功夫，穷理是穷事物之理。"

曰："存养个甚？"

曰："是存养此心之天理。"

曰："如此，亦只是穷理矣。"

曰："且道如何穷事物之理？"

曰："如事亲便要穷孝之理，事君便要穷忠之理。"

曰："忠与孝之理，在君亲身上？在自己心上？若在自己心上，亦只是穷此心之理矣。且道如何是敬？"

曰："只是主一。"

"如何是主一？"

曰："如读书便一心在读书上，接事便一心在接事上。"

曰："如此则饮酒便一心在饮酒上，好色便一心在好色上。却是逐物，成甚居敬功夫？"

日孚请问。

曰:"一者,天理。主一是一心在天理上。若只知主一,不知一即是理,有事时便是逐物,无事时便是着空。惟其有事无事,一心皆在天理上用功。所以居敬亦即是穷理。就穷理专一处说,便谓之居敬;就居敬精密处说,便谓之穷理。却不是居敬了别有个心穷理,穷理时别有个心居敬。名虽不同,功夫只是一事。就如《易》言'敬以直内,义以方外',敬即是无事时义,义即是有事时敬,两句合说一件。如孔子言'修己以敬',即不须言义;孟子言'集义',即不须言敬。会得时,横说竖说,工夫总是一般。若泥文逐句,不识本领,即支离决裂,工夫都无下落。"

问:"穷理何以即是尽性?"

曰:"心之体,性也,性即理也。穷仁之理真要仁极仁,穷义之理真要义极义。仁义只是吾性,故穷理即是尽性。如孟子说'充其恻隐之心至仁不可胜用',这便是穷理工夫。"

日孚曰:"先儒谓'一草一木亦皆有理,不可不察',如何?"

先生曰:"'夫我则不暇。'公且先去理会自己性情,须能尽人之性,然后能尽物之性。"

日孚悚然有悟。

【译文】

梁日孚问:"朱熹认为居敬和穷理是两件事,而先生认为两者是一件事,为何?"

先生说:"天地之间只有一件事,何来的两件?如果从万物分殊的角度来看,《中庸》说'礼仪有三百条,威仪有三千条',又何止两件事?你且说说看,居敬是怎么一回事,穷理又是怎么一回事?"

梁日孚说:"居敬是存养的功夫,穷理则是穷究事物的道理。"

先生说:"存养是存养什么呢?"

梁日孚说:"存养是存养心中的天理。"

先生说:"如果是这样,那存养也就是穷理了。"先生接着问,"你再说说如何穷究事物的道理?"

梁日孚说:"例如侍奉双亲便要穷究孝的道理,辅佐君主便要穷究忠的道理。"

先生说："忠和孝的道理是在君主和双亲的身上，还是在自己的心上呢？如果在自己的心上，也只是穷究自己心中的理罢了。你且说说看什么是敬？"

梁日孚说："专一就是敬。"

"怎样才是专一呢？"

梁日孚说："好比读书便一心在读书上，做事便一心在做事上。"

先生说："如果是这样，那么喝酒便一心在喝酒上，好色便一心在好色上，这是追逐物欲，怎能算是居敬的功夫呢！"

梁日孚向先生请教。

先生说："专一的一指的是天理。专一便是一心在天理上。如果只知道专一，而不知道一就是天理，有事时就会追逐事物，无事时就会心中空空落落。只有无论有事无事，一心都在天理上用功才可以。所以居敬也就是穷理。就穷理的专一之处而言，便称为居敬；就居敬的精密之处而言，便称为穷理。并不是在居敬之外还有个穷理的功夫，在穷理之外还有个居敬的功夫。两者的名称虽然不同，其实只是一个功夫。好比《易》中所说的'恭敬可以使人的内心正直，道义可以规范人的外在行为'，恭敬就是没有事情时候的道义，道义就是有事情时候的恭敬，两句话说的是同一件事。例如孔子说'以恭敬之心修养自己'，便不需要再说道义了；孟子说'积累道义'，便不需要再说恭敬了。如果能够领会，随便怎么说，功夫都是一致的。如果拘泥于词句，不知道功夫的根本，就会支离破碎，功夫也没有下手处。"

梁日孚问："那么穷理为何就是尽性呢？"

先生说："心的本体就是天性，而天性就是天理。穷尽仁的道理，就是要使得仁达到极致；穷尽义的道理，就是要使得义达到极致。仁与义是人的天性，所以穷理就是尽性。如孟子所说的'扩充恻隐之心，仁的作用便会源源不竭'，这就是穷理的功夫。"

梁日孚说："程颐先生说'一草一木也都有各自的道理，不能不仔细研究'，对吗？"

先生说："'要是我就没空去做这个功夫。'你姑且先去修养自己、体会自己的性情，只有先穷尽人的本性，然后才能穷尽事物的本性。"

梁日孚猛然有所省悟。

【度阴山曰】

程朱理学提倡居敬穷理，所谓"居敬"，就是"心"的"主一""专一""自我主宰"，不受外物所牵累；所谓"穷理"，就是穷尽万事万物的道理，致知明理。

按程朱理学的意思，居敬和穷理肯定是两回事。居敬是一种态度，穷理是一种方法论，用专一的态度去穷究万事万物的道理，这不可能是一回事。

可王阳明说，居敬穷理就是合一的。可以想见，王阳明对两个词汇的解释，肯定与程朱理学不同。

弟子说，居敬就是专一，读书就一心在读书上，做事就一心在做事上。

乍一看，这没有问题。但王阳明却说，好色就一心在好色上，喝酒就一心在喝酒上，这是专一吗？

这当然不是，因为前提就错了。所以，一定要明白，专一的"一"是天理。做事之前，要先问下自己，这件事是否符合天理，符合了天理，才能专一下去，否则就会误入歧途。

王阳明解释说，居敬和穷理是一回事，穷理就是遵循天理，如何遵循天理，肯定要有个好态度，这个好态度就是居敬。没有居敬，肯定无法穷理，而没有穷理，居敬又有什么用？

朱熹认为，人必须去事物上求取真理。王阳明则说，你先在心上求，因为所有的天理都在我心。只要能在心上求到真理，再将其呈现，何愁穷尽不了外面的事物？这就是，先穷尽人的本性，然后才能穷尽事物的本性。

一个人若毫无人性，不孝顺父母，不爱惜友谊，言行不一，就没有人会喜欢他，他在心外能求得了什么？！一个人心性美好，做人做事都符合天理，人人都会被他吸引过来，那他还用去主动求什么呢？！

我们一定要特别注意阳明心学的"二合一"本质，明白了这个，就没有二分法，没有非黑即白的执着，做起事情来就能面面俱到。

私欲真难克吗

萧惠问:"己私难克,奈何?"

先生曰:"将汝己私来,替汝克。"先生曰,"人须有为己之心,方能克己。能克己,方能成己。"

萧惠曰:"惠亦颇有为己之心,不知缘何不能克己。"

先生曰:"且说汝有为己之心是如何。"

惠良久曰:"惠亦一心要做好人,便自谓颇有为己之心。今思之,看来亦只是为得个躯壳的己,不曾为个真己。"

先生曰:"真己何曾离着躯壳?恐汝连那躯壳的己也不曾为。且道汝所谓躯壳的己,岂不是耳目口鼻四肢?"

惠曰:"正是为此。目便要色,耳便要声,口便要味,四肢便要逸乐,所以不能克。"

先生曰:"'美色令人目盲,美声令人耳聋,美味令人口爽,驰骋田猎令人发狂。'这都是害汝耳目口鼻四肢的,岂得是为汝耳目口鼻四肢?若为着耳目口鼻四肢时,便须思量耳如何听、目如何视、口如何言、四肢如何动。必须非礼勿视听言动,方才成得个耳目口鼻四肢,这个才是为着耳目口鼻四肢。汝今终日向外驰求,为名为利,这都是为着躯壳外面的物事。汝若为着耳目口鼻四肢,要非礼勿视听言动时,岂是汝之耳目口鼻四肢自能勿视听言动?须由汝心。这视听言动皆是汝心。汝心之视,发窍于目;汝心之听,发窍于耳;汝心之言,发窍于口;汝心之动,发窍于四肢。若无汝心,便无耳目口鼻。所谓汝心,亦不专是那一团血肉。若是那一团血肉,如今已死的人,那一团血肉还在,缘何不能视听言动?所谓汝心,却是那能视听言动的,这个便是性,便是天理。有这个性,才能生。这性之生理,便谓之仁。这性之生理,发在目便会视,发在耳便会听,发在口便会言,发在四肢便会动,都只是那天理发生。以其主宰一身,故谓之心。这心之本体,原只是个天理,原无非礼。这个便是汝之真己,这个真己是躯壳的主宰。若无真己,便无躯壳。真是有之即生,无之即死。汝若真为那个躯壳的己,必须用着这个真己,便须常常保守着这个真己的本体。戒慎不睹,恐惧不闻,惟恐亏损了他一些。才有一毫非礼萌动,便如刀割、如针刺,忍耐不过,必须去了刀、拔了针。这才是有为己之心,方能克己。汝今正是认贼作子，缘何却说有为己之心、不能克己？"

【译文】

萧惠问："自己的私意难以克除，怎么办？"

先生说："把你的私意说出来，我来帮你克。"又说，"人必须有为自己考虑的心才能克除自己的私意。能克除自己的私意，才能成为真正的自己。"

萧惠说："我也挺有为自己考虑的心的，不知为何还是无法克去己私。"

先生说："且说说你为自己考虑的心是怎样的。"

萧惠想了很久，说："我一心想做好人，便自认为很为自己考虑的。如今想来，恐怕也只是为了自己的身体考虑，并不是为了真正的自己。"

先生说："真正的自己又怎能离得开身体呢？恐怕你都不曾真正为自己的身体考虑。你且说说，你所谓的为了自己的身体考虑，不就是为了自己的耳、目、口、鼻、四肢吗？"

萧惠："正是这样。眼睛要看美色，耳朵要听美声，口舌要尝美味，四肢要享安逸，所以才不能克己。"

先生说："《老子》里说过：'美色令人目盲，美声令人耳聋，美味令人口爽，驰骋田猎令人心发狂。'这些都是对你耳、目、口、鼻、四肢有害的东西，怎么是为了你的耳、目、口、鼻、四肢好呢？如果真正为了耳、目、口、鼻、四肢好，便要考虑耳朵如何去听、眼睛如何去看、嘴巴如何去说、四肢如何去动。必须做到'非礼勿视、非礼勿听、非礼勿言、非礼勿动'，这才是成就耳、目、口、鼻、四肢的作用，才是真正为了耳、目、口、鼻、四肢好。你现在终日向外追求，为名为利，都是为了自己的身外之物。如果你为了耳、目、口、鼻、四肢的好，要非礼勿视、听、言、动时，难道是你的耳、目、口、鼻、四肢自己能够不视、听、言、动的吗？归根到底还是通过你的心才能做到的。视、听、言、动都是心的作用。心通过眼睛而看，通过耳朵而听，通过口舌而说，通过四肢而动。如果没有心，就没有耳、目、口、鼻、四肢。所谓心，并不是指那一团血肉。如果只是那一团血肉，如今已经死掉的人，那一团血肉还在，为何不能视、听、言、动了？所谓心是指那个使得视、听、言、动得以可能的东西，也就是天性，就是天理。有了这个天性，才会产生与性相对应的生生之理，这就是仁。天性的生生之理，表现于眼睛便能看，表现于耳朵便能听，表现于口舌便能说，表现于四肢便能动，这都是天理的作用。而天理就其主宰具体的身体而言，便称之为心。心的本体就是天理，原来就没有不合乎礼仪之处。这才是你真正的自己，这个真正的自己才是身体的主宰。如果没有真正的自己，就没有身体。可以说是得之便生，失之便死。如果真的为了自己的身体着想，必须时刻在真正的自己上下功夫，必须时刻保持着这个真己的本体。独处时也持守德行，唯恐对其造成一点伤害。稍有一点非礼的念头萌动，就像刀割、针刺一般难以忍受，必须将刀去掉、针拔除。这才是真正为自己考虑，才能克除私欲。现在你就好比是认贼作子，为何还说有为自己考虑的心，还说不能克除私欲呢？"

【度阴山曰】

李世民执政初期，自控能力特别强，他对所有的正确意见都听从，克制自己的私欲，满足广大群众的渴求。正是在这种自控能力下，他把大唐推向一个高峰。但李世民执政后期，从前的戒惧和自我克制之心逐渐放松，许多人都注意到了这种情况，群臣纷纷谏诤，可李世民像换了个人，一概不听。

某次，李世民居然要看起居注。起居注是由史官（一般是宰相）负责记载君主每天的起居言行，这是历代帝王公私生活的第一手材料，史官必须如实、不虚美、不隐恶地来写起居注，当事皇帝无权过问。

李世民这一要求让负责这一工作的褚遂良大为震惊。褚遂良说："不能看。"

李世民生气道："我如果有不好的地方，你是不是也记录了？"

褚遂良说："当然，这是我的职责。"

李世民恼羞成怒："我有过失，你都记下来，后世人怎么看我啊！"

刘洎在一旁突然道："就算褚遂良不记，天下老百姓也会记在心里的！"

李世民愕然。自这件事后，他稍有收敛，重新回归自我克制。

萧惠说："自己内心的私欲很难克。"王阳明说："你只是不想克，否则肯定能克。这和李世民看起居注的故事异曲同工。"

李世民为什么要看起居注？理由很简单，他心虚。因为他知道自己做过错事，也知道起居注里记下了，他恐怕是想在起居注上改正过来。这个"想改正"的念头就是良知发现，就是知道了自己心上有私。

每个人做了错事其实心里都知道，只是改和不改的问题。王阳明说："萧惠，你就是没有为己的心，所以才觉得私欲难克。什么是为己？就是做一个毫无私欲的圣人。如果你真有为己的心，一做错事，一有私欲，良知马上会通知你，你立即去修正，这有什么难的呢？"

但遗憾的是，很多人真没有为己之心。如李世民，看似要留下美好形象给后人，其实是想通过弄虚作假的手段，而不是靠实际行动，把自己修炼成真圣人。

世界上很多人都是如此，都觉得私欲难克，有了私欲，铸就错误后，又想掩盖它，这就不是真的为己。你在掩盖私欲和错误的同时，本身就是在犯错。

想要真正克除私欲，其实没那么难，只要有让自己成为货真价实的圣人的心，克掉所有的私欲不在话下。如果没有这种心，你纵然每天都想着克除，也是水中捞月。

心要用在正地方

有一学者病目，戚戚甚忧。先生曰："尔乃贵目贱心。"

【译文】

有一个学者眼睛得了病，十分忧心。先生说："你这是看重眼睛却轻视本心。"

【度阴山曰】

王阳明年轻时，刻苦攻读诗书。由于他从小就患有肺病，在长期熬夜和苦读下，突然有一天，他吐出大口鲜血来。他父亲吓得要死，坚决不允许他再这样耗神。但他只是表面应承，暗地里仍然勤读不辍。

王阳明的母亲劝他一定要保重身体，但他毫不在乎。也许，正是这个经历才让他有了上面那四个字：贵目贱心。

这段话到底是什么意思？从字面来讲，似乎是只重视眼睛而不重视心。但问题是，那个学友之所以重视生病的眼睛，归根结底，还是从心而来。

即是说，是他的心动了，才重视眼睛，如果没有心，他根本不会重视眼病。明白了这一层意思，就大致明白了王阳明"贵目贱心"这四个字的含义。

第一，病已经生了，你总把注意力（心）集中到病本身，对痊愈毫无帮助。没有人生病后会因为对病本身特别关注，而让身体痊愈的。生了病应该做到"在战略上藐视它，在战术上重视它"。"在战术上重视它"就是要谈到的第二点。

第二，生了病，立即要通过行动去治疗，但在治疗的过程中，要分散注意力，而不是专注于病。

第三，心念应该用在正地方。所谓"正地方"就是，心念所到之处必须产生正能量，而不是负能量。你若总是关注疾病本身，越关注越难受，心长时间处于悲伤状态，疾病也无法痊愈。

第四，心不是用来愁苦的，而是用来拯救愁苦的，一味地让心产生负能量，心没用在正地方，对心是不公平的。

佛道为何不足学

萧惠好仙释。

先生警之曰："吾亦自幼笃志二氏，自谓既有所得，谓儒者为不足学。其后居夷三载，见得圣人之学若是其简易广大，始自叹悔错用了三十年气力。大抵二氏之学，其妙与圣人只有毫厘之间。汝今所学，乃其土苴，辄自信自好若此，真鸱鸮窃腐鼠耳。"

惠请问二氏之妙。

先生曰："向汝说圣人之学简易广大，汝却不问我悟的，只问我悔的！"

惠惭谢，请问圣人之学。

先生曰："汝今只是了人事问，待汝办个真要求为圣人的心，来与汝说。"

惠再三请。

先生曰："已与汝一句道尽，汝尚自不会！"

【译文】

萧惠喜欢谈论佛、道。

先生提醒他，说："我小时候也笃信佛、道的学问，自以为颇有见地，认为儒家不值得学习。然后在贵州龙场待了三年，体悟到圣人的学问如此简易广大，才叹息悔恨，浪费了三十年的时间和精力。大概来说，这两家的学问在精妙之处与圣人的学问相差不多。你如今所学的不过是两家的糟粕，却还自信欢喜到如此程度，真像是猫头鹰捉住一只腐烂的老鼠。"

萧惠向先生请教两家的妙处。

先生说："刚和你说圣人的学问简易广大，你不问我所领悟的学问，却只问我后悔的学问！"

萧惠向先生道歉，请教圣人之学。

先生说："你现在是为了应付我才问的，等你真正有了探求圣人之学的心时，我再和你说。"

萧惠再三请教。

先生说："我已经用一句话跟你说完了，你却还是不明白！"

【度阴山曰】

萧惠喜欢在王阳明面前谈论佛道，这"佛道"二字应该包括以下内容：佛家思想和道家思想；佛教和道教。

王阳明年轻时也对"佛道"痴迷过，他所痴迷的恐怕也是这两方面内容。

佛、道二家思想，都表现出对宇宙观的高度热情，但在人生观上则采取忽略甚至是逃避态度。而儒家思想很少提宇宙观，把全部精力都用在人生观上。因此，王阳明才说自己当初浪费了三十年精力和时间。

先不说王阳明"浪费三十年"的讲法是否客观，因为人学习任何东西，看似无用，其实都能有所收获。这就如同你吃了几十年的馒头，后来改吃包子，发现吃馒头简直是浪费时间一样。

王阳明之所以说"佛道"不足学，主要因为以下几点。

从佛、道思想上看，其和儒家主旨截然不同，出世和入世的不共戴天，消极和积极的水火不容，都注定儒家的王阳明要和佛、道二家分道扬镳。

从宗教上看，佛、道也和儒家差距甚大。

中国古人有"长生不死"的追求，佛、道二教对此都有方法，一个给了西方极乐世界，一个给了白日飞升和长生不死药。佛的"西方极乐世界"已经超越了生死，或者说不是人生观的内容，而道教的更是登峰造极，只要在今生修行就能永远不死。

王阳明最开始也是追求"长生不死"的，但最终，他发现了这条道路的不现实，于是重回儒家。

儒家也有长生不死之术，那就是做圣贤，活在别人心中。

如何活在别人心中？那就要做到三不朽——立德、立功、立言。

这就是王阳明力挺儒家而否定佛、道的根源，也是为什么王阳明评价萧惠喜欢佛道如同"猫头鹰捉住了腐鼠"一样。

真知即是行

刘观时问："'未发之中'是如何？"

先生曰："汝但戒慎不睹，恐惧不闻，养得此心纯是天理，便自然见。"

观时请略示气象。

先生曰："哑子吃苦瓜，与你说不得。你要知此苦，还须你自吃。"

时曰仁在旁，曰："如此才是真知，即是行矣。"

一时在座诸友皆有省。

【译文】

刘观时问:"'感情未发出来时的中正'是怎样的?"

先生说:"你只要在别人看不见、听不到的时候保持戒慎恐惧,存养心体到达纯粹都是天理的境界,自然就能明白了。"

刘观时请先生略微开示"未发之中"的境界。

先生说:"哑巴吃苦瓜,与你说不得。你要知此苦,还须你自吃。"

这时,徐爱在旁边说:"这才是真正的知,才是真正的行。"

一时间在座的同学都有所省悟。

【度阴山曰】

"未发之中"是"喜怒哀乐之未发谓之中"。这是儒家提倡的最纯粹、最中正的一种心境,其实也就是王阳明所谓的良知。以这种心境,以良知去处理问题,问题就会迎刃而解。因此才有下面的"发而皆中节谓之和"。

这种境界要如何达到呢?

王阳明没有正面回答,因为他也回答不了。这和中国古代思想有关。中国古代思想主张,任何思想、知识、文化都需要亲身体悟,唯有体悟了,才能得到。

阳明心学尤重这一点。

为何要体悟?就是因为中国古代的思想文化不可量化。比如中餐,它告诉你"盐少许,鸡精适量"。

"少许""适量"就无法量化,你必须亲自去炒菜,时间长了,才能明白它到底是多少。

体悟,是由心来支配行为从而得到真理,这样的"知"才是真知,除此之外,都是假知。

什么是真知?知行合一的"知"不是知道,而是良知,良知是个判定工具。吃了苦瓜立即感觉到苦,这个感觉苦就是良知的判定,就是真知。吃到苦瓜属于知,感觉到苦属于行,一吃到苦瓜马上就感觉到苦,不是你吃了苦瓜后再思考一下,这感觉是苦还是甜呢。之间没有间隔,一气呵成。

凡是一气呵成的行为,就是知行合一,它最真实、最简易。

"你要知此苦,还须你自吃",这里的"知"就是良知,就是判定,你若想判定苦瓜的苦，不去吃（行），即使有十万人告诉你苦瓜是苦的，你所知道的也不是真知。

如何能长生不死

萧惠问死生之道。

先生曰："知昼夜即知死生。"

问昼夜之道。

曰："知昼则知夜。"

曰："昼亦有所不知乎？"

先生曰："汝能知昼？懵懵而兴、蠢蠢而食，行不著、习不察，终日昏昏，只是梦昼。惟'息有养，瞬有存'，此心惺惺明明，天理无一息间断，才是能知昼。这便是天德，便是通乎昼夜之道而知，更有甚么死生？"

【译文】

萧惠向先生请教生死的道理。

先生说："明白昼夜的变化就知道生死的道理了。"

于是萧惠向先生请教昼夜变化的道理。

先生说："知道白天就是知道黑夜。"

萧惠说："白天也有不知道的吗？"

先生说："你难道能知道白天？迷迷糊糊起床、傻乎乎地吃饭，刚开始做时不明白其所以然，习惯后更不明白其所以然，终日昏昏沉沉，只是在做白日梦。只有做到'时时刻刻都有所存养'，心中清醒明白，天理没有片刻的间断，才算是知道白天。这就是与天相同的德行，就是通达昼夜之道才领悟的知，除此之外，哪里还有什么生和死的道理？"

【度阴山曰】

生死之道，就是宇宙观，因为我们对生和死都无法掌控，但我们又希望掌控，尤其是死，每个人都希望永远不死。

如何做到永远不死呢？

古人给出了方法：做圣贤（立德、立功、立言），做了圣贤后，你虽然肉体死了，但你的精神活在了别人心中。说得恐怖一点，这叫借身还魂，这样你就永远不死了。

中国古代哲学，尤其是儒家哲学，只有人生观而无宇宙观，就是说，儒家学派永远把眼光放在人生中，所以对生之前的事和死之后的事很少提及，甚至不提。

宗教会给人类一个死后的愿景：天堂或者地狱，这是宗教给出的永生不死的答案。

中国儒家给不了一个死后的世界，它着眼之处只在现世（人生），因此"活在别人心（身体）中"就是他们给人类永生不死的答案。

有人问孔子生死事，孔子的回答很干脆——未知生焉知死。后又补充说，知生就知死。

萧惠也拿此问王阳明，王阳明的回答和孔子的异曲同工：明白了昼夜变化，就明白了生死——白天很清楚自己做了什么，晚上则什么都不知道（因为睡觉了）。

为何明白昼夜变化，就能明白生死呢？

因为白昼就是生，黑夜就是死。白昼时，每个人都在尘世修行，黑夜来临，就全部休息。一动一静，是为生死。

人睡去和死亡没有区别，和睡着了一样，我们对死亡后的世界同样一无所知。

萧惠大惑不解：还有人白天什么都不知道的吗？

意思是，人人都知道白天自己在做什么啊，可为什么还不知道死后世界呢？

王阳明的回答恰好是孔子"知生就知死"的解析：有些人迷迷糊糊起床、傻乎乎地吃饭，刚开始做时不明白其所以然，习惯后更不明白其所以然，终日昏昏沉沉，只是在做白日梦；只有做到"时时刻刻都有所存养"，心中清醒明白，天理没有片刻的间断，才算是清楚了白天的一切。

即是说，有的人虽然活着，但已经死了，只要你把一生都过得特别明白，存天理、去人欲，死后的世界又和你有什么关系呢？

真正活得有价值的人，还在乎死后世界吗？

倘若你没有把这辈子活好，死后若真有世界，你觉得你到那里会好吗？

阳明心学的"关注当下"在时间和空间上向外延，就是关注人生（这一生），前世和死后世界，和我们无关。

传习录·中

《传习录·中》都说了什么

德洪曰：昔南元善刻《传习录》于越，凡二册，下册摘录先师手书，凡八篇。其答徐成之二书，吾师自谓："天下是朱非陆，论定既久，一旦反之为难。二书姑为调停两可之说，便人自思得之。"故元善录为下册之首者，意亦以是欤？今朱、陆之辩明于天下久矣，洪刻先师《文录》，置二书于《外集》者，示未全也，故今不复录。

其余指知、行之本体，莫详于答人论学与答周道通、陆清伯、欧阳崇一四书；而谓格物为学者用力日可见之地，莫详于答罗整庵一书。平生冒天下之非诋推陷，万死一生，遑遑然不忘讲学，惟恐吾人不闻斯道，流于功利机智，以日堕于夷狄禽兽而不觉。其一体同物之心，譊譊终身，至于毙而后已。此孔、孟以来贤圣苦心，虽门人子第，未足以慰其情也。是情也，莫见于答聂文蔚之第一书。此皆仍元善所录之旧。而揭"必有事焉"即"致良知"功夫，明白简切，使人言下即得入手，此又莫详于答文蔚之第二书，故增录之。

元善当时汹汹，乃能以身明斯道，卒至遭奸被斥，油油然惟以此生得闻斯学为庆，而绝无有纤芥愤郁不平之气。斯录之刻，人见其有功于同志甚大，而不知其处时之甚艰也。今所去取，裁之时义则然，非忍有所加损于其间也。

【译文】

钱德洪记：以前南元善在浙江刊刻《传习录》上、下两册，下册收录先生的八篇书信。在回答徐成之的两封信中，先生强调："天下间肯定朱熹否定陆九渊的论断已经确定很久了，难以一下子就改变。这两封信姑且作为调停二说的尝试，使世人能够通过自己的思考得出结论。"南元善将这两封信放在下册的卷首，大概就是由于这个原因吧？而今朱陆之争早已大白于天下，我刊刻《文录》，则将这两封信放在《外集》之中，以表明信中的思想还不完备，本次刊印就不再收录了。

其他关于知与行本来面貌的讨论，最详细的莫过于回答顾东桥、周道通、陆原静、欧阳崇一的四封信；讨论格物为学以及每日用功可见之处最详细的，是回答罗整庵的信。先生一生不顾天下之人的非难、诋毁，在九死一生中始终不忘讲学，唯恐我辈不了解他的学说，沦落于功利和机巧之中，堕落得像愚昧之徒和禽兽一样。他为他那万物一体的思想奔走一生，至死才停下脚步。这种孔孟以来圣贤所独有的良苦用心，就算是先生有如此多的门人弟子也无法宽慰他的苦心。这一用心，最可见于回答聂文蔚的第一封信中。这些都是南元善旧本就刊录的。讨论"必有事焉"就是"致良知"的功夫，简单明了，使学者可以一听便能领悟的，莫过于在回答聂文蔚的第二封信里，所以此次增补进来。

南元善正处在天下人对先生群起而攻之的时代，他能够以身明道，遭到奸佞排挤被罢了官，但依旧以此生能够听闻先生的学说感到庆幸，没有丝毫愤怒、抑郁、不平的情绪。他刊印《传习录》，一般人只看到它对同学们的帮助很大，却不知道他当时处境的艰难。我这次刊印对他的版本所做的取舍，是出于目前情况的考量，并非刻意要做增减。

【度阴山曰】

《传习录·中》是书信模式，这就有别于上卷和下卷的语录模式。

第一，书信模式由于篇幅很长，所以能详细说明一个问题。

第二，书信模式有问有答，问得精妙，答得高超，可谓高手过招，看起来很过瘾。

第三，每一封信大体有个主旨，这主旨区别于上卷、下卷的语录混杂方式。

关于知与行本来面貌的讨论，最详细的莫过于回答顾东桥、周道通、陆原静、欧阳崇一的四封信，而讨论格物为学以及每日用功可见之处最详细的，是回答罗整庵的信。

有人曾对王阳明说："你这辈子立德、立功、立言都全了，如果能把讲学去掉，那就是圣人了。"

王阳明回答："那我宁愿只留讲学，去掉其他三个。"

这种讲学精神既可贵又难能，下面几封书信就是最好的证明。由于书信中都详细说明了问题，那在此《传习录·中》的评点内容上，就相应简单了一些，因为"以意逆志"远不如"品读原典"来得实在。

答顾东桥书

下功夫的途径：诚意

来书云："近时学者务外遗内，博而寡要。故先生特倡'诚意'一义，针砭膏肓，诚大惠也！"

吾子洞见时弊如此矣，亦将何以救之乎？然则鄙人之心，吾子固已一句道尽，复何言哉！复何言哉！若"诚意"之说，自是圣门教人用功第一义，但近世学者乃作第二义看，故稍与提掇紧要出来，非鄙人所能特倡也。

来书云："但恐立说太高，用功太捷，后生师传，影响谬误，未免坠于佛氏明心见性、定慧顿悟之机，无怪闻者见疑。"

区区格、致、诚、正之说，是就学者本心日用事为间，体究践履，实地用功，是多少次第、多少积累在！正与空虚顿悟之说相反。闻者本无求为圣人之志，又未尝讲究其详，遂以见疑，亦无足怪。若吾子之高明，自当一语之下便了然矣，乃亦谓"立说太高，用功太捷"，何邪？

【译文】

来信写道："近些日子，学者治学注重外在而忽视内心，追求博学却不得要领。所以先生特别提倡'诚意'的说法，来治疗那些病入膏肓的人，实在是大有裨益！"

你对时弊颇有洞见，又想用什么来补救时弊呢？我的用心你已一语道破，我还用说什么呢！我还用说什么呢！至于"诚意"之说，固然是圣人之学教人用功的根本出发点，然而近世的学者放到第二位了，所以我才稍稍将它的重要性提出来，这并不是我本人所独自提倡的。

来信写道："只怕先生的学说太过高妙，下功夫的途径又太过便捷，后学传来传去会出现谬误，不免沦入佛家明心见性、定慧顿悟的禅机之中，这也难怪那些听闻先生学说的人会有所怀疑了。"

我关于格物、致知、诚意、正心的学说，是指学者必须在日常用功中体察本心，体会、探究、亲身实践，在切实之处用功，其中要经历多少阶段、多少积累才能做到这般境界！这正是与佛家在空虚之中寻求顿悟的学说截然相反之处。听到我学说的人本就没有做圣人的志向，又未曾仔细探究我的学说，所以才会有怀疑，这也不足为怪。像你这般高明的人，自然一点便透，为何又说"学说太过高妙，下功夫的途径太过便捷"呢？

【度阴山曰】

阳明心学最讲诚意，"如好好色，如恶恶臭"就是人最大的诚意。诚意，就是真诚无欺地对待自己的正念，见到美女立刻喜欢，闻到恶臭马上厌恶，绝不含糊。如果没有了这份诚意，出于私欲，见到美女也假装不喜欢，闻到恶臭却特别喜欢，甚至还吃屎，这就不是诚意了。

在王阳明看来，诚意是他学说的第一大题目，还要排在"格物致知"之前。顾东桥说王阳明心学"学说太过高妙，但下功夫的途径太过便捷"，是有道理的。阳明心学讲究顿悟，但顿悟是从长时间的渐悟积累而来的，下功夫的途径也特别便捷，先让你诚意，然后是致良知。

这不由让我们想到真理的两个特点：简单；无可操作性。

王阳明心学正是如此。简单，只让你诚意，只让你致良知；但怎么诚意、怎么致良知，他拿不出具体的方法来，他只能给你点化，若想悟透这一学说，必须你自己去体悟，因为你的良知就是你自家的准则。

知行并进

来书云:"所喻知行并进,不宜分别前后,即《中庸》'尊德性而道问学'之功,交养互发,内外本末一以贯之之道。然工夫次第,不能无先后之差:如知食乃食,知汤乃饮,知衣乃服,知路乃行,未有不见是物先有是事。此亦毫厘倏忽之间,非谓有等,今日知之而明日乃行也。"

既云"交养互发,内外本末一以贯之",则知行并进之说无复可疑矣。又云"工夫次第,不能不无先后之差",无乃自相矛盾已乎?"知食乃食"等说,此尤明白易见,但吾子为近闻障蔽,自不察耳。夫人必有欲食之心,然后知食,欲食之心即是意,即是行之始矣。食味之美恶,必待入口而后知,岂有不待入口而已先知食味之美恶者邪?必有欲行之心,然后知路,欲行之心即是意,即是行之始矣。路岐之险夷,必待身亲履历而后知,岂有不待身亲履历而已先知路岐之险夷者邪?"知汤乃饮,知衣乃服",以此例之,皆无可疑。若如吾子之喻,是乃所谓不见是物而先有是事者矣。吾子又谓"此亦毫厘倏忽之间,非谓截然有等,今日知之而明日乃行也",是亦察之尚有未精。然就如吾子之说,则知行之为合一并进,亦自断无可疑矣。

【译文】

来信写道:"先生所讲的知行并进,不应该区分先后,这就是《中庸》所说的'尊德性而道问学'的功夫,这是相互存养、交相督促,内外本末一以贯之的道理。然而,功夫毕竟有一定的顺序,不能没有先后差别:比如见到食物才吃,见到汤才喝,见到衣服才穿,见到路才走,不存在没有看到对象却先有行为的。这中间不过一瞬间的事,并不是截然二分,并不是今天看到了要等明天再去做。"

你既然说"相互存养、交相督促,内外本末一以贯之",那么知行并进之说便没有什么可以怀疑的了。你又说"功夫毕竟是有一定的顺序,不能没有先后差别",这难道不是自相矛盾吗?"知食乃食"等说法,十分明白简单,然而你却被朱子的学说蒙蔽,没有觉察罢了。人必然有想吃的心,然后去认识食物,想吃的心便是意念,便是行动的开端。食物是否美味,要等尝了之后才知道，岂有没有尝过就已然知道食物美味与否的道理？必然先有想要走路的心，才会认识路，想要走路的心就是意念，就是行动的开端。路是否崎岖险恶，必然要亲自走一番才知道，岂有不亲自走过就已然知道路是否崎岖险恶的道理？"知汤乃饮，知衣乃服"都能以此类推，没什么可怀疑的。如果像你所说的那样，这就是没看到对象却想先去行动。你又说"这中间不过一瞬间的事，并不是截然二分，并不是今天看到了要等明天再去做"，这是你省察还没有精确到位。不过就你自己所说的这些话来看，知行并进是断然无疑的。

【度阴山曰】

"知行并进"最好的例子是自然状态下的水：水在自然状态下无意识地向下流。水绝不会先思考一下，然后再向下流，因此"知行并进"，不分先后。

在上面的问答中，王阳明借力打力，诠释了为何"知食乃食，知汤乃饮"是"知行并进"的证明。

人肯定要有想吃的心，然后就去认识、寻找食物。想吃的心便是意念，一念发动即是行，便是行动的开端。而食物是否美味，要等尝了之后才知道，怎么会有未尝食物就已知其是否美味的道理？

假设你是个接球手，肯定先有接球的心，然后才去看球的来路。想要接球便是意念，便是行动的开端。球是什么样的，你必须接到球后才知道，没有人还未接到球就知道球是什么样的。

我们可以把"知行并进"制作个公式：（欲）知—行—知。这好像是个循环，当你完成这个循环时，你发现知和行，分不清先后。若想知，必要行，只有行了之后才能知，由此形成闭环，所以说，知行就是一回事。

把知行打成两截的人的公式则是这样的：欲（知）—（ ）—（ ）。只有个意念，只有个开端。

心即是理

来书云:"真知即所以为行,不行不足谓之知,此为学者吃紧立教,俾务躬行则可。若真谓行即是知,恐其专求本心,遂遗物理,必有暗而不达之处,抑岂圣门知行并进之成法哉?"

知之真切笃实处即是行,行之明觉精察处即是知。知行工夫本不可离,只为后世学者分作两截用功,失却知行本体,故有合一并进之说。真知即所以为行,不行不足谓之知。即如来说所云"知食乃食"等说可见,前已略言之矣。此虽吃紧救弊而发,然知行之体本来如是,非以己意抑扬其间,姑为是说,以苟一时之效者也。

"专求本心,遂遗物理",此盖失其本心者也。夫物理不外于吾心,外吾心而求物理,无物理矣。遗物理而求吾心,吾心又何物邪?心之体,性也,性即理也。故有孝亲之心即有孝之理,无孝亲之心即无孝之理矣;有忠君之心即有忠之理,无忠君之心即无忠之理矣。理岂外于吾心邪?晦庵谓"人之所以为学者,心与理而已。心虽主乎一身,而实管乎天下之理;理虽散在万事,而实不外乎一人之心",是其一分一合之间,而未免已启学者心、理为二之弊。此后世所以有"专求本心,遂遗物理"之患,正由不知心即理耳。夫外心以求物理,是以有暗而不达之处,此告子义外之说,孟子所以谓之不知义也。心一而已,以其全体恻怛而言谓之仁,以其得宜而言谓之义,以其条理而言谓之理。不可外心以求仁,不可外心以求义,独可外心以求理乎?外心以求理,此知行之所以二也。求理于吾心,此圣门知行合一之教,吾子又何疑乎?

【译文】

来信写道:"真正具备了某种认知便会去实践,不去实践便不能叫作认知,这是告诫学者要切实用功、脚踏实地去实践才行。如果真的认为行就是知,恐怕专注于探求本心,不顾事物的道理,必然会有不明白、无法理解的地方,这难道是圣人强调知行并进的既定方法吗?"

认知达到真切笃实的地步就是实践,实践达到明觉精察的地步就是认知。知与行的功夫本来就不可分离,只是后世的学者将功夫分作两截,认识不到知行关系的本然面貌，因此才会有知行合一、知行并进的说法。真切的认知就是实践，不去实践便不能称为认知。参照你信中所提及的"知食乃食"等说法便可明白，前文已经约略谈到了。这虽然是出于补救时弊才如此说的，但知行关系的本然状态便是如此，并非为了以一己私意揣度才这么说的，来达到一时之间效果的目的。

"专注于探求本心，不顾事物的道理"，这大概是失去本心了。事物的道理并不在自己的心外，向自己的心外探求事物的道理，是求不得的。遗弃事物的道理而探求本心，那本心又是什么东西呢？心的本体就是性，性就是理。因此有孝亲之心就有孝顺的道理，没有孝亲之心就没有孝顺的道理；有忠君之心就有忠诚的道理，没有忠君之心就没有忠诚的道理。理难道在心外吗？朱熹所说"人所学习的东西，无非心和理。心虽然主宰身体而实则统管着天下万物的道理；理虽然散见于万事万物之中，实则均在于人心"，在这将心和理一分又一合之间，却误导了学者将心和理看作两边了。后来的人之所以有"专注于探求本心，不顾事物的道理"的错误，正是由于不知道心就是理。在心外探求物理，才会有不明白不理解的问题，这正是告子"以义为外"的说法，因此孟子批评告子不懂得何谓义。心是一个整体，就其全然都是恻隐之心而言称为仁，就其处事得宜而言称为义，就其有条有理而言称为理。不能向心之外求义，难道能向心外求理吗？向心外求理，就是将知与行视作两件事了。向心中求理，正是圣人之学知行合一的教诲，你又有什么疑惑呢？

【度阴山曰】

这段话讲了两点。

第一，认知达到真切笃实的地步就是实践，实践达到明觉精察的地步就是认知。特别真切地想要吃美食，这种念头坚定不移，就是行；吃得特别聚精会神，津津有味，吃出了味道，吃出了感觉，就是知。因此，知就是行，行就是知。

第二，事物的道理并不在心外，向自己心外求事物的道理，是无法得到的。但是，如果你遗弃事物的道理而凭空探求本心，本心就成了虚无。这段话，其实说的还是知行的问题：有知（心）有行（事物的道理），才是正理。

第三，各种事物都有个理在，但这些理其实都在我心。如果我不以良知给这些事物一个理，它们就没有理，没有理的事物，就等于不存在。所以说，心外无理。

第四，向心外求理，就是将知和行看作两回事了，因为心理合一，知行必然合一。

看破生死观、客观规律和命运

来书云："所释《大学》古本谓致其本体之知，此固孟子'尽心'之旨。朱子亦以虚灵知觉为此心之量。然尽心由于知性，致知在于格物。"

"尽心由于知性，致知在于格物"，此语然矣。然而推本吾子之意，则其所以为是语者，尚有未明也。朱子以"尽心、知性、知天"为物格、知致，以"存心、养性、事天"为诚意、正心、修身，以"夭寿不二，修身以俟"为知至、仁尽，圣人之事。若鄙人之见，则与朱子正相反矣。夫"尽心、知性、知天"者，生知安行，圣人之事也；"存心、养性、事天"者，学知利行，贤人之事也；"夭寿不二，修身以俟"者，困知勉行，学者之事也。岂可专以"尽心知性"为知，"存心养性"为行乎？吾子骤闻此言，必又以为大骇矣。然其间实无可疑者，一为吾子言之。

夫心之体，性也。性之原，天也。能尽其心，是能尽其性矣。《中庸》云："惟天下至诚为能尽其性。"又云，"知天地之化育，质诸鬼神而无疑，知天也。"此惟圣人而后能然。故曰：此"生知安行"，圣人之事也。存其心者，未能尽其心者也。故须加存之功。心存之既久，不待于存而自无不存，然后可以进而言"尽"。盖"知天"之"知"，如知州、知县之"知"，知州则一州之事皆己事也，知县则一县之事皆己事也，是与天为一者也。"事天"则如子之事父、臣之事君，犹与天为二也。天之所以命于我者，心也、性也，吾但存之而不敢失，养之而不敢害，如"父母全而生之，子全而归之"者也。故曰：此"学知利行"，贤人之事也。至于"夭寿不二"，则与存其心者又有间矣。存其心者虽未能尽其心，固已一心于为善，时有不存则存之而已。今使之"夭寿不二"，是犹以夭寿二其心者也。犹以夭寿二其心，是其为善之心犹未能一也。存之尚有所未可，而何"尽"之可云乎？今且使之不以夭寿二其为善之心。若曰死生夭寿皆有定命，吾但一心于为善，修吾之身以俟天命而已，是其平日尚未知有天命也。"事天"虽与天为二，然已真知天命之所在，但惟恭敬奉承之而已耳。若俟之云者，则尚未能真知天命之所在，犹有所俟者也。故曰：所以立命。立者，"创立"之"立"，如立德、立言、立功、立名之类。凡言"立"者，皆是昔未尝有，而本始建立之谓。孔子所谓"不知命，无以为君子"者也。故曰：此"困知勉行"，学者之事也。

今以"尽心、知性、知天"为格物致知，使初学之士尚未能不二其心者，而遽责之以圣人生知安行之事，如捕风捉影，茫然莫知所措其心，几何而不至于"率天下而路"也？今世致知格物之弊，亦居然可见矣。吾子所谓"务外遗内，博而寡要"者，无乃亦是过欤？此学问最紧要处，于此而差，将无往而不差矣。此鄙人之所以冒天下之非笑，忘其身之陷于罪戮，呶呶其言，其不容已者也。

【译文】

来信写道："先生解释《大学》古本认为，致知是获得关于本体的知，这固然与孟子'尽心'的宗旨相合。朱子也认为虚灵知觉是心的本体。然而人之所以能够尽心是出于对性的体认，人能够扩充自己的知则是因为对于物的体认。"

"人之所以能够尽心是出于对性的体认，人能够扩充自己的知则是因为对于物的体认"，这句话是对的。然而推敲你所想表达的意思，想来你之所以说这句话，是因为还有不明白的地方。朱子以"尽心、知性、知天"为格物，以"存心、养性、事天"为诚意、正心、修身，以"夭寿不二，修身以俟"为知的极致、仁的尽处，这是圣人的事业。依照我的看法，则正与朱子正相反。所谓"尽心、知性、知天"就是生而知之、安而行之，这才是圣人的事业；"存心、养性、事天"就是学而知之、利而行之，这是贤人的事业；"夭寿不二，修身以俟"，是因而知之、勉而行之，这是学者的事业。怎能只将"尽心知性"视作为知，而将"存心养性"视作为行呢？你刚开始听到我的说法，肯定又会大惊失色。然而其中确实没有可以怀疑的地方，且让我给你一一道来。

所谓心的本体就是性，性的本体就是天理。能穷尽自己的本心，也就能穷尽自己的天性。《中庸》里说："只有天下最诚敬的人才能穷尽其性。"还说，

"通晓天地的化育，求证于鬼神而没有疑问，这便是知天。"这是只有达到圣人的境界才可以做到的。所以我才说：这是"生而知之、安而行之"，是圣人的事业。存养本心，说明还不能穷尽本心，这才需要施加存养的功夫。存养本心的时间久了，就不需要存养的功夫，自然而然能够达到无时无刻不自然存养的境界，然后才可以说"尽"。所谓"知天"的"知"，好比"知州""知县"的"知"，知州就是将一州之内的事都视作自己的分内事，知县就是将一县之内的事都视作自己的分内事，所以"知天"就是与天为一的意思。"事天"则好比子女侍奉父母、臣子侍奉君主，故而"事天"还是与天有所分别。天所赋予我们的是本心与本性，我们只有善加存养而不敢遗失、损害，如同"父母完整地生下我们，死去时我们也要保持完整"。所以我说：这是"学而知之、利而行之"，是贤人的事业。至于"夭寿不二"的人，与存养本心的人又有区别。存养本心的人虽然不能穷尽本心，但依然一心为善，偶尔失却本心，施加存养的功夫就可以了。现如今要求人的寿命相等，这是由于心为寿命的长短所左右，产生了二心。正是因为有这个对于寿命的二心，所以为善的心便不能专一。存养的功夫都未必可行，又怎么能说"尽"呢？现在要求这样的人不因寿命长短而改变自己为善的心，将生死与寿命都视作天命所赋予的东西，只是一心向善，修养自身并等待天命，这说明这类人还不知道何谓天命。"事天"虽然与天为二，但是已经知道天命的所在，只是恭敬地顺应它而已。像那些等待天命的人，还不知道天命真正的所在，好像还在等待天命的到来。所以我说：这是立命。立就是"创立"的"立"，好比立德、立言、立功、立名等。但凡说"立"的地方，都是表达过去没有而如今确立的意思。孔子所说的"不知天命，就无法成为君子"正是此意。所以我说：这是"困而知之、勉而行之"，是学者的事业。

如今将"尽心、知性、知天"视作格物致知，使得初学之人还不能一心一意地为学，就马上责备他不能像圣人那样生知安行，这就像是捕风捉影，让人茫然不知所措。这不是让人疲于奔命吗？现如今的格物致知学说的弊端，已然暴露无遗。你所谓"务外遗内，博而寡要"，不也是这种过失所造成的吗？这是做学问最紧要的地方，在这里出错，往后便步步皆错了。这就是我要冒着天下之人的非议嘲笑，不顾身陷险地、招致罪祸，喋喋不休地宣传我的观点的原因，实在是不得已而为之啊！

【度阴山曰】

第一，如何知道天意？通晓天地的化育，求证于鬼神而没有疑问，就是知道了天意。所谓"天意"就是客观规律和命运，这两样东西都是注定的，而且神秘难测。我们必须明白这两点，同时还要明白，人类即使有超能力，也无法改变这两样东西。人要想成就一番大事业，必须有个人努力和时势的结合。倘若我们找不到改变时势的方法，那就只剩下一条路：个人努力。个人努力就是致良知。只有良知光明的人，才能在时势来时，抓住机会，一跃而上。

第二，生命有限，有生就有死，唯有突破生死观，才能建立事业，生死观不破，就会患得患失，为善的心就不真切、不专一，这样，存养的功夫必不能行。

第三，格物致知，就是要看破这几件事：生死、客观规律与命运。

致知格物

来书云："闻语学者，乃谓'即物穷理'之说亦是玩物丧志，又取其'厌繁就约''涵养本原'数说标示学者，指为晚年定论，此亦恐非。"

朱子所谓格物云者，在即物而穷其理也。即物穷理是就事事物物上求其所谓定理者也，是以吾心而求理于事事物物之中，析心与理为二矣。夫求理于事事物物者，如求孝之理于其亲之谓也。求孝之理于其亲，则孝之理其果在于吾之心邪？抑果在于亲之身邪？假而果在于亲之身，则亲没之后，吾心遂无孝之理欤？见孺子之入井，必有恻隐之理，是恻隐之理果在于孺子之身欤，抑在于吾心之良知欤？其或不可以从之于井欤，其或可以手而援之欤？是皆所谓理也。是果在于孺子之身欤，抑果出于吾心之良知欤？以是例之，万事万物之理莫不皆然，是可以知析心与理为二之非矣。夫析心与理而为二，此告于义外之说，孟子之所深辟也。"务外遗内，博而寡要"，吾子既已知之矣，是果何谓而然哉？谓之玩物丧志，尚犹以为不可欤？

若鄙人所谓致知格物者，致吾心之良知于事事物物也。吾心之良知即所谓天理也。致吾心良知之天理于事事物物，则事事物物皆得其理矣。致吾心之良知者，致知也；事事物物皆得其理者，格物也。是合心与理而为一者也。合心与理而为一，则凡区区前之所云，与朱子晚年之论，皆可以不言而喻矣。

【译文】

来信写道："听说您对学生讲，朱熹'即物穷理'的学说就是玩物丧志，然而又拿朱熹关于'厌繁就约''涵养本原'的几封信给学生看，认为这是朱子晚年确定的学说，这样恐怕不妥吧。"

朱熹所说的格物，就是在即物而穷其理。即物穷理就是在事事物物上探求确定的道理，是用自己的心在事物上探求道理，这就将心与理一分为二了。在事物上探求道理，好比在双亲身上探求孝顺的道理。在双亲身上探求孝顺的道理，那么孝顺的道理究竟是在自己的心中，还是在双亲的身上呢？假如真的在双亲的身上，那么双亲过世之后，我的心中就没有孝顺的道理了吗？看见小孩坠入井中，必然会有恻隐之心，那么恻隐的道理是在小孩身上，还是在我心中的良知上呢？我是不能为了救小孩而跳入井中呢，还是施以援手把他拉上来呢？这都是所谓的道理。这些道理是在小孩的身上呢，还是出自我心中的良知呢？以此为例，万事万物的道理都是如此，这样便足以明白：将心与理一分为二是错误的。将心与理一分为二，这是告子"义外"之说，孟子曾经深切地批判过。"注重外在而忽视内心，追求博学却不得要领"，你既然已经知道这样不对，为什么还要这样说呢？我说"即物穷理"就是玩物丧志，你认为还有什么不妥的呢？

我所说的格物致知，是将我心中的良知推之于万事万物。我心中的良知就是天理。将我心中的良知推之于万事万物，那么万事万物都合乎天理。推广我心中的良知就是"致知"，万事万物都合乎天理就是"格物"。这就把心和理合二为一了。把心和理合二为一，那么我前面所说的，以及我关于朱熹晚年之论的说法，就都不言而喻了。

【度阴山曰】

第一，王阳明的"格物致知"，是将我心中的良知推之于万事万物。我心中的良知就是天理。将我心中的良知推之于万事万物，那么万事万物就都合乎天理。推广我心中的良知就是"致知",万事万物都合乎天理就是"格物"。这就把心和理合二为一了。譬如孝顺父母,推广我心中的良知到父母身上,良知所发出的就是孝顺,那么,孝顺父母这件事就符合了天理。推广我心中的良知到声色货利上,良知所发出的就是理性对待,那么,声色货利这件事就符合了天理。这就是心理合一。

第二,朱熹的错误就在于,他把心看成独立的,理自然也是独立的,理必须经过心的评判。这就如同看见一个小孩要掉进井里,王阳明说心即理,那么推广心中的良知到孩子身上,恻隐之心立即产生,拯救孩子就成了刻不容缓的天理。朱熹的思路是,看到一个小孩要掉井里,心也会产生恻隐之心,但要经过评判,拯救孩子是不是天理,虽然也能立刻去拯救,但终究把心和理分开了。心和理之间有间隔,这就不是心理合一,更不是知行合一。

第三,理在我们心中,不在事物上。在事物上探求道理,好比在双亲身上探求孝顺的道理。在双亲身上探求孝顺的道理,那么孝顺的道理究竟是在自己的心中,还是在双亲的身上呢?假如真的在双亲的身上,那么双亲过世之后,我的心中就没有孝顺的道理了吗?

学习的方法

来书云:"人之心体本无不明,而气拘物蔽鲜有不昏。非学问思辨以明天下之理,则善恶之机、真妄之辨,不能自觉,任情恣意,其害有不可胜言者矣。"

此段大略似是而非,盖承沿旧说之弊,不可以不辨也。夫学问思辨行皆所以为学,未有学而不行者也。如言学孝,则必服劳奉养,躬行孝道,则后谓之学。岂徒悬空口耳讲说,而遂可以谓之学孝乎?学射,则必张弓挟矢,引满中的;学书,则必伸纸执笔,操觚染翰。尽天下之学,无有不行而可以言学者,则学之始固已即是行矣。笃者,敦实笃厚之意。已行矣,而敦笃其行,不息其功之谓尔。盖学之不能以无疑,则有问,问即学也,即行也;又不能无疑,则有思,思即学也,即行也;又不能无疑,则有辨,辨即学也,即行也。辨即明矣，思既慎矣，问既审矣，学既能矣，又从而不息其功焉，斯之谓笃行。非谓学问思辨之后而始措之于行也。是故以求能其事而言谓之学，以求解其惑而言谓之问，以求通其说而言谓之思，以求精其察而言谓之辨，以求履其实而言谓之行。盖析其功而言则有五，合其事而言则一而已。此区区心理合一之体、知行并进之功，所以异于后世之说者，正在于是。

今吾子特举学问思辨以穷天下之理，而不及笃行，是专以学问思辨为知，而谓穷理为无行也已。天下岂有不行而学者邪？岂有不行而遂可谓之穷理者邪？明道云："只穷理，便尽性至命。"故必仁极仁而后谓之能穷仁之理，义极义而后谓之能穷义之理。仁极仁则尽仁之性矣，义极义则尽义之性矣。学至于穷理至矣，而尚未措之于行，天下宁有是邪？是故知：不行之不可以为学，则知不行之不可以为穷理矣。知不行之不可以为穷理，则知知行之合一并进，而不可以分为两节事矣。

夫万事万物之理不外于吾心，而必曰穷天下之理，是殆以吾心之良知为未足，而必外求于天下之广，以裨补增益之，是犹析心与理而为二也。夫学问思辨笃行之功，虽其困勉至于人一己百，而扩充之极，至于尽性知天，亦不过致吾心之良知而已。良知之外，岂复有加于毫末乎？今必曰穷天下之理，而不知反求诸其心，则凡所谓善恶之机、真妄之辨者，舍吾心之良知，亦将何所致其体察乎？吾子所谓"气拘物蔽"者，拘此蔽此而已。今欲去此之蔽，不知致力于此，而欲以外求，是犹目之不明者，不务服药调理以治其目，而徒怅怅然求明于其外，明岂可以自外而得哉？任情恣意之害，亦以不能精察天理于此心之良知而已。此诚毫厘千里之谬者，不容于不辩。吾子毋谓其论之太刻也！

【译文】

来信写道："人的心体本就明白，然而由于被气拘束、被物蒙蔽，很少有人不昏聩。不通过博学、审问、慎思、明辨的方法来明白天下的道理，便无法明白善恶的缘由、真假的差异，就会肆意妄为，其危害难以言述。"

这段话大体上似是而非，大概是承袭了朱子学说的弊端，不能不分辨清楚。博学、审问、慎思、明辨、笃行都是学习的方法，不存在只学习不实践的道理。比如学习孝道，就必须服侍奉养双亲，亲身实践孝道，才可以称为学。难道仅仅是空口白话地随便说说就可以称为学习孝道了吗？学习射箭必须张弓搭箭，射中靶心；学习书法必须铺纸提笔，切实去写。天下所有的学习，没有不实践就可以称为学的，所以在学习的开始就已经是实践了。笃是敦厚、踏实的意思。已经实践了，又反复实践加以强化，也就是一刻不停地下功夫的意思。然而学习不可能没有疑惑，有疑惑便会产生问题，问问题就是学习，也就是实践；然而询问后可能还有疑惑，这时便需要思考，思考也是学习，也就是实践；思考后可能还有疑惑，这时就要用到辨析的功夫，辨析也是学习，也就是实践。辨析明白了，思考审慎了，疑问消除了，学业长进了，然后还要一刻不息地用功，这就是笃行。并不是说在学、问、思、辨之后再去实践。因此，就探求能够做成某事而言叫作学，就求得解答困惑而言叫作问，就通晓学说而言叫作思，就考察精到而言叫作辨，就落到实处而言叫作行。从作用方面来看可以分为五个方面，但本质上则可以合为一件事。我所说的心理合一的本体、知行并进的功夫，之所以有别于后世的学说，正在于此。

现在你特别举出博学、审问、慎思、明辨来穷尽天下的道理，却未提及笃行，这是只将学、问、思、辨视作为知，认为穷理的功夫不是实践。天下难道有不实践就能做学问的人吗？难道有不实践却说自己穷尽天下道理的人吗？程颢先生说："只要穷尽事物的道理，便能穷尽天性、通达天命。"所以行仁必须将仁做到极致才算穷尽仁的道理，行义必须将义做到极致才算穷尽义的道理。将仁做到极致便是穷尽仁的性，将义做到极致便是穷尽义的性。学习要到穷尽事物的道理才算学成，倘若还没有付诸实践，怎么能叫学成了呢？所以应当明白：不去实践不能称为学习，不去实践不能称为穷理。明白不去实践不能称为穷理，就能明白知行合一、知行并进的道理，就不会把知与行看作两件事了。

万事万物的道理都不在自己的心之外，却要说穷尽天下事物的道理，是唯恐自己心中的良知不足，所以必须向外寻求，来填补自己心中的不足，这还是把心和理看作两件事。所谓博学、审问、慎思、明辨、笃行的功夫，即便是资质较差、需要付出百倍努力才能赶上常人的人，扩充到极致以至于"尽性知天"，也不过是实现自己心中的良知而已。良知之外，难道还能增加一丝一毫的东西吗？如今说必须穷尽天下事物的道理，却不知道向心中去探求，那么善恶的缘由、真伪的异同，舍去我们心中的良知，又如何能够体察明白呢？你所说的"被气拘束、被物蒙蔽"，正是被这种错误观念拘束、蒙蔽。而今要去除这一蒙蔽，不知致力于内求，还想向外去探求，好比那些眼睛不明亮的人，不服药调理、治好眼睛，却茫然去探求外面的光亮，眼睛的明亮难道可以由外而得吗？肆意妄为的危害也正是由于不能在心体良知上仔细体察天理而已。这真是差之毫厘、谬以千里，不能不分辨清楚。希望你不要认为我说得太苛刻了！

【度阴山曰】

如何真正地学习？分五步。

第一步，实践。王阳明所谓的"学"必须有实践相伴，服侍奉养双亲，亲身实践孝道，才可以称之为学。否则，难道仅仅是空口白话地随便说说就可以称之为学习孝道了吗？学习射箭必须张弓搭箭，射中靶心；学习书法必须铺纸提笔，切实去写。天下所有的学习，没有不实践就可以称之为学的，所以在学习的开始就已经是实践了。

第二步，强化。反复地实践，反复地强化这一实践的行为，绝不停止，最终形成惯性，你就会成为这一方面的高手。

第三步，询问。学任何事物不可能没有疑惑，有疑惑便会产生问题，问问题就是学习，就是实践。

第四步，思考。询问后可能还有疑惑，这时便需要思考，思考也是学习，也是实践。

第五步，辨析。思考后可能还有疑惑，这时就要用到辨析的功夫，辨析也是学习，也是实践。

实践—强化—询问—思考—辨析，最终形成自己的理论，这就是王阳明给我们的学习方法。

事物的存在，是我们意念的结果

来书云："教人以致知、明德，而戒其即物穷理，诚使昏暗之士深居端坐，不闻教告，遂能至于知致而德明乎？纵令静而有觉，稍悟本性，则亦定慧无用之见，果能知古今、达事变而致用于天下国家之实否乎？其曰'知者意之体，物者意之用''格物如格君心之非之格'，语虽超悟独得，不蹈陈见，抑恐于道未相吻合？"

　　区区论致知格物，正所以穷理，未尝戒人穷理，使之深居端坐而一无所事也。若谓即物穷理，如前所云务外而遗内者，则有所不可耳。昏暗之士，果能随事随物精察此心之天理，以致其本然之良知，则"虽愚必明，虽柔必强"。大本立而达道行，九经之属，可一以贯之而无遗矣，尚何患其无致用之实乎？彼顽空虚静之徒，正惟不能随事随物精察此心之天理，以致其本然之良知，而遗弃伦理、寂灭虚无以为常，是以要之不可以治家国天下。孰谓圣人穷理尽性之学，而亦有是弊哉？

　　心者，身之主也，而心之虚灵明觉，即所谓本然之良知也。其虚灵明觉之良知应感而动者，谓之意。有知而后有意，无知则无意矣，知非意之体乎？意之所用必有其物，物即事也。如意用于事亲，即事亲为一物；意用于治民，即治民为一物；意用于读书，即读书为一物；意用于听讼，即听讼为一物。凡意之所用，无有无物者。有是意即有是物，无是意即无是物矣，物非意之用乎？

　　"格"字之义，有以"至"字之训者，如"格于文祖""有苗来格"，是以"至"训得也。然"格于文祖"，必纯孝诚敬，幽明之间无一不得其理，而后谓之"格"；有苗之顽，实以文德诞敷而后"格"。则亦兼有"正"字之义在其间，未可专以"至"字尽之也。如"格其非心""大臣格君心之非"之类，是则一皆"正其不正以归于正"之义，而不可以"至"字为训矣。且《大学》"格物"之训，又安知其不以"正"字为训，而必以"至"字为义乎？如以"至"字为义者，必曰"穷至事物之理"，而后其说始通。是其用功之要全在一"穷"字，用力之地全在一"理"字也。若上去一"穷"、下去一"理"字，而直曰"致知在至物"，其可通乎？夫"穷理尽性"，圣人之成训，见于《系辞》者也。苟"格物"之说而果即"穷理"之义，则圣人何不直曰"致知在穷理"，而必为此转折不完之语，以启后世之弊邪？

　　盖《大学》"格物"之说，自与《系辞》"穷理"大旨虽同，而微有分辨。"穷理"者，兼格、致、诚、正而为功也。故言"穷理"，则格、致、诚、正之功皆在其中；言"格物"，则必兼举致知、诚意、正心，而后其功始备而密。今偏举"格物"而遂谓之"穷理"，此所以专以"穷理"属知，而谓"格物"未常有行。非惟不得"格物"之旨，并"穷理"之义而失之矣。此后世之学所以析知、行为先后两截，日以支离决裂，而圣学益以残晦者，其端实始于此。吾子盖亦未免承沿积习，则见以为"于道未相吻合"，不为过矣。

【译文】

来信写道："您教人以致知、明德,却不让他们即物穷理,倘若使那些内心昏蔽的人深居静坐,不闻圣人的教诲,难道能使他们致知、明德吗?纵使他们在静中有所觉悟,稍稍体悟到本性,那也是像佛家定慧一样毫无实用的见地,真的能够通晓古今、达乎事变,并且将其用于天下国家的实事上去吗?您说'认知是意念的本体,事物是意念的作用''格物就好比是纠正君主心中的不正之念'。这话虽然显示出超高的悟性,独到而不落俗套,但恐怕并不符合大道吧?"

我所说的格物致知,正是穷理的意思,并没有禁止学生去穷理,导致让他们深居静坐、无所事事。但如果认为即物穷理便像前文所说,追求外物而忽视内心存养,则是错误的。昏蔽之人如果能够在事物上体察心中的天理,进而实现其本心的良知,"愚笨的人也一定会变聪明,柔弱的人也一定会变刚强"。只要天下至大的根本得以确立、天下通达的大道得以畅行,九经之类的规范可以一以贯之,没有任何遗漏,还需要担心缺乏经世致用的本事吗?那些顽固不化、孤守虚静的佛家、道家之徒,正是因为不能在事物上体察心中的天理,进而实现心中的良知,反而抛弃伦常,将寂灭虚无当作常态,因此无法齐家、治国、平天下。谁说圣人穷理尽性的学问会有这样的弊病呢?

心是身体的主宰,而心的清澈明亮就是我所说的本然具有的良知。清澈明亮的良知因感应而发动就是意念。有良知而后有意念,没有良知就没有意念,良知难道不是意念的本体吗?意念发用必然有对象,这个对象就是事。比如意念发动于侍奉双亲,那么侍奉双亲便是一件事;意念发动于治理民众,那么治理民众便是一件事;意念发动于读书,那么读书便是一件事;意念发动于听取诉讼,那么听取诉讼便是一件事。但凡意念所发动之处,都有事物的存在。有这样的意念便有这样的事物,没有这样的意念便没有这样的事物,事物的存在难道不是意念的作用吗?

"格"字的含义,有人用"至"字来解释,如"格于文祖""有苗来格",其中的"格"就是"至"的意思。然而"格于文祖"必定是内心纯乎孝顺诚敬,对于生死幽明之事都能够合乎天理,才可以称之为"格";苗人顽固,只有推行礼乐教化之后才算是"格"。所以"格"字也有"正"的含义,不能仅仅用一个"至"字来解释它所有的含义。如"格其非心""大臣格君心之非"的"格",都是"纠正其不正之处使其归于正当"的意思,这里就不能用"至"字来解释。《大学》中"格物"的意思,又如何能够断定是用"至"字而不是"正"字来解释呢?如用"至"字的含义,必须说到"穷至事物之理",这样才解释得通。这样用功的关键全在一个"穷"字之上,用力之处也全在一个"理"字之上。如果即去掉"穷"字,又去掉"理"字,直接说"致知在至物",这样说得通吗?所谓"穷理尽性",是圣人既定的教诲,在《易经·说卦》中有记载。假如"格物"之说确实是"穷理"的含义,那圣人为什么不直接说"致知在穷理",而是要转个弯,不把话说尽,导致后来的各种是非呢?

《大学》中的"格物"之说,同《易经》"穷理"的主旨相同,但也有细微的差别。穷理囊括了格物、致知、诚意、正心的功夫。所以一说到穷理,格、致、诚、正的功夫也包含在里面;讨论格物,必然要提到致知、诚意、正心,这样功夫才能完备缜密。如今一谈到格物就说格物是穷理的功夫,这是只把穷理当作知,认为格物不包括行。这不但没有把握格物的宗旨,连穷理的本意也丧失了。后世的学者之所以把将知和行分开来看,功夫日益支离破碎,圣学日益残败晦涩,根本原因便在于此。你承袭旧说也在所难免,认为我的学说"不符合大道",也并不过分。

【度阴山曰】

第一,事物固然客观存在,但如果我们不赐予它价值和是非,它的存在就毫无意义,至少对我们而言是这样的。一块在石头群中的小石头,只有我们把它拿出来,欣赏一番,它才存在,否则,我们根本不知道石头群里有这样一块石头。

第二。我们的意念发动必然有对象,这个对象就是事。比如意念发动于侍奉双亲,那么侍奉双亲便是一件事;意念发动于治理民众,那么治理民众便是一件事;意念发动于读书,那么读书便是一件事;意念发动于听取诉讼,那么听取诉讼便是一件事。但凡意念所发动之处,都有事物的存在。有这样的意念便有这样的事物,没有这样的意念便没有这样的事物,事物的存在难道不是因为意念的作用吗?

第三,有此心才有此理,无此心即无此理。真有孝顺父母的心,才会有孝顺父母这件事和孝顺这个理出现,否则,就没有。

必要有行动

来书云:"谓致知之功,将如何为温凊、如何为奉养,即是诚意,非别有所谓格物。此亦恐非。"

此乃吾子自以己意揣度鄙见而为是说,非鄙人之所以告吾子者矣。若果如吾子之言,宁复有可通乎?盖鄙人之见,则谓:意欲温凊、意欲奉养者,所谓意也,而未可谓之诚意。必实行其温凊奉养之意,务求自慊而无自欺,然后谓之诚意。知如何而为温凊之节、知如何而为奉养之宜者,所谓知也,而未可谓之致知。必致其知如何为温凊之节者之知,而实以之温凊,致其知如何为奉养之宜者之知,而实以之奉养,然后谓之致知。温凊之事,奉养之事,所谓物也,而未可谓之格物。必其于温凊之事也,一如其良知之所知当如何为温凊之节者而为之,无一毫之不尽,于奉养之事也,一如其良知之所知当如何为奉养之宜者而为之,无一毫之不尽,然后谓之格物。温凊之物格,然后知温凊之良知始致;奉养之物格,然后知奉养之良知始致。

故曰:"物格而后知至。"致其知温凊之良知,而后温凊之意始诚;致其知奉养之良知,而后奉养之意始诚。故曰:"知至而后意诚。"此区区诚意、致知、格物之说盖如此。吾子更熟思之,将亦无可疑者矣。

【译文】

来信写道:"致知的功夫就是如何使父母冬暖夏凉,如何将他们奉养得当,这便是诚意,此外没有所谓格物。这恐怕也不对。"

这是你用自己的意思揣度我的观点才如此说的,并不是我所告诉你的原话。若诚如你所言,还能讲得通吗?我的意思是,想使得父母冬暖夏凉、将他们奉养得当,便是意念,还不能说是诚意。必然切实去践行使得父母冬暖夏凉、将他们奉养得当的意念,务求自己内心无所亏欠、自欺,这样才能称为诚意。懂得如何使得父母冬暖夏凉、将他们奉养得当,可以称为知,但不能称为致知。必须将如何使父母冬暖夏凉、将他们奉养得当的知识推行于父母,使得父母切实地受到奉养,才可以称为致知。冬暖夏凉、奉养父母之事,便是所谓物,但也不能称为格物。必须在使父母冬暖夏凉、奉养父母的事上按照自己良知所知的去做，而没有丝毫不尽之处，才能称为格物。冬暖夏凉这一物"格"了，使父母冬暖夏凉的良知才算"致"了；奉养父母这一物"格"了，使父母得以奉养的良知才算"致"了。

所以《大学》里说："物格而后知至。"实现使得父母冬暖夏凉的良知，尔后使得父母冬暖夏凉的意念才算是诚；实现使得父母得以奉养的良知，尔后使得父母得以奉养的意念才算是诚。所以《大学》里说："知至而后意诚。"我诚意、致知、格物的观点大致如此。希望你再多加思考，就不会有什么疑问了。

【度阴山曰】

人生在世，做任何事，都必须以真诚无欺的念头去行动，没有行动，一切都是说闲话。想使父母冬暖夏凉、将他们奉养得当，这是意念，还不能说是诚意。必然切实地去践行使得父母冬暖夏凉、将他们奉养得当的意念，务求自己内心无所亏欠、无所自欺，这样才能称为诚意。懂得如何使父母冬暖夏凉、将他们奉养得当，可以称为知，但不能称为致知。必须将如何使父母冬暖夏凉、将他们奉养得当的知识推行于父母，使得父母切实地受到奉养，才可以称为致知。

致良知就是在感应事变的过程中体会义理

来书云："道之大端易于明白，所谓'良知良能，愚夫愚妇可与及者'。至于节目时变之详，毫厘千里之缪，必待学而后知。今语孝于温清定省，孰不知之？至于舜之不告而娶，武之不葬而兴师，养志、养口、小杖、大杖、割股、庐墓等事，处常处变，过与不及之间，必须讨论是非，以为制事之本，然后心体无蔽，临事无失。"

"道之大端易于明白"，此语诚然。顾后之学者忽其易于明白者而弗由，而求其难于明白者以为学，此其所以"道在迩而求诸远，事在易而求诸难"也。孟子云："夫道若大路然，岂难知哉？人病不由耳。"良知良能，愚夫愚妇与圣人同，但惟圣人能致其良知，而愚夫愚妇不能致，此圣愚之所由分也。

节目时变，圣人夫岂不知，但不专以此为学。而其所谓学者，正惟致其良知，以精察此心之天理，而与后世之学不同耳。吾子未暇良知之致，而汲汲焉顾是之忧，此正求其难于明白者以为学之弊也。夫良知之于节目时变，犹规矩尺度之于方圆长短也。节目时变之不可预定，犹方圆长短之不可胜穷也。故规矩诚立，则不可欺以方圆，而天下之方圆不可胜用矣；尺度诚陈，则不可欺以长短，而天下之长短不可胜用矣。良知诚致，则不可欺以节目时变，而天下之节目时变不可胜应矣。毫厘千里之谬，不于吾心良知一念之微而察之，亦将何所用其学乎？是不以规矩而欲定天下之方圆，不以尺度而欲尽天下之长短。吾见其乖张谬戾，日劳而无成也已。

吾子谓"语孝于温清定省，孰不知之"，然而能致其知者鲜矣。若谓粗知温清定省之仪节，而遂谓之能致其知，则凡知君之当仁者，皆可谓之能致其仁之知；知臣之当忠者，皆可谓之能致其忠之知，则天下孰非致知者邪？以是而言可以知"致知"之必在于行，而不行之不可以为"致知"也，明矣。知行合一之体，不益较然矣乎？

夫舜之不告而娶，岂舜之前已有不告而娶者为之准则，故舜得以考之何典、问诸何人，而为此邪？抑亦求诸其心一念之良知，权轻重之宜，不得已而为此邪？武之不葬而兴师，岂武之前已有不葬而兴师者为之准则，故武得以考之何典、问诸何人，而为此邪？抑亦求诸其心一念之良知，权轻重之宜，不得已而为此邪？使舜之心而非诚于为无后，武之心而非诚于为救民，则其不告而娶与不葬而兴师，乃不孝、不忠之大者。而后之人不务致其良知，以精察义理于此心感应酬酢之间，顾欲悬空讨论此等变常之事，执之以为制事之本，以求临事之无失，其亦远矣。其余数端皆可类推，则古人致知之学从可知矣。

【译文】

来信写道："圣人之道大的方面容易明白，所谓'良知和良能，即便愚夫愚妇也能明白'。至于具体的细节，以及随时代更替而变化的详情，则差之毫厘、谬以千里，必须通过学习才能明白。如今有关孝子要使父母冬暖夏凉、早晚请安等礼数，谁不明白？至于舜不告诉父亲就娶亲，武王没有安葬文王就伐纣，曾子赡养父亲是遵从父亲的意志、曾元赡养父亲只是让父亲活命，父亲用小杖打时应当承受、用大杖打时则应逃走，割股疗亲、结庐守孝等事情，在时变之中，过分与不足之间，必须讨论个是非曲直，作为处理世事的准则，然后心体才能不受蒙蔽，遇事才能没有过失。"

"圣人之道大的方面容易明白"，这话没错。然而看看后来的学者，忽略简易明白的大道不去遵循，却去探求那些难以明白的东西作为学问，这是孟子所说的"道在近处却去远处求，事情简单却要做复杂"。孟子说："圣人之道如同大路，难道很难理解吗？人们的弊病在于不去探求圣人之道罢了。"圣人与愚夫愚妇在良知良能上是相同的，只是圣人能够实现自己的良知，愚夫愚妇却不能，这才是圣人与愚人的分别之处。

具体细节与时代之变化，圣人怎么会不知道，只是不专门以此作为学问。圣人所谓的学问，只是推行自己的良知以精确地体察心中的天理，这与后世所说的学问又有所不同。你还没能实现自己的良知，却在细节问题上操心，这正是把探求难以明白的东西作为学问的弊端。良知与细节和时变问题之间的关系，就像圆规矩尺、尺寸尺码与方圆、长短之间的关系一样。随时而变的细节无法预先确定，好比方圆长短的种类无法穷尽一样。故而有了圆规矩尺，是方是圆也就确立了，不过天下的方圆仍无法穷尽；有了尺寸尺码，是长是短也就确立了，不过天下的长短也仍无法穷尽。良知得以推广，细节和时变也得以确立，不过天下间所有的细节时变并不能一一应对。失之毫厘、谬以千里，不在自己心中良知念头的细微处考察，又想将学问用到什么地方呢？这是不用圆规矩尺却想定立天下的方圆，不确立尺寸尺码却想穷尽天下的长短。我认为这种做法十分荒诞，只会终日碌碌却毫无所成。

你说"有关孝子要使父母冬暖夏凉、早晚请安的礼数，谁不知道"，不过真的能实行其所知的孝道的人很少。如果说粗略明白如何使父母冬暖夏凉、早晚请安等礼数就算是能推行孝的良知了，那么凡是知道君主应当仁爱的人，都可以认为他实现仁的良知；知道臣子应当忠诚的人，都可以认为他能够推行忠的良知，那样天下还有良知没有实现的人吗？如此来看，便能够知道"致知"一定要实践，不实践不足以称之为"致知"，这是很明显的。知行合一是知行关系的本然状态，不也十分明白吗？

至于舜不告诉父亲就娶妻，难道是在舜之前便有不告而娶的准则，故而舜可以在书中求证、询问于人，才这样做的吗？还是根据心中一念的良知，权宜轻重，不得已才如此做呢？周武王不安葬文王就兴兵伐纣，难道在武王之前已经有不葬而兴师的准则，故而武王可以在书中求证、询问于人，才这样做的吗？还是根据心中一念的良知，权宜轻重，不得已才如此做呢？假如舜心中不是真的怕自己无后，武王心中不是真的想救民于水火，那么他们不告而娶、不葬而兴师的行为就是最大的不孝、不忠。后世之人不务求推行自己的良知，在内心感应事变的过程中体会义理，却想要凭空去讨论这些权变还是经常的问题，把它作为待人处事的一般原则，以求得遇事时能够没有过失，这距离圣人之道相差太远了。其余几件事都可以根据上述一一推得，古人致良知的学问也可想而知了。

【度阴山曰】

第一，良知是规矩，而不是方圆。方圆是死的，但规矩是活的。以规矩去画方圆，无论是方是圆，大小都掌握在自己手里。如果你只是固执于方圆，忘记了规矩，那就不是致良知。规矩就是良知，方圆是依凭良知判定做出的种种事情。

第二，一切都以念头为准。舜没有告诉父母就结婚，周武王不安葬老爹就兴兵讨伐商纣，从表面上看二人是不孝。可二人都是根据心中一念的良知，权宜轻重后，不得已才如此做的。假如舜心中不是真的怕自己无后，武王心中不是真的想救民于水火，那么他们不告而娶、不葬而兴师的行为就是最大的不孝、不忠。

第三，世人往往看到了方圆，而忘记了规矩。看方圆，就会学方圆，把方圆当成待人处事的一般原则，以求得遇事时能够没有过失，这是最大的错误。因为方圆是别人根据当时的具体情况画出来的，那方圆恐怕只适合当事人，并不具有普世价值。

第四，心外无理，理必须根据自己的良知，从心而出。而外在的理是别人根据当时的情境呈现出来的，情景一变，理就会变。

一以贯之的"一"就是良知

来书云:"谓《大学》'格物'之说,专求本心,犹可牵合。至于六经、四书所载'多闻多见''前言往行''好古敏求''博学审问''温故知新''博学详说''好问好察',是皆明白求于事为之际,资于论说之间者,用功节目固不容紊矣。"

格物之义,前已详悉,牵合之疑,想已不俟复解矣。至于"多闻多见",乃孔子因子张之务外好高,徒欲以多闻多见为学,而不能求诸其心,以阙疑殆,此其言行所以不免于尤悔,而所谓见闻者,适以资其务外好高而已。盖所以救子张多闻多见之病,而非以是教之为学也。夫子尝曰:"盖有不知而作之者,我无是也。"是犹孟子"是非之心,人皆有之"之义也。此言正所以明德性之良知非由于闻见耳。若曰"多闻,择其善者而从之,多见而识之",则是专求诸见闻之末,而已落在第二义矣,故曰"知之次也"。夫以见闻之知为次,则所谓知之上者果安所指乎?是可以窥圣门致知用力之地矣。夫子谓子贡曰:"赐也,汝以予为多学而识之者欤?非也,予一以贯之。"使诚在于多学而识,则夫子胡乃谬为是说以欺子贡者邪?一以贯之,非致其良知而何?《易》曰:"君子多识前言往行,以畜其德。"夫以畜其德为心,则凡多识前言往行者,孰非畜德之事?此正知行合一之功矣。

"好古敏求"者,好古人之学而敏求此心之理耳。心即理也;学者,学此心也;求者,求此心也。孟子云:"学问之道无他,求其放心而已矣。"非若后世广记博诵古人之言词,以为好古,而汲汲然惟以求功名利达之具于外者也。"博学审问",前言已尽。"温故知新",朱子亦以温故属之尊德性矣。德性岂可以外求哉?惟夫知新必由于温故,而温故乃所以知新,则亦可以验知行之非两节矣。"博学而详说之"者,将"以反说约"也。若无反约之云,则"博学详说"者果何事邪?舜之"好问好察",惟以用中而致其"精一"于道心耳。道心者,良知之谓也。君子之学,何尝离去事为而废论说?但其从事于事为论说者,要皆知行合一之功,正所以致其本心之良知,而非若世之徒事口耳谈说以为知者,分知行为两事,而果有节目先后之可言也。

【译文】

来信写道:"您认为《大学》'格物'之说的意思是专注于探求本心,还勉强说得过去。至于六经、四书所记载的'多闻多见''前言往行''好古敏求''博学审问''温故知新''博学详说''好问好察',都是明明白白在处事作为之中、论辩谈说之间探求事物的道理,由此可见下功夫的次序不能紊乱。"

格物的意思前文已经详细说过了,至于你觉得有所牵强疑惑的地方,想来也不用我多做解释。至于"多闻多见",则是孔子针对子张的毛病而说的,子张好高骛远,专门向外探求,以多闻多见为学问,却不能反求诸心,因此他的言行难免有过错和悔恨,所谓的见闻恰恰助长了他好高骛远的毛病。所以孔子的话是纠正子张的毛病,并非教导子张把多闻多见当作学问。孔子曾说过:"有一类人不知道什么却凭空乱说,我不是这类人。"这就是孟子所谓"是非之心人皆有之"的意思。这句话正是要彰明德行的良知并非由见闻得来。至于孔子说"多闻,择其善者而从之,多见而识之",则是专门探求见闻的细枝末节,已然是第二等的事了,所以说"知之次也"。以见闻之知为次要的知,那么首要的知是什么呢?在此可以看到圣人致知用力之处。孔子对子贡说:"赐啊,你认为我是学得多、知识广博的人吗?不是的,我的学说是以忠恕之道一以贯之的。"如果良知真的在于多闻多见,那么孔子为何要以这样的谬论欺骗子贡呢?一以贯之之道,不是致良知还能是什么呢?《易经》中说:"君子应该多反思自己以前的言语和行为,以此来存养自己的德行。"如果用意在于存养德行,那么更多地了解前人之言、过往之行,不也是存养德行吗?这正是知行合一的功夫。

所谓"好古敏求",是爱好古人的学问,勤奋地探索心中之理。心就是天理,学就是学习此心,求就是求索此心。孟子说:"做学问的道理十分简单,只是要将放纵的心收拾起来而已。"不像后世的学者广泛记诵古人的言辞,认为这就是好古,却又念念不忘追名逐利,追逐那些外在的东西。"博学审问",前面已经谈过了。关于"温故知新",朱熹也认为温故属于尊德行。德行难道可以向外去探求吗?知新必然经由温故,温故了才能知新,这也证明了知行功夫并非两个。"博学而详说之"是为了"返回到简约中去"。如果没有"反约"的说法,那么"博学详说"究竟是为了什么呢?舜"好问好察",就是以中和的方法使其心体达到"精研专一"于向往大道的心。所谓道心就是良知。君子的学问何时离开了处事作为、抛弃了论辩谈说呢？但是君子从事于处事和论说，都要遵循知行合一的功夫，这正是为了实现自己本心之良知，而并非像世人只会夸夸其谈就认为这便是知，将知和行分作两件事，然后说什么下功夫有先后次序。

【度阴山曰】

第一，君子的学问从未离开过处事作为，从未抛弃过论辩谈说。

第二，君子处事和论说，都要遵循知行合一的功夫，这正是为了实现自己本心之良知，而并非像世人那样只会夸夸其谈，然后认为这便是知，还将知和行分作两件事，说什么下功夫要有先后次序。

第三，经典上所有的方法论，都是为了知行合一，都是在致良知，良知之外更无知，心学之外更无学。

第四，孔子说的"吾道一以贯之"的"一"就是忠恕，忠恕就是致良知。

如何进入大同世界

来书云："杨、墨之为仁义，乡愿之乱忠信，尧、舜、子之之禅让，汤、武、楚项之放伐，周公、莽、操之摄辅，谩无印证，又焉适从？且于古今事变，礼乐名物未尝考识，使国家欲兴明堂，建辟雍，制历律，草封禅，又将何所致其用乎？故《论语》曰'生而知之'者，义理耳。若夫礼乐名物、古今事变，亦必待学而后有以验其行事之实。此则可谓定论矣。"

所喻杨、墨、乡愿、尧、舜、子之、汤、武、楚项、周公、莽、操之辩，与前舜、武之论，大略可以类推。古今事变之疑，前于良知之说，已有规矩尺度之喻，当亦无俟多赘矣。

【译文】

来信写道:"杨朱、墨翟看似仁义,乡愿看似忠信,尧、舜、子之的禅让,商汤、周武王、项羽的放逐杀伐,周公、王莽、曹操的辅佐摄政,这些事迹散见于史书却无从考证,该听谁的呢?况且对于从古至今的事变、礼乐名物度数都没有考察认识,如果国家要设立明堂、建立学校、制定历法乐律、进行封禅仪式,又怎能发挥作用呢?所以《论语》说的'生而知之',就是理和义。其他比如礼乐名物、古今事变等事,必须学习后才能知道是否可行。这已经可以认为是定论了。"

你所说的杨朱、墨翟、乡原、尧、舜、子之、商汤、周武王、项羽、周公、王莽、曹操等人的分别,与前面提到的舜和武王的事迹类似,大体上可以类推。对于古今事变的疑问,前面讨论良知之说时用了规矩与尺度的比喻,也不必再多说什么了。立明堂、建学校等事,似乎还有讨论的余地。不过真的说起恐怕很冗长,姑且就你信中所及讨论一二,多少可以解答你的疑惑。

至于明堂、辟雍诸事,似尚未容于无言者。然其说甚长,姑就吾子之言而取正焉,则吾子之惑将亦可少释矣。

夫明堂、辟雍之制,始见于《吕氏》之《月令》,汉儒之训疏。六经、四书之中,未尝详及也。岂吕氏、汉儒之知,乃贤于三代之贤圣乎?齐宣之时,明堂尚有未毁,则幽、厉之世,周之明堂皆无恙也。尧、舜茅茨土阶,明堂之制未必备,而不害其为治;幽、厉之明堂,固犹文、武、成、康之旧,而无救于其乱。何邪?岂能"以不忍人之心,而行不忍人之政",则虽茅茨土阶,固亦明堂也;以幽、厉之心,而行幽、厉之政,则虽明堂,亦暴政所自出之地邪?武帝肇讲于汉,而武后盛作于唐,其治乱何如邪?

天子之学曰辟雍,诸侯之学曰泮宫,皆象地形而为之名耳。然三代之学,其要皆所以明人伦,非以辟不辟、泮不泮为重轻也。孔子云:"人而不仁,如礼何?人而不仁,如乐何?"制礼作乐,必具中和之德,声为律而身为度者,然后可以语此。若夫器数之末,乐工之事,祝史之守。故曾子曰:"君子所贵乎道者三……笾豆之事,则有司存也。"尧"命羲、和,钦若昊天,历象日月星辰",其重在于"敬授人时"也。舜"在璇玑玉衡",其重在于"以齐七政"也。是皆汲汲然以仁民之心而行其养民之政。治历明时之本,固在于此也。

羲和历数之学，皋、契未必能之也，禹、稷未必能之也，"尧舜之知而不偏物"，虽尧舜亦未必能之也。然至于今，循羲和之法而世修之，虽曲知小慧之人、星术浅陋之士，亦能推步占候而无所忒。则是后世曲知小慧之人，反贤于禹、稷、尧、舜者邪？

封禅之说尤为不经，是乃后世佞人谀士所以求媚于其上，倡为夸侈以荡君心而靡国费。盖欺天罔人，无耻之大者，君子之所不道，司马相如之所以见讥于天下后世也。吾子乃以是为儒者所宜学，殆亦未之思邪？

【译文】

明堂和学校的制度，最早见于《吕氏春秋》中的《月令》篇和汉儒的注疏之中。六经、四书中并未提及。难道《吕氏春秋》的作者和汉儒要比三代的圣贤还贤明吗？齐宣王的时候，明堂尚未被毁，即便在周幽王、周厉王的时代，周代的明堂也完好无损。尧舜的时代，人们住着茅草屋，垒土做成台阶，明堂的制度尚未完备，但这并不妨碍天下的治理；周幽王、周厉王时期的明堂，同文王、武王、成王、康王时的一样，但对于时代的祸乱也毫无补救。为何会如此呢？这难道不是说"以仁爱之心推行仁爱之政"，即便茅草屋、土台阶也可以起到明堂的作用；以暴君之心推行暴君之政，虽然设有明堂，也不过是暴君施暴政的地方吗？汉武帝曾与大臣讨论建立明堂，武则天毁了乾元殿修建明堂，他们的时代天下是治还是乱呢？

天子的学校称为辟雍，诸侯的学校称为泮宫，都是根据地形来命名的。然而三代的学问，以彰明人伦为目的，并不先考量其样子是否像璧环，是否建在泮水边。孔子说："人如果不仁爱，有礼的教化又能如何？人如果不仁爱，有乐的感化又能如何？"制礼作乐的人，必须具备中正平和的德行，以声为律、以身为度，才能做这类事。如果只是一些礼乐器具上的细枝末节，则是乐工和祝史的职责。所以曾子说："君子所重视的道有三个方面……至于具体的祭祀礼仪，则由专人负责。"尧"命令羲氏、和氏遵从天道，观测推算日月星辰的运行"，他看重的是"尊敬地授予百姓天时"；舜"观测北斗七星的运行"，他看重的是"安排好七种政事"。这都是念念不忘以仁爱民众之心推行养育百姓的仁政。制定历法、明白时令的根本就在于此。

羲氏、和氏在历法和算数上的才能，皋陶和契未必有，大禹和后稷也未必有。孟子说"尧、舜的智慧并不通晓万物",可见即使圣明如尧、舜也未必能具有所有的知识。时至今日,按照羲、和二人的历法,加上每一个朝代的修改订正,即使一知半解、小有聪明的人,甚至思想浅薄的术士,都能够正确推算节气、占卜天下。难道后世一知半解、小有聪明的人比大禹、后稷,乃至尧和舜还要贤明吗?

封禅的说法就更加荒诞不经了,这是后代阿谀奉承之徒为了在皇帝面前讨好献媚,怂恿鼓吹的迷惑君心、浪费国力的学说。这是欺天罔人,无耻之尤的行为,君子自然不屑去说。司马相如之所以被后世讥讽,便是这个原因。你却认为这是儒者们应当学习的,大概是没有仔细思考吧!

夫圣人之所以为圣者,以其生而知之也。而释《论语》者曰:"'生而知之'者,义理耳。若夫礼乐名物、古今事变,亦必待学而后有以验其行事之实。"夫礼乐名物之类,果有关于作圣之功也,而圣人亦必待学而后能知焉,则是圣人亦不可以谓之"生知"矣。谓圣人为"生知"者,专指义理而言,而不以礼乐名物之类,则是礼乐名物之类无关于作圣之功矣。圣人之所以谓之"生知"者,专指义理而不以礼乐名物之类,则是"学而知之"者,亦惟当学知此义理而已;"困而知之"者,亦惟当困知此义理而已。今学者之学圣人,于圣人之所能知者,未能"学而知之",而顾汲汲焉求知圣人之所不能知者以为学,无乃失其所以希圣之方欤?凡此皆就吾子之所惑者而稍为之分释,未及乎拔本塞源之论也。

夫拔本塞源之论不明于天下,则天下之学圣人者,将日繁日难,斯人伦于禽兽、夷狄,而犹自以为圣人之学。吾之说虽或暂明于一时,终将冻解于西而冰坚于东,雾释于前而云滃于后,呶呶焉危困以死,而卒无救于天下之分毫也已。

夫圣人之心,以天地万物为一体,其视天下之人,无外内远近,凡有血气,皆其昆弟赤子之亲,莫不欲安全而教养之,以遂其万物一体之念。天下之人心,其始亦非有异于圣人也,特其间于有我之私,隔于物欲之蔽,大者以小,通者以塞,人各有心,至有视其父、子、兄、弟如仇雠者。圣人有忧之,是以推其天地万物一体之仁以教天下,使之皆有以克其私、去其蔽,以复其心体之同然。其教之大端,则尧、舜、禹之相授受,所谓"道心惟微,惟精惟一,允执厥中";而其节目,则舜之命契,所谓"父子有亲,君臣有义,夫妇有别，长幼有序，朋友有信"五者而已。唐、虞、三代之世，教者惟以此为教，而学者惟以此为学。当是之时，人无异见，家无异习，安此者谓之圣，勉此者谓之贤，而背此者虽其启明如朱，亦谓之不肖。下至闾井田野，农、工、商、贾之贱，莫不皆有是学，而惟以成其德行为务。何者？无有闻见之杂、记诵之烦、辞章之靡滥、功利之驰逐，而但使孝其亲、弟其长、信其朋友，以复其心体之同然。是盖性分之所固有，而非有假于外者，则人亦孰不能之乎？

【译文】

圣人之所以为圣人，是因为他们生而知之。朱熹解释《论语》时说："生而知之的是理和义。那些礼乐名物、古今事变，也还是要学习后才能检验其是否属实。"如果礼乐名物之类是圣人成圣的功夫，圣人也必须通过学习才能知晓，那么圣人就不能说是生而知之了。说圣人是生而知之，是专指理和义的方面而言的，不包括礼乐名物之类，因此礼乐名物与圣人成圣的功夫并无关系。所谓"学而知之"，也就是学习这个理和义而已；"困而知之"也就是困勉于这个理和义而已。如今为学之人学圣人，对于圣人能知道的部分不去学习，却对于那些圣人不能知道的部分十分渴求，这不是迷失了求做圣人的方向了吗？我说的这些仅仅是就你的困惑稍加分析解释，还不是正本清源的论断。

正本清源的学说一日不彰明于天下，那么天下学习圣人的人便会一天天感到繁复艰难，甚至沦落到夷狄、禽兽的地步，还自以为是地学习圣人之学。我的学说虽然暂时彰明于天下，终究只是解一时之病，解了西边的冻，东边又结了冰，拨开前面的雾，后面又涌起了云，就算我不顾安危、喋喋不休地讲论说道，也终究不能救天下分毫。

圣人的心与天地万物为一体，他看待天下的人，没有内外远近的区别，凡有血气生命的，都是自己的兄弟子女，都会使他们安全、教养他们，以成就他万物一体的念头。天下人的心，起初与圣人之心也并无不同，只是后来夹杂了私心，为物欲所蒙蔽，大的心变而为小，通达的心转而为塞，人人均有私心，甚至将父子兄弟视为仇人。圣人对此十分担忧，故而向天下之人推行万物一体之仁的教化，使人人都能够克制私欲、去除蒙蔽，恢复心体的本然状态。圣人教化的大体精神，就是尧、舜、禹一脉相承的"道心惟微，惟精惟一，允执厥中"；至于教化的细节，则是舜让契所规定的"父子有亲，君臣有义，夫妇有别，长幼有序，朋友有信"这五条而已。唐、虞，以及夏、商、周三代，教学仅仅是教这些内容，学习也仅仅是学这些内容。当时，人人的观点相同，家家的习惯相同，能自然去做这些事的人就是圣人，通过努力做到这些事的人就是贤人，违背于这些道理的人，即便像丹朱那样聪明，也不过是不肖之徒。下到田间、市井，从事农、工、商、贾的普通人，也都学习这些内容，都把成就自身的品德放在第一位。为什么呢？因为没有杂乱的见闻、烦琐的记诵、靡滥的辞章、功利的追逐，而只有孝顺双亲、友爱兄长、尊信朋友，以至于恢复心体的本然状态。这是人的天性所固有的，并非向外求得的东西，又有谁做不到呢？

学校之中，惟以成德为事。而才能之异，或有长于礼乐、长于政教、长于水土播植者，则就其成德，而因使益精其能于学校之中。迨夫举德而任，则使之终身居其职而不易。用之者惟知同心一德，以共安天下之民，视才之称否，而不以崇卑为轻重，劳逸为美恶。效用者亦惟知同心一德，以共安天下之民，苟当其能，则终身扈于烦剧而不以为劳，安于卑琐而不以为贱。当是之时，天下之人熙熙皞皞，皆相视如一家之亲。其才质之下者，则安其农、工、商、贾之分，各勤其业，以相生相养，而无有乎希高慕外之心。其才能之异，若皋、夔、稷、契者，则出而各效其能。若一家之务，或营其衣食，或通其有无，或备其器用，集谋并力，以求遂其仰事俯育之愿，惟恐当其事者之或怠而重己之累也。故稷勤其稼而不耻其不知教，视契之善教即己之善教也；夔司其乐而不耻于不明礼，视夷之通礼即己之通礼也。盖其心学纯明，而有以全其万物一体之仁。故其精神流贯，志气通达，而无有乎人己之分、物我之间。譬之一人之身，目视、耳听、手持、足行，以济一身之用，目不耻其无聪，而耳之所涉，目必营焉；足不耻其无执，而手之所探，足必前焉。盖其元气充同，血脉条畅，是以痒疴呼吸，感触神应，有不言而喻之妙。此圣人之学所以至易至简，易知易从，学易能而才易成者，正以大端惟在复心体之同然，而知识技能非所与论也。

【译文】

　　学校的作用主要也是培养人的品德。人的才能各异，有的擅长礼乐，有的擅长政教，有的擅长农事，便根据他们的德行，因材施教，使他们的才干在学校里进一步提高。根据个人的德行让他们终身担任某个职务。用人者只知道同心同德，共同努力使得天下百姓安宁，只看被任用者的才能是否称职，而不以身份高低分轻重，不以职业不同分好坏。被任用者也只知道同心同德，共同努力使得天下百姓安宁，如果所在的岗位合适，即便终身辛劳也不觉得辛苦，终身从事琐碎的工作也不觉卑贱。那时，所有的人都高高兴兴，亲如一家。那些才能较低下的人，则安于农、工、商、贾的本分，各自勤于本职工作，并且相互滋养，没有羡慕、攀比的想法。那些如皋陶、夔、后稷、契之类才能各异的人，则为天下出仕当官，各尽其能。好比一个家庭的内部事务，有人负责洗衣做饭，有人负责经商买卖，有人负责制造器具，众人出谋出力，才能实现赡养父母、教养子女的愿望，所有人都怕自己无法做好承担的事务，因而都尽心尽力。所以后稷勤劳地种庄稼，不以自己不知道教化为耻，将契善于教化视作为自己善于教化；夔负责音乐，不以自己不明白礼仪为耻，将伯夷精通礼仪视作为自己精通礼仪。因为他们的心中纯粹明白，具有完备的天地万物为一体的仁德。他们的精神周流贯通，志气相互通达，并不存在他人与自己的区分、外物与自我的间隔。好比一个人的身体，眼睛能看、耳朵能听、手可以拿、脚可以走，都是为了实现整个身体的作用。眼睛不会因为不能听而感到羞耻，耳朵听到声音的时候，眼睛一定会去看；脚不会因为不能拿东西感到羞耻，手伸到的地方，脚也会跟随。这是因为人的体内元气周流全身，血脉畅通，所以痛痒呼吸都能感觉到并做出自然而然的反应，其中有不言而喻的奥妙。圣人的学问之所以最简单也最明了，容易明白也容易遵从，容易学习也容易学成，正是因为圣学的根本在于恢复心体的本然状态，相比之下学习具体的知识或技能都没什么值得说的。

　　三代之衰，王道熄而霸术焻；孔孟既没，圣学晦而邪说横。教者不复以此为教，而学者不复以此为学。霸者之徒，窃取先王之近似者，假之于外以内济其私己之欲，天下靡然而宗之，圣人之道遂以芜塞。相仿相效，日求所以富强之说，倾诈之谋，攻伐之计，一切欺天罔人，苟一时之得，以猎取声利之术，若管、商、苏、张之属者，至不可名数。既其久也，斗争劫夺，不胜其祸，斯人沦于禽兽、夷狄，而霸术亦有所不能行矣。

世之儒者慨然悲伤，搜猎先圣王之典章法制，而掇拾修补于煨烬之余。盖其为心，良亦欲以挽回先王之道。圣学既远，霸术之传积渍已深，虽在贤知，皆不免于习染。其所以讲明修饰，以求宣畅光复于世者，仅足以增霸者之藩篱，而圣学之门墙，遂不复可睹。于是乎有训诂之学，而传之以为名；有记诵之学，而言之以为博；有词章之学，而侈之以为丽。若是者纷纷籍籍，群起角立于天下，又不知其几家。万径千蹊，莫知所适。世之学者如入百戏之场，欢谑跳踉、骋奇斗巧、献笑争妍者，四面而竞出，前瞻后盼，应接不遑，而耳目眩瞀，精神恍惑，日夜遨游淹息其间，如病狂丧心之人，莫自知其家业之所归。时君世主亦皆昏迷颠倒于其说，而终身从事于无用之虚文，莫自知其所谓。间有觉其空疏谬妄、支离牵滞，而卓然自奋，欲以见诸行事之实者，极其所抵，亦不过为富强功利、五霸之事业而止。

【译文】

夏、商、周三代下来，王道衰微，霸道盛行；孔子、孟子死后，圣学晦暗，邪说横行。教的人不教圣学，学的人不学圣学。主张霸道的人，暗地里用与三代先王相似的东西，借助外在的学问知识来满足自己的私欲，天下之人一时间都尊奉他们，圣人之道便荒废阻塞了。世人相互仿效，天天讨论富国强兵、权谋欺诈、攻城讨伐的学说，以及一切欺天罔人、只为追求一时声名利禄的技术，像管仲、商鞅、苏秦、张仪这样的人数不胜数。长此以往，人们相互争夺，祸患无穷，这些人沦为夷狄、禽兽，甚至连霸道之术都推行不下去了。

世上的儒者有感于此，搜寻过去圣王的典章法制，把未被秦始皇焚毁的书拾掇修补出来。他们诚然是为了挽回先王之道。然而，圣学晦暗已经很久远，霸道之术流传影响又十分深，即使是贤明睿智的人也难免有所习染。他们宣传、修饰圣学，并希望圣学发扬光大，实际上却是增加霸道之术的影响，圣学的踪影却再也看不到了。于是产生了解释字义的训诂学，传授课程以图虚名；产生了记诵圣学的学问，满口圣人之言冒充博学；产生了填词作诗的学问，以文字铺陈华丽为美。类似的学问纷纷扰扰，在世上群起争斗，不知道有多少家！他们流派众多，不知道该听谁的。世上的学者如同进了一百场戏同时在表演的戏场，只见到欢呼跳跃、争奇斗巧、献媚取悦的戏子从四面八方涌来，前前后后，应接不暇，使得人的耳目眩晕，精神恍惚，日日夜夜都浸淫其间，就会像丧心病狂的人一样，不知道自己的家在哪里。当时的君主也沉迷于这类学问，终身从事无用的虚文，都不知道自己在说些什么。偶尔有人能认识到这些学说空疏荒诞、杂乱不通，于是奋发努力，想干点实事，但他们所能做到的极致，也只不过是像春秋五霸那样富国强兵的功利事业罢了。

圣人之学日远日晦，而功利之习愈趋愈下。其间虽尝瞽惑于佛老，而佛老之说卒亦未能有以胜其功利之心；虽又尝折衷于群儒，而群儒之论终亦未能有以破其功利之见。盖至于今，功利之毒沦浃于人之心髓，而习以成性也几千年矣。相矜以知，相轧以势，相争以利，相高以技能，相取以声誉。其出而仕也，理钱谷者则欲兼夫兵刑，典礼乐者又欲与于铨轴，处郡县则思藩臬之高，居台谏则望宰执之要。故不能其事则不得以兼其官，不通其说则不可以要其誉：记诵之广，适以长其敖也；知识之多，适以行其恶也；闻见之博，适以肆其辨也；辞章之富，适以饰其伪也。是以皋、夔、稷、契所不能兼之事，而今之初学小生皆欲通其说、究其术。其称名借号，未尝不曰"吾欲以共成天下之务"，而其诚心实意之所在，以为不如是则无以济其私而满其欲也。

呜呼！以若是之积染，以若是之心志，而又讲之以若是之学术，宜其闻吾圣人之教，而视之以为赘疣枘凿。则其以良知为未足，而谓圣人之学为无所用，亦其势有所必至矣！呜呼！士生斯世，而尚何以求圣人之学乎！尚何以论圣人之学乎！士生斯世，而欲以为学者，不亦劳苦而繁难乎！不亦拘滞而险艰乎！呜呼，可悲也已！

所幸天理之在人心，终有所不可泯，而良知之明，万古一日。则其闻吾拔本塞源之论，必有恻然而悲，戚然而痛，愤然而起，沛然若决江河，而有所不可御者矣。非夫豪杰之士，无所待而兴起者，吾谁与望乎？

【译文】

圣人的学问日益疏远而晦暗，功利的习气却一日盛过一日。中间虽然有被佛家、道家蛊惑的人，但这两家的学问最终也无法战胜功利之心；虽然有人试图拿群儒的学说来居中调和，但群儒的学问也无法破除功利之心。时至今日，功利之心的毒害已经深入骨髓，经由习气成为人的本性已经几千年了。人们在知识上互相比较，在权势上互相倾轧，在利益上互相争夺，在技能上互相攀比，在声誉上互相竞争。那些围观的人，管理钱粮的还想兼管军事和司法，掌管礼乐的又想参与吏部的事务，在郡县做官的又想到省里做大官，位居监察之职的又垂涎着宰相的位置。原本没有某方面才能的人理应不能兼任这方面的官职，不知道某方面理论的人理应不能获得相应的名誉，而实际的情况却是，擅长记诵，正助长了他们的傲慢；知识丰富，正促使他们为恶；见闻广博，却使得他们肆意诡辩；文采富丽，正掩饰了他们的虚伪。所以皋陶、夔、后稷、契都不能兼任的事，而今天初学的小孩儿都想通晓各种理论、探究各种方法。他们打出的名号都是"我想要完成天下人共同的事业"，他们的真实想法却是，不知道这些学问恐怕就不能满足自己的欲望。

唉！在这样的积习影响下，存有着这样的心志，又讲求这样的学问，当他们听到我说圣人的教诲时，当然视为累赘和迂腐的学问。他们认为良知没什么可说的，圣人的学说没什么用处，这也是时势的必然啊！唉！生在这样的时代还要怎么探求圣人的学问呢！还要怎么谈论圣人的学问呢！生在这样一个时代却还想做学问的人，不是十分繁杂、困难吗！不是十分痛苦、艰险吗！唉，太可悲了！

万幸的是天理自在人心，终究不会泯灭，良知的光明即便历经万古也不会变化。所以听了我的正本清源的论述，有识之士必当悲伤痛苦，奋然而起，就像决口的江河难以抵御。如果没有天下间豪杰之士的到来，我还能寄望于谁呢？

【度阴山曰】

这大段内容在阳明心学中的地位很高，被称为"拔本塞源论"，所谓"拔本塞源"就是从根本上解决问题。王阳明要解决的问题，是如何迈向大同世界。

如何迈向大同世界呢？

王阳明觉得不能靠别人，更不能靠圣人，而是先要从自己做起。因为"人皆可为圣贤"，只要你努力，并且成为圣贤了，你就比别人先一步进入了大同世界。进入这个世界，就等于进入了永生不死之地。

人如何能永生不死？

王阳明的回答是，立德立功立言，做圣贤。圣贤会永远活在别人心中，也就是永生不死。而做圣贤的途径就是致良知。

　　只要你肯致良知，秉承万物一体的世界观，你就能进入大同世界。

　　良知是打开大同世界的钥匙，每个人身上都有这样一把钥匙，所以只要人人都立志做圣贤，那天下就真的大同了。

启问道通书

事上磨炼

吴、曾两生至，备道道通恳切为道之意，殊慰相念。若道通，真可谓笃信好学者矣。忧病中会，不能与两生细论，然两生亦自有志向肯用功者，每见辄觉有进。在区区诚不能无负于两生之远来，在两生则亦庶几无负其远来之意矣。临别以此册致道通意，请书数语。荒愦无可言者，辄以道通来书中所问数节，略于转语奉酬。草草殊不详细，两生当亦自能口悉也。

来书云："日用工夫只是立志，近来于先生诲言时时体验，愈益明白。然于朋友不能一时相离，若得朋友讲习，则此志才精健阔大，才有生意。若三五日不得朋友相讲，便觉微弱，遇事便会困，亦时会忘。乃今无朋友相讲之日，还只静坐，或看书，或游衍经行，凡寓目措身，悉取以培养此志，颇觉意思和适。然终不如朋友讲聚，精神流动，生意更多也。离群索居之人，当更有何法以处之？"

此段足验道通日用工夫所得。工夫大略亦只是如此用，只要无间断，到得纯熟后，意思又自不同矣。大抵吾人为学，紧要大头脑，只是立志。所谓困、忘之病，亦只是志欠真切。今好色之人，未尝病于困忘，只是一真切耳。自家痛痒自家须会知得，自家须会搔摩得。既自知得痛痒，自家须不能不搔摩得，佛家谓之"方便法门"。须是自家调停斟酌，他人总难与力，亦更无别法可设也。

【译文】

吴、曾两位年轻人到我这儿来，向我详细说明了你恳切求道的心意，令我十分欣慰。像你这样的人，真可以说是笃信好学的学生。我正为家父守丧，心情抑郁，未能与两位年轻人详谈，但他们也是有志向、能用功的人，每次见到都有所长进。于我而言，实在不能辜负两位远道而来的诚意；对两位而言，或许也没有辜负自己远道而来的心意。临别之时，他们以此书来转达对你的致意，要我写几句话。我此时脑袋糊涂，没太多想说的，就只好对你信中提到的几个问题略加解释，算是有一个交代。草草数语，不甚详细，他们两位会向你亲口转达的。

来信写道："先生平日教诲：'平时用功只是立志。'近来时时对此加以体会验证，想得更加明白。然而我不能一时一刻离开朋友，如果有朋友互相讨论讲习，志向便会强盛宏大，才会生气勃勃。如果三五天不和朋友们讨论讲习，便会觉得志向微弱，遇到事情就会困惑，有时甚至忘记了志向。如今没有朋友讨论讲习的日子，我就静坐沉思，或者看看书，或者到处走走，举手投足之间，都不忘记培养心志，深感心态平和舒适。但终究不如与朋友讲学时的精神奔流来得更有生意。离群索居之人，有什么更好的方法可以维持志向？"

这段话充分验证了你平日功夫的收获。功夫大体上也就如此，只要不间断，等到纯熟之后，自然会有所不同。一般而言，我们做学问最重要的就是立志，你所说的困惑、遗忘的毛病也只是志向还不真切。比如好色之徒，从来就没有困惑、遗忘的毛病，就是因为好色的欲念真切得很。自己的痛痒只有靠自己才能知道，靠自己去挠痒按摩。既然知道自己的痛痒，也就不得不挠痒按摩了，佛家所说的"方便法门"正是这个意思。必须自己考虑斟酌，别人很难帮得上忙，也没有别的方法可用。

来书云："上蔡尝问'天下何思何虑'，伊川云：'有此理，只是发得太早。'在学者工夫，固是'必有事焉而勿忘'，然亦须识得'何思何虑'底气象，一并看为是。若不识得这气象，便有正与助长之病；若认得'何思何虑'，而忘'必有事焉'工夫，恐人堕于无也。须是不滞于有，不堕于无，然乎否也？"

所论亦相去不远矣，只是契悟未尽。上蔡之问，与伊川之答，亦只是上蔡、伊川之意，与孔子《系辞》原旨稍有不同。《系》言"何思何虑"，是言所思所虑只是一个天理，更无别思别虑耳，非谓无思无虑也。故曰："同归而殊途，一致而百虑，天下何思何虑？"云"殊途"，云"百虑"，则岂谓无思无虑邪？心之本体即是天理。天理只是一个，更有何可思虑得？天理原自寂然不动，原自感而遂通。学者用功，虽千思万虑，只是要复他本来体用而已，不是以私意去安排思索出来。故明道云："君子之学，莫若廓然而大公，物来而顺应。"若以私意去安排思索便是"用智自私"矣。"何思何虑"正是工夫。在圣人分上，便是自然的；在学者分上，便是勉然的。伊川却是把作效验看了，所以有"发得太早"之说。既而云"却好用功"，则已自觉其前言之有未尽矣。濂溪主静之论亦是此意。今道通之言，虽已不为无见，然亦未免尚有两事也。

【译文】

来信写道："谢良佐先生曾问'天下有什么可以思虑'，程颐先生说：'有这个道理，但是你说得太早了。'从学者的功夫来说，固然应该是'时刻在事上磨炼，时刻不要忘记'，然而也需要认识到'何思何虑'的气象，两者合并来看才对。如果不明白这种气象，就有孟子所说的'拔苗助长'的毛病；如果明白'何思何虑'，却忘记'必有事焉'的功夫，恐怕又有堕入虚无的毛病了。必须既不滞留于有，也不堕落于无。这样说对吗？"

你所说的也相差不远，只是还没有彻底领悟。谢良佐的问题和程颐先生的回答只是谢良佐和程颐的意思，与孔子《系辞》里的本意略有不同。《系辞》说"何思何虑"，是说所思所虑只是天理，没有别的思虑，并不是完全没有思虑的意思。所以说："同归而殊途，一致而百虑，天下何思何虑？"说"殊途"，说"百虑"，又怎么能说"无思无虑"呢？心的本体就是天理，天理只有一个，还有什么别的可以思虑的吗？天理原本寂然不动，原来一感就通。学者下功夫，虽然反复思虑，也只是要恢复天理的本体与作用，并不是靠一己的私意思索安排个别的什么。所以程颢先生说："君子之学，莫若廓然而大公，物来而顺应。"如果以自己的私意思索安排，便是"为私欲而耍小聪明"了。"何思何虑"正是为学的功夫，对圣人来说这是自然而然的，对学者来说则要勉力才能做到。程颐先生把它看作功夫的结果，所以他说"发得太早"，接着又说"这正是所要下的功夫"，他已然觉察到前言尚有未尽之处。如今你的看法，虽然已经算是有所见识，但还是免不了将功夫和本体视作两件事。

来书云："凡学者才晓得做工夫，便要识认得圣人气象。盖认得圣人气象，把做准的，乃就实地做工夫去，才不会差，才是作圣工夫。未知是否？"

先认圣人气象，昔人尝有是言矣，然亦欠有头脑。圣人气象自是圣人的，我从何处识认？若不就自己良知上真切体认，如以无星之秤而权轻重，未开之镜而照妍媸。真所谓以小人之腹，而度君子之心矣。圣人气象何由认得？自己良知原与圣人一般，若体认得自己良知明白，即圣人气象不在圣人而在我矣。程子尝云："觑着尧，学他行事，无他许多聪明睿智，安能如彼之动容周旋中礼？"又云，"心通于道，然后能辨是非。"今且说通于道在何处？聪明睿智从何处出来？

【译文】

来信写道："为学之人刚刚明白如何做功夫，便需要认识圣人的气象。大概认识圣人的气象之后，将之作为标准，脚踏实地下功夫才不会出差错，这才是学做圣人的功夫。不知这样对不对？"

先去体认圣人的气象，以前也有人这样说，只是这样做的话便缺少了为学的宗旨。圣人的气象是圣人的，我从哪里去体认？如果不从自己的良知上真切地去体认，好比拿没有准星的秤去称重，拿没有磨过的镜子去照美丑。这是所谓以小人之心，度君子之腹了。圣人的气象从何处体认呢？我们自己的良知与圣人是一样的，如果能够明白体认自己的良知，那么圣人的气象便不在圣人，而在我们身上了。程颐先生曾说："看着尧，学他做事，却不及他聪明睿智，如何能够像他那般一举一动都符合礼呢？"他又说，"心与天道相通，便能明辨是非。"现在你且说说心所通达于天道的地方在哪里呢？聪明睿智又从哪儿来呢？

来书云："事上磨炼。一日之内，不管有事无事，只一意培养本原。若遇事来感，或自己有感，心上既有觉，安可谓无事？但因事凝心一会，大段觉得事理当如此，只如无事处之，尽吾心而已。然仍有处得善与未善，何也？又或事来得多，须要次第与处，每因才力不足，辄为所困，虽极力扶起而精神已觉衰弱。遇此未免要十分退省，宁不了事，不可不加培养。如何？"

所说工夫，就道通分上也只是如此用，然未免有出入在。凡人为学，终身只为这一事。自少至老，自朝至暮，不论有事无事，只是做得这一件，所谓"必有事焉"者也。若说"宁不了事，不可不加培养"，却是尚为两事也。"必有事焉而勿忘勿助"，事物之来，但尽吾心之良知以应之，所谓"忠恕违道不远"矣。凡处得有善有未善及有困顿失次之患者，皆是牵于毁誉得丧，不能实致其良知耳。若能实致其良知，然后见得平日所谓善者未必是善，所谓未善者却恐正是牵于毁誉得丧，自贼其良知者也。

【译文】

来信写道："先生说'要在事上磨炼'，一天之内，无论有事无事，都要一心培养心的本体。如果遇到事情有所感动，或者自己心中生出感觉，心中既然有所感，怎能说是无事呢？但是根据事情再仔细思考一下，大概会觉得事情的道理也应当如此，只是当作没什么事一样对待，尽自己的本心罢了。但是仍然会有事情处理得好坏，为什么呢？另外，有时事情很多，需要依次解决，时常因为才力不足，总为事情所困，虽然极力坚持，但精神已然衰弱。遇到这样的情况，难免要退下来反省自己，宁可不做事，也不能不存养此心。这样说对吗？"

你所说的功夫，对你这样天分的人来说，也就是这样了，然而难免还有一些出入。做学问的人，终身只做这一件事，从小到老，从早到晚，无论有事无事，都只做此一件事，这就是"必有事焉"的意思。如果说"宁可不做事，也不能不存养此心"，却变成两件事了。"必有事焉而勿忘勿助"，有事情发生便发挥心中的良知以应对，这便是所谓"忠恕违道不远"的意思。凡是处理得有好有坏，以及有困扰混乱的毛病，都是被毁誉得失所牵累，无法切实地致良知。如果能够切实地致良知，那么平日所谓处理得好的事情未必就是好，所谓处理得不好的事情未必就是不好，恐怕正是担心毁誉得失所致，自己毁去了良知吧。

来书云："致知之说，春间再承诲益，已颇知用力，觉得比旧尤为简易。但鄙心则谓与初学言之，还须带格物意思，使之知下手处。本来致知、格物一并下，但在初学未知下手用功，还说与格物，方晓得致知。"云云。

格物是致知功夫，知得致知便已知得格物；若是未知格物，则是致知工夫亦未尝知也。近有一书与友人论此颇悉，今往一通，细观之，当自见矣。

【译文】

来信写道："关于致知的学说，春天再次蒙先生教诲，已经明白应该在何处用力，甚至觉得比旧说更为简明。但是我认为对初学者来说，还应该加上格物的意思，使得他们知道从何处下手。本来致知、格物就是统一的，但对于那些初学还不知道如何下功夫的人来说，还是应该先跟他们说格物，这样才能明白致知的意思吧。"等等。

格物是致知的功夫，明白致知自然就能明白格物了。如果不明白格物，那么也无法明白致知的功夫。最近有一封给朋友的信对于这个问题讨论得颇为详细，现在也寄给你，你仔细看看自然会明白。

来书云："今之为朱、陆之辨者尚未已。每对朋友言，正学不明已久，且不须枉费心力为朱、陆争是非，只依先生'立志'二字点化人。若其人果能辨得此志来，决意要知此学，已是大段明白了，朱、陆虽不辨，彼自能觉得。又尝见朋友中见有人议先生之言者，辄为动气。昔在朱、陆二先生所以遗后世纷纷之议者，亦见二先生工夫有未纯熟，分明亦有动气之病。若明道则无此矣。观其与吴涉礼论介甫之学云：'为我尽达诸介甫，不有益于他，必有益于我也。'气象何等从容！尝见先生与人书中亦引此言，愿朋友皆如此，如何？"

此节议论得极是极是，愿道通遍以告于同志，各自且论自己是非，莫论朱、陆是非也。以言语谤人，其谤浅。若自己不能身体实践，而徒入耳出口，呶呶度日，是以身谤也，其谤深矣。凡今天下之论议我者，苟能取以为善，皆是砥砺切磋我也，则在我无非警惕修省进德之地矣。昔人谓"攻吾之短者是吾师"，师又可恶乎？

【译文】

来信写道："如今为朱熹、陆九渊争辩的人还未止息。我常常对学友们说，圣学不彰明已然很久了，不必枉费心思为朱陆争辩谁对谁错，只要按照先生

'立志'二字来点拨人。如果这人能够辨清志向，决心要了解圣学，那么他大体上已经明白了，朱、陆谁对谁错不必去争辩，他自己也能有所觉察。我曾经听闻学友中有人议论先生就十分生气。昔日朱熹、陆九渊二位先生给后世遗留下许多争议，这说明两位先生的功夫还未纯熟，明显还有意气用事的毛病。像程颢先生就没有这个毛病。他同吴师礼议论王安石的学问时说：'请把我的观点全都告诉介甫，即便对他没有益处，对我却必然是有益的。'气度胸襟是何等从容！我曾经看到先生在给别人的信中也引用过这句话，希望学友们都这样，对吗？"

这段话说得太对、太好了，还望你告诉同道们，各自只反省自己的是非，不要议论朱、陆二人的是非。用言语毁谤别人，这种毁谤是肤浅的。如果自己不能亲身实践，只是左耳进右耳出，整天唠唠叨叨，这是用行动去毁谤自己，这样的毁谤就严重了。但凡天下间有议论我的人，假如有人能从中得到益处，那他们都是跟我切磋磨砺，对我来说也无非是警惕反省、修学进德之处。荀子说"攻击我缺点的人都是我的老师"，难道我要去厌恶自己的老师吗？

来书云："有引程子'人生而静，以上不容说，才说性便已不是性。'何故不容说？何故不是性？晦庵答云：'不容说者，未有性之可言；不是性者，已不能无气质之杂矣。'二先生之言皆未能晓，每看书至此，辄为一惑，请问。"

"生之谓性"，生字即是气字，犹言"气即是性"也。气即是性，"人生而静，以上不容说"，才说"气即是性"，即已落在一边，不是性之本原矣。孟子性善，是从本原上说。然性善之端，须在气上始见得，若无气亦无可见矣。恻隐、羞恶、辞让、是非即是气。程子谓："论性不论气，不备；论气不论性，不明。"亦是为学者各认一边，只得如此说。若见得自性明白时，气即是性，性即是气，原无性、气之可分也。

【译文】

来信写道："有人引用程子'人天生就处于静中，静以上的状态都没法说，才说性时便已不是性'这句话问朱熹：为什么不能说？为什么不是性？朱熹回答说：'不能说是没有性可说；不是性，是说已然有气质夹杂在性里头。'两人间的对话我都不明白，每次书读到这里，总会有疑惑，故向先生请教。"

"生之谓性","生"字就是"气"字,也就是说"气"就是"性"。气就是性,"人天生就处于静中,这以上就不能说了",才说"气即是性",这样就把性落在一边,并非性的本来状态了。孟子所说的"性善",是从性的本原上说的。然而性善的端倪,却要在气上才能看见,如果没有气也无法见到性。恻隐、羞恶、辞让、是非都是气。程颐说:"论性不论气就不全面;论气不论性就不明白。"这是由于为学之人各自只看到一边,只好这样说。如果能明白地看到自己的天性,那么气便是性,性便是气,原本没有性与气的区分。

【度阴山曰】

王阳明心学最讲究的就是"事上磨炼",这封信中杂七杂八地说了很多,其实主旨只有一个:事上磨炼。事上磨炼的前提就是"必有事",所谓"必有事"就是一定有一件事主导着你的每天、每年、一生。这件事就是致良知,就是存天理。

我们磨炼本心,就是要去事情上磨炼,面对诱惑不为所动,面对毁誉得失不为所动,面对各种人生问题都不为所动,而是立即去解决。

解决的途径则是,依凭良知的判定去行动,是为知行合一。

答陆原静书

澄明之心和烦乱之心都能光明心体

来书云:"下手工夫,觉此心无时宁静,妄心固动也,照心亦动也。心既恒动,则无刻暂停也。"

是有意于求宁静,是以愈不宁静耳。夫妄心则动也,照心非动也。恒照则恒动恒静,天地之所以恒久而不已也。照心固照也,妄心亦照也。"其为物不二,则其生物不息。"有刻暂停则息矣,非至诚无息之学矣。

【译文】

来信写道:"下功夫时,感觉心中没有一刻宁静,烦乱之心固然在动,澄明之心也在动。心既然一直在动,就没有一刻停息了。"

你这是有意追求宁静,因此越发不得宁静。烦乱之心自然是动,但澄明之心实则未动。一直维持心体的澄明,心就处于恒久的即动即静的状态,天地万物也正因此而恒久不息。澄明之心固然使得心体澄明,然而烦乱之心也能使得心体澄明。《中庸》说:"其为物不二,则其生物不息。"有一瞬的停息便会灭亡,便不是最为诚挚、没有丝毫止息的学问了。

来书云："良知亦有起处。"云云。

此或听之未审。良知者心之本体，即前所谓恒照者也。心之本体无起无不起。虽妄念之发，而良知未尝不在，但人不知存，则有时而或放耳；虽昏塞之极，而良知未尝不明，但人不知察，则有时而或蔽耳；虽有时而或放，其体实未尝不在也，存之而已耳；虽有时而或蔽，其体实未尝不明也，察之而已耳。若谓良知亦有起处，则是有时而不在也，非其本体之谓矣。

【译文】

来信写道："良知也有发端之处。"等等。

这或许是你听得不明白。良知就是心的本体，就是前面提到的恒照。心的本体无所谓发端不发端。即使妄念生出来，良知也依然存在，但人们不知道要存养良知，所以有时会失去它；即使心体昏闭阻塞到了极致，良知也依然光明，只是人们不知要去体察，所以有时会被遮蔽。即便有时会失去良知，但其本体尚在，存养它就行了；即使有时会遮蔽良知，但良知本体还是明白的，只要下体察的功夫就可以了。如果说良知也有发端之处，就是认为它有时不存在，那就不是良知的本体了。

来书云："前日'精一'之论，即作圣之功否？"

"精一"之"精"以理言，"精神"之"精"以气言。理者气之条理，气者理之运用。无条理则不能运用，无运用则亦无以见其所谓条理者矣。精则精，精则明，精则一，精则神，精则诚；一则精，一则明，一则神，一则诚。原非有二事也，但后世儒者之说与养生之说各滞于一偏，是以不相为用。前日"精一"之论，虽为原静爱养精神而发，然而作圣之功，实亦不外是矣。

【译文】

来信写道："前些日子先生谈到'精一'，这是不是就是做圣人的功夫？"

"精一"的"精"是就理而言，"精神"的"精"是就气而言。理是气的条理，气是理的运用。没有条理则不能运用，没有运用则无法看到条理。做到了精，就可以精致、明白、专一、神妙、诚挚；做到专一，就可以精致、明白、神妙、诚挚。精和一实则是一回事，只是后世儒者的学说与道家的养生学说各执一偏，无法相互促进。前些日子我说的"精一"之论，虽然是针对你喜欢存养自己的精神而发的，不过做圣人的功夫，也不外乎此。

来书云："元神、元气、元精，必各有寄藏发生之处。又有真阴之精、真阳之气。"云云。

夫良知一也，以其妙用而言谓之"神"，以其流行而言谓之"气"，以其凝聚而言谓之"精"，安可以形象方所求哉？真阴之精，即真阳之气之母；真阳之气，即真阴之精之父。阴根阳，阳根阴，亦非有二也。苟吾良知之说明，即凡若此类，皆可以不言而喻。不然，则如来书所云三关、七返、九还之属，尚有无穷可疑者也。

【译文】

来信写道："元神、元气、元精，必然各有寄托、储藏、发生之处。又有真阴之精、真阳之气。"等等。

良知只有一个，就它的妙用而言称之为"神"，就它的流动而言称之为"气"，就它的凝聚而言称之为"精"，怎么能够根据形象、方位和处所来把握呢？真阴之精就是真阳之气的母体；真阳之气就是真阴之精的父体。阴植根于阳，阳植根于阴，阴阳也是统一的。如果我的良知学说能够彰明于天下，类似的问题都能够不言自明。如若不然，就像你信中提到的三关、七返、九还之类的说法，还会有无穷无尽的疑问。

来书云："良知，心之本体，即所谓'性善'也，未发之中也，寂然不动之体也，廓然大公也，何常人皆不能而必待于学邪？中也、寂也、公也，既以属心之体，则良知是矣。今验之于心，知无不良，而中、寂、大公实未有也，岂良知复超然于体用之外乎？"

性无不善，故知无不良。良知即是未发之中，即是廓然大公、寂然不动之本体，人人之所同具者也。但不能不昏蔽于物欲，故须学以去其昏蔽。然于良知之本体，初不能有加损于毫末也。知无不良，而中、寂、大公未能全者，是昏蔽之未尽去，而存之未纯耳。体即良知之体，用即良知之用，宁复有超然于体用之外者乎？

【译文】

来信写道："良知是心的本体，就是所谓'性善'，就是感情未发出来时的中正，就是寂然不动的本体，就是廓然大公，为何常人一定要经过学习才能达到呢？中和、寂静、公正的品德，既然属于心的本体，就是良知。如今在心中验证，良知都是好的，然而中和、寂静、公正的品德却没有，难道良知是超然于体用之外的吗？"

性没有不善的，故而知没有不良的。良知就是未发之中、廓然大公、寂然不动的本体，人人都具备。但是良知不能不为物欲所昏蔽，因此需要通过学习去除昏蔽。不过这对于良知的本体不会有丝毫损害。知没有不良的，然而中和、寂静、公正的品德无法完全具备，是因为昏蔽没有除尽，良知存养还没有达到纯熟罢了。体就是良知的本体，用就是良知的作用，哪里有什么超然于体用之外的良知呢？

来书云："周子曰'主静'，程子曰'动亦定，静亦定'，先生曰'定者，心之本体'。是静、定也，决非不睹不闻、无思无为之谓，必常知、常存、常主于理之谓也。夫常知、常存、常主于理，明是动也，已发也，何以谓之静？何以谓之本体？岂是静、定也，又有以贯乎心之动静者邪？"

理无动者也。常知、常存、常主于理，即不睹不闻、无思无为之谓也。不睹不闻、无思无为，非槁木死灰之谓也，睹闻思为一于理，而未尝有所睹闻思为，即是动而未尝动也。所谓"动亦定，静亦定"，体用一原者也。

【译文】

来信写道："周敦颐先生说'主静'，程颢先生说'动亦定，静亦定'，先生说'定者，心之本体'。所谓静和定，绝不是不看不听、不想不做的意思，而是一定要时常认知、存养、遵从天理的意思。所谓认知、存养、遵从天理，明明就是动，属于已发的范畴，为何称为静呢？为何称为本体呢？难道这个静和定，是贯通心的动静的吗？"

天理是不动的。时常认知、存养、遵循天理，就是不看不听、不思不做的意思。不看不听、不思不做，并不是说身如槁木、心如死灰，而是看、听、思、为都专注于天理，没有其他的看、听、思、为，这就是动却不曾动。程颢先生所说的"动亦定，静亦定"，是指本体和作用原本就是统一的意思。

来书云："此心'未发'之体，其在'已发'之前乎？其在'已发'之中而为之主乎？其无前后、内外而浑然之体者乎？今谓心之动静者，其主有事无事而言乎？其主寂然、感通而言乎？其主循理、从欲而言乎？若以循理为静，从欲为动，则于所谓'动中有静，静中有动''动极而静，静极而动'者，不可通矣；若以有事而感通为动，无事而寂然为静，则于所谓'动而无动，静而无静'者，不可通矣。若谓'未发'在'已发'之先，静而生动，是至诚有息也，圣人有复也，又不可矣；若谓'未发'在'已发'之中，则不知'未发''已发'俱当主静乎？抑'未发'为静而'已发'为动乎？抑'未发''已发'俱无动无静乎？俱有动有静乎？幸教。"

"未发之中"，即良知也，无前后、内外而浑然一体者也。有事、无事可以言动、静，而良知无分于有事、无事也；寂然、感通可以言动、静，而良知无分于寂然、感通也。动、静者，所遇之时。心之本体固无分于动、静也。理无动者也，动即为欲。循理则虽酬酢万变而未尝动也；从欲则虽槁心一念而未尝静也。"动中有静，静中有动"，又何疑乎？有事而感通固可以言动，然而寂然者未尝有增也；无事而寂然固可以言静，然而感通者未尝有减也。"动而无动，静而无静"，又何疑乎？无前后内外而浑然一体，则至诚有息之疑不待解矣。"未发"在"已发"之中，而"已发"之中未尝别有"未发"者在；"已发"在"未发"之中，而"未发"之中未尝别有"已发"者存。是未尝无动、静，而不可以动、静分者也。

凡观古人言语，在以意逆志而得其大旨，若必拘滞于文义，则"靡有孑遗"者，是周果无遗民也。周子"静极而动"之说，苟不善观，亦未免有病。盖其意从"太极动而生阳，静而生阴"说来。太极生生之理，妙用无息，而常体不易。太极之生生，即阴阳之生生。就其生生之中，指其妙用无息者而谓之动，谓之阳之生，非谓动而后生阳也；就其生生之中，指其常体不易者而谓之静，谓之阴之生，非谓静而后生阴也。若果静而后生阴，动而后生阳，则是阴阳、动静，截然各自为一物矣。阴阳一气也，一气屈伸而为阴阳；动静一理也，一理隐显而为动静。春夏可以为阳为动，而未尝无阴与静也；秋冬可以为阴为静，而未尝无阳与动也。春夏此不息，秋冬此不息，皆可谓之阳，谓之动也。春夏此常体，秋冬此常体，皆可谓之阴，谓之静也。自元、会、运、世、岁、月、日、时以至刻、秒、忽、微，莫不皆然。所谓"动静无端，阴阳无始"，在知道者默而识之，非可以言语穷也。若只牵文泥句，比拟仿像，则所谓"心从《法华》转，非是转《法华》"矣。

【译文】

来信写道："人心'未发'的本体，是在'已发'之前呢？还是在'已发'之中并主导着'已发'？或者是'未发''已发'不分先后、内外，浑然一体？如今所说的心之动静，是就有事、无事来说的呢？还是就寂然不动、感应相通来说的呢？抑或是就遵循天理、迁就私欲来说的？如果以依循天理为静，迁就私欲为动，那么'动中有静，静中有动''动极而静，静极而动'就说不通了；如果以有事感通为动，无事寂然为静，那么'动而无动，静而无静'就说不通了。如果说'未发'在'已发'之前，静而生动，那么最为诚挚的心体便会有所止息，圣人便要通过功夫才能恢复德行，这又说不通；如果说'未发'在'已发'之中，那么不知道'未发''已发'都主于静呢，还是'未发'为静、'已发'为动呢？或者'未发''已发'都是无动无静、有动有静呢？请先生赐教。"

"感情未发出来时的中正"就是良知，是没有前后、内外的浑然一体的存在。有事、无事可以说是动、静，然而良知却不能分有事、无事；寂然、感通可以说是动、静，而良知不能分寂然、感通。动与静是所处的时机，心的本体固然没有动与静的区分。天理不动，动就是私欲。只要依循天理，虽然处于人事万变之中却也未曾动；迁就私欲，即便心如槁木也未曾静。"动中有静，静中有动"，又有什么好怀疑的？有事时的感通固然可以说是动，然而寂然不动的心也未曾增加；无事时的寂然固然可以说是静，然而感通运动的心也未曾减少。"动而无动，静而无静"，又有什么疑问呢？良知没有前后、内外的差别，浑然一体，那么对"至诚有息"的怀疑就不用解释了。"未发"在"已发"之中，但"已发"之中未尝还有一个"未发"存在；"已发"在"未发"之中，但"未发"之中未尝还有一个"已发"存在。由此可见，其实不能说没有动、静，只是不能用动、静来区分心体罢了。

凡是看古人的言辞，在于用心体察、通晓其义，如果拘泥于文字，那么"靡有孑遗"这句就该理解为周朝确实没有遗民了。周敦颐"静极而动"的说法，如果不审慎看待，也难免会出错。大概他想要表达的意思是从"太极动而生阳，静而生阴"说下来的。太极生生不息的道理，妙用无穷，本体却恒定不变。太极的生生不息，就是阴阳的生生不息。在其生生不息之中，就其妙用无穷来说就是动，阳在此运动中得以产生，而不是运动后才产生阳；在其生生不息之中，就其本体恒定不变来说就是静，阴在此静止中得以产生，而不是静止后才产生阴。如果真的是静止后才生阴，运动后才生阳，那么阴阳、动静就各自分别是不同的物了。阴阳是同一种气，气收缩则为阴，气伸展则为阳；动静是同一个道理，理隐蔽起来就是静，理显现出来就是动。春夏可以说是阳和动，但未尝没有阴和静；秋冬可以说是阴和静，但未尝没有阳和动。春夏秋冬变化不息，都可以称为阳，称为动；春夏秋冬的常定之态，都可以称为阴，称之为静。从元、会、运、世、岁、月、日、时，到刻、秒、忽、微，全都是如此。所谓"动静无端，阴阳无始"，这个道理对于通晓大道的人可以默会而知，却无法用言语来表达、穷尽。如果只是拘泥于字句，比拟模仿，那就是所谓"《法华经》支配着心转，不是心支配着《法华经》转"。

来书云："尝试于心，喜、怒、忧、惧之感发也，虽动气之极，而吾心良知一觉，即罔然消阻，或遏于初，或制于中，或悔于后。然则良知常若居优闲无事之地而为之主，于喜、怒、忧、惧若不与焉者，何欤？"

知此，则知"未发之中""寂然不动"之体，而有"发而中节"之和、"感而遂通"之妙矣。然谓"良知常若居于优闲无事之地"，语尚有病。盖良知虽不滞于喜、怒、忧、惧，而喜、怒、忧、惧亦不外于良知也。

【译文】

来信写道："我曾经在心中验证过喜、怒、忧、惧等感情的生发，即便特别动气的时候，只要我心中良知一有觉醒，就会慢慢消解，有时在一开始动气的时候就得到遏制，有时动气到一半了才得到制止，有时却会在事后再后悔。但是，良知好像时常在悠闲无事的地方主宰着自己的感情，与喜、怒、忧、惧的感情似乎没有什么关系，这是为什么呢？"

你明白了这一点，就明白"未发之中""寂然不动"的本体，就能体验到"发而中节"的平和，"感而遂通"的妙用了。然而，你却认为"良知好像时常在悠闲无事的地方主宰感情"，这话还有毛病。所谓良知虽然不滞留于喜、怒、忧、惧，然而喜、怒、忧、惧却也不外乎良知。

来书云："夫子昨以良知为照心。窃谓良知，心之本体也；照心，人所用功，乃戒慎恐惧之心也，犹思也。而遂以戒慎恐惧为良知，何欤？"

能戒慎恐惧者，是良知也。

【译文】

来信写道："先生昨日讲良知就是照心。我以为良知是心的本体；照心则是人所用的功夫，是戒慎恐惧的心，好比是心思。然而先生却将戒慎恐惧作为良知，这是为何？"

能让人戒慎恐惧之心的那个东西，就是良知。

来书云："先生又曰'照心非动也'，岂以其循理而谓之静欤？'妄心亦照也'，岂以其良知未尝不在于其中、未尝不明于其中，而视听言动之不过则者，皆天理欤？且既曰妄心，则在妄心可谓之照，而在照心则谓之妄矣。妄与息何异？今假妄之照以续至诚之无息，窃所未明，幸再启蒙。"

"照心非动"者，以其发于本体明觉之自然，而未尝有所动也，有所动即妄矣；"妄心亦照"者，以其本体明觉之自然者，未尝不在于其中，但有所动耳，无所动即照矣。无妄、无照，非以妄为照，以照为妄也。照心为照，妄心为妄，是犹有妄、有照也。有妄、有照则犹二也。二则息矣。无妄、无照则不二，不二则不息矣。

【译文】

来信写道："先生又说'澄明之心是不动的'，难道是因为遵循天理，所以说它是静的吗？'烦乱之心也可以使心体澄明'，难道是因为良知未尝不在烦乱之心当中、未尝不澄明于烦乱之心当中，人的视听言动能够不越过准则，都是天理的作用吗？既然说是烦乱之心，那么良知对于它来说就是澄明的，而对于澄明之心来说就是烦乱的。妄动与停息有什么区别呢？现在把烦乱之心内有澄明与用心至诚没有停息联系起来，我还有不明白的地方，请先生再次指教。"

"澄明之心是不动的"，是因为它来自心之本体的自然明觉，所以不曾动，动了便是妄；"烦乱之心也可以使心体澄明"，是因为心之本体的自然明觉未尝不在其中，只是有所动，不动便是照。说无妄、无照，并非将妄心当作照心，将照心当作妄心。把照心当作照，把妄心当作妄，这依然是有妄与照的区分。有妄与照的区分就是将心一分为二。把心一分为二，心体便有所停息。没有妄与照的区分就不会有二心，没有二心，心体就不会停息。

来书云："养生以清心寡欲为要。夫清心寡欲，作圣之功毕矣。然欲寡则心自清，清心非舍弃人事而独居求静之谓也，盖欲使此心纯乎天理而无一毫人欲之私耳。今欲为此之功，而随人欲生而克之，则病根常在，未免灭于东而生于西。若欲刊剥洗荡于众欲未萌之先，则又无所用其力，徒使此心之不清。且欲未萌而搜剔以求去之，是犹引犬上堂而逐之也，愈不可矣。"

必欲此心纯乎天理而无一毫人欲之私，此作圣之功也。必欲此心纯乎天理而无一毫人欲之私，非防于未萌之先而克于方萌之际不能也。防于未萌之先而克于方萌之际，此正《中庸》"戒慎恐惧"、《大学》"致知格物"之功，舍此之外，无别功矣。夫谓"灭于东而生于西""引犬上堂而逐之"者，是自私自利、将迎意必之为累，而非克治洗荡之为患也。今曰"养生以清心寡欲为要"，只"养生"二字便是自私自利、将迎意必之根。有此病根潜伏于中，宜其有"灭于东而生于西""引犬上堂而逐之"之患也。

【译文】

来信写道："养生的诀窍在于清心寡欲。能清心寡欲，做圣人的功夫也就到位了。欲望少了心自然清净了，清净之心并不是说要舍弃人事、离群索居以求清净，而是说要使得心中纯粹都是天理而没有一丝一毫的私欲。现在想要做这样的功夫，但如果人欲一出现就克制它，这样的话病根并未除去，难免会克制了这里的私欲，别的私欲又冒出来。如果想要将各种私欲在还没有萌生出来的时候就扫除涤荡干净,却不知从何处下手,这样只会使得自己心中不得清净。况且想要在私欲萌生之前搜寻剔除干净,就好比是把狗牵到堂上再把它赶下去,这样就更做不到了。"

务必使自己心中纯粹都是天理、没有一丝一毫的私欲,才能算是做圣人的功夫。而要做到这一点,必须在私欲萌生之前就防范克制。而这正是《中庸》所谓"戒慎恐惧"、《大学》所谓"致知格物"的功夫,除此之外,没有别的功夫了。你所说的"制了这边的私欲,别的私欲又冒出来""把狗牵到堂上再把它赶下去",这是被自私自利、有意安排、刻意思索所牵累,并不是克制涤荡私欲本身的问题。如今你说"养生的诀窍在于清心寡欲",单这"养生"两个字就是自私自利、有意安排、刻意思索的病根。只要这个病根潜伏在心中,自然会产生"这边的私欲克制了,别的私欲又冒出来""把狗牵到堂上再把它赶下去"的毛病。

来书云:"佛氏于'不思善、不思恶时认本来面目',于吾儒'随物而格'之功不同。吾若于不思善、不思恶时用致知之功,则已涉于思善矣。欲善恶不思而心之良知清静自在,惟有寐而方醒之时耳,斯正孟子'夜气'之说。但于斯光景不能久,倏忽之际,思虑已生。不知用功久者,其常寐初醒而思未起之时否乎?今澄欲求宁静,愈不宁静;欲念无生,则念愈生。如之何而能使此心前念易灭,后念不生,良知独显而与造物者游乎?"

"不思善、不思恶时认本来面目",此佛氏为未识本来面目者设此方便。本来面目则吾圣门所谓良知。今既认得良知明白,即已不消如此说矣。"随物而格",是致知之功,即佛氏之"常惺惺",亦是常存他本来面目耳。体段功夫大略相似。但佛氏有个自私自利之心,所以便有不同耳。今"欲善恶不思而心之良知清静自在",此便有自私自利、将迎意必之心,所以有"不思善、不思恶时用致知之功,则已涉于思善"之患。孟子说"夜气",亦只是为失其良心之人指出个良心萌动处,使他从此培养将去,今已知得良知明白,常用致知之功,即已不消说"夜气",却是得兔后不知守兔而仍去守株,兔将复失之矣。"欲求宁静""欲念无生",此正是自私自利、将迎意必之病,是以"念愈生"而"愈不宁静"。良知只是一个良知,而善恶自辨,更有何善何恶可思?良知之体本自宁静,今却又添一个求宁静;本自生生,今却又添一个欲无生。非独圣门致知之功不如此,虽佛氏之学亦未如此将迎意必也。只是一念良知，彻头彻尾，无始无终，即是前念不灭，后念不生。今却欲前念易灭，而后念不生，是佛氏所谓"断灭种性"，入于槁木死灰之谓矣。

【译文】

来信写道："佛家主张'在不思善、不思恶的时候体认心的本来面目'，这与我们儒家'在事物上格心'的功夫不同。我如果在不思善、不思恶时下致知的功夫，其实已经在思了。想要不思善恶而心中良知清净自在，只有刚睡醒时才能做到，这是孟子所谓'夜气'的学说。但是这个状态不能维持很久，瞬息之间思虑就产生了。不知道用功日久的人，能够常如睡醒时那样思虑不起吗？如今我想求宁静，却越发不得宁静；想不生念头，却愈生出念头。怎样才能使得心中前念灭去、后念不生，只有良知与天地大道相合呢？"

"不思善、不思恶时体认本来面目"，这是佛家为了让人认识本来面目而设立的方便法门。本来面目就是圣人所谓的良知。如今既然能明白体认良知，就不需要这么说了。"随物而格"，便是致知的功夫，就是佛家所说的"常惺惺"，也只是时常存养本来面目而已。佛、儒两家的功夫大体相似，但佛家有个自私自利的心，所以有"不思善、不思恶时用致知之功，则已涉于思善"的毛病。孟子说"夜气"，也只是为了给失去良心的人指出一个良心萌动之处，使他能够从此将良心培养起来。如今已然能清楚明白地知道良知，时常用致知的功夫，便不需要说"夜气"，否则就好比得到了兔子还去看着树桩，便会再次丢失兔子。"欲求宁静""欲念无生"，这正是自私自利、刻意追求的毛病，故而"念愈生""愈不宁静"。良知只是一个良知，自然分辨善恶，哪还有什么善恶可以思虑？良知的本体自然宁静，如今却又添上一个求宁静；良知的本体自然生生不息，如今却又添上一个欲念不生。并非只有圣学致知的功夫不是如此，即便佛家的学问也不会如此刻意追求。只要一心在良知上，彻头彻尾，无终无始，就是前念不灭、后念不生。如今你却想要前念断灭、后念不生，这是佛家所谓"断灭种性"，这是身如槁木、心如死灰的状态。

来书云："佛氏又有'常提念头'之说，其犹孟子所谓'必有事'，夫子所谓'致良知'之说乎？其即'常惺惺'，常记得，常知得，常存得者乎？于此念头提在之时，而事至物来，应之必有其道。但恐此念头提起时少，放下时多，则功夫间断耳。且念头放失，多因私欲客气之动而始，忽然惊醒而后提。其放而未提之间，心之昏杂多不自觉。今欲日精日明，常提不放，以何道乎？只此常提不放即全功乎？抑于常提不放之中，更宜加省克之功乎？虽曰常提不放，而不加戒惧克治之功，恐私欲不去。若加戒惧克治之功焉，又为'思善'之事，而于本来面目又未达一间也。如之何则可？"

戒惧克治即是"常提不放"之功，即是"必有事焉"，岂有两事邪？此节所问，前一段已自说得分晓，末后却是自生迷惑，说得支离，及有"本来面目未达一间"之疑，都是自私自利、将迎意必之为病。去此病自无此疑矣。

【译文】

来信写道："佛家还有'常提念头'的说法，这就好比是孟子所说的'必有事'，先生所说的'致良知'吗？也就是'常惺惺'、常记得、常知道、常存养的意思吗？在提起这个念头的时候，事物来到面前，一定会有恰当的应对方法。但恐怕这个念头提起的时候少，放下的时候多，那样功夫便有中断。况且念头的丧失，大多是因为私欲和外在的气的发动，要突然惊醒后才能提起来。放下还未提起之前，人心昏暗杂乱且常常不自觉。如今想要心念日益精进明白，常提不放，应该用什么方法呢？只要这个念头常提不放就是全部的功夫吗？还是在常提不放的同时，还要增加反省克制的功夫？虽说常提不放，但不加戒慎恐惧、克制私欲的功夫，恐怕还无法清除私欲。如果加上戒慎恐惧、克制私欲的功夫，又成了'刻意思善'，与心体的本来面目又不能合一。到底该如何做才好？"

戒慎恐惧和克制私欲就是"常提不放"的功夫，就是"必有事焉"，怎么会有两件事？你所问的问题，前面已经说清楚了，后来你自己又产生疑惑，说得支离破碎，才产生"与心体的本来面目不能合一"的疑问，这都是自私自利、刻意求之的弊病。去掉这个毛病，便没有什么疑问了。

来书云："'质美者明得尽，渣滓便浑化。'如何谓'明得尽'？如何而能'更浑化'？"

良知本来自明。气质不美者，渣滓多，障蔽厚，不易开明。质美者，渣滓原少，无多障蔽，略加致知之功，此良知便自莹彻。些少渣滓如汤中浮雪，如何能作障蔽？此本不甚难晓，原静所以致疑于此，想是因一"明"字不明白，亦是稍有欲速之心。向曾面论"明善"之义，"明则诚矣"，非若后儒所谓"明善"之浅也。

【译文】

来信写道："程颢先生说：'气质美好的人善德尽显，缺点也都融化消失了。'怎样才算善德'尽显'？怎样才能使缺点'融化消失'？"

良知本就自然明白。本质较差的人，缺点较多，对于良知的遮蔽也就越发厚实，良知便不易呈现明白。本质较好的人，缺点较少，没有太多的遮蔽，稍加致知的功夫，良知就能晶莹透彻。一点点毛病就好比汤中漂浮的雪花，怎能遮蔽良知呢？这本来不难明白，你之所以有疑问，想来是因为这个"明"字的意思不清楚，这也是你有急切的心思所致。以前我和你曾当面讨论过"明善"的含义，"明则诚矣"，并非像朱熹等人对"明善"的解释那样肤浅。

来书云："聪明睿知，果质乎？仁义礼智，果性乎？喜怒哀乐，果情乎？私欲、客气，果一物乎？二物乎？古之英才，若子房、仲舒、叔度、孔明、文中、韩、范诸公，德业表著，皆良知中所发也，而不得谓之闻道者，果何在乎？苟曰此特生质之美耳，则生知安行者不愈于学知、困勉者乎？愚意窃云，谓诸公见道偏则可，谓全无闻则恐后儒崇尚记诵训诂之过也。然乎？否乎？"

性一而已。仁义礼知，性之性也；聪明睿知，性之质也，喜怒哀乐，性之情也；私欲、客气，性之蔽也。质有清浊，故情有过、不及，而蔽有浅深也。私欲、客气，一病两痛，非二物也。张、黄、诸葛及韩、范诸公，皆天质之美，自多暗合道妙，虽未可尽谓之知学，尽谓之闻道，然亦自其有学违道不远者也。使其闻学知道，即伊、傅、周、召矣。若文中子则又不可谓之不知学者，其书虽多出于其徒，亦多有未是处，然其大略则亦居然可见。但今相去辽远，无有的然凭证，不可悬断其所至矣。

夫良知即是道。良知之在人心，不但圣贤，虽常人亦无不如此。若无有物欲牵蔽，但循着良知发用流行将去，即无不是道。但在常人多为物欲牵蔽，不能循得良知。如数公者，天质既自清明，自少物欲为之牵蔽，则其良知之发用流行处，自然是多，自然违道不远。学者，学循此良知而已。谓之知学，只是知得专在学循良知。数公虽未知专在良知上用功，而或泛滥于多歧，疑迷于影响，是以或离或合而未纯。若知得时，便是圣人矣。后儒尝以数子者尚皆是气质用事，未免于行不著、习不察，此亦未为过论。但后儒之所谓著、察者，亦是狃于闻见之狭，蔽于沿习之非，而依拟仿象于影响形迹之间，尚非圣门之所谓著、察者也。则亦安得以己之昏昏，而求人之昭昭也乎？所谓生知安行，"知行"二字亦是就用功上说。若是知行本体，即是良知良能，虽在困勉之人，亦皆可谓之生知安行矣。"知行"二字更宜精察。

【译文】

来信写道："聪明睿智，真的是人的禀赋吗？仁义礼智，真的是人的天性吗？喜怒哀乐，真的是人的感情吗？私欲和客气，果真是一件东西，还是两件东西呢？古代的英才，像张良、董仲舒、黄宪、诸葛亮、王通、韩琦、范仲淹等人，功业卓著，都是从他们的良知所发用得来的，但又不能认为他们人人都得闻大道，这到底是为何？如果说他们天资卓著，那么生知安行的人难道不如学知利行和困知勉行的人吗？我猜想：如果说他们对道的认识不全面的话大概可以，但说他们完全没有对道的体认，恐怕就是后世儒者太过崇尚记诵训诂之学所形成的偏见了。对吗？"

性只有一个。仁义礼智，是性的本质；聪明睿智，是性的禀赋；喜怒哀乐，是性的情感；私欲和客气，是性的蔽障。本质有清浊之分，所以情感有过与不及的差异，蔽障有浅和深的不同。私欲和客气，是一种毛病伴随的两种痛苦，并非两种事物。张良、黄宪、诸葛亮，以及韩琦、范仲淹等人，都有天纵的才智，自然与道多有妙合之处，虽然不能说他们完全明白圣学、大道，然而他们的学问离大道并不远。假如他们能够通晓圣学、得闻大道，便是伊尹、傅说、周公、召公了。至于王通，则又不能说他不明白圣学，他的书虽然多出自他弟子之手，也多有不当之处，然而他的学问大体上还是可以看得明白的。不过由于时日相去甚远，没有确实的凭证，无法凭空断定他的学问离圣道到底有多远。

良知即是道。良知自在人心，无论是圣贤，还是常人都是如此。如果没有物欲的牵累、蒙蔽，只是依循良知的发用流行去行事，便无往而非道。但是常人大都为物欲所牵累、蒙蔽，无法依循良知。像上面谈到的那几位，天生的资质清纯明白，物欲牵累较少，良知发用流行之处自然较多，自然离道不远。"学"就是学习如何依循良知。所谓"知学",就是明白应当一心一意学习依循良知。那几位虽然不明白一心在良知上用功,有的兴趣广泛,受到别的东西影响、迷惑,但假如他们明白这一点,就是圣人了。后世的儒者曾认为他们几个全凭天生的才智才能建功立业,恐怕是不察明事情原委的说法,这样评价他们并不过分。不过,后世的儒者所说的"著"和"察",也是拘泥于狭隘的见闻,受到旧有的习惯蒙蔽,仿效圣人的影响和事迹,并不是圣学所谓的"著"和"察"。自己还没弄清楚,如何能够使别人通达明白呢?所谓生知安行,"知行"二字也是在功夫上说。如果是知行的本来面貌,就是良知良能,即便是困知勉行的人,也可以说是生知安行。"知行"二字更应该仔细体察。

来书云:"昔周茂叔每令伯淳寻仲尼、颜子乐处。敢问是乐也,与七情之乐同乎?否乎?若同,则常人之一遂所欲,皆能乐矣,何必圣贤?若别有真乐,则圣贤之遇大忧、大怒、大惊、大惧之事,此乐亦在否乎?且君子之心常存戒惧,是盖终身之忧也,恶得乐?澄平生多闷,未尝见真乐之趣,今切愿寻之。"

乐是心之本体,虽不同于七情之乐,而亦不外于七情之乐。虽则圣贤别有真乐,而亦常人之所同有,但常人有之而不自知,反自求许多忧苦,自加迷弃。虽在忧苦迷弃之中,而此乐又未尝不存,但一念开明,反身而诚,则即此而在矣。每与原静论,无非此意,而原静尚有"何道可得"之问,是犹未免于骑驴觅驴之蔽也!

【译文】

来信写道:"从前周敦颐先生常常要程颢寻找孔子与颜回快乐的原因。敢问孔子、颜回的快乐与七情之乐是一样的吗?如果是一样的,那么常人依循自己的私欲便能快乐,何必还要学做圣贤?如果另外有真正的快乐,那么圣贤遇到大忧、大怒、大惊、大惧的事情,这个真正的快乐还存在吗?况且君子常怀戒慎恐惧之心,终身都怀有忧虑,哪里还有快乐可言?我素来多烦闷,不曾体会过真正的快乐,现在十分真切地想寻找它。"

孔子、颜回的快乐是心的本体,虽然不同于七情之乐,但也不外乎七情之乐。虽然圣贤另有真乐,但也是常人同样具有的,只不过自己不知道,反而自寻许多苦恼，自行迷茫、遗弃真正的快乐。虽然在苦恼迷茫之中，但是真乐又时刻存在，只要一念开明，反求诸己，就能感受到这种快乐。我每次同你讲的都是这个意思，而你还问有何办法可寻，这未免是骑驴找驴啊！

来书云："《大学》以心有好乐、忿懥、忧患、恐惧为不得其正，而程子亦谓'圣人情顺万事而无情'。所谓有者，《传习录》中以病疟譬之，极精切矣。若程子之言，则是圣人之情不生于心而生于物也，何谓耶？且事感而情应，则是是非非可以就格。事或未感时，谓之有则未形也，谓之无则病根在。有无之间，何以致吾知乎？学务无情，累虽轻，而出儒入佛矣，可乎？"

圣人致知之功，至诚无息。其良知之体，皦如明镜，略无纤翳，妍媸之来，随物见形，而明镜曾无留染，所谓"情顺万事而无情"也。"无所住而生其心"，佛氏曾有是言，未为非也。明镜之应物，妍者妍，媸者媸，一照而皆真，即是"生其心"处。妍者妍，媸者媸，一过而不留，即是"无所住"处。病疟之喻，既已见其精切，则此节所问可以释然。病疟之人，疟虽未发，而病根自在，则亦安可以其疟之未发，而遂忘其服药调理之功乎？若必待疟发而后服药调理，则既晚矣。致知之功，无间于有事无事，而岂论于病之已发未发邪？大抵原静所疑，前后虽若不一，然皆起于自私自利、将迎意必之为累。此根一去，则前后所疑，自将冰消雾释，有不待于问辨者矣。

【译文】

来信写道："《大学》以心有好乐、愤懑、忧患、恐惧为不得其正，而程颢先生又说'圣人情顺万事而无情'。所谓有情，《传习录》曾以疟疾为比喻，十分精辟。如果像程颢先生所说，那么圣人之情不是产生于心，而是产生于物了，这是什么意思？况且受到事物的感发而相应地产生内在的感情，其中的是是非非才得以格正。如果没有感受到事物时，说有情则情还未显现，说无情却像是病根一般潜伏着。有情与无情之间，怎样才能实现自己的良知呢？学习一定要达到无情的境界，这样牵累虽然少了，却又离开儒学、遁入佛学了，这样可以吗？"

圣人致知的功夫，是最为诚挚而没有一丝一毫停息的。圣人良知的本体，皎洁如明镜，不曾有纤毫染着，美丑随时在镜中显现出它的形象，而明镜本身也并未受到沾染，这就是所谓"情顺万事而无情"。"无所住而生其心"，佛家这一说法本来不错。明镜照物，美者自美，丑者自丑，一照便显出真相，便是"生其心"之处。美者自美，丑者自丑，一照而不曾滞留，便是"无所住"的意思。你对于疟疾的比喻已经理解得很透彻了，那么这里所问的问题便自然迎刃而解了。有疟疾的人，疟疾虽然没有发作，病根却在，难道可以因为病没有发作就忘记吃药调理的功夫吗？如果一定要等待病发后才吃药调理，就为时已晚了。致知的功夫，有事无事都不曾间断，哪管病是发作还是没发作？你的疑问，虽然前后不一，大体上都是由于自私自利、刻意追求的心态在牵累。这一病根去除，那么前前后后许多疑问，自然冰消雾散，无须学问思辨了。

【度阴山曰】

第一，澄明之心固然使得心体澄明，然而烦乱之心也能使得心体澄明，这段话太重要也太容易让人产生歧义了。很多人认为，澄明之心肯定能让人心体澄明，可烦乱之心怎么还能让心体澄明？每天烦躁不安，心体如何澄明？

我们的心并非永远都澄明，烦乱之心常常起。起了烦乱之心，就要有这样的意识：烦乱之心是与生俱来的，它有开始、发展、高潮和结束。如果烦乱之心来了，你总想把它干掉，那就违背了这个规律。它来，你阻挡不了；它走，你也留不下。所以，该做什么就做什么，烦乱之心迟早会走。有这样的意识后，烦乱之心恰好能练就我们的心体，当它走后，你就如同凤凰涅槃，又提高了一层境界。

第二，只要你活着，良知就不会消失，它只会被遮蔽。虽然被遮蔽，但它还是能分清是非善恶的，你不按照它的指示做，就是知行不一。

第三，良知本就自然明白。本质较差的人，缺点较多，对良知的遮蔽也就越发厚实，良知便不易呈现明白。本质较好的人，缺点较少，没有太多的遮蔽，稍加致知的功夫，良知就能晶莹透彻。

答欧阳崇一

故良知常觉、常照

崇一来书云:"师云:'德性之良知,非由于闻见,若曰多闻择其善者而从之,多见而识之,则是专求之见闻之末,而已落在第二义。'窃意良知虽不由见闻而有,然学者之知,未尝不由见闻而发。滞于见闻固非,而见闻亦良知之用也。今曰'落在第二义',恐为专以见闻为学者而言,若致其良知而求之见闻,似亦知行合一之功矣。如何?"

良知不由见闻而有,而见闻莫非良知之用。故良知不滞于见闻,而亦不离于见闻。孔子云:"吾有知乎哉?无知也。"良知之外别无知矣。故致良知是学问大头脑,是圣人教人第一义。今云专求之见闻之末,则是失却头脑,而已落在第二义矣。近时同志中,盖已莫不知有致良知之说,然其功夫尚多鹘突者,正是欠此一问。

大抵学问功夫只要主意头脑是当。若主意头脑专以致良知为事,则凡多闻多见,莫非致良知之功。盖日用之间,见闻酬酢,虽千头万绪,莫非良知之发用流行。除却见闻酬酢,亦无良知可致矣,故只是一事。若曰致其良知而求之见闻,则语意之间未免为二。此与专求之见闻之末者虽稍不同,其为未得精一之旨,则一而已。"多闻,择其善者而从之,多见而识之。"既云"择",又云"识",其良知亦未尝不行于其间,但其用意乃专在多闻多见上去择、识,则已失却头脑矣。崇一于此等处见得当已分晓,今日之问,正为发明此学,于同志中极有益,但语意未莹,则毫厘千里,亦不容不精察之也。

【译文】

欧阳崇一来信写道:"先生说:'德性的良知,并非由见闻产生,如果说听得多然后选择好的来遵从,见得多然后从中加以识别,则是专门在见闻细节上探求,已然落在次一等的层次了。'我以为良知虽然不来自见闻,然而学者的知识,未尝不是从见闻中所产生的。拘泥于见闻固然不对,然而见闻也是良知的作用。如今却说'落在第二义',恐怕是针对专门将见闻作为学问的人而言的。如果为了致良知的目的而在见闻上探求,似乎也是知行合一的功夫。这样说对吗?"

良知并非由见闻所产生,然而见闻也是良知的作用。因此良知不滞留在见闻之上,却也离不开见闻。孔子说:"我有知识吗?没有啊。"良知之外别无其他知识。所以致良知是做学问的关键之处,是圣人教人为学的头等大事。如今说专注于探求见闻的细枝末节,这是失却了为学的宗旨,这便是落在了次一等的层次。这段时间,大家都已经知道致良知的学问了,然而功夫还有许多糊涂的地方,正是欠缺你的这一疑问。

大体而言,做学问的功夫一定要把握宗旨。如果把致良知作为为学的宗旨,那么多见多闻也不过是致良知的功夫。日常生活中,见识应酬何其繁多,但也不过是良知的发用流行。除了见识应酬,也不存在别的良知可以实现,所以只是一件事。如果说致良知要从见闻上探求,言语之间就难免把良知和见闻分作两件事了。这固然与专门探求见闻的细枝末节的做法稍有不同,但两者都不明白精研专一的主旨是相同的。"多闻,择其善者而从之,多见而识之。"既然说"择",又说"识",可见良知已经在其中发挥作用了,只是其用意还是在多见多闻上去选择、识别,已然失去为学的宗旨。你对于这些问题已然见得明白,今日一问,正是为了阐明致良知的学问,对于大家有很大的益处,只是因为语义表达尚不通透,便会差之毫厘,谬以千里,所以不能不审慎体察。

来书云:"师云:'《系》言"何思何虑",是言所思所虑只是天理,更无别思别虑耳,非谓无思无虑也。心之本体即是天理,有何可思虑得!学者用功，虽千思万虑，只是要复他本体，不是以私意去安排思索出来。若安排思索，便是自私用智矣。'学者之敝，大率非沉空守寂，则安排思索。德辛壬之岁着前一病，近又着后一病。但思索亦是良知发用，其与私意安排者何所取别？恐认贼作子，惑而不知也。"

"思曰睿，睿作圣。""心之官则思，思则得之。"思其可少乎？沉空守寂与安排思索，正是"自私用智"，其为丧失良知，一也。良知是天理之昭明灵觉处，故良知即是天理，思是良知之发用。若是良知发用之思，则所思莫非天理矣。良知发用之思，自然明白简易，良知亦自能知得；若是私意安排之思，自是纷纭劳扰，良知亦自会分别得。盖思之是非邪正，良知无有不自知者。所以认贼作子，正为致知之学不明，不知在良知上体认之耳。

【译文】

来信写道："先生说：'《系辞》里说"何思何虑"，是指所思所虑只是天理，再没有别的思虑，并不是说完全没有思虑。心的本体就是天理，有什么别的可以思虑的！学者下功夫，即便千思万虑，也只是要恢复心之本体，而非凭借私意安排、穷索出来。如果安排思索所得，则是自私用智了。'为学之人的毛病，大多不是枯守空寂，就是去刻意思索。我在辛巳到壬午年间犯了前一个毛病，今日又犯了后一个毛病。但是思索也是良知的作用，这与私意安排的思考又有何区别？我害怕认贼作子却仍困惑而不自知。"

"通过不断思考可以成就智慧，而有智慧的人能够成为圣人。""心的作用是思考，思考就能有所得。"思虑难道能少吗？枯守空寂与思索安排，正是"自私用智"，同样丧失了良知。良知是天理昭明灵觉之处，故而良知就是天理，思考就是良知的作用。如果是良知所发出来的思考，那么思考的对象无非是天理。良知发出来的思考，自然简单明了，良知也自然可以认清；如果是私意安排出来的思考，自然纷纷扰扰，良知也自然能够分辨。思考的是非、正邪，良知都能够知道。之所以出现认贼作子的情况，正是由于不明白致知的学问，不知道在良知上体察认知。

来书又云："师云：'为学终身只是一事，不论有事无事，只是这一件。若说宁不了事，不可不加培养，却是分为两事也。'窃意觉精力衰弱，不足以终事者，良知也；宁不了事，且加休养，致知也。如何却为两事？若事变之来，有事势不容不了，而精力虽衰，稍鼓舞亦能支持，则持志以帅气可矣。然言动终无气力，毕事则困惫已甚，不几于暴其气已乎？此其轻重缓急，良知固未尝不知，然或迫于事势，安能顾精力？或因于精力，安能顾事势？如之何则可？"

"宁不了事，不可不加培养"之意，且与初学如此说亦不为无益。但作两事看了，便有病痛在。孟子言"必有事焉"，则君子之学终身只是"集义"一事。义者宜也，心得其宜之谓义。能致良知则心得其宜矣，故"集义"亦只是致良知。君子之酬酢万变，当行则行，当止则止，当生则生，当死则死，斟酌调停，无非是致其良知，以求自慊而已。故"君子素其位而行""思不出其位"。凡谋其力之所不及，而强其知之所不能者，皆不得为致良知。而凡"劳其筋骨，饿其体肤，空乏其身，行拂乱其所为，动心忍性以增益其所不能"者，皆所以致其良知也。若云"宁不了事，不可不加培养"者，亦是先有功利之心，较计成败利钝而爱憎取舍于其间，是以将了事自作一事，而培养又别作一事，此便有是内非外之意，便是"自私用智"，便是"义外"，便有"不得于心，勿求于气"之病，便不是致良知以求自慊之功矣。

所云"鼓舞支持，毕事则困惫已甚"，又云"迫于事势，困于精力"，皆是把作两事做了，所以有此。凡学问之功，一则诚，二则伪。凡此皆是致良知之意，欠诚一真切之故。《大学》言："诚其意者，如恶恶臭，如好好色，此之谓自慊。"曾见有恶恶臭、好好色而须鼓舞支持者乎？曾见毕事则困惫已甚者乎？曾有迫于事势，困于精力者乎？此可以知其受病之所从来矣。

【译文】

来信又写道："先生说：'终身为学只有一件事，不论有事无事，只是这一件事。如果说宁可不做事，也不能不加存养的功夫，就是将为学的功夫分作两件事了。'我以为，感到精力衰弱，不能做完事的，是良知；宁可不做事，也要加以存养的，是致知。这怎么成了两件事呢？如果事情变化不能不处理，虽然精力衰弱，稍加振作也能坚持下来，只要保持意志统帅气力便可。然而言语行动终究有气无力，一旦做完事情就疲惫不堪，这不是滥用气力吗？这其中的轻重缓急，良知固然明白，但有时迫于形势，又怎么能顾及精力？有时精疲力竭，又怎么能顾及形势？该怎么办呢？"

"宁可不做事,也不能不加存养的功夫",对初学者这么说也不是没有好处。但将处理事情和存养心体分作两件事看待,就有弊端。孟子说"必有事焉",君子终身的学问都在"集义"。义就是宜,心能够处事得宜便是义。能致良知,心就处事得宜,所以"集义"也就是致良知。君子待人接物、应对事变,当做则做,当止则止,当生则生,当死则死,斟酌思考,无非致其良知,以求心安理得。所以"君子素其位而行""思不出其位"。凡是谋求自己力所不及的事情,勉强干自己才智不能胜任的事情,都不能致其良知;凡是"劳其筋骨,饿其体肤,空乏其身,行拂乱其所为,动心忍性以增益其所不能"的,都是为了致其良知。如果说"宁可不做事,也不能不存养心体",这也是先有功利之心,计较成败厉害,而以爱恶取舍,所以把做事与存养心体看作两件事了。这就是重视本心、忽视做事的心态,就是"自私用智",就是把义看作为外在的东西,便会出现"心感受不到,便去气上探求"的毛病,这就不是致良知以求心安理得的功夫。

　　所谓"振作坚持,做完事后就疲惫不堪",又说"迫于形势,精疲力竭",都是把做事和存养本心看作两件事,所以才会如此说。但凡学问功夫,精一就是诚,三心二意则是伪。这些都是因为致良知的心还不够真切。《大学》里说:"诚其意者,如恶恶臭,如好好色,此之谓自慊。"你何曾见过讨厌恶臭、喜欢美色需要振作坚持的吗?何曾见过做完这些事后疲惫不堪的人吗?由此可以知病根所在之处了。

　　来书又有云:"人情机诈百出,御之以不疑,往往为所欺,觉则自入于逆、亿。夫逆诈,即诈也;亿不信,即非信也;为人欺,又非觉也。不逆不亿而常先觉,其惟良知莹彻乎?然而出入毫忽之间,背觉合诈者多矣。"

　　不逆不亿而先觉,此孔子因当时人专以逆诈、亿不信为心,而自陷于诈与不信;又有不逆、不亿者,然不知致良知之功,而往往又为人所欺诈,故有是言。非教人以是存心,而专欲先觉人之诈与不信也。以是存心,即是后世猜忌险薄者之事。而只此一念,已不可与入尧、舜之道矣。不逆、不亿而为人所欺者,尚亦不失为善,但不如能致其良知,而自然先觉者之尤为贤耳。崇一谓"其惟良知莹彻"者,盖已得其旨矣,然亦颖悟所及,恐未实际也。

　　盖良知之在人心,亘万古、塞宇宙而无不同。"不虑而知""恒易以知险""不学而能""恒简以知阻""先天而天不违。天且不违,而况于人乎?

况于鬼神乎？"夫谓背觉合诈者，是虽不逆人，而或未能无自欺也；虽不亿人，而或未能果自信也。是或常有求先觉之心而未能常自觉也。常有求先觉之心，即已流于逆、亿而足以自蔽其良知矣，此背觉合诈之所以未免也。

君子学以为己，未尝虞人之欺己也，恒不自欺其良知而已；未尝虞人之不信己也，恒自信其良知而已；未尝求先觉人之诈与不信也，恒务自觉其良而已。是故不欺则良知无所伪而诚，"诚则明"矣；自信则良知无所惑而明，"明则诚"矣。明、诚相生，是故良知常觉、常照。常觉、常照则如明镜之悬，而物之来者自不能遁其妍媸矣。何者？不欺而诚，则无所容其欺，苟有欺焉而觉矣；自信而明，则无所容其不信，苟不信焉而觉矣。是谓"易以知险，简以知阻"，子思所谓"至诚如神，可以前知"者也。然子思谓"如神"，谓"可以前知"，犹二而言之，是盖推言思诚者之功效，是犹为不能先觉者说也。若就至诚而言，则至诚之妙用即谓之"神"，不必言"如神"；至诚则无知而无不知，不必言"可以前知"矣。

【译文】

来信又写道："人情诡诈多变，如果不加疑问地对待，往往会被欺骗。若想发现别人的诡诈，自己便会先怀疑别人、猜测别人。逆诈就是欺诈，猜测就是不诚信，被人欺骗又是不觉悟。不怀疑、不猜测却又能事先察觉，只有良知晶莹透彻的人才能做到吗？然而欺诈与诚实的差别实在是太过细微，因此不能觉悟和欺诈不实的人都很多。"

不怀疑、不猜测而能够事先觉察，这是孔子针对当时许多人欺诈别人、待人不诚信、深陷欺诈和不诚信的泥沼而说的；有些人不欺诈、不随意猜测别人，但他们并不知道致良知的功夫，常常被人欺骗，所以才这么说。孔子的话并不是教人存心去事先察觉他人的欺诈与不诚信。存心要事先觉察，便是后世猜测、阴险、狡诈、刻薄之人做的事。只要存有这个念头，就已然远离了尧、舜的圣人之道。不欺诈、不猜测而被人欺骗，还算没有丧失善良的本心，只是不如能够致良知、能够自然事先察觉的人更为贤明。你说"只有良知晶莹透彻的人才能做到"，基本上把握了孔子的宗旨，不过这也是你的聪明所领悟到的，在实际功夫上恐怕还没有达到。

良知在人的心中，亘古不变、充塞宇宙。"不虑而知""恒易以知险""不学而能""恒简以知阻""先天而天不违。天且不违，而况于人乎？况于鬼神乎？"那些不能觉悟、欺诈不实的人，即便不欺诈别人，却也不能不自欺；即便不猜测别人，却也不能真有自信。这使得他们常常有寻求事先觉察的心，却不能常常自我觉察。常常有寻求事先觉察的心，便已堕入怀疑揣度别人欺诈和不诚信的心态之中，而这足以遮蔽他们的良知。这就是为什么他们免不了不能觉悟和欺诈。

君子之学是为了提高自身的修养，从不担忧别人欺骗自己，只要永远不欺骗自己的良知便可；不担心别人对自己不诚实，只要永远相信自己的良知便可；不去寻求事先觉察别人的欺诈与不诚信，只要永远努力觉察自己的良知便可。所以君子不自欺，良知就诚敬而不虚伪，诚敬则能明白；君子能自信，良知不受蛊惑而明白，明白则能诚敬。明白与诚敬相互促进，所以良知能不断觉悟、不断澄明。不断觉悟、不断澄明的良知好比高悬的明镜，万事万物在它面前都无法隐藏其美丑。为什么呢？良知不欺诈便是真诚，故而无法容忍欺诈，遇到欺骗便能觉察；良知自信明白，故而无法容忍不诚信，遇到不诚信便能觉察。这就是所谓"易以知险，简以知阻"，以及子思所说得"至诚如神，可以前知"。不过子思说的"如神""可以前知"，还是分作两件事来说，大概是因为他是从思诚的功效上而言，也还是给那些不能预先觉察的人说的。如果就至诚而言，那么至诚的妙用就叫"神"，不必说"如神"；至诚便是无知而无不知，不必说"可以前知"。

【度阴山曰】

这封信主要说了以下几个问题。

第一，良知并非由见闻产生，但见闻是良知的作用。因此良知不滞留在见闻之上，却也离不开见闻。日常生活中，见识应酬何其繁多，但也不过是良知的发用流行。除了见识应酬，也不存在别的良知可以实现，所以只是一件事。如果把良知和见闻分开谈，那就不是知行合一了。

第二，天理不容思想。我们平时的思考如果掺杂进私欲，那就不是良知本来面目。思考的是非、正邪，良知都能够知道，一旦有了私欲思考，良知就不明。

第三，做事符合道义就是致良知，道义不在心外，而在心内。在心安的情况下做任何事，都是致良知，哪怕不见效果；在心不安的情况下做任何事，都不是致良知，哪怕你功高盖世。

第四，你无法控制别人是否欺骗你，但你能控制自己不去欺骗别人，不去欺骗良知。只要良知不欺诈便是真诚，故而无法容忍欺诈，遇到欺骗便能觉察；良知自信明白，故而无法容忍不诚信，遇到不诚信便能觉察。归根结底，我们若想不被别人欺骗，就先掌控自己的良知，良知能识别一切。

答罗整庵少宰书

格物是一，一即一切

某顿首启：昨承教及《大学》，发舟匆匆，未能奉答。晓来江行稍暇，复取手教而读之。恐至赣后人事复纷沓，先具其略以请。

来教云："见道固难，而体道尤难。道诚未易明，而学诚不可不讲。恐未可安于所见而遂以为极则也。"

幸甚幸甚！何以得闻斯言乎？其敢自以为极则而安之乎？正思就天下之道以讲明之耳。而数年以来，闻其说而非笑之者有矣，诟訾之者有矣，置之不足较量辨议之者有矣，其肯遂以教我乎？其肯遂以教我而反复晓喻，恻然唯恐不及救正之乎？然则天下之爱我者，固莫有如执事之心深且至矣，感激当何如哉！夫"德之不修，学之不讲"，孔子以为忧。而世之学者稍能传习训诂，即皆自以为知学，不复有所谓讲学之求，可悲矣！夫道必体而后见，非已见道而后加体道之功也；道必学而后明，非外讲学而复有所谓明道之事也。然世之讲学者有二：有讲之以身心者，有讲之以口耳者。讲之以口耳，揣摸测度，求之影响者也；讲之以身心，行著习察，实有诸己者也。知此则知孔门之学矣。

【译文】

阳明顿首谨启：昨天承蒙教诲《大学》，匆匆上船，未能及时回答。今早趁行船空闲时，又将您的信拜读一遍。恐怕到了江西后杂务繁多，先在这里简单回复，请您指教。

您信中说："认识大道当然十分困难，然而体会大道就更为困难了。道的确不易明白，然而学问也确实不能不讲，恐怕不能满足于自己的所见所闻，认为这就是标准了。"

荣幸之至！我从哪里能够听闻这样的教诲？我怎敢以为这就是最高的标准而心安理得呢？我正想着如何讲明天下的大道呢。然而，数年以来，听到我学说的人，有的嘲笑，有的谩骂，有的不屑一顾，甚至懒得辩论，他们哪里肯开导、教诲我？他们肯教导我、反复开导我、心存恻隐之心，唯恐不能补救我的为学之偏吗？然而，天下关心爱护我的人中，没有谁像您一样，对我悉心指教，我该如何感激是好！所谓"德之不修，学之不讲"，孔子也为此担忧。后世的学者稍稍能够读经、训诂，就都自以为有学问，不再对学问讲求探索，这是多么可悲的事啊！大道必然要体会才能认知，并不是先看到大道，再去下体会道的功夫；大道必然要学习才能明白，并非在讲求学问之外还有其他明道的事业。然而世间讲学的人有两种：一种是用身心讲学，一种是用口耳讲学。用口耳讲学的人，依靠揣摩和猜测，讲求的都是捕风捉影的事；用身心讲学的人，能够把握事物的本质，讲求的都是为己的学问。明白这一点，便能通晓圣人之学了。

来教谓某："《大学》古本之复，以人之为学但当求之于内，而程、朱格物之说不免求之于外，遂去朱子之分章，而削其所补之传。"

非敢然也。学岂有内外乎？《大学》古本乃孔门相传旧本耳，朱子疑其有所脱误而改正补缉之；在某则谓其本无脱误，悉从其旧而已矣。失在于过信孔子则有之，非故去朱子之分章而削其传也。夫学贵得之心，求之于心而非也，虽其言之出于孔子，不敢以为是也，而况其未及孔子者乎？求之于心而是也，虽其言之出于庸常，不敢以为非也，而况其出于孔子者乎？且旧本之传数千载矣，今读其文词，即明白而可通，论其功夫，又易简而可入。亦何所按据而断其此段之必在于彼，彼段之必在于此，与此之如何而缺，彼之如何而补，而遂改正补缉之？无乃重于背朱而轻于叛孔已乎？

【译文】

您信中说我"之所以恢复《大学》旧本，是认为做学问只应向内求索，然而程朱格物之学未免向外探求了，所以否定了朱熹所分的章节，删掉他增补的格物补传"。

我并不敢如此。学问难道有内外之分吗？《大学》旧本是孔门相传的旧本而已，朱子怀疑旧本有所脱误，所以就改正、补订；在我看来，旧本并没有脱误，所以才完全遵从旧本。我可能有过分相信孔子的过失，并不是刻意要否定朱子所分的章节，删掉他补充的补传。做学问贵在有得于心，如果求之于心而认为有误，即便是孔子说的话，也不敢认为是正确的，何况是不如孔子的人呢？如果求之于心而认为正确，即便是一般人说的话，也不敢认为是错误的，何况是出自孔子之口呢？况且《大学》旧本已经传世数千年了，如今读其文字，十分明白通畅，论其功夫，又简单明了。又有什么根据断定这一段一定在那里，那一段一定在这里，这里缺了什么，那里补了什么，于是加以纠正增补呢？这难道不是对违背朱熹十分在意，却对违背孔子毫不在意吗？

来教谓："如必以学不资于外求，但当反观内省以为务，则'正心''诚意'四字亦何不尽之有？何必于入门之际，便困以'格物'一段工夫也？"

诚然诚然！若语其要，则"修身"二字亦足矣，何必又言"正心"？"正心"二字亦足矣，何必又言"诚意"？"诚意"二字亦足矣，何必又言"致知"，又言"格物"？惟其工夫之详密，而要之只是一事，此所以为"精一"之学，此正不可不思者也。夫理无内外，性无内外，故学无内外。讲习讨论，未尝非内也；反观内省，未尝遗外也。夫谓学必资于外求，是以己性为有外也，是"义外"也，"用智"者也；谓反观内省为求之于内，是以己性为有内也，是"有我"也，"自私"者也，是皆不知性之无内外也。故曰"精义入神，以致用也；利用安身，以崇德也""性之德也，合内外之道也"，此可以知"格物"之学矣。

"格物"者，《大学》之实下手处，彻首彻尾，自始学至圣人，只此工夫而已，非但入门之际有此一段也。夫"正心""诚意""致知""格物"，皆所以"修身"，而"格物"者，其所用力日可见之地。故"格物"者，格其心之物也，格其意之物也，格其知之物也；"正心"者，正其物之心也；"诚意"者，诚其物之意也；"致知"者，致其物之知也。此岂有内外彼此之分哉？理一而已。以其理之凝聚而言则谓之性，以其凝聚之主宰而言则谓之心，以其主宰之发动而言则谓之意，以其发动之明觉而言则谓之知，以其明觉之感应而言则谓之物。故就物而言谓之格，就知而言谓之致，就意而言谓之诚，就心而言谓之正。正者，正此也；诚者，诚此也；致者，致此也；格者，格此也；皆所谓穷理以尽性也。天下无性外之理，无性外之物。学之不明，皆由世之儒者认理为外，认物为外，而不知"义外"之说，孟子盖尝辟之，乃至袭陷其内而不觉，岂非亦有似是而难明者欤？不可以不察也！

凡执事所以致疑于"格物"之说者，必谓其是内而非外也，必谓其专事于反观内省之为，而遗弃其讲习讨论之功也，必谓其一意于纲领本原之约，而脱略于支条节目之详也，必谓其沉溺于枯槁虚寂之偏，而不尽于物理人事之变也。审如是，岂但获罪于圣门，获罪于朱子？是邪说诬民，叛道乱正，人得而诛之也，而况于执事之正直哉？审如是，世之稍明训诂，闻先哲之绪论者，皆知其非也，而况执事之高明哉？凡某之所谓"格物"，其于朱子九条之说，皆包罗统括于其中。但为之有要，作用不同，正所谓毫厘之差耳。然毫厘之差而千里之缪，实起于此，不可不辨。

孟子辟杨、墨至于"无父无君"。二子亦当时之贤者，使与孟子并世而生，未必不以之为贤。墨子"兼爱"，行仁而过耳；杨子"为我"，行义而过耳。此其为说，亦岂灭理乱常之甚，而足以眩天下哉？而其流之弊，孟子至比于禽兽、夷狄，所谓以学术杀天下后世也。

今世学术之弊，其谓之学仁而过者乎？谓之学义而过者乎？抑谓之学不仁、不义而过者乎？吾不知其于洪水、猛兽何如也！孟子云："予岂好辩哉？予不得已也。"杨、墨之道塞天下，孟子之时，天下尊信杨、墨，当不下于今日之崇尚朱说。而孟子独以一人呶呶于其间。噫，可哀矣！韩氏云："佛、老之害甚于杨、墨。"韩愈之贤不及孟子，孟子不能救之于未坏之先，而韩愈乃欲全之于已坏之后，其亦不量其力，且见其身之危莫之救以死也。呜呼！若某者，其尤不量其力，果见其身之危莫之救以死也矣！夫众方嘻嘻之中，而独出涕嗟若；举世恬然以趋，而独疾首蹙额以为忧。此其非病狂丧心，殆必诚有大苦者隐于其中。而非天下之至仁，其孰能察之？

【译文】

您信中说："如果认为做学问不必向外探求，只要反观内省便足够了，那么'正心''诚意'四字还有没说明白的地方吗？为何在初学入门之时，还要用'格物'的功夫来使人困惑呢？"

是啊是啊！如果要说最关键的，"修身"二字也足够了，为何又要说"正心"？"正心"二字也足够了，为何又要说"诚意"？"诚意"二字也足够了，为何又要说"致知"？"致知"二字也足够了，为何又要说"格物"？之所以这样，是因为学问功夫详细周密，就其关键而言，只是一件事，这就是所谓"精研专一"的学问，对此不能不认真思考。天理无分内外，天性无分内外，故而学问也无分内外。讲习讨论，不能说不是内；反观内省，也未必就遗弃了外。如果认定学问必然是向外求，就是认为自己的天性有外在的部分，就是"义外"、就是"用智"；如果认为反观内省为向内探求，就是认为自己的性有内在的部分，就是"有我"，就是"自私"。这两种说法都不明白性无内外之分的道理。所以说"精义入神，以致用也。利用安身，以崇德也""性之德也，合内外之道也"，由此便可明白"格物"的学问了。

所谓"格物"，是《大学》切实下功夫的地方，彻头彻尾，从初学到成圣，只有这个功夫而已，并非只有入门之初才要用"格物"的功夫。"正心""诚意""致知""格物"，都是为了"修身"，而"格物"正是每天下功夫所能看得见的地方。所以"格物"是纠正心中之物，纠正物的意念；"正心"是端正物的心；"诚意"是使关于物的念头诚敬；"致知"是实践关于物的知。何来内外、彼此的区分？天理只有一个。就天理凝聚在具体的对象上来说称之为性，就天理主宰这个凝聚的现象来说称之为心，就天理主宰心的作用来说称之为意，就心体作用的明白觉察之处来说称之为知，就知的明白觉察之处能够感应外在的对象来说称为物。所以就物而言称为格，就知而言称为致，就意而言称为诚，就心而言称为正。正就是正心，诚就是诚意，致就是致知，格就是格物，都是为了达到天理、穷尽天性而已。天下没有性之外的天理，没有性之外的事物。圣人的学问之所以不彰明于天下，都是因为世俗的儒者认为理和物都是外在的东西，却不明白"义外"是孟子曾经批评过的学说，以至于沿袭、深陷其中而不自觉，这难道不是似是而非、难以明白吗？对此不能不认真体察！

你怀疑我的格物学说，一定是认为我肯定内求而反对外求；认为我专注于反观内省，遗弃了讲习讨论的功夫；认为我只重视学问的头脑，却忽略细枝末节；认为我沉溺于枯槁空虚的偏执，却不务人情事变。如果真是这样，难道我仅仅获罪于孔门、获罪于朱子吗？这是用邪说来欺骗百姓，叛离纲常，扰乱正道，人人得而诛之，何况像您这般正直的人呢？如果真是这样，世间稍微懂得训诂的人，知道一些圣贤的言论，就知道我说的是错的，何况像您如此高明的人呢？我所说的格物，将朱熹所说的九条囊括其中。但是格物的功夫又有关键之处，作用和朱子所论也有所不同，正所谓差之毫厘、谬以千里，正是由此而起，不能不辨明。

孟子批评杨朱、墨子是"无父无君"。然而这两人也是当时的贤人，如果与孟子同处一个时代，孟子也会认可他们的贤德。墨子"兼爱"，这是过分推行仁德的结果；杨朱"为我"，这是过分推行义道的结果。他们的学说，难道泯灭天理、搅乱纲常到如此地步，以至于能够迷惑天下之人吗？然而，孟子将他们的学说所产生的弊端比作夷狄、禽兽，这是在用学术杀害后世之人啊。

当今学术的弊病，是在学仁太过呢？还是学义太过呢？还是说学不仁、学不义太过呢？我不知道它们同洪水猛兽有何不同！孟子说："我难道喜欢辩论吗？我是不得已啊。"杨朱、墨子的学说充塞天下，孟子的时代，天下之人尊信杨朱、墨子的人，并不比如今尊崇朱子之说的人少，而孟子独自一人与众人抗辩。哎，真是可悲！韩愈说："佛老的危害甚于杨墨。"韩愈的贤明不及孟子，孟子无法在世道人心败坏之前加以救治，韩愈却想恢复世道人心于败坏之后，真是不自量力，而且他身陷危险，也没有人救他。唉！像我这样的人更是不自量力，发现自己身陷危险，却没有人能够救我于死地！天下之人都在嘻嘻哈哈，而唯独我痛哭哀叹；天下之人都趋炎附势，而唯独我愁眉不展。如果不是我丧心病狂，就一定是我心中有极大的愁苦。如果不是世上最为仁爱之人，谁又能体察到我心中的愁苦呢？

其为《朱子晚年定论》，盖亦不得已而然。中间年岁早晚，诚有所未考，虽不必尽出于晚年，固多出于晚年者矣。然大意在委曲调停，以明此学为重。平生于朱子之说，如神明蓍龟，一旦与之背驰，心诚有所未忍，故不得已而为此。"知我者谓我心忧，不知我者谓我何求？"盖不忍牴牾朱子者，其本心也，不得已而与牴牾者，道固如是，"不直则道不见"也。执事所谓"决与朱子异"者，仆敢自欺其心哉？夫道，天下之公道也；学，天下之公学也。非朱子可得而私也，非孔子可得而私也。天下之公也，公言之而已矣。故言之而是，虽异于己，乃益于己也；言之而非，虽同于己，适损于己也。益于己者，己必喜之；损于己者，己必恶之。然则某今日之论，虽或于朱子异，未必非其所喜也。"君子之过，如日月之食，其更也，人皆仰之"，而"小人之过也必文"。某虽不肖，固不敢以小人之心事朱子也。

执事所以教，反复数百言，皆以未悉鄙人"格物"之说。若鄙说一明，则此数百言皆可以不待辨说而释然无滞。故今不敢缕缕，以滋琐屑之渎。然鄙说非面陈口析，断亦未能了了于纸笔间也。嗟乎！执事所以开导启迪于我者，可谓恳到详切矣。人之爱我，宁有如执事者乎！仆虽甚愚下，宁不知所感刻佩服？然而不敢遽舍其中心之诚然而姑以听受云者，正不敢有负于深爱，亦思有以报之耳。秋尽东还，必求一面，以卒所请，千万终教！

【译文】

我写《朱子晚年定论》，也是不得已而为之。其中所采录的文字时间的早晚，确实有未加考证之处。虽然并不全是朱子晚年的文字，但大部分都是他晚年所作。我的主要目的在于调和朱子与陆子的学问，以彰明圣学为重任。我一生始终将朱子的学说奉若神明，一旦要与之背离，确实有诸多不忍，所以我是不得已为之。"知我者谓我心忧，不知我者谓我何求？"我本不忍心与朱子相矛盾，只是不得已才如此，因为圣人之道本就如此，"如果不直接，圣人之道便不会显现"。您说我是"决意要与朱子对立"，我怎敢如此欺骗自己？大道，是天下的公道；圣学，是天下的公学。并非朱子可以私有，也并非孔子可以私有。天下公有的东西，应当秉公而论。所以只要说得对，即便与自己不同，也是对自己有益；只要说得不对，即便与自己相同，也是损害自己。益于自己的，自己一定喜欢；损害自己的，自己必定讨厌。既然这样，那么我现在的观点，虽然可能与朱子相异，却未必不是朱子所喜欢的。"君子的过错好比日食、月食，他改正了过错，人人都会敬仰他"，然而"小人一定会掩饰自己的过错"。我虽然不贤明，也不敢用小人的心态对待朱子啊！

您的教诲有数百言之多，都是因为不能完全明白我的格物学说。一旦明白了我的学说，那么这数百言不用辩论也可释然。所以我现在不敢再详细论述，以免过于琐碎。然而我的学说不是写信可以说清楚的，非要当面陈述才能明白。哎！您对我的开导启迪不能不说是恳切又详细的。爱护我的人，哪有像您这般对我好的！我虽然愚笨，难道不知道感恩、敬佩吗？但是我不敢放弃心中真诚的想法而轻易接受您的指教，这正是不敢辜负您的厚爱，并且希望能回报您一二。待得秋天过后我回来时，一定前去拜访您，当面向您请教，届时还希望您能够赐教！

【度阴山曰】

回答罗钦顺的这封信，主要说了这样一个问题。

第一，性无内外之分。如果认定学问必然是向外求，就是认为自己的天性有外在的部分，就是"义外"，就是"用智"；如果认为反观内省为向内探求，就是认为自己的性有内在的部分，就是"有我"，就是"自私"。其实这段话说的就是，内外必须合一，内的必须去外呈现，心在物为理，内的心必须到事情上去呈现，理才有意义。否则，就是没有意义，内外不一。

第二，格至诚正的解释——"格物"是纠正心中之物，纠正物的意念；"正心"是端正物的心；"诚意"是使关于物的念头诚敬；"致知"是实践关于物的知。你要出家，出家就是一物，你就在出家这事情上发出正念，正念是为了修行；正心，是端正出家这件事的心；诚意，是出家这个念头无比诚敬；致知，是去出家，在出家中实现你的良知。归根结底，格致诚正是一回事，只是一个"格物"就能解释。

第三，王阳明提出"格物"和朱熹的"格物"不同，并非和朱熹特意作对，而是在他看来，真正的格物本就是他所解释的那样。大道，是天下的公道；圣学，是天下的公学，并非朱子可以私有，也并非孔子可以私有。天下公有的东西，应当秉公而论。因此，只要说得对，即便与自己的观点不同，也是对自己有益的；只要说得不对，即便与自己观点相同，也是损害自己的。益于自己的，自己一定喜欢；损害自己的，自己必定讨厌。

答聂文蔚

致良知是治理天下的唯一法门

春间远劳迂途枉顾,问证惓惓,此情何可当也!已期二三同志,更处静地,扳留旬日,少效其鄙见,以求切劘之益。而公期俗绊,势有不能,别去极怏怏,如有所失。忽承笺惠,反复千余言,读之无任浣慰。中间推许太过,盖亦奖掖之盛心,而规砺真切,思欲纳之于贤圣之域。又托诸崇一以致其勤勤恳恳之怀,此非深交笃爱,何以及是?知感知愧,且惧其无以堪之也。虽然,仆亦何敢不自鞭勉,而徒以感愧辞让为乎哉?其谓"思、孟、周、程,无意相遭于千载之下。与其尽信于天下,不若真信于一人。道固自在,学亦自在,天下信之不为多,一人信之不为少"者,斯固君子"不见是而无闷"之心。岂世之谫谫屑屑者知足以及之乎?乃仆之情,则有大不得已者存乎其间,而非以计人之信与不信也。

夫人者,天地之心,天地万物本吾一体者也。生民之困苦荼毒,孰非疾痛之切于吾身者乎?不知吾身之疾痛,无是非之心者也。是非之心,不虑而知,不学而能,所谓良知也。良知之在人心,无间于圣愚,天下古今之所同也。世之君子,惟务其良知,则自能公是非,同好恶,视人犹己,视国犹家,而以天地万物为一体,求天下无治不可得矣。古之人所以能见善不啻若己出,见恶不啻若己入,视民之饥溺犹己之饥溺,而一夫不获若己推而纳诸沟中者,非故为是而以蕲天下之信己也，务致其良知求自慊而已矣。尧、舜、三王之圣，言而民莫不信者，致其良知而言之也；行而民莫不说者，致其良知而行之也。是以其民熙熙皞皞，杀之不怨，利之不庸。施及蛮貊，而凡有血气者莫不尊亲，为其良知之同也。呜呼！圣人之治天下，何其简且易哉！

【译文】

有劳你春天绕道我这儿，不知疲倦地询问论证，这种情分我该如何承受呢！原来已约好几位同道，想找一个安静的处所，待上十来天，一起讨论我的学说，以便在切磋磨砺之中有所收获。但是你公务繁忙，不得不离开，我心中十分惆怅，若有所失。突然收到你的信件，洋洋千言，读后十分欣慰。信中对我十分推许，这也是对我的一片鼓舞嘉奖的心意，其中的规劝砥砺十分真切，希望我能够步入圣贤的行列。你又托付欧阳崇一转达对我恳切的关怀，若非深交厚爱之人，怎会如此呢？我既感动又惭愧，唯恐辜负了你的厚爱。虽然如此，我又怎敢不自我鞭策，仅仅感激、辞让呢？你说："子思、孟子、周敦颐、程颢等人，并不期望千年以后为世人理解。与其让天下之人都相信你，不如被一个人笃信。大道自然而然地存在，圣学亦自然而然地存在，天下之人尽信也不算多，只有一人笃信也不算少。"这就是君子"不见是而无闷"的心态。这难道是世上浅薄琐碎的人所能知道的吗？对我来说，则有许多万不得已的苦衷，并不是计较他人相信与否。

人就是天地的心，天地万物本与我为一体。百姓所遭受的困苦与荼毒，哪一件不是自己的切肤之痛？不知道自身痛苦的人，便是没有是非之心。人的是非之心，无须思虑便可知道，无须学习便能具备，这就是所谓的良知。良知自在人心，无论圣人还是愚人，从古至今都是相同的。世上的君子，只要专心致其良知，自然能秉公判别是非，与人同好同恶，视他人如同自己，爱国如同爱家，甚至把天地万物视作与自己为一体，使得天下都得到治理。古人之所以能够看见别人行善如同自己行善，看到别人为恶如同自己为恶，看到百姓饥饿痛苦如同自己饥饿痛苦，有一个人没有过上好的生活，好像是自己把他推入深坑之中似的，这并不是因为他们故意表现出这些而想取信于天下，而是一心一意致其良知而自求心安理得而已。尧、舜、三王这样的圣贤，说的话百姓没有不相信的，这是因为他们的话是出于自己良知而说的话；他们做的事百姓没有不喜欢的，这是因为他们的行为是出于自己的良知而做的事。所以他们的老百姓和平安乐，就算被处死也无怨言，给好处也不答谢。把这样的教化推及蛮荒之地，凡是有血气的人没有不孝敬双亲的，是因为人的良知是相通的。唉！圣人治理天下多么简单容易啊！

后世良知之学不明，天下之人用其私智以相比轧。是以人各有心，而偏琐僻陋之见，狡伪阴邪之术，至于不可胜说。外假仁义之名，而内以行其自私自利之实；诡辞以阿俗，矫行以干誉；掩人之善而袭以为己长，讦人之私而窃以为己直；忿以相胜而犹谓之徇义，险以相倾而犹谓之疾恶；妒贤忌能而犹自以为公是非，恣情纵欲而犹自以为同好恶。相陵相贼，自其一家骨肉之亲，已不能无尔我胜负之意、彼此藩篱之形，而况于天下之大，民物之众，又何能一体而视之？则无怪于纷纷籍籍而祸乱相寻于无穷矣。

仆诚赖天之灵，偶有见于良知之学，以为必由此而后天下可得而治。是以每念斯民之陷溺，则为之戚然痛心，忘其身之不肖，而思以此救之，亦不自知其量者。天下之人见其若是，遂相与非笑而诋斥之，以为是病狂丧心之人耳。呜呼，是奚足恤哉！吾方疾痛之切体，而暇计人之非笑乎？人固有见其父子兄弟之坠溺于深渊者，呼号匍匐，裸跣颠顿，扳悬崖壁而下拯之。士之见者，方相与揖让谈笑于其旁，以为是弃其礼貌衣冠而呼号颠顿若此，是病狂丧心者也。故夫揖让谈笑于溺人之旁而不知救，此惟行路之人，无亲戚骨肉之情者能之，然已谓之"无恻隐之心，非人矣"。若夫在父子兄弟之爱者，则固未有不痛心疾首，狂奔尽气，匍匐而拯之。彼将陷溺之祸有不顾，而况于病狂丧心之讥乎？而又况于蕲人信与不信乎？呜呼！今之人虽谓仆为病狂丧心之人，亦无不可矣。天下之人心，皆吾之心也。天下之人犹有病狂者矣，吾安得而非病狂乎？犹有丧心者矣，吾安得而非丧心乎？

【译文】

后世良知的学说不再昌明，天下的人各用自己的私心才智互相倾轧。人人各有自己的私心，那些偏颇浅鄙的见解、阴险狡诈的手段，不可胜数。他们都假借仁义的名号，干着自私自利的勾当；用诡辩的言辞来迎合世俗的要求，用虚伪的行为来博取自己的名誉；把掩盖别人的善行作为自己的长处，用攻击别人的隐私来显示自己的正直；怨恨地相互争斗却认为是为了正义而献身，险恶地互相倾轧还认为这是疾恶如仇；嫉贤妒能却认为自己是秉持公正，放纵情欲还认为这是与民同好同恶。互相欺凌、互相侵害，即使是一家之内的骨肉至亲，彼此间也要分出胜负、架起很高的藩篱，更何况天下广大、百姓名物众多，又如何能够将所有的百姓与名物与自己视为一体呢？这就难怪天下纷纷扰扰，祸乱频发无止了。

我靠着上天的眷顾，偶然发现良知的学说，认为只有致良知天下才能得到治理。所以我一想到百姓的苦难就心痛不已，忘了自己才智浅薄，却想用良知的学说拯救天下，这也是不自量力的行为。世上之人看到我这样做，就纷纷嘲笑、诋毁我，认为我是丧心病狂之人。唉！这有什么可以顾忌的呢！我正感受到的是切肤之痛，哪里还有空去计较别人的诋毁、嘲笑？如果有人看到自己的父子、兄弟坠入深渊，一定会大喊着爬过去，鞋帽掉了也全然不在意，爬着悬崖峭壁而下，希望能够救人。而那些看到这一情况的读书人，在一旁作揖、谈笑，认为这人丢弃衣帽、不顾礼节，大喊大叫，一定是一个丧心病狂之人。所以，一旁有人陷溺还在作揖谈笑，这是只有那些没有骨肉亲情的人才能做出来的事，是孟子所说的"没有恻隐之心就不是人"的人。如果是有父子兄弟亲情的人，就会感同身受、痛心疾首，尽力狂奔、连滚带爬地跑去救人。他们都能够不顾自己陷入危险之中，还害怕被人讥笑为丧心病狂吗？还会在意别人相信与否吗？哎！如今的人即使认为我是丧心病狂之人，也没有什么不可以的。天下人的心，都是我的心。天下之人有那么多得病发狂的，我又怎能不得病发狂呢？天下之人有那么多丧心的，我又怎么能不丧心呢？

昔者孔子之在当时，有议其为谄者，有讥其为佞者，有毁其未贤，诋其为不知礼，而侮之以为"东家丘"者，有嫉且沮之者，有恶而欲杀之者。晨门、荷蒉之徒，皆当时之贤士，且曰："是知其不可而为之者欤？""鄙哉！硁硁乎！莫己知也，斯已而已矣。"虽子路在升堂之列，尚不能无疑于其所见，不悦于其所欲往，而且以之为迂。则当时之不信夫子者，岂特十之二三而已乎？然而夫子汲汲遑遑，若求亡子于道路，而不暇于暖席者，宁以蕲人之知我、信我而已哉？盖其天地万物一体之仁，疾痛迫切，虽欲已之而自有所不容已。故其言曰："吾非斯人之徒与而谁与？""欲洁其身而乱大伦。""果哉，末之难矣！"呜呼！此非诚以天地万物为一体者，孰能以知夫子之心乎？若其"遁世无闷""乐天知命"者，则固"无入而不自得""道并行而不相悖"也。

仆之不肖，何敢以夫子之道为己任？顾其心亦已稍知疾痛之在身，是以彷徨四顾，将求其有助于我者，相与讲去其病耳。今诚得豪杰同志之士，扶持匡翼，共明良知之学于天下，使天下之人皆知自致其良知，以相安相养，去其自私自利之蔽，一洗谗妒胜忿之习，以济于大同，则仆之狂病固将脱然以愈，而终免于丧心之患矣。岂不快哉！

嗟乎！今诚欲求豪杰同志之士于天下，非如吾文蔚者而谁望之乎？如吾文蔚之才与志，诚足以援天下之溺者。今又既知其具之在我，而无假于外求矣，循是而充，若决河注海，孰得而御哉？文蔚所谓"一人信之不为少"，其又能逊以委之何人乎？

会稽素号山水之区，深林长谷，信步皆是。寒暑晦明，无时不宜。安居饱食，尘嚣无扰。良朋四集，道义日新。优哉游哉！天地之间宁复有乐于是者！孔子云："不怨天，不尤人，下学而上达。"仆与二三同志力将请事斯语，奚暇外慕？独其切肤之痛，乃有未能恝然者，辄复云云尔。

咳疾暑毒，书札绝懒，盛使远来，迟留经月，临歧执笔，又不觉累纸。盖于相知之深，虽已缕缕至此，殊觉有所未能尽也。

【译文】

从前孔子在世时，有人说他谄媚，有人说他花言巧语，有人诋毁他的贤能，诽谤他不知礼，侮辱他是东家丘，有人嫉妒他、阻止他振兴鲁国，有人憎恶他甚至想杀他。即使是当时如晨门、荷蒉一般的贤者，也说："孔子这是知其不可为而为之吗？""见识浅陋！又固执得很！没有人了解自己那就算了吧。"虽然子路对于圣学已经十分明白，却还难免怀疑孔子，对他想去的地方不高兴，而且认为孔子迂腐。所以当时不信任孔子的人，难道仅仅是十之二三而已吗？但是孔子依旧积极奔走，像是在道路上寻找自己遗失的儿子一样整天奔波，无暇在温暖的席褥上睡上一觉，难道是为了让世人了解自己、相信自己而已吗？或许孔子有与天地万物为一体的仁爱之心，痛切至深，即使想不管也身不由己。所以他说："我不和世人相处还能和谁在一起呢？""想要洁身自好却扰乱了伦理纲常。""好干脆啊！可他不知道我的难处！"哎！除了真的把天地万物视作与己为一体的人，谁又能了解孔子的心思呢？至于那些"不见于世却不郁闷""乐于天道安于天命"的人，当然可以做到"不自己了解便不会知道""大道并行却不会相互违背"。

我才疏学浅，怎敢以振兴孔子之道为己任？只是我的心也稍微知道一点身上的病痛，所以心中彷徨，茫然四顾，四处寻找能够有助于我的人，共同想办法去除身上的病痛。现在如果真有豪杰同道支持我、匡正我，共同努力，使得良知之学彰明于天下，使得天下之人都能致其良知，互相帮助、互相存养，除去自私自利的弊病，洗去诋毁、嫉妒、好胜、愤懑的习气，以实现天下大同，那么我的狂病将会立刻痊愈，最终免于丧心病狂的祸患。这得有多痛快啊！

哎！现在果真要找到世上的豪杰志士，除了像文蔚你这样的人，还能指望谁呢？像你这样的才能和志向，必然可以拯救世人于苦难。如今又明白了良知就在自己心中，无须向外探求，只要依此扩充，就好比大河决口汇往大海，谁能抵御得住呢？像你所说的"只有一人笃信也不算少"，自然是你当仁不让，还能寄望于谁呢？

会稽周围向来山清水秀，深林幽谷，随处可见。寒暑阴晴，气候宜人。生活安定而不受世俗干扰。好朋友相聚在一起，切磋道义、日日精进。多么悠闲自在！天地之间还有如这般的快乐吗！孔子说："不抱怨上天，不归咎他人，通过慢慢学习知识最终通达天道。"我和几位同道想要努力遵循孔子的教诲，哪来的时间去外面探求呢？只是对于切肤之痛，无法漠不关心，于是写了这封信回复你。

我因天气炎热，一直咳嗽，懒于写信，你派人远来，停留数月，临别提笔，没想到又写了这么多。我们相知颇深，虽然信中所论已经十分详细，却还是觉得有好多话没有说完。

【度阴山曰】

聂文蔚，即聂豹，是王阳明弟子中的佼佼者，阳明心学江西学派在他手中奠定并完成。王阳明给他的回信很多，《传习录·中》只选了两封，其余的信件在王阳明的《文录》中。看王阳明的回信，他就聂豹的提问而延伸出洋洋洒洒的一大篇，并且在回答问题后还有诸多感慨，足以说明聂豹不但是他的弟子，还是他的好友。

王阳明通过这封回信，传达了他"悲天悯人"的思想。世人对真理的怀疑和蔑视，让他在传道中受到种种打击。聂豹安慰他："只要天下有一人真心实意信您的学说，要远比所有人半信半疑您的学说强很多。"

王阳明却不这样想，他主张的是，既然认定某一真理，那就去践行，去让更多人知道。别人信不信，他不管。践行和传播是目的，而非让别人相信的手段。

这正是他的心学思想：念头关注哪里，就在哪里用功，不管其他。

但是，这只是一种理论上的设想，如王阳明这样的人，见到别人对真理怀疑、蔑视，还是特别心痛。他始终无法搞明白的是，良知之学如日月般大白于天下，为何有那么多人不相信、不践行。在他看来，能拯救人类、拯救世界的只有致良知，除此之外，别无他法。

他谈道："真正的人，就应该拥有万物一体的世界观，以自己的良知去贯穿天地万物，加诸天地万物，使天地万物都是我良知的呈现。看到别人身上有善就心满意足，看到别人身上有恶就心急如焚，只有具备这种高尚的同情心、同理心，天下才能得到治理。"

古圣先贤，大都如此。尤其是孔子，为了贩卖自己的思想于天下，到处奔走到处讲演，惹得所有人都认为他丧心病狂，连他的弟子都不信他。可孔子还是坚持，这种坚持并非是坚持，而是孔子要拯救天下的本能，他一直在靠本能做事。

王阳明说："我虽比不上孔子，但也有这种拯救天下的本能和方法，方法就是致良知。为什么要拯救天下，因为天下已糟糕透顶，人的良知昏暗，却自认为很光明。"

那些良知不明的人，在任何时代都有，他们的特点如下：

第一，假借仁义的名号，干着自私自利的勾当。

第二，用诡辩的言辞来迎合世俗的要求，用虚伪的行为来博取自己的名誉。

第三，把掩盖别人的善行作为自己的长处，用攻击别人的隐私来显示自己的正直。

第四，怀着怨恨之心相互争斗却认为是为了正义而献身，险恶地互相倾轧还认为这是疾恶如仇。

第五，嫉贤妒能却认为自己是秉持公正，放纵情欲还认为这是与民同好同恶。

第六，王阳明说，如果人人都能致良知，祛除这五点，互相帮助、互相存养，没有自私自利的弊病，洗去诋毁、嫉妒、好胜、愤懑的习气，天下就进入大同世界了。

答聂文蔚（二）

除了致良知，其他都不必讲

得书，见近来所学之骤进，喜慰不可言。谛视数过，其间虽亦有一二未莹彻处，却是致良知之功尚未纯熟，到纯熟时自无此矣。譬之驱车，既已由于康庄大道之中，或时横斜迂曲者，乃马性未调、衔勒不齐之故。然已只在康庄大道中，决不赚入旁蹊曲径矣。近时海内同志，到此地位者曾未多见，喜慰不可言，斯道之幸也！

贱躯旧有咳嗽畏热之病，近入炎方，辄复大作。主上圣明洞察，责付甚重，不敢遽辞。地方军务冗沓，皆舆疾从事。今却幸已平定，已具本乞回养病，得在林下稍就清凉，或可瘳耳。人还，伏枕草草，不尽倾企，外惟浚一简，幸达致之。

来书所询，草草奉复一二。

【译文】

来信收悉，看到你近来学问骤进，欣慰之情难以言表。你的信我仔细读了几遍，中间有一两处还未能理解透彻，恐怕是因为致良知的功夫尚未纯熟，如果到了纯熟的境界，自然不会如此了。这就好比是驾车，已经走在康庄大道上了，有时出现迂回曲折的情况，是马性没有调好、缰绳没有勒齐的缘故。然而已经在康庄大道之上，决计不会再误入歧途了。近来海内同道达到你这种境界的还不多见，我高兴得说不出话来，这是圣人之道的万幸！

我原有畏热咳嗽的毛病，来到炎热的南方后，就复发得很厉害。皇上圣明洞察，托付的责任十分重大，不敢立即推辞。地方的军务又十分冗杂，我不得不带病处理。好在叛乱已经平定，我已奏请皇上让我回家养病，如能在山林清凉之处养病，或许还能痊愈。来人就要回去，我卧在枕上草草写信，匆忙间难以诉说得尽。另外，给陈九川的信请你转交给他。

你信中所询问的问题，我简单地回复一下。

近岁来山中讲学者，往往多说"勿忘勿助"工夫甚难。问之，则云："才著意便是助，才不著意便是忘，所以甚难。"区区因问之云："忘是忘个甚么？助是助个甚么？"其人默然无对，始请问。区区因与说，我此间讲学，却只说个"必有事焉"，不说"勿忘勿助"。"必有事焉"者只是时时去"集义"。若时时去用"必有事"的工夫，而或有时间断，此便是忘了，即须"勿忘"；时时去用"必有事"的工夫，而或有时欲速求效，此便是助了，即须"勿助"。其工夫全在"必有事焉"上用，"勿忘勿助"，只就其间提撕警觉而已。若是工夫原不间断，即不须更说"勿忘"；原不欲速求效，即不须更说"勿助"。此其工夫何等明白简易！何等洒脱自在！今却不去"必有事"上用工，而乃悬空守着一个"勿忘勿助"，此正如烧锅煮饭，锅内不曾渍水下米，而乃专去添柴放火，不知毕竟煮出个甚么物来！吾恐火候未及调停，而锅已先破裂矣。近日一种专在"勿忘勿助"上用工者，其病正是如此。终日悬空去做个"勿忘"，又悬空去做个"勿助"，济济荡荡，全无实落下手处，究竟工夫只做得个沉空守寂，学成一个痴呆汉。才遇些子事来，即便牵滞纷扰，不复能经纶宰制。此皆有志之士，而乃使之劳苦缠缚，担搁一生，皆由学术误人之故，甚可悯矣！

夫"必有事焉"只是"集义"，"集义"只是致良知。说"集义"则一时未见头脑，说"致良知"即当下便有实地步可用工。故区区专说"致良知"。随时就事上致其良知，便是"格物"；著实去致良知，便是"诚意"；著实致其良知，而无一毫意必固我，便是"正心"。著实致真知，则自无忘之病；无一毫意必固我，则自无助之病。故说"格、致、诚、正"，则不必更说个

"忘、助"。孟子说"忘、助",亦就告子得病处立方。告子强制其心,是助的病痛,故孟子专说助长之害。告子助长,亦是他以义为外,不知就自心上"集义",在"必有事焉"上用功,是以如此。若时时刻刻就自心上"集义",则良知之体洞然明白,自然是是非非,纤毫莫遁,又焉有"不得于言,勿求于心;不得于心,勿求于气"之弊乎?孟子"集义""养气"之说,固大有功于后学,然亦是因病立方,说得大段,不若《大学》"格、致、诚、正"之功,尤极精一简易,为彻上彻下,万世无弊者也。

圣贤论学,多是随时就事,虽言若人殊,而要其工夫头脑,若合符节。缘天地之间,原只有此性,只有此理,只有此良知,只有此一件事耳。故凡就古人论学处说工夫,更不必搀和兼搭而说,自然无不吻合贯通者;才须搀和兼搭而说,即是自己工夫未明彻也。

近时有谓"集义"之功,必须兼搭个致良知而后备者,则是"集义"之功尚未了彻也。"集义"之功尚未了彻,适足以为致良知之累而已矣。谓致良知之功,必须兼搭一个"勿忘勿助"而后明者,则是"致良知"之功尚未了彻也。"致良知"之功尚未了彻也,适足以为"勿忘勿助"之累而已矣。若此者,皆是就文义上解释牵附,以求混融凑泊,而不曾就自己实工夫上体验,是以论之愈精,而去之愈远。

【译文】

今年来到山中讲学的人,常常说"勿忘勿助"的功夫很难。我询问原因,他们就说:"稍有意念便是助长,一不留意便是忘记,所以很难。"我就问:"忘是忘记什么?助是助长什么?"他们默然无言,便向我请教。我对他们说,我在这里讲学,只讲"必有事焉"的功夫,不说"勿忘勿助"。"必有事焉"就是时时刻刻去"集义"。如果时时刻刻用"必有事"的功夫,其间有中断便是忘记,就需要"勿忘"的功夫;时时刻刻用"必有事"的功夫,求速之心切便是助长,就需要"勿助"的功夫。功夫全在"必有事焉"之上,"勿忘勿助"只是在其中起个提点警醒的作用。如果功夫原本就不间断,便不须说"勿忘";功夫原本不求速效,那么便不须说"勿助"。如此功夫何等明白简单!何等洒脱自在!如今却不在"必有事"上用功,悬空苦守着"勿忘勿助",这好比是烧火做饭,锅里不添水加米,却专门去添柴加火,不知最终能煮出个什么东西！恐怕火候还没调好，锅已经先烧破了。近来专在"勿忘勿助"上用功的人，他们的毛病正是如此。整体凭空去做"勿忘勿助"的功夫，茫茫荡荡，全然没有落实下手之处，最终只落得个死守空寂的功夫，学成了个痴呆。刚遇到一点事，就会心绪纷乱，难以应对。这些人都是有志之士，却因此劳苦困扰，耽误一生，这都是由于学术的错误耽误人，真叫人可惜呢！

"必有事焉"就是"集义"，"集义"就是致良知。说"集义"一时还未抓住主旨，说"致良知"那么当下便有切实用功之处。所以我专门说"致良知"的功夫。随时在事上致良知，便是"格物"；着实去致良知，便是"诚意"；着实去致良知，并且没有一丝一毫的私心妄意，便是"正心"。着实去致良知，便没有"忘"的毛病；没有一丝一毫的私心妄意，便没有"助"的毛病。所以说"格、致、诚、正"，便不需要再说"勿忘勿助"了。孟子说"勿忘勿助"，也是针对告子的毛病对症下药。告子通过强制的功夫来框定人心，是"助"的毛病，所以孟子专门说助长的危害。告子之所以犯助长的毛病，也是因为他将义看作外在的东西，不知道在自己心中"集义"，在"必有事焉"处用功，所以才会如此。如果时时刻刻在自己心中"集义"，那么良知本体便会豁然开朗，是是非非全都呈现，又何来的"不得于言，勿求于心；不得于心，勿求于气"的毛病？孟子"集义""养气"的学说，固然对于后学有极大的功劳，然而也不过是对症下药，只说了个大概，不及《大学》中"格、致、诚、正"的功夫特别精研专一、简单明了，这实在是上下贯通，千秋万世永无弊病的功夫。

圣贤讲学，大多是就事而论，虽然他们的说法不一，但功夫的主旨是一致的。这是由于天地间只有一个性，只有一个理，只有一个良知，只有这一件事。所以但凡就古人论学之处讨论功夫，没有必要掺杂着牵强附会地说，自然能够融会贯通；如果需要掺杂搭配，只是自己的功夫没有明白透彻罢了。

近来有人说"集义"的功夫必须搭配致良知才算完备，这是"集义"的功夫尚未透彻的缘故。"集义"的功夫尚未明了透彻，恰好成了致良知的牵累。认为致良知的功夫必须搭配"勿忘勿助"才能明白，则是"致良知"的功夫尚未透彻。"致良知"的功夫尚未明了透彻，恰好成了"勿忘勿助"的牵累。像这类情况，都是从文义上牵强附会的解释，以求融会贯通，却没有自己切实地在功夫上体验，所以论证得愈精细，实则愈偏离大道。

文蔚之论，其于"大本达道"既已沛然无疑，至于"致知""穷理"及"忘助"等说，时亦有搀和兼搭处。却是区区所谓康庄大道之中，或时横斜迂曲者。到得工夫熟后，自将释然矣。

文蔚谓"致知之说，求之事亲、从兄之间，便觉有所持循"者，此段最见近来真切笃实之功。但以此自为不妨，自有得力处；以此遂为定说教人，却未免又有因药发病之患，亦不可不一讲也。

盖良知只是一个天理。自然明觉发见处，只是一个真诚恻怛，便是他本体。故致此良知之真诚恻怛以事亲便是孝，致此良知之真诚恻怛以从兄便是弟，致此良知之真诚恻怛以事君便是忠。只是一个良知，一个真诚恻怛。若是从兄的良知不能致其真诚恻怛，即是事亲的良知不能致其真诚恻怛矣；事君的良知不能致其真诚恻怛，即是从兄的良知不能致其真诚恻怛矣。故致得事君的知，便是致却从兄的良知；致得从兄的良知，便是致却事亲的良知。不是事君的良知不能致，却须又从事亲的良知上去扩充将来。如此，又是脱却本原，着在支节上求了。良知只是一个，随他发见流行处，当下具足，更无去来，不须假借。然其发见流行处，却自有轻重厚薄、毫发不容增减者，所谓"天然自有之中"也。虽则轻重厚薄毫发不容增减，而原又只是一个；虽则只是一个，而其间轻重厚薄、又毫发不容增减。若可得增减，若须假借，即已非其真诚恻怛之本体矣。此良知之妙用，所以无方体、无穷尽，"语大天下莫能载，语小天下莫能破"者也。

孟氏"尧舜之道，孝弟而已"者，是就人之良知发见得最真切笃厚、不容蔽昧处提省人。使人于事君、处友、仁民、爱物、与凡动静语默间，皆只是致他那一念事亲、从兄真诚恻怛的良知，即自然无不是道。盖天下之事虽千变万化，至于不可穷诘，而但惟致此事亲、从兄一念真诚恻怛之良知以应之，则更无有遗缺渗漏者，正谓其只有此一个良知故也。事亲、从兄一念良知之外，更无有良知可致得者，故曰："尧舜之道，孝弟而已矣。"此所以为"惟精惟一"之学，放之四海而皆准，施诸后世而无朝夕者也。

【译文】

你的观点在"大本达道"方面已经没有疑问了，至于"致知""穷理"以及"勿忘勿助"等说法，有时还是会有搀杂搭配之处。这就是我说的走在康庄大道之上，有时还会出现横斜曲折之处。等到功夫纯熟之后，这一情况自然会消失。

你说"致知的学说，从侍奉双亲、遵从兄长上就应当有所持守、遵循"，此处最能看到你近来功夫的真切笃实。你自己从这里下功夫倒也无妨，有一个切实用力之处，但如果把此当作定论教给别人，难免出现用药不当、导致疾病的情况，这不能不同你说明白。

所谓良知只是一个天理。良知自然明觉的呈现就是真诚恻隐，就是良知的本体。所以在侍奉双亲上致良知的真诚恻隐就是孝，在遵从兄长上致良知的真诚恻隐就是悌，在侍奉君主上致良知的真诚恻隐就是忠。只有一个良知，只是一个真诚恻隐。如果遵从兄长的良知不能达到真诚恻隐，也就是侍奉双亲的良知不能达到真诚恻隐；如果侍奉君主的良知不能达到真诚恻隐，便是遵从兄长的良知不能达到真诚恻隐。所以，能致侍奉君主的良知，便能致遵从兄长的良知；能致遵从兄长的良知，便能致侍奉双亲的良知。并不是说辅佐君主的良知不能致，却要从侍奉双亲的良知上去扩充得来。如果这样，便是脱离了良知的本原，在细枝末节上探求了。良知只是一个，随它发挥呈现，自然完备，无来无去，无须假借于外。但是良知发挥呈现之处有轻重厚薄的区别，丝毫不能增减，这就是所谓的"天然自有之中"。虽然轻重厚薄丝毫不能增减，但良知只有一个；虽然只是一个，但其中的轻重厚薄又丝毫不能增减。如果能够增减，如果需要向外假借，那么便已不是良知真诚恻隐的本体了。这就是良知的妙用，是良知没有形体却无穷无尽的缘故，也是良知"说它大，天下任何东西都装载不了它；说它小，天下任何东西都没法攻破它"的原因。

孟子说的"尧舜之道，孝悌而已"，这是从人的良知最真切笃厚、不容蒙蔽之处提醒人。使得人在事君、处友、仁民、爱物以及其他所有动静语默之间，都只是致自己那一念侍奉双亲、遵从兄长的真诚恻隐的良知，那就自然处处都符合大道了。天下的事物虽然千变万化，以至于不可穷尽，但是只要致此侍奉双亲、遵从兄长的一念真诚恻隐的良知来应对，便没有任何遗漏缺失之处，这正是只有一个良知的缘故。侍奉双亲、遵从兄长的一念良知之外，没有别的良知可以致，所以说："尧舜之道，孝悌而已矣。"这就是"精研专一"的学问，就是放之四海而皆准，施于后世也不会过时的道理。

文蔚云："欲于事亲、从兄之间，而求所谓良知之学。"就自己用工得力处如此说，亦无不可。若曰致其良知之真诚恻怛以求尽夫事亲、从兄之道焉，亦无不可也。明道云："行仁自孝弟始，孝弟是仁之一事，谓之行仁之本则可，谓是仁之本则不可。"其说是矣。

"亿""逆""先觉"之说，文蔚谓"诚则旁行曲防，皆良知之用"，甚善甚善！间有搀搭处，则前已言之矣。惟浚之言亦未为不是。在文蔚须有取于惟浚之言而后尽，在惟浚又须有取于文蔚之言而后明。不然则亦未免各有倚着之病也。舜察迩言而询刍荛，非是以迩言当察、刍荛当询而后如此。乃良知之发见流行，光明圆莹，更无挂碍遮隔处，此所以谓之大知。才有执着意必，其知便小矣。讲学中自有去取分辨，然就心地上着实用工夫，却须如此方是。

"尽心"三节，区区曾有生知、学知、困知之说，颇已明白，无可疑者。盖尽心、知性、知天者不必说存心、养性，事天不必说"夭寿不二，修身以俟"，而存心、养性与"修身以俟"之功已在其中矣。存心、养性、事天者，虽未到得尽心、知天的地位，然已是在那里做个求到尽心、知天的工夫，更不必说"夭寿不二，修身以俟"，而"夭寿不二，修身以俟"之功已在其中矣。

譬之行路，尽心、知天者，如年力壮健之人，既能奔走往来于数千里之间者也；存心、事天者，如童稚之年，使之学习步趋于庭除之间者也；"夭寿不二，修身以俟"者，如襁抱之孩，方使之扶墙傍壁，而渐学起立移步者也。既已能奔走往来于数千里之间者，则不必更使之于庭除之间而学步趋，而步趋于庭除之间自无弗能矣；既已能步趋于庭除之间，则不必更使之扶墙傍壁而学起立移步，而起立移步自无弗能矣。然学起立移步，便是学步趋庭除之始，学步趋庭除，便是学奔走往来于数千里之基。固非有二事，但其工夫之难易则相去悬绝矣。

心也，性也，天也，一也。故及其知之成功则一。然而三者人品力量自有阶级，不可躐等而能也。细观文蔚之论，其意以恐尽心、知天者，废却存心、修身之功，而反为尽心、知天之病。是盖为圣人忧工夫之或间断，而不知为自己忧工夫之未真切也。吾侪用工，却须专心致志，在"夭寿不二，修身以俟"上做，只此便是做尽心、知天工夫之始。正如学起立移步便是学奔走千里之始，吾方自虑其不能起立移步，而岂遽其不能奔走千里？又况为奔走千里者而虑其或遗忘于起立移步之习哉?

【译文】

你说:"想在侍奉双亲、遵从兄长之中,探求我所说的良知的学问。"从自己用功得力之处来说,这是可行的。如果说用致良知的真诚恻隐来探求侍奉双亲、遵从兄长的道理,也无不可。程颢先生说:"行仁从孝悌开始,孝悌是仁的一件事,说孝悌是践行仁的根本是可以的,说孝悌是仁的根本就不对了。"他说得对。

关于"不亿不信""不逆诈""先觉"等观点,你认为"只要真诚,即便是旁门左道、刻意提防,也都是良知的运用",这话说得很对!其中有掺杂搭配之处,前面已经讨论过了。陈九川的说法也未必是错的。对你而言,要吸取九川的观点才能完备;对九川而言,要吸取你的观点才能明白。否则你们免不了各自有偏倚的毛病。舜对浅近之言也要加以思考并向樵夫请教,并不是因为浅近之言值得思考,而是樵夫值得请教,舜才这样做。这是良知的发用呈现,自然光明莹透,毫无任何障碍,这就是所谓的大知。一有执着和私意,知就会变小。讲学中自然有取舍分辨,然而,只要心中踏实下功夫,就必须这样才对。

"尽心"三节,我曾用生知、学知、困知的说法来解释,已经十分清楚,没有可怀疑的了。尽心、知性、知天的人不必说存心、养性,事天不必说"夭寿不二,修身以俟",而存心、养性与"修身以俟"的功夫已经在其中了。存心、养性、事天的人,虽然没有到尽心、知天的境界,然而已经在那里做探求尽心、知天的功夫了,更不必说"夭寿不二,修身以俟","夭寿不二,修身以俟"的功夫已然包含在其中了。

这就好比是走路,尽心、知天的人,如同年轻力壮之人,能够往返奔走于数千里之间;存心、事天的人,如同儿童,只能在院子里学习走走路;而"夭寿不二,修身以俟"的人,如同襁褓中的婴儿,只能使他扶着墙壁慢慢学习站立走动。已经往返奔走于数千里之间的人,就没有必要再让他在庭院中学习走路,因为学习走路已经不存在问题;已经能在院子里走路的人,就不必让他再扶着墙学习站立走动,因为站立走路已经不存在问题了。然而,学习站立走动是在院子里学习走路的开始;在院子里学习走路,是往来奔走于数千里之间的基础。本来就不是两件事，只不过功夫的难易程度悬殊。

心、性、天的本质是一样的。所以等到这三类人各自修养成功后，便是相同的。然而这三类人的品行、才能存在差异，因此不能超越自身能力去修养。我仔细思考了你的观点，你的意思是害怕尽心、知天之人，荒废了存心、修身的功夫，反而成了尽心、知天的弊病。这大概是担心圣人的功夫会有间断，却不知道担忧自己的功夫尚未真切。我们这类人用功，必须专心致志在"夭寿不二，修身以俟"上，这样就是尽心、知天功夫的开始。正如同学习起立移步便是学习奔走于千里之间的开始，我正担心自己不能起立移步，又怎么会去担心不能奔走于千里呢？更何必去担心能够奔走千里的人忘了起立移步的功夫呢？

文蔚识见本自超绝迈往，而所论云然者，亦是未能脱去旧时解说文义之习，是为此三段书分疏比合，以求融会贯通，而自添许多意见缠绕，反使用工不专一也。近时悬空去做勿忘勿助者，其意见正有此病，最能耽误人，不可不涤除耳。

所谓"尊德性而道问学"一节，至当归一，更无可疑。此便是文蔚曾着实用工，然后能为此言。此本不是险僻难见的道理，人或意见不同者，还是良知尚有纤翳潜伏。若除去此纤翳，即自无不洞然矣。

已作书后，移卧檐间，偶遇无事，遂复答此。文蔚之学既已得其大者，此等处久当释然自解，本不必屑屑如此分疏。但承相爱之厚，千里差人远及，谆谆下问，而竟虚来意，又自不能已于言也。然直戆烦缕已甚，恃在信爱，当不为罪。惟浚处及谦之、崇一处，各得转录一通寄视之，尤承一体之好也。

右南大吉录。

【译文】

你的见识原本就超凡脱俗，不过就你所论而言，也还是没能去掉过去讲求文义的习气，所以你才将知天、事天、夭寿不二当作三部分，进行分析综合，以求得融会贯通，结果自己添加了许多纠缠不清的想法，反而使得自己用功不够专一。近来凭空去做勿忘勿助的功夫的人正是犯了这个毛病，这个毛病最为耽误人，所以不能不彻底清除。

你认为"尊德性而道问学"一节，应当统合为一，这没有什么可疑的。这是你切实用功之后说出来的话。这本来不是生僻难懂的道理，人们却有不同的意见，这还是因为良知中尚有灰尘潜伏。如果除去这些灰尘，良知便会豁然洞见了。

信写完后，我躺在屋檐下，正好闲来无事，就再写几句。你的学问已然得到要领，这些问题时间久了也会自然明白，本不必我来细细讲解。但承蒙你的厚爱，不远千里派人请教，为了不辜负你的来意，我自然得有所回报。然而我所说的过于直白琐碎，你对我如此信任，应当不会怪罪于我吧！还请你把这封信抄几份，分别寄给九川、谦之、崇一，让他们共同分享你的一片善意。

以上南大吉录。

【度阴山曰】

这封信，王阳明谈了很多问题。这些问题，在《传习录》上下卷中都有讲述，但仍有令人眼前一亮的论点。

第一，"必有事焉"就是"集义"，"集义"就是致良知。说"集义"一时还未抓住主旨，说"致良知"，那么当下便有切实用功之处。随时在事上致良知，便是"格物"；着实去致良知，便是"诚意"；着实去致良知，并且没有一丝一毫的私心妄意，便是"正心"。所以说"格、致、诚、正"。

譬如吃饭，我们在吃饭上致良知，便是"格物"——在吃饭这件事上正念头，念头就是细嚼慢咽，着实细嚼慢咽，就是"诚意"，把细嚼慢咽从头到尾坚持下来，没有丝毫的私心妄意，就是"正心"。

第二，良知纯粹地发用呈现，自然光明莹透，毫无任何障碍，这就是所谓的大知。一有执着和私意，良知就会变小，良知一旦变小，你对事物的道德感和判断力就减弱，就无法处理问题。

第三，良知就是个诚，以此诚意去对待天地万物，无往而不利。如果没有这诚意，你就不能有真正的良知来对待天地万物——能致侍奉君主的良知，便能致遵从兄长的良知；能致遵从兄长的良知，便能致侍奉双亲的良知。并不是说辅佐君主的良知不能致，而是要从侍奉双亲的良知上去扩充得来。

第四，做学问，一定要找到好学问。好比驾车，已经走在康庄大道上，如果偶尔出现迂回曲折的情况，那只是马性没有调好、缰绳没有勒齐的缘故。然而已经在康庄大道之上，决计不会再误入歧途。可如果你做学问、做人，一开始就走上歧途，那就永远走不上康庄大道了。所以说，做学问做人做事，要立定根基，这根基就是良知。

训蒙大意示教读刘伯颂等

如何给孩子上好一堂国学课（1）

  古之教者，教以人伦。后世记诵词章之习起，而先王之教亡。今教童子，惟当以孝、弟、忠、信、礼、义、廉、耻为专务。其栽培涵养之方，则宜诱之歌诗以发其志意，导之习礼以肃其威仪，讽之读书以开其知觉。今人往往以歌诗、习礼为不切时务，此皆末俗庸鄙之见，乌足以知古人立教之意哉？

  大抵童子之情，乐嬉游而惮拘检。如草木之始萌芽，舒畅之则条达，摧挠之则衰痿。今教童子，必使其趋向鼓舞，中心喜悦，则其进自不能已。譬之时雨春风，沾被卉木，莫不萌动发越，自然日长月化；若冰霜剥落，则生意萧索，日就枯槁矣。故凡诱之歌诗者，非但发其志意而已，亦所以泄其跳号呼啸于咏歌，宣其幽抑结滞于音节也；导之习礼者，非但肃其威仪而已，亦所以周旋揖让而动荡其血脉，拜起屈伸而固束其筋骸也；讽之读书者，非但开其知觉而已，亦所以沉潜反复而存其心，抑扬讽诵以宣其志也。凡此皆所以顺导其志意，调理其性情，潜消其鄙吝，默化其粗顽，日使之渐于礼义而不苦其难，入于中和而不知其故，是盖先王立教之微意也。

  若近世之训蒙稚者，日惟督以句读课仿，责其检束而不知导之以礼，求其聪明而不知养之以善，鞭挞绳缚，若待拘囚。彼视学舍如囹狱而不肯入，视师长如寇仇而不欲见，窥避掩覆以遂其嬉游，设诈饰诡以肆其顽鄙，偷薄庸劣，日趋下流。是盖驱之于恶而求其为善也，何可得乎？

凡吾所以教，其意实在于此。恐时俗不察，视以为迂，且吾亦将去，故特叮咛以告。尔诸教读，其务体吾意，永以为训，毋辄因时俗之言，改废其绳墨，庶成"蒙以养正"之功矣，念之念之！

【译文】

古代的教育，是教人以人伦。后世记诵辞章的习气兴起之后，先王的教化便消亡了。如今教育儿童，应当专门将孝、悌、忠、信、礼、义、廉、耻作为重点。至于栽培涵养的具体方法，则应当以吟咏诗歌来激发他们的志趣，以学习礼仪来端庄他们的仪表，以劝勉读书来开发他们的心智。现在的人往往认为吟咏诗歌、学习礼仪是不务正业，这是鄙陋庸俗的见解，又怎么能明白古人立教的本意呢？

大致说来，儿童的天性喜欢玩乐却害怕拘束。就好像草木开始萌芽时，让它舒展地生长就能枝叶茂盛，如果摧残阻挠就会衰败瘘痹。现在教育儿童也应当积极鼓励天性，使得他们心中喜悦，这样就会不断进步。这就好比是时雨春风滋润花木，花木没有不萌芽生长的；如果花木受到冰霜的侵袭，就会生意萧索，不断枯萎。所以通过吟咏诗歌，不仅可以培养他们的志趣，也是为了在吟咏中宣泄他们的精力，在音律中抒发他们的抑郁之情；通过学习礼仪，不但可以端庄仪表，也是为了在打躬作揖之中活动血脉，在叩拜屈伸之间强健筋骨；通过劝勉读书，不但可以开发他们的心智，还可以在反复讨论中存养心体，在褒贬讽誉中宣扬志气。所有这一切都是顺导他们的志趣，调理他们的性情，消除他们的鄙陋吝啬，化去他们的粗劣顽皮，使得他们日渐符合礼仪而不会感到辛苦，心中中正平和而不知不觉，这就是先王立教的深刻含义。

近世教育儿童，每天只知道督促句读的功课，严格约束却不知道用礼仪引导，只求耳聪目明却不知道用善来培养，用鞭子抽打、用绳子捆绑，像对待囚犯一样。孩子们将学校视作监狱而不肯去，将师长视如仇敌而不想见，想尽各种办法要逃学去嬉戏玩耍，弄虚作假肆意顽皮，变得庸俗低劣，日益堕落。这是驱使他们作恶却还要求他们向善，怎么做得到呢？

我教学的主张就在于此。我恐怕世俗不能明白，认为我很迂腐，加上我就要离开了，所以特意叮嘱告知。诸位教读务必体察我的用意，以此为终身的教训，不要因为世俗的言论就改辕易辙，废除我所订立的规矩，也许可以收到"在童蒙时就培养儿童纯正的品格"的功效吧！诸位务必切记！

【度阴山曰】

《训蒙大意示教读刘伯颂等》和后面的《教约》相辅相成，都是王阳明教育思想的呈现，前者是纲，后者是目，前者是知，后者是行，二者必须并驾齐驱，才能知行合一。两者说的是，作为一名传道授业者，怎样才能为孩子上好一堂国学课。这件事的难度很大，即使在明代，许多孩子也不喜欢受教育。王阳明在这里给出了一个教学大纲，这份大纲，以"良知"为纲，以"致良知"为目，白描了一堂真正的国学课。

国学课的目的是什么？就是说，我们通过国学课要培养出什么样的孩子来，孩子学完国学课后该成为什么样的人，这就是王阳明国学教育的大纲：孝、悌、忠、信、礼、义、廉、耻。

大纲中的这八项品德就是孩子应该具备的，放到任何时代，它都有绝对的生命力。

孝悌是人在家庭中的良知呈现，它是人之所以为人的基石，而且很容易做到。我们最开始接触的人就是家庭成员，父母兄弟姐妹，如果在家庭中都无法呈现孝悌的良知，那无论如何都不能保证你到社会上会是个有良知的人。

所以孔子说，孝悌是为仁之本，为何是本？第一，它容易实现；第二，它是人类来到这个世界上的第一个致良知的场地。人生，一定要开好局。

忠、信、礼、义、廉、耻，是我们在社会中良知呈现出来的条目，尽自己心力为他人，是忠；不欺自己不欺他人，是信；懂得礼仪之术，并发自真诚地呈现，是礼；随情境而改变自己的行为，是义；洁身自好，是廉；有羞耻之心，是耻。

这八种品德，都并非我们后天所学到，而是我们与生俱来的，它们就藏在我们心中，我们唯一要做的只是把它们呼唤出来，呼唤它们就是在呼唤良知。

如何呼唤它们呢？

第一，吟咏诗歌——情感培养

吟咏诗歌，不仅可以培养他们的志趣，也是为了在吟咏中宣泄他们的精力，在音律中抒发他们的抑郁之情。孩子有旺盛的精力，还有与生俱来的情感，无论是精力还是情感，都需要外放，诗歌恰好能做到这两点，诗歌本身就是充满情感的人类发明，以这种发明来激发出孩子自有的情感，就是在帮助孩子致良知。

第二，学习礼仪——行为培养

通过学习礼仪，不但可以端庄仪表，也是为了在打躬作揖之中活动血脉，在叩拜屈伸之间强健筋骨，这仍然是让孩子通过一种美好的方式宣泄他们的精力。

第三，劝勉读书——智慧培养

通过劝勉读书，不但可以开发他们的心智，还可以在反复讨论中存养心体，在褒贬讽誉中宣扬志气。

吟咏诗歌、学习礼仪、劝勉读书必须顺导他们的志趣，调理他们的性情，消除他们的鄙陋吝啬，化去他们的粗劣顽皮，使得他们的行为日渐符合礼仪的标准而不会感到辛苦，心中不知不觉变得中正平和。这就是先王立教的深刻含义。

第四，用这三种方法呼唤孩子们的良知时，一定要有这样的意识：儿童天性喜欢玩乐害怕拘束，同时，他们也有向上的良知之心。避免他们的害怕，关注他们向上的良知之心，就是教育正道。

孩子本有吟咏诗歌之心，本有学习礼仪之心，本有读书求知之心，既然有这些心，你只要把它们引导出来即可，不要像对待囚犯那样对待他们。正如牛的本性就是喜欢吃草，可你非按着它的头来吃草，这就麻烦了。扼杀孩子的天性，等于犯罪。

教约——如何给孩子上好一堂国学课（2）

每日清晨，诸生参揖毕，教读以次偏询诸生：在家所以爱亲敬长之心，得无懈忽未能真切否？温凊定省之仪，得无亏缺未能实践否？往来街衢步趋礼节，得无放荡未能谨饬否？一应言行心术，得无欺妄非僻未能忠信笃敬否？诸童子务要各以实对，有则改之，无则加勉。教读复随时就事，曲加诲谕开发，然后各退，就席肄业。

凡歌诗，须要整容定气，清朗其声音，均审其节调，毋躁而急，毋荡而嚣，毋馁而慑。久则精神宣畅，心气和平矣。每学量童生多寡，分为四班。每日轮一班歌诗，其余皆就收敛容肃听。每五日则总四班递歌于本学，每朔望集各学会歌于书院。

凡习礼，需要澄心肃虑。审其仪节，度其容止。毋忽而惰，毋沮而怍，毋径而野，从容而不失之迂缓，修谨而不失之拘局。久则体貌习熟，德性坚定矣。童生班次皆如歌诗，每间一日则轮一班习礼，其余皆就席敛容肃观。习礼之日，免其课仿。每十日则总四班递习于本学。每朔望则集各学会习于书院。

凡授书不在徒多，但贵精熟。量其资禀，能二百字者止可授以一百字，常使精神力量有余，则无厌苦之患，而有自得之美。讽诵之际，务令专心一志，口诵心惟，字字句句，紬绎反复。抑扬其音节，宽虚其心意。久则义礼浃洽，聪明日开矣。

每日工夫，先考德，次背书诵书，次习礼或作课仿，次复诵书讲书，次歌诗。凡习礼歌诗之类，皆所以常存童子之心，使其乐习不倦，而无暇及于邪僻。教者如此，则知所施矣。虽然，此其大略也，"神而明之，则存乎其人"。

【译文】

每天清晨，学生参拜行礼完毕，教读应依次提问学生：在家时热爱亲人、尊敬长辈之心，是否真切而没有懈怠？在使得父母冬暖夏凉、早晚请安的礼节上，是否能够躬身实践而没有遗漏？在街上行走时，是否注意礼节而没有放荡不羁？一切言行心思，是否欺天罔人未能做到忠信笃敬？每位学生都应如实以对，有则改之，无则加勉。教读要随时根据情况，委婉地加以启发引导，然后让他们各自退回座位上学习。

凡是吟诵诗歌，必须整理仪容，平定呼吸，使得声音清晰明朗，节奏均匀，不急不躁，不散漫不嘈杂，不气馁不畏难。时间久了，就会感到精神舒畅，心平气和。每个学校应当根据学生的多少分为四个班。每天轮流一个班吟诵诗歌，其余的学生收敛仪容，认真聆听。每五天让四个班依次吟诵诗歌，每月初一、十五组织各学堂到书院集体吟诵。

但凡学习礼仪时，必须澄明内心，排除杂虑。老师要认真审察学生的礼仪细节，容貌举止。不疏忽不懈怠，不拘谨不害羞，不随便不粗野，从容而不缓

传习录·中 309

慢，谨慎而不紧张。时间久了，体态仪貌练习得熟练了，德行的培养也就坚定了。学生的班次同吟诵诗歌一样，每隔一天轮流一个班练习礼仪，其余的班收敛仪容，认真观看。练习礼仪的那一天，免去其他的课业。每隔十天，集合四个班在本校依次练习礼仪。每月初一、十五组织各学堂到书院练习礼仪。

老师讲课不在多，贵在精熟。根据学生的资质，能认识两百字的只教一百字，让学生的精神力量有所富余，便不会产生辛苦厌烦的情绪，反而会有收获的喜悦。在诵读之时，一定要专心致志，口中所读、心中所想，字字句句，反复体会。音节要抑扬顿挫，心胸要宽广虚静。时间久了，学生就能明白礼仪，日益聪明了。

每天的功夫，首先考察学生的品德，其次是背书、诵读，再次是练习礼仪或其他课业，再其次是读书、讲课，最后是吟诵诗歌。凡是练习礼仪、吟诵诗歌，都是为了使孩童的天性能够长存，使他们乐于学习而不感到疲倦，这样就没心思去干歪门邪道之事。老师们了解了这一点，就知道该如何教育学生了。当然，这里所说的也只是个大概，"至于要明白领悟其中的神妙之处，就在于各自的努力了"。

【度阴山曰】

《训蒙大意示教读刘伯颂等》是教育思想，《教约》则是教育实践，就像是在教导我们如何给孩子上一天课。

第一部分：温故。这个温故可以看成是前一天的反省或思想总结。主要内容集中在品德上：

首先，是孝，在家时热爱亲人、尊敬长辈之心是否真切而没有懈怠。

其次，是礼，在使得父母冬暖夏凉、早晚请安的礼节上，是否能够躬身实践而没有遗漏；在街上行走时，是否注意礼节而没有放荡不羁。

最后，是诚，一切言行心思，是否欺天罔人未能做到忠信笃敬？

这些思想内容对于一个孩子而言已经足够，孩子致良知，就是孝、礼和不要欺骗。

第二部分：吟诵诗歌。整理仪容，平定呼吸，使得声音清晰明朗，节奏均匀，不急不躁，不散漫不嘈杂，不气馁不畏难。时间久了，就会感到精神舒畅，心平气和。

这个部分特别重要，很多人都觉得吟诵诗歌是学知识，其实吟诵诗歌，还能锻炼身体和浩然之气。

第三部分：学习礼仪，按照分组的办法，让学生们互相观看对方，以此来提高自己。

最后，老师一定要记住的是，传授孩子时留有余地：根据学生的资质，能认识两百字的只教一百字，让学生的精神力量有所富余，便不会产生辛苦厌烦的情绪，反而会有收获的喜悦。

一天的课程可大致分为考察学生的品德—让学生背诵课文—教导礼仪和其他课业—讲授课程—吟诵诗歌。

这就是一堂最好的国学课，它的时间是一天，不停地重复这一天，就能锻造出传承传统文化的新人类。

传习录·下

陈九川录

心外无物

正德乙亥，九川初见先生于龙江。先生与甘泉先生论"格物"之说。甘泉持旧说。先生曰："是求之于外了。"甘泉曰："若以格物理为外，是自小其心也。"九川甚喜旧说之是。先生又论"尽心"一章，九川一闻却遂无疑。

后家居，复以"格物"遗质。先生答云："但能实地用功，久当自释。"山间乃自录《大学》旧本读之，觉朱子"格物"之说非是，然亦疑先生以意之所在为物，物字未明。

己卯，归自京师，再见先生于洪都。先生兵务倥偬，乘隙讲授。首问："近年用功何如？"

九川曰："近年体验得'明明德'功夫只是'诚意'。自'明明德于天下'，步步推入根源，到'诚意'上再去不得，如何以前又有格致工夫？后又体验，觉得意之诚伪必先知觉乃可，以颜子'有不善未尝不知，知之未尝复行'为证，豁然若无疑，却又多了格物功夫。又思来吾心之灵何有不知意之善恶？只是物欲蔽了，须格去物欲，始能如颜子未尝不知耳。又自疑功夫颠倒，与'诚意'不成片段。后问希颜，希颜曰：'先生谓格物、致知是诚意功夫，极好。'九川曰：如何是诚意功夫？希颜令再思体看。九川终不悟，请问。"

先生曰："惜哉！此可一言而悟，惟濬所举颜子事便是了。只要知身、心、意、知、物是一件。"

九川疑曰:"物在外,如何与身、心、意、知是一件?"

先生曰:"耳、目、口、鼻、四肢,身也,非心安能视、听、言、动?心欲视、听、言、动,无耳、目、口、鼻、四肢亦不能。故无心则无身,无身则无心。但指其充塞处言之谓之身,指其主宰处言之谓之心,指心之发动处谓之意,指意之灵明处谓之知,指意之涉着处谓之物,只是一件。意未有悬空的,必着事物,故欲诚意,则随意所在某事而格之,去其人欲而归于理,则良知之在此事者,无蔽而得致矣。此便是诚意的功夫。"

九川乃释然破数年之疑。

又问:"甘泉近亦信用《大学》古本,谓'格物'犹言'造道',又谓穷如穷其巢穴之穷,以身至之也,故格物亦只是随处体认天理。似与先生之说渐同。"

先生曰:"甘泉用功,所以转得来。当时与说'亲民'字不须改,他亦不信。今论'格物'亦近,但不须换'物'字作'理'字,只还他一物字便是。"

后有人问九川曰:"今何不疑'物'字?"

曰:"《中庸》曰'不诚无物',程子曰'物来顺应',又如'物各付物''胸中无物'之类,皆古人常用字也。"他日先生亦云然。

【译文】

正德十年(1515年),我在龙江第一次见到先生。当时先生正与湛甘泉先生讨论"格物"学说。甘泉先生坚持朱子之说。先生说:"这是向外探求。"甘泉先生说:"如果认为探求物理是外,那是把心看小了。"我本来十分赞同朱子的旧说。先生又讲了《孟子》中"尽心"一章,我听后才对先生之学没有怀疑。

后来先生在家闲居,我又向先生请教"格物"学说。先生回答说:"只要你能踏实用功,时日久了自会明白。"在山中居住的时间,我就抄录了《大学》旧本阅读,觉得朱子"格物"之说不对,但也怀疑先生将意的所在之处当作物的说法,认为这个"物"字的含义不明白。

正德十四年(1519年),我从京城归来,于江西南昌再次拜见先生。先生当时军务繁忙,只能抽空讲学。他首先问我:"近年来用功如何?"

我说:"近年来体会到'明明德'的功夫只是'诚意'。从'明明德于天下',一步一步追根溯源,到'诚意'上就推不下去了,为何'诚意'之前还有格物、致知的功夫？又经过一番体验，觉得意的诚伪必须先有知觉才行，颜回'有不善未尝不知，知之未尝复行'可以为证。于是我豁然开朗，没有疑问，却又多了一个格物的功夫。又想到，凭借心的灵明怎会不知道意念的善恶？只是被物欲遮蔽了，须格去物欲，才能像颜回那样善恶都能知道。我又开始怀疑功夫的次序是否颠倒了，使得'诚意'的功夫脱节。后来我问希颜，希颜说：'先生说格物、致知是诚意的功夫，说得极好。'我又问：'为何是诚意的功夫？'希颜让我再仔细体察看看。但是我终究未能领悟，请先生指点。"

先生说："真是可惜啊！这用一句话就能说明白，你所举的颜回的例子就可以说明问题。只要知道身、心、意、知、物是一件事就可以了。"

我疑惑地问："物在身外，怎么能够和身、心、意、知是一件事呢？"

先生说："耳、目、口、鼻、四肢，是身体的部分，但是没有心又怎能视、听、言、动呢？心要视、听、言、动，没有耳、目、口、鼻、四肢也不行。所以没有心就没有身，没有身就没有心。就其充塞于形体而言称之为身，就其主宰行动而言称之为心，就其发动作用而言称之为意，就其意念灵明处而言称之为知，就意念指涉之处而言称之为物，只是一件事。意念不能悬空存在，必然指向事物。所以要诚意就要随着意所指向的事物去格，摒弃人欲使其归于天理，那么良知在这件事上就不会被蒙蔽，就可以致知了。这就是诚意的功夫。"

我几年的疑惑豁然开朗。

我又接着问："甘泉先生近来也相信《大学》旧本，认为'格物'就是'造道'，又说穷理的穷就是穷其巢穴的穷，是亲身进去的意思，所以格物也只是随处体认天理，这似乎与先生的学说有些相同。"

先生说："甘泉肯用功，所以他能转过弯来。当时我对他说'亲民'不必改为'新民'，他也不相信。如今所论的'格物'同我的观点却相近了。不过在我看来，不必把'物'字改为'理'字，仍然用'物'字就可以了。"

后来有人问我："现在为何不怀疑'物'字了？"

我说："《中庸》说'不诚无物'，程颢说'物来顺应''物各付物''胸中无物'等，都是古人常用的字。"后来先生也这样说。

【度阴山曰】

这段洋洋洒洒的陈九川追忆，归根结底，只是说了一个主旨：心外无物。

王阳明的心外无物包含三个内容。

第一，万物一体，万物都是我身体的一部分，无人敢说自己的四肢、头、五脏六腑是心外之物，因此心外没有物。

第二，物者，事也，你做事必须用心指使你身体某些部分，不指使，心就不会动；心不指使你身体的某些部分，那么，也就没有事发生了。

比如，你要吃猪头肉，猪头肉不是一"物"，吃猪头肉才是一"物"。表面看，你是用嘴吃的，但背后指使你嘴的是你的心，只有你的心想吃猪头肉了，才会指使你的嘴去吃，这一吃，就有了吃猪头肉这件事、这个"物"。

所以王阳明才说，身、心、意、知、物是一回事。先来看"身心"的关系：身心是互依互存的，没有身就没有心，没有心就没有身。

再以吃猪头肉来讲：只有既有身又有心的大活人才能吃猪头肉，吃这一动作的发生，是因为你想吃。"想吃"就是意，吃猪头肉而不吃别的，是我们良知的判定，这种判定可能和你的好恶有关，可能和当时的情境（只有猪头肉）有关，无论是哪种，你吃猪头肉都是正确的，因为它可以食用，而且味道不错。

"可以食用，味道不错"就是你良知的判定，这就是"知"。

"吃了猪头肉"则是"物"。

由此可知，身、心、意、知、物，缺了谁，吃猪头肉这件事都不可能发生。

第三，"心外无物"是一种概念，同时也是心学所提倡的。其实客观存在的"物"很多，我们不能把注意力分散在所有的物上，我们只能集中那么几点。这就需要我们聚精会神于某几件事，如此一来，就能投入最大智力和精力于这件事上，成功的概率则会大大增加。

如果我们对心外的一切物都在乎，那就会成为"样样通，样样松"的半吊子，累个半死，到头来一事无成。

王阳明生活的明代，社会生活五花八门，今天我们的社会生活更是丰富多彩。这就需要我们不把精力浪费在和自己不相干的事情上，人生在世，其实只有那么几件事是重要的：亲人的健康、一份自己喜欢的事业、并不复杂的朋友圈。人只需在这几件事上用心，就足矣，如果能用心把这几件事做好，就是阳明心学所倡导的"心外无物"。

念头三要素：不停息、要正、要收得住

九川问："近年因厌泛滥之学，每要静坐，求屏息念虑，非惟不能，愈觉扰扰。如何？"

先生曰："念如何可息？只是要正。"

曰："当自有无念时否？"

先生曰："实无无念时。"

曰："如此却如何言静？"

曰："静未尝不动，动未尝不静。戒谨恐惧即是念，何分动静。"

曰："周子何以言'定之以中正仁义而主静'？"

曰："'无欲故静'，是'静亦定，动亦定'的'定'字。'主'，其本体也。戒惧之念是活泼泼地，此是天机不息处，所谓'维天之命，于穆不已'。一息便是死。非本体之念即是私念。"

又问："用功收心时，有声、色在前，如常闻见，恐不是专一？"

曰："如何欲不闻见？除是槁木死灰，耳聋目盲则可。只是虽闻见而不流去便是。"

曰："昔有人静坐，其子隔壁读书，不知其勤惰。程子称其甚敬。何如？"

曰："伊川恐亦是讥他。"

【译文】

九川问："近年来因为讨厌流行的泛滥学问，每次要静坐，屏息凝神，不但做不到，反而觉得更为困扰。为何会这样？"

先生说："念头怎么能够止息？只是要让念头中正而已。"

九川说："那就不存在没有念头的时候了吗？"

先生说："确实没有。"

九川说："如果这样，又该如何理解静呢？"

先生说："静中未尝没有动，动中未尝没有静。戒谨恐惧就是念头，怎能区分动静呢？"

九川说："周敦颐先生为何说'定之以中正仁义而主静'？"

先生说："'无欲故静'，周敦颐先生所说的'静'，就是程子所说的'静亦定，动亦定'的'定'字。'主'是指本体。戒慎恐惧的念头是活泼的，这正是天机流动不息之处，所谓'维天之命，于穆不已'。一旦停息就是死亡。不是从本体发出来的念头便是私念。"

九川又问："当用功专心的时候，如果有声色在面前，还一如往常去看、去听，恐怕就不是专一了？"

先生说："怎么能够想不看、不听呢？除非是身如槁木、心如死灰、耳聋目盲的人才能够做到。只要心不随着所看、所听的东西流转就是了。"

九川说："从前有人静坐，他的儿子在隔壁读书，他却不知道儿子是勤奋还是懒惰。程颐先生称赞他能够持敬，为何？"

先生说："伊川先生恐怕是在讥讽他。"

【度阴山曰】

程颐曾经遇到过这样一件事。

有人来找他，说："我是个特别专心致志的人。"

程颐问："为何这样说？"

此人回答："我在静坐时，儿子在隔壁读书，我都不知道他是勤奋还是懒惰。"

程颐夸奖他："你的确是个持敬（专心致志）的人。"

陈九川和王阳明谈起这件事，王阳明却说："程颐恐怕是在玩冷幽默，因为这种专心致志的程度，恐怕只有'身如槁木、心如死灰、耳聋目盲的人'才能够做到。"

王阳明在这段话中谈到三个问题：一是念头不息；二是念头要正；三是念头要收得住。

凡是人，不可能进入庄子所谓"坐忘"的心斋境界，人纵然在静坐时，内心深处也会有所念想，这念想就是"戒慎恐惧"，人要么是"戒慎恐惧"，要么就是非"戒慎恐惧"，诸如为名为利的远大理想，整治他人的阴谋之想，天马行空的胡思乱想。这是其一，但凡是活人，念头就没有息时。

其二，我们的念头必须正，非出于本体发出的念头就是私念，就是非正念。什么是本体？当然是良知。所思所想，必须是良知判定为正的才是正念。

其三，坏的念想要及时去除，纵然是好的念想，也不能随其泛滥。读书时，突然听到好听的曲子，突然看到美色，欣赏一下没有问题，但不能因此就放弃了读书，而真的去听曲子，赏美色了。

这就是念头三要素，缺一不可。

事上磨炼，练的是内外合一

又问："静坐用功，颇觉此心收敛。遇事又断了，旋起个念头去事上省察。事过又寻旧功，还觉有内外，打不作一片。"

先生曰："此'格物'之说未透。心何尝有内外？即如惟浚今在此讲论，又岂有一心在内照管？这听讲说时专敬，即是那静坐时心。功夫一贯，何须更起念头？人须在事上磨炼，做功夫乃有益。若只好静，遇事便乱，终无长进。那静时功夫亦差似收敛，而实放溺也。"

后在洪都，复与于中、国裳论内外之说，渠皆云："物自有内外，但要内外并着功夫，不可有间耳。"以质先生。

曰："功夫不离本体，本体原无内外。只为后来做功夫的分了内外，失其本体了。如今正要讲明功夫不要有内外，乃是本体功夫。"是日俱有省。

【译文】

九川又问："静坐用功，颇能感到内心的收敛。遇到事情又中断了，马上起个念头到事上反省体察。事情过后又寻找以前的功夫，仍然觉得内与外有差别，无法融为一体。"

先生说："这是对格物的学说理解得不透彻。心何曾区分内外？就像你现在在这里讲论学问，难道还有一个心在里面起作用吗？在这里听讲时专心恭敬，就是静坐时的心。功夫是一以贯之的，何必再起一个念头？人必须在事情上磨炼，功夫才会有长进。如果一味地喜欢静守，遇到事情便乱了方寸，终究没有长进。那种一味求静的功夫看似在收敛，其实却在放纵心体。"

后来在南昌，我又和于中、国裳讨论内与外的学说，他俩都说："事物原本有内外之分，只是要内外一起用功，不能有所间隔。"九川就此请教先生。

先生说："功夫离不开本体，本体原无分内外。只是后来做功夫的人将其区分为内外，故而失却了功夫的本然面貌。现在正是要讲清楚，功夫不必有内外，才是有本体的功夫。"这一天大家都有所领悟。

【度阴山曰】

有个叫梁日孚的向王阳明学习，学习得有滋有味，后来因为要参加进士考试，必须离开王阳明。他很不舍，认为离开了王阳明，人生就废了。

王阳明告诉他："你来学大道，你觉得圣人的大道真有固定的形体吗？大道能够被时间限制、被空间限制吗？你一定要让自己的心保持清醒状态。"

梁日孚思考了半天，终于恍然道："我慢慢地接近圣人的大道了。圣人的大道，在心上追求，所以不局限于什么事；用心中的天理表达，所以不局限于什么物；用与生俱来的人性发挥，所以不被时间限制；用精神驾驭，所以不被空间控制。为什么一定要长期地待在先生的门下呢？"

王阳明就微笑说："你呀，接近大道了。"

二人的对话，其实就是通过事上磨炼，达到内外合一之境。事上磨炼，不必局限时间、空间，更不能局限于事情和物体。再任何时间和空间中，对待任何事和物，都应该以一种心意对待。无事时，如此；有事时，更要如此。

人在无事时如果不胡思乱想、心中宁静，便最接近圣人。此时的心能应对万事万物，但一有事，就发蒙，这就是内外没有合一的缘故。如何做到内外合一？就是要事上磨炼。

所谓事上磨炼，则是让我们在日常生活中，面对哪怕最微小的名利财货的诱惑，也要不为所动。如此，不断积累这种心态，积累到一定程度，最终达到内外合一的境界——即便遇到人生大事时，此心仍然是那颗对待名利财货不动的心。

陆九渊心学"粗"在哪里

又问:"陆子之学何如?"

先生曰:"濂溪、明道之后,还是象山,只是粗些。"

九川曰:"看他论学,篇篇说出骨髓,句句似针膏肓,却不见他粗。"

先生曰:"然。他心上用过功夫,与揣摹依仿、求之文义自不同,但细看有粗处,用功久当见之。"

【译文】

九川又问:"陆九渊先生的学问如何?"

先生说:"周敦颐、程颢以后,还数陆九渊的学问最得圣道,只是粗糙了些。"

九川说:"我看他讨论学问,篇篇都道出了精髓,句句都是针砭膏肓,并没有看出粗糙之处。"

先生说:"是的。他在心体上下过功夫,与只是揣摩效仿、在字义上探求的学问当然不同,但仔细看看还是有粗糙之处的,你用功久了自然看得到。"

【度阴山曰】

南宋时期,理学大师朱熹和心学宗师陆九渊在鹅湖书院进行了一次长谈,中国思想史将这次长谈称为"鹅湖之会"。所谓长谈,就是吵架。朱熹说陆九渊的学说有问题,陆九渊说朱熹的学说有毛病,二人吵架的焦点就在"道问学"和"尊德性"上。

朱熹主张"道问学",直白而言就是知识,陆九渊主张"尊德性",简单而言就是道德。

王阳明曾说朱熹的理学"支离",意思是,知识和实践分开了。而对陆九渊学说的评价是"粗",认为它只关起门来关注道德修养和灵性提升,不去现实中完成这些,可谓空中楼阁。

简单而言,虽然陆九渊和王阳明都主张"心即理",但陆九渊缺少了"事上练"这一关键环节，所以陆九渊心学和阳明心学可谓天壤之别。

陈九川说陆九渊讨论学问，篇篇道出了精髓，句句都能针砭膏肓，并没有看出粗糙之处。王阳明只是淡淡地告诉他，你用功久了自然能看到他的"粗"。

王阳明说，心，在物为理，心中有天理，必须去心外呈现，如此才能知行合一，内外合一。陆九渊的"粗"就是少了这个。

如果以鹅湖之会的分歧讲，陆九渊主张"尊德性"，王阳明则主张"尊德性"和道问学是一回事。道德和学问本身就是一回事，真正的学问是提升道德的，真正的道德也能稳固学问。

对镜应感，就是致良知

庚辰往虔州再见先生，问："近来功夫虽若稍知头脑，然难寻个稳当快乐处。"

先生曰："尔却去心上寻个天理，此正所谓'理障'。此间有个诀窍。"

曰："请问如何？"

曰："只是致知。"

曰："如何致？"

曰："尔那一点良知，是尔自家底准则。尔意念着处，他是便知是、非便知非，更瞒他一些不得。尔只不要欺他，实实落落依着他做去，善便存、恶便去，他这里何等稳当快乐！此便是'格物'的真诀，'致知'的实功。若不靠着这些真机，如何去格物？我亦近年体贴出来如此分明，初犹疑只依他恐有不足，精细看，无些小欠阙。"

【译文】

正德十五年（1520年），我到虔州再次拜见先生，问："近来我下功夫虽然稍微知道些关键，却很难找到一个安心愉悦的境界。"

先生说:"你要在心上寻找天理,这就是所谓'理障'。这当中有个诀窍。"

九川问:"请问是什么诀窍?"

先生说:"就是致知。"

九川说:"要如何致知?"

先生说:"你那一点良知,是你自己的准则。你的意念所到之处,对就是对、错就是错,一点不得隐瞒。你只要不欺骗它,踏踏实实地按照它的指示去做,善念便存、恶念便去,这是何等安心愉悦!这便是'格物'的秘诀,便是'致知'的实在功夫。如果不依靠这真正的关键,要怎么去格物?我也是近年来才体会得这样明白,刚开始还怀疑仅仅依靠良知恐怕还不够,仔细体察后才发现丝毫不曾欠缺。"

【度阴山曰】

东晋时期有个叫殷浩的清谈之士,到处炒作自己,后来终于被政府重用,成为重臣。他做的第一件事就是北伐。

结果,他被打得满地找牙,遁回东晋。中央政府大将军桓温咆哮如雷,上了一道奏疏,抨击殷浩是个废物。东晋政府立即撤了殷浩的全部职务,将他贬到一个小县城,没有政府命令,不得离开县城半步。

殷浩住进凄凉的小县城中,每日烦躁得要死。不过他掩饰得特别好,和人见面谈话,始终保持着名士的微笑,虽抑郁地脸色铁青,嘴唇发紫,却常常和人说,自己为国忧劳,得了心肌炎。但如果独处时,他就常常下意识地用手指在空中画着"咄咄怪事"字样。

也许他认为,北伐失败就是咄咄怪事。他未出山时,曾多次在脑海中设想战争,他多次看到自己制订了天衣无缝的作战计划,然后指挥若定,所向披靡。但令他大惑不解的是,想象和现实居然不是一回事!

就这样,愁闷了很久,眼看就要郁郁而终。突然有一天,他接到了桓温的来信。

桓温在大权独揽后,立即想到应该树立个爱护名士的标牌。当时的名士,所剩无几,所以,他马上就想到了蜷缩在小县城里的殷浩。

但绝对不能让殷浩带兵,桓温说,就让他做个高大上却不承担具体事务的官——尚书令吧。

殷浩拆开这封信,迅速扫了一遍,核心字眼就进了他的心。他狂喜地险些晕倒,手指因激动而颤抖,热血直向脑门冲。他不相信这是真的,狠狠地抽了自己一嘴巴,很痛,这是现实。又去看手里的信,信在,文字清晰地显示,桓温要他出山做官!

他跑出房间,站在阳光里,一个字都不落地看了一遍,再朗诵了一遍,最后,他确信桓温是要他出山做官!

他的心,五味杂陈。当初就是桓温这禽兽把他弄到这个小县城的,如今却是这个禽兽要拯救他,这个世界到底怎么了?!

殷浩不知这个世界到底怎么了,他只知道一件事:桓温请他出去做官。接下来的事自然就是,给桓温回封信。

这封信其实很容易回,无非感谢桓温的赏识,然后谦虚一下,最后再说如果桓温不嫌弃他,他愿效犬马之劳。

想起来简单,做起来就比较麻烦。感谢桓温的话不能说得太肉麻,否则就有失名士风范;谦虚的话要浅尝辄止,千万不能过了头,让桓温误会自己真不想出去做官;至于说犬马之劳,那就更要万分斟酌,他毕竟是个名动天下的人物,不能失了骨气。

不考虑得这么缜密还好,一如此考虑,殷浩就患得患失起来,提笔写信,每写一句,都觉不妥。最后是每写一字,他就觉不妥。于是,他将写好的信拆了又封,封了又拆,不断修改,不断重写。如是反复了几十次。

这种神经质的行为,不可能成全好事,只能坏事。殷浩被自己搞得恍恍惚惚,物我两忘。就在这种晕晕乎乎的状态中,他把一封白纸封进信封,送了出去。

一万分的谨慎和斟酌,换来的竟然是一封白纸信,这让人在捧腹大笑的同时,更为殷浩扼腕长叹。

如你所知,桓温接到那张白纸后,七窍生烟:"老子我好心好意请你出来做官,你却弄个天书作为报答,耍猴是这样耍的吗?!"

自此,桓温再也没有和殷浩联系过。殷浩等了很多天,不见桓温回信,不禁懊悔道:"信中还是有不妥的言辞,我真是愚蠢啊。"

他哪里知道,信中根本没有不妥的言辞,而是就没有言辞。

如何致良知?

王阳明说,你那一点良知,是你自己的准则。你的意念所到之处,对就是对、错就是错，一点不得隐瞒。你只要不欺骗它，踏踏实实地按照它的指示去做，善念便存、恶念便去，这是何等的安心愉悦！

套用殷浩写信的故事，你的意念就是要出去做官，那就不要欺骗这种意念，立即给人家回信。可他又碍于名士的虚名，瞻前顾后，欺骗良知，如此一来，私念进来了。私念一来，顾虑就多，顾虑一多，内心就不宁静，不信良知的初始判断，最后，出事了。

我们的人生中，总能遇到各种事情，事情一来，我们最先做出的判断就是良知的判断，只要你抓住它，不要欺骗它，是便是，非便非，立即行动，万事大吉。

倘若抓住它，却不相信它，按照你从前的人生经验来否定它，甚至是欺骗它，是不是是，非又不是非，模棱两可，或者背道而驰，这就是理障，非致良知。

致良知就是行良知，依凭良知的判定去行动，就是知行合一，就是格物（在事上正念头），就是致知。

1519年，王阳明用了不到50天的时间，彻底平定拥有精锐20万人的宁王朱宸濠。这就是致良知的结果，以绝对劣势的兵力击败强敌，这就是良知的威力。

呼风唤雨，撒豆成兵，在这一功业面前，恐怕只是小儿科。

事后，他总结自己的成功经验时，如此说道："致良知，就是对境应感……"

所谓对境应感，就是突然身临其境，感同身受，与境合一，便能得出最佳应对的方法。

王阳明说，在突发状态下，最容易体现良知的宏大价值。平时不遇急事，从容不迫，有充足的时间考虑。但战场上，呼吸存亡只在一念间，必须全神贯注。刹那之间，念头顿生，抓住这个念头，以良知判定，良知一判，立即行动，绝不容转念和思考。在这刹那之间，不欺良知，不忘良知，即能天人合一，情境合一，知行合一。

人人心中都有个圣人

在虔与于中、谦之同侍。先生曰:"人胸中各有个圣人,只自信不及,都自埋倒了。"因顾于中曰,"尔胸中原是圣人。"

于中起,不敢当。

先生曰:"此是尔自家有的,如何要推?"

于中又曰:"不敢。"

先生曰:"众人皆有之,况在于中?却何故谦起来?谦亦不得。"

于中乃笑受。

又论:"良知在人,随你如何,不能泯灭。虽盗贼亦自知不当为盗。唤他作贼,他还忸怩。"

于中曰:"只是物欲遮蔽。良心在内,自不会失。如云自蔽日,日何尝失了?"

先生曰:"于中如此聪明,他人见不及此。"

先生曰:"这些子看得透彻,随他千言万语,是非诚伪,到前便明。合得的便是,合不得的便非,如佛家说'心印'相似。真是个试金石、指南针。"

先生曰:"人若知这良知诀窍,随他多少邪思枉念,这里一觉,都自消融。真个是'灵丹一粒,点铁成金'。"

【译文】

在虔州时,九川与于中、谦之一起陪同先生。先生说:"每个人胸中都有圣人,只因自信不够,自己把心中的圣人给埋没了。"于是先生看着于中说,"你胸中本来有个圣人。"

于中站起来,表示不敢当。

先生说:"这是你自己本就有了,为何要推辞呢?"

于中又说:"不敢。"

先生说:"大家都有,何况你于中?为何要谦让起来?这是谦让不得的。"

于中才笑着接受。

先生又说:"良知在人心中,无论你如何做,都无法泯灭它。即便是盗贼也知道不应当做盗贼。喊他是贼，他还不好意思。"

于中说："这只是由于物欲遮蔽。良知在心中，自然不会丧失。好比乌云蔽日，太阳又何曾丧失？"

先生说："于中你如此聪明，别人未必有你这样的见识。"

先生说："把这些道理认识透彻，无论千言万语，是非真假，一看便明白。符合的就对，不符合的就错，好比佛家说的'心印'一样，真是个试金石、指南针。"

先生说："人如果知道良知这个诀窍，无论有多少邪思枉念，只要良知一觉察，自然会消除。真是'灵丹一粒，点铁成金'。"

【度阴山曰】

即使是十恶不赦的人，心中也有他牵挂、爱的人。严嵩可谓大奸大恶，但对儿子严世蕃确实疼爱有加，这种亲情就是我们人类心中的圣人。

每个人心中都有个圣人，就是孟子所说的"人皆可为尧舜"，也是中国人的信仰"人皆可为圣贤"，用王阳明的解释就是，我们每个人都有判断是非善恶的良知，依着良知去做，就是圣人，违背良知去做，就是恶人。

良知在人心中，无论你怎么做，它都不会消失，所以我们每个人心中都有个圣人。

当然，"人人心中有个圣人"还可以这样理解：若是真正的人，心中总有股正气在，这正气一方面来自良知，一方面来自古圣先贤。而这些古圣先贤就是我们心中的圣人，他们能激励我们天天向上，勇向光明。

最后，王阳明总结良知之神奇：人如果知道良知这个诀窍，无论有多少邪思枉念，只要良知一觉察，自然会消除。真是"灵丹一粒，点铁成金"。

的确，这就是良知神奇之处，也是我们人之所以为人的神奇处。

致良知，永无止境

崇一曰："先生致知之旨发尽精蕴，看来这里再去不得。"

先生曰："何言之易也！再用功半年看如何？又用功一年看如何？功夫愈久，愈觉不同。此难口说。"

先生问："九川于致知之说体验如何？"

九川曰："自觉不同。往时操持常不得个恰好处，此乃是恰好处。"

先生曰："可知是体来与听讲不同。我初与讲时，知尔只是忽易，未有滋味。只这个要妙，再体到深处，日见不同，是无穷尽的。"

又曰："此'致知'二字，真是个千古圣传之秘，见到这里，'百世以俟圣人而不惑'。"

【译文】

崇一说："先生把致良知的宗旨阐释得淋漓尽致，看来在这个问题上已经没有深入的余地了。"

先生说："怎么能说得如此容易！你再用半年功夫看看如何？再用一年功夫看看如何？功夫越久，越觉得不同。这很难用语言表达清楚。"

先生问："九川你对致良知的学说体会得怎样了？"

九川说："感觉同以前不一样了。以前操持时常常不能恰到好处，现在可以了。"

先生说："由此可知体会到的与听到的不一样。我刚同你讲的时候，知道你稀里糊涂，体会不到什么。从恰到好处再往下深入，每天都会有所不同，没有穷尽。"

先生又说："这'致知'二字，真是千百年来圣贤流传的秘密，懂得这个道理，便能'百年以后圣人复出也不会有疑惑'。"

【度阴山曰】

王阳明"致知"之旨是如何发挥的呢？

致知就是致良知——你那一点良知，是你自己的准则，你的意念所到之处，对就是对，错就是错，一点不得隐瞒；你只要不欺骗它，踏踏实实地按照它的指示去做，善念便存、恶念便去。

弟子欧阳崇一觉得，王老师已经把"致知"的宗旨阐释得淋漓尽致，成为永恒真理，从此后，众人致良知只要按这一模式，就一劳永逸，亘万古而不灭了。

但王阳明却说他说得太容易了。

王阳明为何这样说，因为在他的心学中，没有永恒真理这一说。今日学到这里，感觉有所收获，那就按这收获去做。明日又有收获，那就按明日收获去做，千万不能用前日之收获来恒定将来一切，这就犯了执的毛病。

也就是说，致良知是永无止境的。一方面，我们要不停地致良知，将其培养成惯性，日后一遇事，良知不用你思考，马上会给你做出正确判定；另外一方面，良知虽然现成，但其光明程度有不同，今日致良知光明了一点，明日致良知又光明了一点，这就是进步。

但这进步是永无止境的，你永远不知道你的良知到底能光明到什么程度，所以就要不停地去事上磨炼（事上磨炼就是致良知）。

这就是致良知永无止境的原因。

我们不能因为今日听凭良知做了件简单的好事，就认为我们以后能做所有的好事；我们不能因为我们今日听凭良知去除了一个简单的恶念，就认为以后能去除所有的复杂的恶念。世界复杂，没有那么简单。

所以我们才要每天都致良知，学致良知，优化自己的道德感、强化自己的判断力，永无止境。唯有如此，我们才能明白王阳明所谓的"致良知是千百年来圣贤流传的秘密"这句话的真谛！

致良知就是体用一源

九川问曰："伊川说到'体用一源，显微无间'处，门人已说是泄天机。先生致知之说，莫亦泄天机太甚否？"

先生曰："圣人已指以示人，只为后人掩匿，我发明耳，何故说泄？此是人人自有的，觉来甚不打紧一般。然与不用实功人说，亦甚轻忽，可惜彼此无益；与实用功而不得其要者提撕之，甚沛然得力。"

【译文】

九川问："程颐先生谈到'体用一源，显微无间'时，学生说他泄露天机。先生致知的学说，莫不是泄露了太多天机？"

先生说："圣人早已把致知的学问指示给人看，只是被后人掩盖了，我不过是把它揭示出来罢了，怎么能说是泄露天机呢？良知是人人具有的，只是人们无知无觉罢了。如果对那些不肯切实下功夫的人说，他们对此肯定十分轻视，对彼此都没有益处；如果对那些肯切实用功却不得要领的人讲明白，对他们就大有裨益了。"

【度阴山曰】

程颐阁下曾提出这样的理念——体用一源，显微无间，有弟子一惊一乍地说："老师，您泄露天机了。"其实说泄露天机，只是弟子拍马屁，因为还远未到那个程度。不过，"体用一源"的确有些意义。

在程颐之前，有人看重"用"轻视"体"，因为"体"虚幻而难以认知，"用"则显而易见。比如一个人从楼上跳下来，大家都看到了他的坠落过程，这是显而易见的，可人们看不到的是他为何会向下落，而不是向上，这就是"体"——重力。

程颐则说，没有"体"就没有"用"，体用一源，你必须知道"体"，才能更加清晰地明白"用"——知道了重力，当看到有人站在高处时，就该立即阻止他向下跳。

致良知其实也是体用一源，有弟子学程颐弟子拍王阳明马屁："您这个致良知学说恐怕是道破天机了。"

王阳明心不在焉地说："这算什么天机，圣人早就把致良知的学问指出来了，只不过，没有人看罢了。良知人人都有，我现在只是告诉了他们这一事实而已，天机如果这么简单，那还叫天机吗?!"

良知是"体"，致是"用"，良知真光明者必能致，所以致良知既有

"体"又有"用",是为体用一源。

一个人说,我有良知,但不致,这就是体用分离,体用本是一源,如果分离,不但没有了"用","体"也没有了。

所以,真正的天机就是,体用合一,知行合一。

若说王阳明道破天机,正在此。他是想告诉我们,世界上任何的"体"都必须以"用"呈现,就不是真的"体",自然也就没有"用"。

正如他解释知行合一:真知必能行,不行就不是真知。套到体用合一上,真体必能用,不用和不能用就不是真体。

经历之后才能真知

又曰:"知来本无知,觉来本无觉。然不知则遂沦埋。"

【译文】

先生又说:"知道了才知道本无所谓知道,觉悟了才发现本无所谓觉悟。但如果不知道,那么自己的良知便会沦陷、埋没。"

【度阴山曰】

汉初名将周勃,年轻时曾听人说监狱黑幕,无论你是多么大的官,只要进了监狱,哪怕一个小小看守都能把你治得服服帖帖。

周勃不相信,他说,一个小看守能有多大本事。

后来,汉文帝上台,周勃功高盖主,汉文帝就找了个罪名,把他扔进监狱。

这回,周勃终于明白了监狱黑幕是怎么回事。他开始还想在监狱里耍威风,仗着自己是一人之下万人之上的宰相,没有把狱卒们放在眼里,但很快,他就知道自己犯了大错。

狱卒们开始羞辱他,他叫天天不应叫地地不灵。后来,他开始巴结狱卒们，送钱送物。狱卒们很高兴，就给他出主意："你若想出去啊，只能找你儿子。"

周勃的儿子是驸马，其实狱卒说找他儿子，说白了就是让他找公主。

公主很快就出马，请来了薄太后，薄太后就去对儿子汉文帝说："把周勃放了吧，他也知道自己错了。"

汉文帝立刻放了周勃。周勃出了监狱门，大有重生之感，不由叹道："我曾经只当率领千军万马就已够威风了，直到今天才知道，原来一个小小的狱卒有时候也比我强啊！"

人总是这样，没有经历过就不知道，只有经历过了，才会豁然大通：哎呀，原来是这样啊。

人生的境界，就是经历许多事后的真知。没有经历就没有人生境界。但经历之后，总会有种"挥一挥衣袖，不带走一片云彩"的感觉：原来不过如此。

这不是好了伤疤忘了疼，这才叫人生境界。我们绝不能把经历过的事，无论好事还是坏事，一直放在心上，而是要把它快速忘记，所经历的事本身不宝贵，它留在你心上的那些感悟才最宝贵。

这就是王阳明所谓的"知道了才知道本无所谓知道，觉悟了才发现本无所谓觉悟"，它既是一种境界感悟，也是一种提醒。

最后一句话，至关重要：如果你不去经历，你就没有事上磨炼的机会，没有事上磨炼的机会，良知就会沉沦埋没。你的一生永远得不到真知，虽然良知还在你身，但它只能是个摆设了。

对朋友的态度：劝导鼓励

先生曰："大凡朋友，须箴规指摘处少，诱掖奖劝意多，方是。"
后又戒九川云："与朋友论学，须委曲谦下，宽以居之。"

【译文】

先生说:"但凡对待朋友,应当少一些批评指摘,多一些劝导鼓励才好。"

尔后先生又告诫九川,说:"与朋友讨论学问,应当谦虚委婉,宽以待人。"

【度阴山曰】

春秋时期,齐国人管仲和鲍叔牙是好朋友。

管仲家里穷,鲍叔牙小康,所以鲍叔牙总给予经济救助。鲍叔牙后来和管仲做生意,鲍叔牙投资金钱,管仲投资头脑,赚了钱后,鲍叔牙拿得少,管仲拿得多。

有人就为鲍叔牙打抱不平,说:"你出的钱,他出的力,为什么分钱时他拿得多,至少应该一人一半。"

鲍叔牙说:"管仲家里贫穷,多拿钱是要养家。"

后来,二人去参军。每次进攻时,管仲都躲在鲍叔牙身后,而且一见苗头不对就逃跑。有人说,管仲是个胆小鬼。鲍叔牙解释道:"你们误会他了,他不是怕死,他得留着他的命去照顾老母亲呀!"

管仲听到鲍叔牙这些话后,流下眼泪道:"生我的是父母,最了解我的人是鲍叔牙呀!"

后来,管仲在鲍叔牙的推举下成为齐国宰相,他辅佐齐桓公把齐国锻造成第一光辉帝国,齐桓公也成为霸主。

管仲后来说:"如果没有鲍叔牙的体谅和鼓励,哪里有我的今天啊。"

这就是管鲍之交。

"管鲍之交"的主题就是王阳明所说的,对待朋友应该"少一些批评指摘,多一些劝导鼓励"。

鲍叔牙对管仲的鼓励简直是纵容。管仲家贫,他就给钱;管仲需要钱,他就毫无原则地把做生意赚来的大部分钱都给管仲;管仲阵前逃跑,他还为管仲开脱。

其实交朋友,不就是应该像鲍叔牙一样吗?

每个人身上都有缺点,如果你只盯着对方的缺点,批评指责,那你们的友谊肯定会夭折，因为不是每个人都能听进逆耳之言。

我们为何要对朋友劝导鼓励？因为人皆有良知，当你为他好，并且把他看得很重要时，他的良知能做出正确判断，会和你肝胆相照。

中国古人最伟大的发明就是，人性本善。无论是什么人，本性是善的，当他做了一件错事时，如果我们能考虑其本性，就会多一份宽容和包容。而这种宽容和包容正是最完美的为人处世之道。

劝导鼓励，不仅仅是对朋友，对我们身边的每一个人，哪怕是初次见面的人，都是致良知。

如何面对肉体痛苦

九川卧病虔州。

先生云："病物亦难格，觉得如何？"

对曰："功夫甚难。"

先生曰："常快活便是功夫。"

九川问："自省念虑，或涉邪妄，或预料理天下事，思到极处，井井有味，便缱绻难屏。觉得早则易，觉迟则难。用力克治，愈觉扞格。惟稍迁念他事，则随两忘。如此廓清亦似无害。"

先生曰："何须如此，只要在良知上着功夫。"

九川曰："正谓那一时不知。"

先生曰："我这里自有功夫，何缘得他来？只为尔功夫断了，便蔽其知。既断了，则继续旧功便是。何必如此？"

九川曰："直是难鏖。虽知，丢他不去。"

先生曰："须是勇。用功久，自有勇。故曰'是集义所生者'。胜得容易，便是大贤。"

九川问："此功夫却于心上体验明白，只解书不通。"

先生曰："只要解心。心明白，书自然融会。若心上不通，只要书上文义通，却自生意见。"

【译文】

九川在虔州生病了。

先生说："病这一事物很难格正,你觉得如何?"

九川说："这个功夫确实很难。"

先生说："时常保持快活就是功夫。"

九川问："我反省自己的念头思虑,有时涉及邪恶妄念,有时又思考平治天下,想得最深的时候,感觉到津津有味,难以摈去。发现得早还容易去除,发现得晚就很难去除。用力克制,越发觉得难以抵挡。只有去想别的事才能忘掉。这样清除思虑好像也没什么害处。"

先生说："何须如此?只需要在良知上下功夫。"

九川说："我说的正是良知不在的时候。"

先生说："我这里自然是有功夫的,怎么会出现你说的这种情况呢?只因为你的功夫间断了,蒙蔽了良知。既然功夫间断了,继续原来的功夫便可。何必要那样做呢?"

九川说："那真是一场鏖战。虽然知道却又去不掉。"

先生说："这需要勇气。用功久了,自然勇敢。所以说'是集义所生者'。如果能轻易战胜思虑,便是大贤人了。"

九川问："致良知的功夫虽能在心上体验明白,却解释不通书上的文句。"

先生说："只需要在心中理解便可。心中明白,书上的文句自然融会贯通。如果心中不通透,只想在书中的文义上求通透,却会生出许多其他意思来。"

【度阴山曰】

1507年,王阳明抵达贵州龙场驿站时,面对的是绝境。当人面对绝境时,最先感知这绝境的其实是身体,然后才是心理。

当时的贵州龙场驿站,有瘴疠之气,有密不透风的原始森林,有阴暗潮湿的山洞,就是没有正常人可以居住的地方。王阳明天生又有肺病和肠胃疾病,来到这种地方,身体自然无法忍受,所以很快,他就想到死亡。

他曾把一山洞当作是棺材,每天都想着死在这个天然棺材里,伴随着身体种种不适的是心理疾病,他当时无法揭开朱熹理学格物之谜。

离王阳明1500多年前,有个叫苏武的汉朝官员被匈奴扣押,匈奴人把他流放到环境恶劣的贝加尔湖放羊,苏武每天缺衣少食,很多次险些被冻死。身体受到的巨大创痛,让他也多次想一死了之。

但无论是苏武还是王阳明,最后都活了下来,而且名垂史册。

我们一定要明白一点:有时候,肉体的痛苦比精神的痛苦更易让人崩溃,向生命缴械投降。因为肉体痛苦是迅猛而易感的,哪里疼痛立即就会有反应,不像心理疾病那样悠长缓慢。人的肉身很难经得起那些直接的痛苦,肉体痛苦的可怕不在其本身,而是接踵而来的精神痛苦。

人但有一口气在,就能活。但没有了斗志,死亡就在眼前。

陈九川得病后,感觉到痛苦不堪,所以他对王阳明说,这个肉体疾病很难格。

王阳明也承认,因为他也遭受过。他之所以能挺过来,有个秘诀:常快活。

当初他在龙场,千方百计转移肉体带来的疼痛的注意力,他修建简陋的住所,给其取一个好名字,他常常唱家乡小调,而且学着种菜煮饭。

常快活其实就是转移注意力,而这种转移又有个诀窍,就是勇。

人肉体受伤害时,精神会来帮忙,生出种种思虑。这个时候,我们该怎么办?

有人说,要拼命地克制它。这种论调也有道理,可未必有效。我们在经受肉体痛苦时会产生各种思虑,而思虑或者说是心理是有一定规律的。恐惧、焦虑、空虚,这些负面的心理就会冒出。当它们冒头时,千万别拼命克制它,而是要顺着它的规律。所有的心理情绪,无论是正面还是负面的,都有一定规律,这个规律就是,产生、发展、高潮、没落、死亡。

要勇,就是要敢于承认它的这个规律,然后勇敢地顺应这个规律。

如何顺应这个规律呢?

通俗而言就是,为所当为。问自己一句:如果没有这些负面情绪时,你平时都做什么?

吃饭、工作、睡觉……

总之,就是要以"平常心"——平常是怎样,现在就是怎样——来对付它。

这需要足够的勇气,只要用心用力,就必能成功。

生活和工作中才是最好的修行道场

有一属官,因久听讲先生之学,曰:"此学甚好,只是簿书讼狱繁难,不得为学。"

先生闻之,曰:"我何尝教尔离了簿书讼狱悬空去讲学?尔既有官司之事,便从官司的事上为学,才是真格物。如问一词讼,不可因其应对无状,起个怒心;不可因他言语圆转,生个喜心;不可恶其嘱托,加意治之;不可因其请求,屈意从之;不可因自己事务烦冗,随意苟且断之;不可因旁人潜毁罗织,随人意思处之。这许多意思皆私,只尔自知,须精细省察克治,惟恐此心有一毫偏倚,杜人是非。这便是格物、致知。簿书讼狱之间,无非实学。若离了事物为学,却是着空。"

【译文】

有一位先生的属官,长期听先生讲学,说道:"先生您的学问十分好,可是文书、断案繁杂困难,无暇去学习。"

先生听到这句话,说:"我何时教你离开文书、断案凭空去做学问?你既然要处理官司,便在处理官司上做学问,这才是真正的格物。比如断案,不能因当事人回答时无礼就发怒;不能因其言辞婉转就高兴;不能因厌恶其说情就故意惩罚;不能因其苦苦哀求就屈意答应;不能因自己事务繁冗就随意糊弄;不能因旁人诋毁、罗织罪名就听之任之。这许多的情况都是私意在作祟,只有你自己知道,必须精细体察、反省克制,唯恐心中有一丝一毫的偏移就错断了案件的是非。这就是格物,就是致知。文书、断案之间,无非实实在在的学问。如果离开了事物去做学问,反而会落空。"

【度阴山曰】

王阳明曾在给弟子徐成之的一封信中明白无误地说道:政事虽剧,就是学问之地,因为修己治人,本无二道。

"修己治人,本无二道"就是对"政事虽剧,就是学问之地"的解释:修己要在治人中，凭空修己，绝对治不了人。再进一步说，修己治人是一回事。

和王阳明谈话的这位官员就有这样的错误认识：修己治人是两回事，要修己就不能治人，要治人就无法修己。

王阳明则说："我什么时候让你离开治人去凭空修己？"

接着他就开始教育这位官员：断案时，不能因当事人回答时无礼就发怒，不能因其言辞婉转就高兴，不能因厌恶其说情就故意惩罚，不能因其苦苦哀求就屈意答应，不能因自己事务繁冗就随意糊弄，不能因旁人诋毁、罗织罪名就听之任之。这许多的情况都是私意在作祟，且只有你自己知道。你必须精细体察、反省克制，唯恐心中有一丝一毫的偏移就错断了案件的是非。

认真读王阳明这一大通道理，很容易能看明白，王阳明是让对方"在事情（断案）上正念头"，这就是格物，就是致知。

脱离了事物，凭空去格，什么都格不出来，只会流落到"枯禅"境地。

常常能听到一些人说，天天忙得要命，哪里有时间修身养性？这话的错误就在于，忙的过程中才是修身养性的最佳道场。

我们最应该搞清楚的是修身养性的目是什么。这目的无须多说，当然是应对人情事变。

不在随处可见的人情事变上用功，却脱离人情事变去刻意修身养性，这是画蛇添足，既浪费了时间，也降低了效率。

生活和工作才是最锻炼人的道场，除此而外，全是虚无。正如王阳明所说，离了事物去做学问，必然落空。我们说，离了生活和工作去修身养性，这"身"和"性"一无是处。

好恶：阳明心学的法门

虔州将归，有诗别先生云："良知何事系多闻，妙合当时已种根。好恶从之为圣学，将迎无处是乾元。"

先生曰："若未来讲此学，不知说'好恶从之'从个甚么。"

敷英在座，曰："诚然。尝读先生《大学古本序》，不知所说何事。及来听讲许时，乃稍知大意。"

【译文】

我将要离开虔州时，写了一首诗向先生告别："良知何事系多闻，妙合当时已种根。好恶从之为圣学，将迎无处是乾元。"

先生说："你如果没有来此讨论学问，那么就不知道'好恶从之'的'从'说的是什么意思。"

敷英也在座，说："是啊！我曾经读先生的《大学古本序》，不知道说的是什么。在这里听讲了一段时日，才稍稍明白其中的大意。"

【度阴山曰】

"好恶"二字在阳明心学中至为关键，因为王阳明清楚地说过，良知就是好恶之心。什么是好恶之心，人人都喜欢生，所以"生"就是天理，你无缘无故剥夺别人的生命就是伤天害理。人人都喜欢美色，所以"美"就是天理，你如果特别喜欢丑的东西，说明你正在伤天害理。

良知就是好恶之心，这话乍看上去有点不严谨。我们喜欢香的东西，香是天理，但中国古代有"逐臭之夫"；我们喜欢生，生是天理，可有人就是喜欢自杀，或者杀人。

这些变态的好恶真实存在着，那么该如何来理解王阳明所谓的"好恶"呢？

其实，王阳明所谓的"好恶"有以下几个特征：

第一，好恶的流露必须是刹那之间，发自本能和直觉的，好恶一流露，绝对不能掺杂进思想，一旦有了思想，这种"好恶"就不是王阳明所谓的"好恶"之心了。

这也正是王阳明提醒陈九川的，好恶从的是什么？如果你从的是本能和直觉，那没有问题；如果你从的是掺杂了思考后的好恶，这可能就有问题了。

第二，好恶之心，必须是大多数人认可的那个好恶。我们喜欢生，但有人就喜欢死，这"有人"毕竟是少数，是变态而非常态，我们不会忽略它，却也没有必要以它们来反驳"良知是好恶之心"。

第三，好恶之心，是反应神速的，它反映到事物上面是好还是恶，那它就一定是，绝不怀疑。譬如你喜欢吃米饭不喜欢狗屎，喜欢吃米饭就是天理，你见到米饭和狗屎，根本不需要考虑，这就是好恶之心。

"好恶从之"从的是什么？

是从良知，而非从人欲。一旦从了"人欲"，这好恶就不是真正的好恶，也就不是良知了。

知识和见识，是两回事

于中、国裳辈同侍食。

先生曰："凡饮食只是要养我身，食了要消化。若徒蓄积在肚里，便成痞了，如何长得肌肤？后世学者博闻多识，留滞胸中，皆伤食之病也。"

【译文】

于中、国裳等人陪同先生吃饭。

先生说："但凡饮食都是为了滋养我们的身体，吃了就要消化。如果只是把食物积蓄在肚子里，就成了不消化的肿块，如何能够滋养身体？后世的学者博闻多识，却把知识滞留在胸中，这都是患了消化不良的毛病。"

【度阴山曰】

食物如果不能被吸收，那就只是肿块，而不是营养，正如知识如果不能被我们的心转化就不是知识，只能是妨碍我们解决问题的荆棘。

东汉中后期，中国历史上第一次宦官之祸开始，中国历史上第一次外戚之祸开始，中国历史上第一次文祸（文字之祸）开始。

强盛的西汉灭亡后，仍留下一笔宝贵的思想遗产给东汉，诸如董仲舒的"天人三策"、刘彻对儒家体系的认可、儒法并驾齐驱的高明思想策略。但谁又能想到，这一切在东汉开始发生变化，最终变质，让东汉创造了三个低能的第一。

始作俑者，就是东汉中后期的知识分子。

西汉后期，思想逐渐统一，知识分子只能在这个统一的圈子里发挥能量，经学崛起。

所谓经学，就是注解从前的经典。好处是，它能让从前不被人注意和见过的知识点流行于天下。坏处是，它不是发挥再创造，而是锦上添花，甚至是画蛇添足。

所有的知识分子都在知识点上用力，又抬出高调的道德理想主义和政权抗衡，所以无论是外戚还是宦官掌控政权，对这些整日穷嚼咀的知识分子都不待见。

纯粹玩知识点的人，一旦遇事，必然魂不附体，因为知识点不能产生解决问题的方法，它只是平时无事时的点缀。

所以，宦官搞知识分子，轻而易举，于是就有了数次党锢之祸。外戚也搞，但比宦官温柔，知识分子也是俯首帖耳，这种俯首帖耳是发自内心的，因为他们没有能力解决面临的问题。

世上很多人都在学习，有人学得越多越发现自己的无知，所以拼命学。有人学得越多越自卑，因为天下知识太多了，所以也拼命学。

但这学，后面没有跟着"习"，学本身就成了背诵知识点的庸碌行为。

孔子说，学而时习，学是学知识点，习，则是练习，练习的肯定不是你的知识点，而是从知识点中突破出来，甚至是彻底放弃知识点。

理论上，知识点是敲门砖，知识越高，敲起门来越容易。可惜的是，很多人一生都在练搬砖，根本就没有去敲门。

正如东汉那些经学家，论知识储备，连肠子里都是《诗》《书》《老》《庄》，但一遇到人生危境，马上屎尿齐下。

古语云，水大漫不过鸭子背。如果把水比作知识，鸭子背就是你要处理的事。一根筋的人认为，若想漫过鸭子背，我只要不停增加水量就可以，但你越是专注于增加水量，你要处理的问题的难度就越高。

若想让水漫过鸭子背，把鸭子捉过来杀掉再扔水里就万事大吉了。捉过来杀掉就是见识，它有时候和知识点毫无联系。

为什么我们会不停地注水，而忘记了可以把鸭子捉来杀掉扔水里来解决"水能漫过鸭子背"这个难题？

因为我们的脑子始终关注于知识点和知识量。很少有人注意到，我们学到的知识量和我们要在现实中解决问题的方法，不是一回事。

人类所有的知识，都是人类自己创造的，人类创造出这些知识后又让这些知识反过来管束人类。

这就是画地为牢。

它大概有好处，可以使人类有秩序地生活，但它的坏处就在于，创造这些知识的人，本人可能是见识高手，其创造的知识对他人却毫无用处。

《大学》三纲八目，绝大多数人都了解，但这只是知识点，就如你会背诵中国历史歌谣一样，你真的了解中国历史吗？

知识点太容易学，正因为容易，所以它不可靠。见识，就不一样。它是越过知识点，甚至是避开知识点，直奔问题本身，看山是山，看水是水。

一切知识，都是在给本质添油加醋，像包裹木乃伊一样，把本质包裹起来，迷惑你。你知道得越多，就会越恐惧、自卑，忘记了它们是一种伪装。

人世间所有的问题，只要剥开它的伪装，其实只是一个问题。包子是拿来吃的，这就是见识。包子有十八个褶、一百个褶就是知识，关注于褶皱，不知道吃，非饿死你不可。

抓住本质，就是见识，被这个问题搞得晕头转向，还以为自己才华横溢，就是蠢材。

致良知，圣人、凡人都要学

先生曰："圣人亦是'学知'，众人亦是'生知'。"

问曰："何如？"

曰："这良知人人皆有，圣人只是保全无些障蔽，兢兢业业、亹亹翼翼，自然不息，便也是学。只是生的分数多，所以谓之'生知安行'。众人自孩提之童，莫不完具此知，只是障蔽多，然本体之知自难泯息，虽问学克治，也只凭他。只是学的分数多，所以谓之'学知利行'。"

【译文】

先生说:"圣人也是'学而知之',众人也是'生而知之'。"

九川问:"怎么理解?"

先生说:"良知人人具有,圣人只是保全得好而没有受到任何蒙蔽,兢兢业业、勤勤恳恳,良知自然不息,这也是学。只是天生的成分多,所以说圣人'生知安行'。常人从孩提时代也都具有完备的良知,只是遮蔽得多,然而本体的良知难以泯灭、止息,虽然通过学问克制的功夫,但也只是凭借天生的良知。只是通过学习的成分多,所以才说常人是'学知利行'。"

【度阴山曰】

从资质上论,人分为三种:生知安行、学知利行、困知勉行。

所谓生知安行就是,不用后天学习就能懂得道理,发于本愿、从容不迫、自动自发地实行。而学知利行则差了一点,就是通过后天学习才懂得道理,然后发于本愿、从容不迫、自动自发地实行。至于困知勉行,麻烦可就大了。这种人必须通过别人逼迫才能去学,然后懂得了一些道理,可是这些道理,他又不肯去自动自发地实行,还是要人逼迫。

我们必须承认的是,人与人永不可能平等,至少在灵性上面就不平等。有的人灵性十足,有的人灵性极差。

晚清三杰中的曾国藩、李鸿章就是鲜明对比。

曾国藩灵性低下,李鸿章天分极高。曾国藩一篇文章要背诵十几遍才能记住,李鸿章过目不忘。

但两人都有大建树,超凡脱俗。如果一份试卷满分为一百分,两人的成绩都是一百。但是,曾国藩的一百分已是顶点,而李鸿章的一百分,是因为试卷只有一百分。

所以说,生知安行和学知利行之人,如果成就相同,两者所需付出的努力必定有天渊之别,这也是无可奈何的事,而无可奈何就是人生。

王阳明说,生知安行的圣人也要通过后天学习来培育知识,而众人(更多的是学知利行的人)也有先天而知的"知识"。

而这个"知识"就是良知。

生知安行的人，如果不用心培养良知，那也会遮蔽良知；众人虽然没有生知安行的人的灵性高，但他们心中也有良知，只要后天去努力学习致良知，那他就和圣人一样伟大。

良知人人皆有，学就是学致良知，唯有把致良知学好，才能见天道，见真理。而这种学，不需要去外面求，它就在我们心上，凡事皆向心中求。每遇事，多听听内心的声音。

黄直录

良知没有全体部分之分

黄以方问:"先生格致之说,随时格物以致其知,则知是一节之知,非全体之知也,何以到得'溥博如天,渊泉如渊'地位?"

先生曰:"人心是天、渊。心之本体无所不该,原是一个天,只为私欲障碍,则天之本体失了;心之理无穷尽,原是一个渊,只为私欲窒塞,则渊之本体失了。如今念念致良知,将此障碍窒塞一齐去尽,则本体已复,便是天、渊了。"乃指天以示之曰,"比如面前见天是昭昭之天,四外见天也只是昭昭之天,只为许多房子墙壁遮蔽,便不见天之全体。若撤去房子墙壁,总是一个天矣。不可道跟前天是昭昭之天,外面又不是昭昭之天也。于此便见一节之知即全体之知,全体之知即一节之知,总是一个本体。"

【译文】

黄直问:"先生格物致知的学说,是随时格物来实现其良知,这样就使得知只是一部分的知,而非全体的知。这如何能够达到《中庸》所说的'溥博如天,渊泉如渊'的境界呢?"

先生说:"人心就是天、就是渊。心的本体无所不括,它原本就是一个天,只是被私欲蒙蔽，才丧失了天的本来面目；心中的天理无穷无尽，原本就是一个渊，只是被私欲阻塞，才失去了作为渊的本体。现在念念不忘致良知，将这些障碍一并去除，恢复心的本体，便是天和渊了。"先生就指着天接着说，"比如面前的天是晴朗的天，在外面看到的天也是晴朗的天，只是被许多房子墙壁遮蔽了，便看不见天的全体。如果撤去房子墙壁，就是一个天而已。不能说眼前的天是晴朗的天，外面的天就不是晴朗的天了。由此可见，部分的良知就是全体的良知，全体的良知就是部分的良知，总之只是一个本体。"

【度阴山曰】

黄以方是王阳明弟子中灵性极高的人之一，所以他的问题很刁钻："您格物致知的学说，是通过随时格物来实现良知，这样就使得知只是一部分的知，而非全体的知。这如何能够达到《中庸》所说的'溥博如天，渊泉如渊'的境界呢？"

"溥博如天，渊泉如渊"直译就是，广博如天，深远如深水一般。这可能是王阳明在讲学中谈到的实现良知后的境界。

这里值得注意的是，格物致知，就是随时格物来实现良知。

黄以方认为，致良知是千年之计，格掉一物，只能说是实现了一部分良知。王阳明却认定，格掉一物后就能达到"溥博如天，渊泉如渊"的境界，这怎么解释呢？

王阳明的解释是，你在屋子里看天，难以见到，但天还是在的，只要你走出房门或是打破屋子，天就在眼前了。

天就是良知，屋子是我们的私欲，去除私欲，即刻见良知。走出房门或打破屋子，就是格物。多么简单却又多么深奥。

王阳明这段话的意思是想让黄以方明白一个道理：只要你在无论多么微小的事情上致良知，就能实现良知，见到光明之天。我们总认为致良知是件复杂长久的事，认为致良知要花费太多力气，可真实的情况是，在我们日常生活和工作中，时刻都有致良知的大把机会。

刘备说，勿以善小而不为，勿以恶小而为之，就是这样的意思。不要以为一个小善举微不足道，只要你为了，你就能见到良知之天，不要以为一个小恶行微不足道，只要你克了，你也能见到良知之天。

这一秒钟，你存了正念并且实行了，你就见到了整个天，你就是圣人；下一秒钟，你存了邪念把它克掉了，你也见到了整个天，你仍是圣人。

致良知，是日常生活和工作中的格物点滴。佛家说，一即一切，一切即一，王阳明则说，点滴即全体，全体就点滴。

圣人的志向

先生曰："圣贤非无功业气节，但其循着这天理则便是道。不可以事功气节名矣。"

"'发愤忘食'是圣人之志如此，真无有已时；'乐以忘忧'是圣人之道如此，真无有戚时。恐不必云得不得也。"

【译文】

先生说："圣贤并非没有建功立业的志向，只是他们遵循天理，这就是道。圣贤并不以功绩而闻名。"

先生说："'发愤忘食'，圣人的志向就是如此，真是没有止息的时候；'乐以忘忧'，圣人的道路就是如此，真是没有忧伤的时候。恐怕不必去说什么得或者不得。"

【度阴山曰】

有人问春秋时期鲁国知识分子叔孙豹："圣人有没有志向？"

叔孙豹回答："有啊。"

人再问："那是什么呢？"

叔孙豹："立德立功立言。"

这六个字就是中国传统知识分子常常挂在嘴边的"三不朽"，能做到的人，就是圣人。

北宋知识分子张载把这"三不朽"进行了细化:为天地立心,为生民立命,为往圣继绝学,为万世开太平。

张载这段话,气魄之大,实在是空前绝后。

但在王阳明看来,叔孙豹和张载对圣人志向的表述不准确。圣人并非没有建功立业的志向,只不过,他们遵循着天理来实现这志向。

这意思就是说,建功立业不是圣人的计划,而是圣人的一个建设性意见。只要我遵循天理去做事,事成之后的重赏和我无关。

王阳明在平定朱宸濠叛乱后,可谓功勋盖世,却没有得到一点封赏。他的弟子都为他抱不平。王阳明问:"你们说,我当初和朱宸濠开战的念头是什么?"

众弟子回答:"当然是平定他。"

王阳明接着问:"现在平定他否?"

弟子们点头。

王阳明说:"那就对了。我的志向是平定他,现在志向已成,封赏之事于我何干?如果当初我的念头是为了封赏而平定他,那的确是很委屈,可事情不是这样啊。我只是遵循着心中的良知(天理)在行动,而且也将我的念头付诸行动,并且大功告成,那又怎么会委屈呢!"

由此可知,圣人的志向就是一念发动时的那个"念"。只要把那个"念"实现了,就是志向完成,其他,与圣人无干。

叔孙豹和张载的那些堂堂大言,固然振聋发聩,让人热血澎湃。但在王阳明看来,"三不朽"和"四为"不是圣人有意为之,功业是要别人来衡量的,而不是你自己。

发愤忘食就是志向,乐以忘忧是大道,但圣人发愤忘食的目的可不是乐以忘忧。做好你自己想做的事,遵循着天理,听命于良知,去实行你的念头,这就是圣人的志向。

不走捷径，就是最大的捷径

先生曰："我辈致知，只是各随分限所及。今日良知见在如此，只随今日所知扩充到底；明日良知又有开悟，便从明日所知扩充到底。如此方是精一功夫。与人论学，亦须随人分限所及。如树有这些萌芽，只把这些水去灌溉，萌芽再长，便又加水。自拱把以至合抱，灌溉之功皆是随其分限所及。若些小萌芽，有一桶水在，尽要倾上，便浸坏他了。"

【译文】

先生说："我们致良知也只是各人尽各人的力。今天良知认识到这个程度，就根据今天的认识扩充到底；明天良知又进一步领悟，就根据明天的认知扩充到底。这就是精研专一的功夫。与别人讨论学问，也必须根据对方的能力所及。好比树木刚刚萌芽，只用一点水去灌溉，树芽长大些，便加些水。树木从两手合握的大小到双臂合抱的大小，灌溉的多少都是根据树的大小来决定的。如果只是小小的树芽，却把一桶水都浇上去，就会把树给浸坏了。"

【度阴山曰】

南北朝时期，南朝的梁帝国和北朝的北魏帝国对峙。梁帝国皇帝萧衍（梁武帝）决心消灭实力雄厚的北魏帝国，这一宏图大业的第一步就是夺取寿阳（安徽寿县）。

寿阳是北魏帝国突入淮河南岸的一个军事重镇，始终是南方帝国的心腹大患。正因此，寿阳的防御异常坚固，在那个没有大炮和飞机的年代，拿下它简直比登天还难。

但萧衍可不是一般人，他集结脑子里所有的智慧，想到了一个其他人永不可能想到的办法：在寿阳下游修筑横断水坝，水坝一旦建成，淮河上游水位提高，寿阳即被淹没。

理论上，这个计划非常好，但执行起来，就没有那么好。梁帝国的水利工程专家指出，淮河的河床全是泥沙，飘忽流动，如果在这上面建造水坝，基础必不牢靠。所以，要想建成水坝，必须慢慢来，先要把泥沙问题搞定。

萧衍说："你们这群笨蛋，我又不是真的建造水坝，我是用水坝淹没寿阳，你要那么好的根基做什么，给我马上开工！"

皇帝的命令就是上帝的旨意，梁帝国的所有政府机器全部开动，二十万人不分昼夜地劳作，从淮河南北两岸分别兴筑，向中流合龙。

劳动人民创造奇迹，五个月后，南北两岸的堤坝胜利会师。萧衍得意扬扬地对大臣们说："看啊，寿阳已在咱们口袋里了。"

水利工程专家在背后嚼舌头道："做任何事，基础要打好，没有基础，想走捷径一步登天，世界上没有这回事。"

萧衍得知后，龙颜大怒，下令处斩那位水利专家。

水利专家尸骨未寒，大坝才积攒了一点点水，即行崩溃。幸好当时水量不大，才没有造成任何损失。

萧衍万分懊恼，对大臣们发牢骚说："老天不帮我啊。"

有水利专家再次指出，道："这个事情不能走捷径，不能快，要慢慢来，必须先打好基础。"

萧衍说："放屁，给我继续建。"

大坝建造再次启动，工人们加班加点，连呼吸的时间都没有。一年后，长约四公里半的大坝终于建成，这是个奇迹。它的长度和它所用的时间，都可以创造纪录。

萧衍视察水坝，沾沾自喜道："大坝啊，你好壮观；寿阳啊，来我的怀抱。"

萧衍在修筑大坝时，北魏帝国大为恐慌，但宰相李平安慰众人说："咱们什么都不要管，因为这么短的时间，建造了那样大的一座水坝，它的质量可想而知。我想，它一定自行崩溃。"

所以，北魏帝国连寿阳百姓都没有疏散，萧衍却忙得不可开交。他是个慈悲人物，下令政府出巨资在寿阳附近的山头安排灾民救济所，准备在寿阳淹没后收容逃出来的难民。

这真是个天大的笑话，但萧衍认为一点都不好笑，他还训斥那些建造简易房的工作人员效率太低。

水坝建成的五个月后，秋雨来临，淮河水位暴涨，水库渐渐充满。某天夜里，突然撼天动地的一声响，整个梁帝国震动起来，几十公里外都能听到这响声，水坝崩溃。建立在坝上的军营和淮河下游属于梁帝国的村落，十余万人全部葬身洪水之中。

萧衍这个蠢驴，让十余万生命为他自以为的高度智慧制造的愚蠢埋单。

萧衍建造水坝，念头是好的，但行动起来谬以千里。表面看，他不懂堤坝基石的重要性，其实他是想走捷径。

如果按照他手下水利专家的方案，先搞定泥沙再建造堤坝，这又费时又费力。他内心深处只不过是想走捷径，以最短的时间最省力的方法创造他人望尘莫及的功业。

所谓走捷径，就是违背事物的发展规律，投机取巧地让它非自然地成长。观历史往事，速成的东西都不长久，因为这违背了它的发展规律。

走捷径的人，背后的思维逻辑就是总想着创新。可创新这玩意儿，有多难，谁都知道。中华帝国几千年，无论是唐宋元明清哪个朝代，都没有创新，都在秦始皇确立的"君主独裁""郡县"制里打转，中华思想几千年，那么多出类拔萃的知识分子，不过就是在儒家的那几本书里打转。

致良知最要不得的就是想走捷径。走捷径就是希望出奇迹，希望超越自己的能力范围而建立事功。王阳明已经说得很清楚："致良知也只是各人尽各人的力。今天良知认识到这个程度，就根据今天的认识扩充到底；明天良知又进一步领悟，就根据明天的认知扩充到底。这就是精研专一的功夫。与别人讨论学问，也必须根据对方的能力所及。好比树木刚刚萌芽，只用一点水去灌溉，树芽长大些，便加些水。树木从两手合握的大小到双臂合抱的大小，灌溉的多少都是根据树的大小来决定的。如果只是小小的树芽，却把一桶水都浇上去，就会把树给浸坏了。"

不走捷径，就是别抱一口吃成个胖子的幻想，也别投机取巧，总想异于他人，找一条与众不同的路。

不走捷径，就是把自己看成个笨蛋，稳扎稳打，一步一个脚印，杜绝"创新"，以"慢慢来""稳当"为信条，走一条某些人非常不屑的"愚蠢"之路。

你要相信，皇天不负有心人，但皇天肯定会辜负那些总想走捷径的人。因为老天爷设计出那么多曲折蜿蜒的路，必有深意，他绝对不可能让你走捷径、抄近路。

一念发动即是行

问知行合一。

先生曰："此须识我立言宗旨。今人学问，只因知行分作两件，故有一念发动，虽是不善，然却未曾行，便不去禁止。我今说个知行合一，正要人晓得一念发动处便即是行了。发动处有不善，就将这不善的念克倒了，须要彻根彻底，不使那一念不善潜伏在胸中。此是我立言宗旨。"

【译文】

有人向先生请教知行合一。

先生说："这就必须了解我的立言宗旨。今人的学问，把知与行分作两件事，所以有一个念头发动，即便是不善的，只因为没有去实行，就不去禁止它。我如今说知行合一，正是要人晓得一念发动之处便已经是实行了。意念发动之处有不善，就要将这个不善的念头克去，需要彻底根除，使得不善之念不能在心中潜伏。这就是我的立言宗旨。"

【度阴山曰】

这段文字，相当重要，它是王阳明"知行合一"的立言宗旨。不过，和"知行合一"的本意比较，这是事后诸葛式的总结。任何伟大哲学家恐怕都有这个毛病，提出一个概念后，过了许多时候，才找到为何要提这个概念的理由。

一念发动就是行，念就是行，念头从心中出发，由良知监控，所以念就是知，知就是行，很符合"知行合一"的本源。

儒家思想注重动机，动机不纯，你做的事再好，也是错。王阳明同样如此，他注重念头。

他想表达的是，一念发动即是行了，纵然你现在没有行，但如果不扼住这些念头，总有一天你会行。

所以，"一念发动即是行"不仅是个理论，更是一种警告。

他警告那些总产生坏念头的人：不要认为没有将坏念头付诸实践就没什么，

如果你不对平常的坏念头加以阻止，那积累得多了，你就真的会付诸行动。

大恶皆从小恶来，小恶皆从小恶念出。若想知行合一，就必须扼杀那些恶念，斩草除根，毫不留情，使其不在心中潜伏。

善良比聪明更重要

"圣人无所不知，只是知个天理；无所不能，只是能个天理。圣人本体明白，故事事知个天理所在，便去尽个天理。不是本体明后，却于天下事物都便知得，便做得来也。天下事物，如名物度数、草木鸟兽之类，不胜其烦，圣人须是本体明了，亦何缘能尽知得？但不必知的，圣人自不消求知；其所当知的，圣人自能问人，如'子入太庙，每事问'之类。先儒谓'虽知亦问，敬谨之至'，此说不可通。圣人于礼乐名物不必尽知，然他知得一个天理，便自有许多节文度数出来。不知能问，亦即是天理节文所在。"

【译文】

先生说："圣人无所不知，知只是知道天理；圣人无所不能，能也只是能发扬天理。圣人之心本都明白，所以在每一件事上都知道天理的所在，就去穷尽其中的天理。并不是心的本体明白后，对于天下的事物都能懂得、都能做得。天下的事物，如名物度数、草木鸟兽等，不计其数，就算圣人的心体再明白，但又怎能全部知道呢？只是那些不必去知道的，圣人不必去知；对于那些应当知道的，圣人自然会向人请教，比如'孔子进入太庙，每件事都要问'等。朱熹先生引用尹和靖的话，说'孔子虽然知道也还要问，这是极其虔敬谨慎的表现'，这种说法说不通。圣人对于礼乐名物不必都知道，但是他知道一个天理，就自然会明白许多规矩法则。不知就问，这也是天理的法则。"

【度阴山曰】

东汉末,有个叫孔融的孩子,四岁时就凭借与生俱来的聪明让出大梨,最后不但获得家长的赞许,还获取了最大的梨。十岁时,他跟随父亲到洛阳。处处显示着伶俐,一个叫陈韪的人见他聪明得有点过了头,于是说:"小时了了,大未必佳(小时候很聪明,长大了未必还行)。"聪明的孔融立即回道:"想君小时,必当了了(我猜想您小的时候一定很聪明吧)。"

孔融的这句话的确体现了他超人的聪明,但陈韪是和他父亲同辈人,和长辈这样说话,足可见孔融毫无修养。

史书记载:韪大踧踖。意思是,陈韪很不安。而这不安,恐怕不是陈韪受到侮辱而不安,而是觉得孔融只有聪明没有品德。

孔融后来投奔曹操,曹操先是惊其为神人,但随着孔融处处卖弄聪明,曹操对他的评价开始一落千丈。

曹操曾颁布禁酒令,认为酒会误事。孔融就说:"美色更误事,怎么不禁止人类做爱和结婚?"曹操宣称以孝治天下,孔融就狞笑道:"孝敬老爹做什么?他不过是为了发泄性欲才有的儿子。至于亲娘,不过是个器皿,东西都出来了,还要感谢器皿?"

这话初听的确让人耳目一新,但是,认真一想,就感觉不近人情。父母生我养我,儿子居然这种态度,简直禽兽不如。

后来,曹操以大逆不道之罪将孔融诛杀。这个传奇人物自此入土为安。

中国古人始终讲,善良或者说是品德比聪明乃至智慧更重要。"难得糊涂"本身并非装糊涂,而是觉得太过聪明而无善良之心,会不近人情。聪明、智慧是天赋,有些人学不来,但善良只是简单的选择,人人都有能力做出选择。

空有聪明和智慧,总做惊世骇俗之论,却没有恻隐之心,这就不是人。

王阳明说,良知之外没有知,致知之外没有学。人生在世,唯一的知是良知,唯一的学是致良知。

圣人无所不知,只是个良知,圣人无所不学,只是在学致良知而已。孔子跑到太庙里,不懂就问,大家都疑惑,还有圣人不知的东西?孔子的确不知,但他在太庙这种情境中能问,这就是良知。

所以王阳明说,不知就问,这是天理法则。

孔融学富五车,才高八斗,人人皆以为他无所不知,其实他一无所知,因为他没有良知，终其一生，他也没有致过良知。

善是中庸，恶是过或者不及

问："先生尝谓善恶只是一物。善恶两端，如冰炭相反，如何谓只一物？"

先生曰："至善者，心之本体。本体上才过当些子，便是恶了。不是有一个善，却又有一个恶来相对也。故善恶只是一物。"

直因闻先生之说，则知程子所谓"善固性也，恶亦不可不谓之性"，又曰"善恶皆天理。谓之恶者本非恶，但于本性上过与不及之间耳"，其说皆无可疑。

【译文】

黄直问："先生曾说善恶只是一个东西。然而善与恶就如同冰与炭，相互对立，怎么能说只是一个东西？"

先生说："至善是心的本体。本体上稍稍过分一些，便是恶。并不是有一个善，还有一个恶与善相对。所以善恶只是一个东西。"

黄直听了先生的解释，就明白了程颐先生所说的"善固然是性，恶也不能不说是性"，以及"善恶都是天理使然。即便说它是恶也并非本来就是恶的，只是在本性上稍稍有过或不及罢了"，黄直对于这些说法都没有疑问了。

【度阴山曰】

汉武帝刘彻时期的宰相公孙弘俸禄极高，但是，这人特别艰苦朴素，一年四季盖着破被子，所有的衣服只有朝服没有补丁，所有人都觉得公孙大人是个好官僚，但有人质疑：公孙弘的俸禄是光明正大得来的，就是穿金戴银也没有问题，为何他总把自己装扮成个叫花子呢？

刘彻听到这种论调后，就找来公孙弘问话。公孙弘实话实说："我的确把日子过得如同乞丐，但每个人做事，都有自己的目的和原则，我这样做，乐在其中，这就不是矫饰。如果有人明明很有钱，却矫饰成乞丐，那才是有问题呢。"

且不说公孙弘的辩解是否为真，我们只以这个故事作为媒介来探讨王阳明所谓的"善恶"问题。

王阳明的主张是，人性是全善的，只要过了一点，或者不及一点，那就成了恶。所以，善恶一体，就看你选择善还是恶了。

什么是过或者不及呢？

你饿了吃饭，就是善，但点菜过程中非要让人家知道你有钱，就是恶；困了睡觉，就是善，但你非要找人陪睡，就是恶。孝顺父母是善；非要搞得天下人皆知你孝顺，就是恶。

这是过头了。就如公孙弘，明明能穿得起好衣服，非要穿破衣服，这就是恶了。

至于不及，饿了吃饭是善；饿了非不吃，就是恶。孝顺父母是善；孝顺得心不在焉，就是恶。

所以，一个人行善时就没有恶，行恶时就没有善。善恶互相转化，你来我往，善恶是合一的。善就是中庸，恶就是中庸过了或者不及。

为何知行合一难

先生尝谓："人但得好善如好好色，恶恶如恶恶臭，便是圣人。"

直初时闻之，觉甚易，后体验得来，此个功夫着实是难。如一念虽知好善恶恶，然不知不觉，又夹杂去了。才有夹杂，便不是好善如好好色、恶恶如恶恶臭的心。善能实实的好，是无念不善矣；恶能实实的恶，是无念及恶矣。如何不是圣人？故圣人之学，只是一诚而已。

【译文】

先生曾说:"人只要像喜欢美色那样喜欢善德,讨厌恶臭那样讨厌恶行,便是圣人了。"

黄直刚听闻时,觉得这很容易,后来仔细体会才觉得,这个功夫着实很难。比如心里的念头虽然知道好善恶恶,然而不知不觉间有会夹杂别的意念。一旦夹杂了别的意念,就不是如喜欢美色那般喜欢善德、如讨厌恶臭那样讨厌恶行的心了。能切实地喜欢善德,那么就没有念头是不善了;能切实地厌恶恶行,就没有念头是恶的了。这样怎么不是圣人呢?所以圣人的学说,只是一个诚罢了。

【度阴山曰】

王阳明对"知行合一"的表述是这样的:如好好色,如恶恶臭。见到美色属于知,喜欢上美色属于行,见到美色会立即喜欢上,见到和喜欢之间没有间隔,是为知行合一。

直白而言,其实喜欢上美色是诚心诚意的,没有外力推动,自动自发、不知不觉。王阳明希望的是,人人在见到美色上如此,在人生中为善去恶也要如此,真心实意,全力以赴,不知不觉。

如你所知,这不现实。我们喜欢美色、饿了吃饭是发自本能。本能的力量之所以强大,就是因为它不需要外力加持,只靠自己就可以。可如果我们如喜欢美色那般喜欢善德、讨厌恶臭那样讨厌恶行,就难得多了。

因为很多善德和恶行,都不是我们本能接受和排斥的。明知见义勇为是对的,可见到不义之事就是没有勇气,明知不义之财是错的,可见到不义之财还是想拿过来。

此时,诚意失去威力,败给了私欲。

我们之所以无法知行合一,问题就在这里:在良知做出判定后,我们进行了思考,而人类一思考,无非是"利害毁誉"四个字。譬如见到老太太倒地,本能告诉我们,应该上前救助,但我们的脑子跟上来,会思考,救了这老太太会不会被讹诈?

于是,知行分裂。

知行分裂，就是因为我们为善去恶的诚意不够，如果诚意十足，像喜欢美女厌恶恶臭那样去为善去恶，天地间到处都是知行合一。

诚意之所以不够，因为我们掺杂进了思考。所以王阳明始终主张：天理不容思想，良知忌转念。

一旦思想和转念，它就会溜进从知到行的过程中，将知行一分为二。

人问："看到小孩在井边，是否要救助？"

王阳明回答："当然。但这里有个玄机。"

人请问。

王阳明回答："看到小孩在井边，立即救助，这是知行合一；看到小孩在井边，思考了一下，我救助它会不会得到利益，有这种想法，即使你救了小孩，也不是知行合一，因为知（见到小孩在井边）和行（救助）中间掺杂进了私欲（能否得到好处）。"

这样一来，你救助小孩的行为就不是诚意，所以知行分裂了。

人做事，发自诚意，就是要顺其自然，应该做，那就去做，不抱任何利益之想。真诚意是感动自己，而不是感动他人。

极简就是自然的减

门人在座，有动止甚矜持者。先生曰："人若矜持太过，终是有弊。"

曰："矜持太过，如何有弊？"

曰："人只有许多精神，若专在容貌上用功，则于中心照管不及者多矣。"

有太直率者。先生曰："如今讲此学，却外面全不检束，又分心与事为二矣。"

【译文】

在座学生中，有人举止过于矜持。先生说："人如果过于矜持，终究是有弊端。"

那人问："过于矜持，有什么弊端？"

先生说："人只有这些精神，如果专门在容貌上用功，就会无暇顾及照管心体了。"

有的学生十分粗率。先生说："现在讲求这个学问，却在容貌礼仪上不加检点，又是将心与事一分为二了。"

【度阴山曰】

王阳明看到弟子很注重外表，行走坐卧一板一眼，矜持得像个黄花闺女，于是告诫说，你这样矜持，恐怕有弊端。

弟子问为什么。

他就说："精力都浪费在外表上，哪里有时间修心？"

这个弟子可能深受启发，第二天就蓬头垢面，穿着内衣来听课了。王阳明又教训他："你在容貌上不加检点，又是将心与事一分为二了。"

这段话的意思是，人要内外合一，你心上干净，面上肯定也要干净。如果面上不干净，就证明你心上不干净，或者是你心上干净，故意把面上搞得不干净，心和事分离了。

做王阳明弟子，其实很难。仅外貌上，就很难合他的口味。

当今流行极简主义，对极简主义的解释五花八门，但归根结底，所谓极简主义就是自然的减，而不是增。这个减不是减少物品，而是减少对物品关注的次数与时间。据说某位奉行极简主义的商界大佬，只买一款衬衫，但买很多件。目的就是减少挑选衬衫的次数和时间。

王阳明对弟子外形的规劝，其实就是这个道理：你太关注外表，就会忽视内心，你把所有精力都用在身上，就没有时间管理心了。最后，注定沦落为一臭皮囊。

人对身，要减；对心，要加。减是自然而然的减，加却要全神贯注地加。凡事都须在心上用功，心上用功久了，自然会知道如何处理身的问题。如果只在身上用功，忽略了心，那就是舍本逐末，终会害了自己。

活在当下世界

门人作文送友行,问先生曰:"作文字不免费思,作了后又一二日常记在怀。"

曰:"文字思索亦无害,但作了常记在怀,则为文所累,心中有一物矣,此则未可也。"

又作诗送人。先生看诗毕,谓曰:"凡作文字要随我分限所及,若说得太过了,亦非'修辞立诚'矣。"

【译文】

有一位学生写文章为朋友送行,问先生:"写文章难免费心思,写完之后一两天又时时记得。"

先生说:"思索写文章也没什么害处,只是写完之后时时记得,则确实被文字所拖累。心中滞留着一个事物,这就不太好。"

又有人写诗送人。先生看完说:"凡是写作诗文都要量力而行,如果说得太过,也就不是'以诚挚之心修文立辞'了。"

【度阴山曰】

写文章耗费的是智慧和精力,所以最费神。不过,王阳明这位弟子的观点又有不同之处。他所谓的费神,是因为写完之后总是会记起。

也许有人会说,记起有什么关系,记起说明心系文章,也许突然又有了新的灵感,会把文章雕琢得更好。

王阳明的看法是,思索写文章没害处,但是写完之后时时记得,就是被文字拖累了。接着就延伸出去:心中滞留着事物,不是好事。

这不单单是王阳明弟子的毛病,而是我们全人类的通病。

人和动物有个区别。动物眼中只有一个世界,就是当下世界。而在人类眼中,则有三个世界,即过去、当下、未来。

过去的已经消逝,没有办法追回,未来的还没有来,也没有办法控制,人唯一能掌控的就是当下世界。但遗憾的是，人偏偏对过去最留恋，对未来最憧憬，对当下最漫不经心。所以，一切当下就都成了过去仅供留恋，而美好未来，永远也憧憬不来。

其实，人之所以对过去和未来最留恋憧憬，根源就在当下。面对并不乐观的现实问题时，人们总喜欢逃避当下，回到过去进行选择性回忆，那些美好的往事就都浮上心头。同时，人们对现实的不满之情，无处发泄，就只能寄托于未来的美好。

不要活在过去和未来，就是要把握好当下世界。全神贯注于当下世界，活在当下，才能拥有美好未来世界，才能对过去世界一笑置之。

人的身体在当下，心却在过去或者未来，这就是把"身心"分离，身心一旦分离，人就不能称之为人，所以，心中滞留过去的东西，心中憧憬着未来的东西，良知已被遮蔽，一事无成。

朱熹"格物"，错在哪里

"文公'格物'之说，只是少头脑。如所谓'察之于念虑之微'，此一句不该与'求之文字之中，验之于事为之著，索之讲论之际'混作一例看。是无轻重也。"

【译文】

"朱子格物之说，只是缺少个关键。比如他说'在念虑的细微之处体察'，这一句不该与'在文字之中探求，在事物的显著之处验证，在讲学讨论之中求索'混在一起。这就是无分轻重。"

【度阴山曰】

如果王阳明和朱熹一起吃饭，上来一盘二人从未吃过的菜，朱熹和王阳明就开始格物。朱熹会查找各种资料,确认这道菜可以吃,然后再去询问厨子,这道菜该如何吃,营养价值如何,等等。

这就是朱熹的"格物",万事万物都有天理,要通过各种手段把这天理格出来。

而王阳明恐怕是抄起筷子就吃,他不会狼吞虎咽,只是细嚼慢咽。他不会去查找资料,也不会把厨子问得走投无路。因为既然是菜,就必能吃。他的"格物"只是在吃菜这件事上正他的念头罢了,这念头就是,细嚼慢咽,品尝从未吃过的美味。

王阳明说朱熹的"格物"缺少个关键,这个关键就是,吾心不足,要假外求——要去心外格万事万物的理。这个关键在王阳明这里,就是吾心具足,不假外求——在事上正念头就万事大吉。

朱熹的"在文字之中探求,在事物的显著之处验证,在讲学讨论之中求索"仍是向外求,唯一精准的"在念虑的细微之处体察"正是王阳明的在事上正念头。遗憾的是,朱熹认为这不足以称为格物,必须把这一条和上面三条合到一处。

不相信"吾心具足",这是朱熹格物的缺陷根源。人生在世,有时候只需要拥有一个完美的态度和热情就足以解决问题,这完美的态度和热情不来自心外,它就在我们心内。

如何对付生气

问"有所忿懥"一条。

先生曰:"忿懥几件,人心怎能无得,只是不可有所耳。凡人忿懥,着了一分意思,便怒得过当,非廓然大公之体了。故有所忿懥,便不得其正也。如今于凡忿懥等件,只是个物来顺应,不要着一分意思,便心体廓然大公,得其本体之正了。且如出外见人相斗,其不是的,我心亦怒。然虽怒,却此心廓然,不曾动些子气。如今怒人,亦得如此,方才是正。"

【译文】

有人向先生请教《大学》中"有所忿懥"一节。

先生说:"愤怒等情绪,人心中怎会没有,只是不应该留驻而已。常人在愤怒时,多加了一分意思,便愤怒过当,不是公正宽广的心体。所以心中有所愤怒,心就无法维持中正。现在对于愤怒等情绪,只要物来而顺应便可,不要添加自己的一分意思,就是心体的广阔公正,得到心体本然的中正了。就好比外出看见有人在打斗,对于错的一方,我也会愤怒。我虽然愤怒,心中却是公正的,不会动气。现在对他人发怒时,也应如此,这才是心体的中正。"

【度阴山曰】

南朝梁帝国时,京官张缵去长沙做行政长官,路过郢州,邵陵王萧纶请他吃饭,陪他的人是个叫吴规的知识分子。吴规面相不太好,长了一张苦瓜脸。

张缵特别反感这种充满负面情绪的脸,酒过三巡,他举起酒杯向吴规说:"恭喜你。"

吴规急忙站起来,大为茫然,他不知道对方为何要恭喜他。

张缵笑了笑说:"恭喜你今天有幸能在这里和我吃饭。"

吴规马上变了脸,浑身发抖,后来的饭也没有多吃,恨恨而归。回家后,他把这事说给儿子听,他儿子平时起床的第一件事就是生气,一听老爹受此侮辱,气得直抓墙,当晚就一命呜呼。第二天,吴规看到儿子死了,又气又悲,死掉了。他夫人先后失了丈夫和儿子,一天后,也死了。

这可以算是生气的极致,自己把自己气死了。由此可见,生气没有用。如果生气有用,蛤蟆和驴早就统治世界了。

既然生气百无一用,我们如何消除它呢?按王阳明的看法,愤怒这种情绪不是你的,也不是我的,而是我们人类普遍具有的情绪。既然是我们人类的,那你就无法消除它。唯一的办法就是积极应对它。所以,那些教你"如何不生气"的办法,都是屠龙之技。

王阳明的办法并没有高明到哪里去,首先还是说,不能生气:常人在愤怒时,多加了一分意思,便愤怒过当,不是公正宽广的心体。心中有愤怒,心就无法维持中正。

一旦心无法维持中正，判定能力就大大减弱。所以人在生气时做出的事，将来都会后悔。

王阳明给出的办法是，物来顺应。比如现在，有人气到你了，你第一要务就是把生气当成一个情境，千万别再向外延伸。吴规如果能做到物来顺应，就该把张缵惹他生气的那句话当成一情境，张缵已经说完，此情境结束，他也该在心上结束。但他非但没有结束，还把这一情境拿回了家，气死了儿子。

始终停留在生气原因那个情境中，就如王阳明所说的"添加了自己的意思"，情境已经结束，你却仍然在维持那个情境。

王阳明最后举的例子是，正如你看别人打架，对于那个有理的被打，自然心生愤怒，可过一会儿，这个情境消失，你也就不生气了。你对别人发怒，也同样如此，物来顺应，物去不忆。

这恐怕是应对生气的唯一办法了。

人要有责任感

先生尝言："佛氏不着相，其实着了相。吾儒着相，其实不着相。"请问。

曰："佛怕父子累，却逃了父子；怕君臣累，却逃了君臣；怕夫妇累，却逃了夫妇。都是为个君臣、父子、夫妇着了相，便须逃避。如吾儒，有个父子，还他以仁；有个君臣，还他以义；有个夫妇，还他以别。何曾着父子、君臣、夫妇的相？"

【译文】

先生曾说："佛家不执着于相，实则执着于相。我们儒家貌似执着于相，实则不执着于相。"

黄直向先生请教。

先生说："信佛的人害怕被父子关系牵累，就抛弃父子之情；害怕被君臣关系牵累，就抛弃君臣之义；害怕被夫妇关系连累，就抛弃夫妇之别。这都是执着于君臣、父子、夫妇的相，所以才想逃避。像我们儒家，有父子关系，便待之以仁；有君臣关系，便待之以义；有夫妇关系，便待之以别。何尝执着于父子、君臣、夫妇的相呢？"

【度阴山曰】

王阳明浸染佛道几十年，后来在一次静坐中突然悟透。他说，佛、道要人远离人间，抛弃亲情，但亲情与生俱来，怎能抛弃？可见是邪门歪道。之后，他就和佛、道二教一刀两断。

后来他在杭州一座寺庙中，也是以"亲情"这武器让一和尚还俗回家，从王阳明反对佛、道二教来看，他的着眼点是社会责任。

在上面这段话中，王阳明一针见血地指出，佛、道二教就是放弃了人之为人的社会责任，这是典型的逃兵。人之所以为人，衡量的重点就是社会责任。对父母的责任、对领导的责任、对配偶、子女的责任。倘若一个人连这些责任都不肯负，那他就不是一个人。

尤其是亲情，这是王阳明最看重的发自我们每个人内心的责任。

多年以前，大禹治水时忙得要死，曾三过家门而不入。大舜知道后，对大禹的"忘我精神"啧啧称赞。他对大臣们说，要让全天下人都学习大禹全身心工作的精神。

有个叫彭祖的大臣噘了噘嘴，表示有不同意见。

舜就问他："你是怎么啦？"

彭祖故作沉思道："大禹治水有那么刻不容缓，三次经过家门而不进去？"

大舜说："你呀，境界太低，大禹这是太忠于祖国，太忘我，太无私了，他是个伟人！"

彭祖冷笑道："我看他是个伪人，人首先是爱自己，然后是爱亲人。我听说他儿子出生时，他都没有见到，父亲爱儿子是人之常情，他竟然三过家门而不进去看看儿子，这显然违背人情啊。要么他是个神人，要么就是个什么事都能干得出来的坏蛋。"

大舜不理彭祖。

几年后，大禹治水成功，代替大舜成为中国之主。又几年后，大禹破坏了禅让制，把位子传给儿子，开启了家天下时代。

人要有责任感，一个没有责任感的人，特别是在亲情上毫无责任感，要么他是冷血无情的畜生，要么就是大奸大恶之徒。世界上，有太多逃避责任的人，原因大概是良知不明。凡有良知者，主动承担责任还来不及，哪里会去逃避。

当然，我们要注意的是，王阳明反对佛道，其实是在用儒家的尺子衡量佛道，它并非普世真理。不过作为普通人，勇于承担我们与生俱来和社会所赋予的责任，是真正的天理。

至于世外高人的真知灼见和特立独行，非我们普通人能比，也不是学习的对象，我们要做的其实很简单：做一个敢于承担责任的最好的自己。

黄修易录

不作恶，就是行善

黄勉叔问："心无恶念时，此心空空荡荡的，不知亦须存个善念否？"

先生曰："既去恶念，便是善念，便复心之本体矣。譬如日光被云来遮蔽，云去光已复矣。若恶念既去，又要存个善念，即是日光之中添燃一灯。"

【译文】

黄修易问："心中没有恶念时，空空荡荡，不知道是否需要存养善念呢？"

先生说："既然去除了恶念，自然就是善念，就是恢复心的本体了。好比太阳的光芒被乌云遮住，乌云过后光又重现了。如果恶念已经除去，又要存个善念，就像是在阳光下去点一盏灯。"

【度阴山曰】

中国儒家有个人生信条：达则兼济天下，穷则独善其身。或者说是，用之则行，舍之则藏。大多数人都认为，儒家人最高境界是"达则兼济天下"。我们常常会赞颂那些帮助别人、一生行善的人，但是，在王阳明看来，这种行为固然是一种境界，但绝不是最高境界。最高境界则是，独善其身。

名扬天下的谷歌公司，企业文化就是三个字：不作恶。正是这三个字，成就了今天的谷歌。

大学问家费尔南多·佩索阿说："不作恶，不仅是因为认识到别人也拥有我裁判自己的同样权利，有权不被别人妨碍，而且还因为我认为世界上已经有足够的自然之恶，无须再由我来添加什么。"

这段话的意思是，你能作恶别人，别人也能作恶你；世界上的自然之恶已经太多，你还要添加，这是多此一举。

按王阳明的意思：不作恶就是最大的善，你如果没有恶念，即使没有行善的行为，那你也是在行善。行善，表面看是一种天理，但有时候我们恐怕根本洞察不出别人到底需要的是什么，而我们以自己的想法去帮助了别人。因此，"好心办坏事"的行为层出不穷。

恶念已经去除，就全是善念，如果你又要存个善念，正如王阳明所说，就像是在阳光下点了一盏灯。青天白日的点灯，要么是多此一举，要么就是刻意为之。这两样，都是人欲，而不是天理。

人生在世，帮助他人没有问题。不过正如杨朱所说，每个人如果都不去干扰别人，不去作恶他人，只管好自己，根本不必行善，天下自然会太平。

相反，一个人提出各种"行善"的口号，到处去帮助别人，自己却还没有达到不作恶的水准，那注定这个世界会大乱。大多数人的行善是种欲望，其背后都希望得到精神上的利润。可如果被帮的人感觉被人帮天经地义，那他就不会给帮助者精神上的利润，最后，谁也不会帮助谁。

行善，会让被帮助者变懒，变得不思进取。你以为你在行善，对他人而言，其实你在作恶。

行善，需要力量和智慧，它很难把控。而不作恶，全在自己手里，相比而言，不作恶最容易，大道至简，所以不作恶就是最大的善。

学阳明心学第一步：静坐

问："近来用功，亦颇觉妄念不生，但腔子里黑窣窣的，不知如何打得光明？"

先生曰："初下手用功，如何腔子里便得光明？譬如奔流浊水，才贮在缸里，初然虽定，也只是昏浊的。须俟澄定既久，自然渣滓尽去，复得清来。汝只要在良知上用功，良知存久，黑窣窣自能光明矣。今便要责效，却是助长，不成功夫。"

【译文】

黄修易问："近来用功，颇有妄念不生的感觉，但心里漆黑一片，不知如何使它光明起来？"

先生说："起初用功，怎么能使得心里光明？好比汹涌的浊水，才贮藏在缸里，虽然静止不动了，也还是浑浊的。必须澄定的时间长了，水中的渣滓才会沉淀下来，才会变为清水。你只要在良知上下功夫，良知存养久了，漆黑的地方自然能光明起来。如今你要求速效，却有揠苗助长的毛病，不是真正的功夫。"

【度阴山曰】

静坐方式，无论是儒、释、道哪一家，都异曲同工。静坐方式只是形式，并不重要，静坐的原因和静坐的好处才重要。

王阳明年轻时在山顶静坐，许久后，突然睁开眼对书童说："你去山下迎接我两位客人。"并说出了客人的名字。书童莫名其妙，因为这两人离此处非常远，而且很久不来往，也没有任何蛛丝马迹证明两人会来。"

虽然有种种疑惑，书童还是向山下走。走到半山腰，就看见了那两位客人。书童惊讶得合不上嘴，把下山的原因说给两人听，两人也是惊疑万分。

有人说，王阳明有未卜先知的本领。王阳明的解释是，静能生慧，如果静得很纯粹，是真能看到不远未来的。

按传统哲学、宗教观点，人是能和天沟通的，沟通得好，就叫天人合一。所谓"天"，可能是客观环境，也可能是宇宙释放的一种信号。天人合一，就是要人适应客观环境，不逆天而行；就是要人于绝对安静处，心平气和下接收宇宙的信号。

人在人间是平视，天在天上，则俯瞰一切，所以天能预知，和天沟通后，人也就能预知。

当然，这只是就理论而言。在阳明心学中，静坐是为了让平时忙乱的心平静下来，空下来。唯有如此，才能有下一步的可能：在良知上下功夫。

静坐需要多久？要很久。王阳明的比喻是这样的：总是忙来忙去的人，其心就如汹涌的浊水，虽然放在缸子里，经过一段时间后，静止不动了，但它依然浑浊。必须澄定的时间长了，水中的渣滓才会沉淀下来，才会变为清水。

由此可知，王阳明所说的静坐，大致分为两个阶段，第一阶段是让心（汹涌的浊水）安静下来（静止不动），第二阶段则是静静地等待水中的渣滓沉淀下去，变为清水。

在静坐上，不可着急，一旦着急，就又回到不静状态，要多付出时间。时间一久，心里自然开始光明。如果静坐的时间功夫不到，那心里仍然是一片漆黑。

你可以把静坐先当成一种目的，当你的心光明时，静坐就成了让你心光明的功夫。

致良知的途径：格物

先生曰："吾教人致良知，在格物上用功，却是有根本的学问，日长进一日，愈久愈觉精明。世儒教人事事物物上去寻讨，却是无根本的学问。方其壮时，虽暂能外面修饰，不见有过，老则精神衰迈，终须放倒。譬如无根之树，移栽水边，虽暂时鲜好，终久要憔悴。"

【译文】

先生说:"我教人致良知,要在格物上下功夫,这是有根的学问,一天比一天进步,用功越久就越精进、明白。俗儒教人在事事物物上探求,这是没有根的学问。当他年轻力壮时,虽然能暂时修饰外表,看不出有什么过错,但年老时精神衰败,就会支持不住。好比无根之木,移栽到水边,虽然暂时生机勃勃,但终究会憔悴枯死。"

【度阴山曰】

这里所谓的"致良知",是实现良知之意。如何实现良知呢?答案是,要在格物上用功,王阳明的"格物"就是在事上正念头。在王阳明看来,这是根本的学问,而朱熹的"格物"——探究万事万物的理——是无根本的学问。

王阳明为什么这样说呢?

原因是,世界上的任何事物,你虽然能通过探究而知道它,却有一定的不可控风险。也就是说,我们对客观世界存在的所有事物,都没有绝对的把握来控制它。无可奈何的是,很多时候,我们对心外的各种事物几乎没有任何控制能力。

比如,你和人交往,有时候双方都很和谐,有时候却闹得不可开交。交往的人还是那个人,你用的交往方式还是从前的方式,但就是出了问题。

由此可知,朱熹让人去心外探究万事万物的理,本身就是个伪命题。第一,万事万物一旦发生变化,你曾经探究出的那个理就会发生变化;第二,万事万物太多,你把所有精力都浪费在这上面,往往在心上就不会用太多功;第三,一切天理都在我们心上,只要在心中求即可,不必去外求;第四,我们唯一能掌控的只有我们自己的心。

王阳明的"格物"是在事上正念头。一天二十四小时里,你若在遇到的每一件事上存正念或是去邪念,尽量不要落下任何一件事。长此以往,你就能形成正念的惯性,面对任何事物,绝对能做出正念的判定。

事物本身,我们无法控制,但我们可以控制自己的念头,把这念头放置到事物上,事物就成了我们的心内之物。比如,我们无法控制美女诱惑我们,但我们可以控制自己的念头:要么欣赏,要么是发自真诚地去追求。再比如,我们无法控制风雨雷电，但我们可以在风雨雷电的事物上正念头：下雨打伞，雷响躲避。

如果我们总是想琢磨透风雨雷电的理，即使你琢磨透了，难道你下雨不打伞，遇到雷劈不躲避吗？

探究万事万物，实在是多此一举。我们只需要事物来时，在事物上正念头就是。

而为什么我们不需要通过学习就能产生正确的念头呢？是因为我们心上有个良知，它能知善恶。所以致良知，就是格物，格物就是致良知。

立志就是建造房屋

问"志于道"一章。

先生曰："只'志道'一句便含下面数句功夫，自住不得。譬如做此屋，'志于道'是念念要去择地鸠材，经营成个区宅；'据德'却是经画已成，有可据矣；'依仁'却是常常住在区宅内，更不离去；'游艺'却是加些画采，美此区宅。艺者，义也，理之所宜者也。如诵诗、读书、弹琴、习射之类，皆所以调习此心，使之熟于道也。苟不志道而游艺，却如无状小子，不先去置造区宅，只管要去买画挂、做门面，不知将挂在何处。"

【译文】

有人向先生请教《论语》"志于道"这一节。

先生说："只'志于道'一句话便涵盖了下面几句的功夫，自然不能停留在'志于道'上。好比盖房子，'志于道'是去挑选木材，改成房屋；'据德'则是房屋建成后，可以居住、依靠了；'依仁'是要常常住在房子里，不再离开；'游艺'则是装点、美化这个房子。艺就是义，是天理的合宜之处。比如诵诗、读书、弹琴、射箭等，都是为了调养本心，使其能够熟稔于道。如果不先'志于道'就去'游于艺'，就像是一个毛头小子，不先去盖房子，只管去买画来装点门面，却不知道要将画挂在何处。"

【度阴山曰】

志于道，据于德，依于仁，游于艺，这是孔门修身、修心法则。

王阳明在这里用了个房子的比喻。有一天，你要成家立业，第一件事恐怕就是修建房屋。修建房屋就是"志于道"，挑选木材，建造房屋，就是立志。

你想修建个什么样的房子，就决定了你挑选多少木材，花费多少工夫。房子建好后，也就是立志完成，"据于德"的意思是可以居住了，有所依靠了。

人没有志向就等于没有房屋，漂泊无依，浑浑噩噩地活着。必须确定志向，建造房屋，身心才能安定下来。

"依于仁"就是要常常住在房子里，不再离开，等于说，确立志向后，千万要按照志向来，不能对志向的追求三天打鱼，两天晒网。"游于艺"则是装点、美化这个房子。

如何美化呢？

诵诗、读书、弹琴、射箭等，这一切都是为了调养本心，使其能够熟稔于道——让房子有价值。

依王阳明的说法，"志于道"是总纲，立志是人生总纲，凡是坚定立下志向的人，后面的"据于德、依于仁、游于艺"必能行。

反之，如果没有"志于道"，那就不可能有后面三个方面。归根结底，王阳明在这里通过孔子的修身、修心法则只想说明一件事：立志很重要，正如我们人类生存，房子最重要！

人之大病痛：得失心

问："读书所以调摄此心，不可缺的。但读之之时，一种科目意思牵引而来，不知何以免此？"

先生曰："只要良知真切，虽做举业，不为心累。总有累，亦易觉，克之而已。且如读书时，良知知得强记之心不是，即克去之；有欲速之心不是，即克去之；有夸多斗靡之心不是，即克去之。如此亦只是终日与圣贤印对，是个纯乎天理之心。任他读书，亦只是调摄此心而已，何累之有？"

曰："虽蒙开示，奈资质庸下，实难免累。窃闻穷通有命，上智之人恐不屑此；不肖为声利牵缠，甘心为此，徒自苦耳。欲屏弃之，又制于亲，不能舍去，奈何？"

先生曰："此事归辞于亲者多矣，其实只是无志。志立得时，良知千事万事为只是一事。读书作文，安能累人？人自累于得失耳！"因叹曰，"此学不明，不知此处担搁了几多英雄汉！"

【译文】

有人问："读书是为了调节内心，是不可或缺的。然而读书的时候，科举的念头又被牵扯进来，不知道该如何避免？"

先生说："只要良知真切，即便参加科举，也不会是心的牵累。即便有了牵累，也容易察觉，克服即可。好比读书时，良知明白有强记的心是不对的，就克制它；知道有求速的心是不对的，就克制它；知道有争强好胜的心是不对的，就克制它。如此这般，整天只是和圣贤相印证，就是一个纯然天理的心。不管如何读书，也都是调节本心罢了，何来的牵累？"

那人问："承蒙先生开导，奈何我资质愚钝，实在难以免除牵累。听说穷困与通达都由命运决定，天资卓著的人恐怕对科举的事业不屑一顾；而资质驽钝的人则会为声名利禄所牵绊，心甘情愿为科举而读书，却又为此痛苦。如果想要放弃科举，又迫于父母的压力，无法舍弃，这该如何是好？"

先生说："把科举之累归罪于父母的人太多了，说到底，只是自己没有志向。志向立得定，良知即便主宰了千万件事，其实也只有一件事。读书写文章，又怎么牵累人呢？是人自己为得失之心所牵累啊！"先生因此感慨道，"良知的学说不彰明，不知道在这里耽误了多少英杰！"

【度阴山曰】

这是一个类似心灵鸡汤的故事，但其背后的感悟，恰好能印证王阳明这段话的主旨。

曾经有个数学猜想，百年来无人能证明。突然有一天，一个叫佩雷尔曼的名不见经传的数学程序员证明了。众人都跑来向他请教"秘籍"。

那是晚上，佩雷尔曼指着头顶的月亮，说："谁能追到它，我就告诉谁。"

众人盯着月亮猛追。

显然，月亮比人跑得快，众人跑得屁滚尿流，月亮还是在他们前面。

佩雷尔曼也跟着跑，一面跑一面笑。众人怒了，回头看他的丑陋嘴脸，要揍他。佩雷尔曼说："你们别这样着急跑，慢慢向前走看看。"

众人忍住怒气，将信将疑地照做。只过了一会儿，这些人就惊奇地发现，月亮在不紧不慢地追着他们。

这时，佩雷尔曼一本正经地说道："人间好多事即如此，你越求之心切，越有得失心，就越患得患失，反而越得不到它。但当你专心致志地走自己的路时，它却紧紧地追随着你。"

得失心是人之病痛，没有得失心，天下无敌。

人不可能没有得失心，如王阳明的弟子所说，即使是读书也有得失心，写文章也有得失心，担心万一读不好、写不好怎么办。

人有得失心正如房间里不可能没有灰尘一样。灰尘可以打扫，得失心可以去除。王阳明的办法就是致良知——只要良知真切，即便参加科举，也不会是心的牵累；即便有了牵累，也容易察觉，克服即可。好比读书时，良知明白有强记的心是不对的，就克制它；知道有求速的心是不对的，就克制它；知道有争强好胜的心是不对的，就克制它。

我们为什么会有得失心呢？王阳明一贯的回答是，没有志向。

人一旦没有志向，必然患得患失。因为没有志向的人，只看眼前的那点蝇头小利，在蝇头小利上钻得越久，就越没有志向。遗憾的是，人不可能总得而不失，得了就大喜，失了就大悲，像这样得失心太重的人，看似每天都在进取，但终究一事无成。

宇宙中有守恒定律，人生也是如此，今日得未必不是明日失，你得到了这样，肯定就会失去那样。你得到了娱乐，自然就失去了时间。要放下得失心，就应该明白这一点：得和失形影不离，有得就有失。

致良知就是，得失心一来，立即克掉，形成惯性，乃至信仰，最后成为你的本能。

人无得失心，就能和天地一样，永恒长存。

随性而为的"性"，到底是什么

问："'生之谓性'，告子亦说得是，孟子如何非之？"

先生曰："固是性，但告子认得一边去了，不晓得头脑。若晓得头脑，如此说亦是。孟子亦曰：'形色，天性也。'这也是指气说。"

又曰："凡人信口说、任意行，皆说'此是依我心性出来'，此是所谓'生之谓性'，然却要有过差。若晓得头脑，依吾良知上说出来、行将去，便自是停当。然良知亦只是这口说、这身行，岂能外得气，别有个去行去说？故曰：'论性不论气不备，论气不论性不明。'气亦性也，性亦气也。但须认得头脑是当。"

【译文】

有人问："告子说'生之谓性'，未必有错，孟子为何要否定他？"

先生说："生固然是性，然而告子只认识了一个方面，不知道性的本质。如果知道性的本质，这么说也不错。孟子也说：'形色，天性也。'这也是针对气而说的。"

先生又说："但凡是一个人信口说的、随意做的，都说'这是依照我的心性而为'，这就是所谓'生之谓性'，然而这样做会有许多过错。如果知道性的本质，依照自己的良知去说、去做，便自然得当。然而良知也只是依靠嘴巴来说、身体来行，又怎能撇开气，另外有个东西去说、去行呢？所以程颐先生说：'论性不论气不备，论气不论性不明。'气即是性，性即是气。只是必须明白性的本质方可。"

【度阴山曰】

性，是中国传统哲学始终绕不开的一个重要命题，它的意思有两种：第一，生命，上天赋予我们的身体；第二，与生俱来的原始才德。

告子只说中了生命，而对于原始才德，没有肯定。所以告子说，人性这个东西啊，就像水，在自然状态下，你挖开低的西面，它就向西流，你挖开低的东面，它就向东流。所以说，人性无善无恶，就如同水不分东西一样。

孟子反对告子这种荒唐的说法，他反驳道："自然状态下，水确实不分向东向西，却分向上向下。人性善，就好比水朝下流一样。人性没有不善的，水没有不向下流的。水，拍打一下叫它飞溅起来，也能使它高过人的额头；阻挡住它叫它倒流，可以使它流到山上。这难道是水的本性吗？是形势使然。人之所以可以使他变得不善，他本性的改变也正像这样。"

孟子这段话的意思很简单：人性就是善的，不善的人，不是人性不善，而是后天的许多东西改变了它。

王阳明也主张人性本善，因为我们心中有良知。他在这里特意解释了"生之谓性"：依照上天赋予我的身体和才德而为，必须依我才德，也就是我心中的良知而为，才叫"随性而为"，否则，就是"随欲而为"。

很多人，总是分不清自己随性时，是随的良知，还是随的人欲。这就导致了一种情况：明明觉得自己在按照自己的性情行事，却总觉得少了点什么，错了点什么。那些总是随人欲而为的人，就是这样。

上苍赋予我们身体，身体需要诸多欲望的满足才能支撑下去，但我们最需要的是上天赋予我们的才德，也就是王阳明所说的良知，只有它，才能让我们随性而为，自由自在。

他人之恶即我之天堂

又曰："诸君功夫，最不可助长。上智绝少，学者无超入圣人之理。一起一伏，一进一退，自是功夫节次。不可以我前日用得功夫了，今却不济，便要矫强做出一个没破绽的模样，这便是助长，连前些子功夫都坏了。此非小过，譬如行路的人遭一蹶跌，起来便走，不要欺人，做那不曾跌倒的样子出来。诸君只要常常怀个'遁世无闷，不见是而无闷'之心，依此良知，忍耐做去，不管人非笑，不管人毁谤，不管人荣辱，任他功夫有进有退，我只是这致良知的主宰不息，久久自然有得力处，一切外事亦自能不动。"

又曰："人若着实用功，随人毁谤，随人欺慢，处处得益，处处是进德之资。若不用功，只是魔也，终被累倒。"

【译文】

先生又说："诸位用功，切不可揠苗助长。天资卓著的人极少，为学之人没有一步登天成为圣人的道理。在起起伏伏、进进退退之间，才是功夫的次序。不能因为我前些日子用功了，今天却不管用，就故作一副没有破绽的样子，这就是揠苗助长，连以前的功夫都被败坏了。这不是小的过错，好比走路的人摔了一跤，爬起来便走，不要欺骗别人，装出一副没有跌倒过的样子。诸位只要时常怀揣着'避世而内心没有忧虑，不被人赏识内心也没有烦闷'的心态，按照良知切实用功，无论他人讥笑也好、诽谤也罢，不管别人赞誉也好、辱骂也罢，任凭功夫有进有退，只是坚持自己致良知的心念不停息，久而久之自然会感到有力，自然能够不为外物所动。"

先生又说："人如果能够切实用功，随便他人如何诋毁、诽谤、欺辱、轻慢，都是自己的受益之处，都是可以助长德行的资本。如果自己不用功，他人的意见就好比是妖魔，终究会被拖累倒。"

【度阴山曰】

人问智者："人最难管住的是什么？"
智者回答："别人的嘴。"
人问仁者同样的问题。
仁者回答："我不知道人最难管住的是什么，我只知道人最容易管的是自己。"

从前有个百岁老人，长胡子飘飘，若神仙之姿。突然有人问他："你睡觉时，胡子是放在被子里还是放在被子外？"

老人当天晚上就失眠了，不知道该把胡子放在被子外还是被子里。人生在世，最悲哀的不是贫穷、愚昧，而是特别在意别人的评价。

其实，越是在意的事，就越证明我们没有十足把握控制它，越是没有十足把握控制它，我们就越在意。即使你有通天的权力，你也管不住别人的嘴，即使你能管住别人的嘴，你也管不住别人的念头。

儒家现实主义者们已经清晰地认识到这一点，所以提出，我们要在自己能掌控的地方下功夫，而不要把时间和精力浪费在无法掌控的地方。

我们无法掌控别人，即使通过暴力手段，你也只能暂时把别人对你的评价逼到角落里，稍不留神，它就会卷土重来。

我们能掌控的只有自己的良知，王阳明说：按照良知切实用功，无论他人讥笑也好、诽谤也罢，不管别人赞誉也好、辱骂也罢，任凭功夫有进有退，只要坚持自己致良知的心念不停息，久而久之，自然会感到有力，自然能够不为外物所动。

也就是说，在自己最得意的地方（良知）狠狠努力，别管他人的飞短流长——不是不想管，而是你管不了——撸起袖子致良知，你坚信良知能给自己带来美好的利润，天长日久，别人对你的评价自然会改观，即使不改观，你靠致良知也能产生高度自信，心外的评价，无论是正面还是负面，就都成了微不足道的毛毛雨。

反之，如果你总是在意别人的评价，必然失败：你管不住别人的嘴；在浪费时间和精力管别人的嘴时，没有时间和精力致良知，到最后，两头都空——自己良知不明，产生不了高度自信，又控制不了别人。

王阳明说，人如果能切实用功——坚信良知无所不能，坚信致良知是通往圣贤之道，坚信管好自己就是最好的修行——随便他人如何诋毁、诽谤、欺辱、轻慢，都是自己的受益之处，都是可以助长德行的资本。如果自己不用功，他人的意见就好比是妖魔，终究会被拖累倒。

面对他人的破嘴时，你只有两个选择：相信他人之地狱，即我之天堂——致良知；或者是相信他人之地狱，即我之地狱——管住他人的嘴。

在意别人的评价，就是依赖心外之物，就是放弃心内之良知，可谓愚蠢至极。

良知让你能发能收

先生一日出游禹穴，顾田间禾，曰："能几何时，又如此长了！"

范兆期在旁曰："此只是有根。学问能自植根，亦不患无长。"

先生曰："人孰无根？良知即是天植灵根，自生生不息，但着了私累，把此根戕贼蔽塞，不得发生耳。"

【译文】

先生有一天去禹穴游玩，看到田间的禾苗，说："这么短的时间，又长得如此高了！"

一旁的范兆期说："这是因为禾苗有根。做学问如果能够自己种下根，也不怕学问没有进步。"

先生说："人又怎么会没有根呢？良知就是人天生的灵根，自然生生不息，只是被私意牵累，将这个根戕害、蒙蔽了，不能生发出来罢了。"

【度阴山曰】

刘启（汉景帝）登基时，西汉帝国正处于上升期，大臣晁错却看到危机。这危机来自西汉初期的藩王制。

晁错一针见血地指出，各地藩王实力雄厚，又有军队，造反易如反掌，不如削之。

刘启征询大臣们的意见，有些大臣说，这是高祖（刘邦）时的政策，祖宗之法不能违。另外一些大臣支持晁错，认为削藩刻不容缓。

于是，刘启发布"削藩令"，让藩王们交出地盘，交出王印，交出军队，总之，交出一切。

南方的七个国家以吴王刘濞为总司令官立即造反，向京师长安杀来。各地效忠中央政府的城池纷纷陷落，形势危急。

刘启想不到藩王联军实力如此雄厚，急忙找晁错商议。

晁错思来想去，终于想出一妙计：让刘启御驾亲征。

这绝对是个馊主意，刘启一听，顿时暴跳如雷。他不是怕死，而是觉得晁错关键时刻却不灵，让他大失所望。

有人立即向刘启吹风道："晁错这厮开始主张削藩，一旦成功，他就能获取美名；如今形势危急，他却让您亲征，这是有了功劳他独享，有了灾祸让您担当。"

刘启如被狗咬了小腿，一跳三丈高，杀心已起。

后来，刘启向和七国谈判，七国提出条件说："先把那个搞幺蛾子的晁错宰了，咱们再谈。"

刘启毫不犹豫，命人去骗晁错上朝，就在路上，把晁错斩杀于市。

一直以来，大家都认为晁错之死是天大冤，但说实话，晁错死得一点都不冤。

晁错最初要刘启削藩，晁老爹就劝他说："这是皇帝的家事，你一外人操什么心啊。"

晁错说："这可不是皇帝的家事，这是天下事，若要天下太平，非削藩不可。"

这段话，可看作晁错的正念，他真就这么想的，而且立即行动，但这还不是知行合一。随着事态的严峻，七国势如破竹，直逼京城，晁错蒙了，于是才出了那么个馊主意——让刘启御驾亲征。

其实，他根本没有蒙，而是利害缠身，忘了初心。用王阳明的话说就是，晁错被私意牵累，将良知的根戕害，蒙蔽，良知不能生发出来了。

在我们的人生中，总能遇到这种人，形势对自己有利时，大刀阔斧，风风火火，看上去像是一往无前的真英雄，良知光明，天下无敌。但一遇挫折，立即转向，仿佛换了一个人。

不遇困难，人人皆有良知，一遇挫折，皆是丧尽天理之辈——晁错让皇帝顶包，就是丧尽天理。

为什么会这样？

王阳明说，如同禾苗，要有根，才能生发。人能从一而终地做一件事，也要有根，这根就是良知。良知不是瞬间而发，必须平时事上磨炼，无时无刻不抱着致良知的态度去致良知，唯有如此，才能根深蒂固，有突发事件时，才能能发能收。

晁错平时恐怕没有培养这个根——良知，虽然削藩是正念，可一旦顺境变逆境，因为没有根，立即被生死、荣辱这些私意牵累，遮蔽良知，终于做出愚蠢行为，被腰斩于市。

他的死，怨不得别人，只能怨他自己，平时没有好好滋养良知这个根。若能滋养良知这个根，晁错就不会被生死、荣辱这些私意牵累，良知不被遮蔽，他就会主动请缨，虽然结局未知，但绝对不会被腰斩于市。

最笨的人，就是总指责他人

一友常易动气责人。先生警之曰："学须反己。若徒责人，只见得人不是，不见自己非；若能反己，方见自己有许多未尽处，奚暇责人？舜能化得象的傲，其机括只是不见象的不是。若舜只要正他的奸恶，就见得象的不是矣。象是傲人，必不肯相下，如何感化得他？"

是友感悔。

曰："你今后只不要去论人之是非，凡当责辩人时，就把做一件大己私，克去方可。"

【译文】

一位学友时常容易生气，指责别人。先生警告他说："做学问必须反求诸己。如果只是指责别人，就只看到他人的不是，看不到自己的过错；如果能够反省自己，便能看到自己许多做得不到位的地方，哪有空指责别人？舜之所以能感化象的傲慢，关键在于不去理会象的不是。如果舜只是想要纠正象的奸恶，就只会看到象的许多不是了。象是个傲慢的人，肯定不会服气，又怎能感化得了呢？"

这个学友有所感悟，十分后悔。

先生说："你今后不要去议论他人的是非，但凡当你想要指责别人的时候，就把它当作一个大的私意，只有克服掉才行。"

【度阴山曰】

我们为什么特别喜欢、擅长,甚至有时候是无意识地指责别人?

归根结底,其实只有一个原因。先让我们来看个小寓言:有只狐狸在跨越篱笆时脚滑了一下,幸运的是,它抓住了一株蔷薇。虽然没有摔倒,但它的脚却被蔷薇的刺扎伤,血流不止。受伤的狐狸立即指责蔷薇:"你太坏了,我是向你求救,你却伤害我!"

蔷薇回答:"这是你的错,我的本性就带刺,你非要抓我的刺,而不抓我没有刺的地方,因此才被我刺到的啊!"

这个小寓言的道理是,有时候我们总指责别人,就是因为我们不了解人心。

中国人始终相信,人性是善的,有人做出了恶事,只是他们的七情六欲超标,私欲太盛,但善的人性没有变,这就要求我们对他人的错误采取宽容、包容的态度。宽容和包容,就是不要随便指责别人。

每个人心中都有个良知,良知是羞恶之心,一个贼,你喊他贼,他也特别不高兴。所以,大多数人犯错后,羞恶之心几乎是本能地要保护自己不受批评。此时,你一旦戳他的羞恶之心,批评他一无是处,必定惹他起羞怒之心。你的批评就起了反效果。

王阳明举例说,舜能把浑蛋弟弟象引向正道,用的可不是批评,而是无限的包容,因为舜觉得象的本性是善的,所以做出那么多坏事,是情欲的问题。而人类的情欲忽上忽下,左右波动,总有平息之时,你用包容的态度对他,天长日久,他的人性萌发,自然会痛改前非。

倘若用批评,那就是火上浇油。

当我们准备议论他人是非时,要明白一点:你自己身上是否全是"是"而没有"非",如果答案是否定的,那你不赶紧检讨自己的是非,还有时间去管他人的是非,这简直是天大的笑话。

人一生要做的事,只有一件:让自己完美无缺。其途径则是,观自己,莫论他人。

总是指责他人,是顾外不顾内。还是那句阳明心学的经典句子:我们所能控制的只有"内"——自己的良知,指责他人属于"外",你就是气得死去活来,对方无动于衷,你得不到想要的,反而会让对方记恨,这又何必呢?

指责是一种向外求,必如梦幻泡影。

所以王阳明说，不要去议论他人的是非，当你想要指责别人的时候，就把它当作一个大的私意，努力克服掉。

此为致良知。

心存良知，就是最灵验的占卜

问："《易》，朱子主卜筮，程《传》主理，何如？"

先生曰："卜筮是理，理亦是卜筮。天下之理孰有大于卜筮者乎？只为后世将卜筮专主在占卦上看了，所以看得卜筮似小艺。不知今之师友问答、博学、审问、慎思、明辨、笃行之类，皆是卜筮。卜筮者，不过求决狐疑，神明吾心而已。《易》是问诸天，人有疑，自信不及，故以《易》问天。谓人心尚有所涉，惟天不容伪耳。"

【译文】

有人问："朱子认为《易经》重在卜筮，程颐先生则认为《易经》重在阐明天理，怎么理解？"

先生说："卜筮也是天理，天理也是卜筮。天下的道理难道有比卜筮还大的吗？只是后世之人将卜筮专门理解为占卦，所以将卜筮看作雕虫小技了。却不知如今师友之间的问答、博学、审问、慎思、明辨、笃行等，都是卜筮。卜筮不过是解决疑惑，使得人心变得神妙、明白而已。《易经》是向天请教，人有疑问，缺乏自信，所以用《易经》请教天。所以说，人心或许还有偏倚，只有天不容得任何虚假。"

【度阴山曰】

大明帝国开国帝师刘伯温，能掐会算，享誉民间。朱元璋初次见刘伯温时，问的也是刘伯温最擅长的占卜内容。后来，刘伯温对朱元璋说："所谓占卜，就是预料即将发生的事，只要做好当下每一步，未来必是美好的。如果走不好当下每一步，无论如何占卜，未来一定不明朗。"

1368年，朱元璋在今南京建立大明帝国，正所谓"大兵过后必有凶年"，多年混战让百姓民不聊生，天灾处处可见。

朱元璋要刘伯温占卜，刘伯温弄了一番玄虚后，说："要以仁义治天下，对待百姓要施舍全部的爱。"朱元璋听从，经过几年时间的仁义之政，大明帝国开始蒸蒸日上。

其实，预知能力是一种不属于人类的超能力，它不稳定，没有可操作性。人类之所以特别喜欢占卜，就是因为对未来充满恐惧，希望能找到有效的方式来应对不可知的未来。

刘伯温的每次占卜，结果大同小异，都是让朱元璋勤政爱民。这种"勤政爱民"还需要占卜？这是作为人君的本分，一旦做到这点，未来就可预知，必然是向好的方向发展。

人只要不作恶，就是在给美好未来加砝码，何须占卜？一个人若总是作恶，就是在给美好未来挖墙脚，无论怎样占卜，美好未来必然崩塌。

王阳明指出，真正的占卜，就是解惑。占卜有两种，一种是请师友占卜：问答、博学、审问、慎思、明辨、笃行。但这种占卜，由于人常常会被智识、私欲遮蔽良知，往往会出现错误。所以第二种占卜就显得重要，那就是请天占卜，向天问天理。

人可能犯错，但天不会犯错，要如何请天占卜呢？

由于心即理，天理在我心中，绕了个大圈子，最终我们要请求占卜的对象就是我们的心。心存良知，知行合一，就是最灵验的占卜。

黄省曾录

良知就是易，易就是变

黄勉之问："'无适也，无莫也，义之与比。'事事要如此否？"

先生曰："固是事事要如此，须是识得个头脑乃可。义即是良知，晓得良知是个头脑，方无执着。且如受人馈送，也有今日当受的，他日不当受的；也有今日不当受的，他日当受的。你若执着了今日当受的，便一切受去；执着了今日不当受的，便一切不受去。便是'适''莫'，便不是良知的本体。如何唤得做义？"

【译文】

黄勉之问："《论语》有言：'没有绝对的肯定，也没有绝对的否定，符合义即可。'难道每件事都要如此吗？"

先生说："当然每件事都要如此，只是必须先认识到宗旨才行。义就是良知，知道良知就是宗旨，才不会执着。好比接受别人的馈赠，有的今天可以接受，而其他时间不能接受；也有今天不能接受，而其他时间可以接受的。如果你执着于今天可以接受，就接受所有的馈赠；执着于今天不能接受，就拒绝一切馈赠。这就是'适'和'莫'，就不是良知的本体。怎么能叫作义呢？"

【度阴山曰】

大明帝国万历初年的首辅张居正变法初期，很多官员都想和大权在握的张居正拉关系。

拉关系的手法自然就是送礼，张居正对所有人的礼物都拒绝，只有两个人的礼物，他毫不犹豫地接收。

这两个人就是边将戚继光和李成梁。

戚、李二人善于用兵，是那个时代明帝国军界的砥柱中流，有人很不理解地问张居正："那么多人给你送礼，你不接受。为何只接受戚、李二人的，难道他们的礼品够丰厚？"

张居正回答："他们的礼品都是边疆特产，少量的金银，一点也不丰厚。我之所以收他们的礼品，是因为之前的首辅都收受边将的贿赂，因为只有在首辅的支持下，边将才能有所成就。如果我不收，他们会心有疑虑，认为我别有心思。他们内心一不安，如何能有心情保卫边疆？"

张居正这段话的意思是，我之所以收他们的贿赂，只是让他们安心。

春秋时期，霸主齐桓公死后，宋襄公非常垂涎霸主名号，为了夺取霸主之位，他先对当时最弱的郑国发动战争。

郑国当时和楚国是盟国，于是楚国派出援军，昼夜不停赶来。

宋襄公听说庞然大物楚国来了，立即后撤，楚军紧追不舍。退到泓水南岸后，宋襄公发现楚军没有停下来的意思，不禁恼怒，于是下令在南岸扎营，面对北岸的楚军，他责骂道："你们这群南蛮子，我已经退军了，怎么还追我？"

楚军说："我们就是要和你打一架，把你打得满地找牙。"

宋襄公大怒说："打就打！"

有人劝宋襄公："楚军战力强悍，咱们打不过人家。"

宋襄公大为自信地说："别怕，楚人是南蛮子，虽然战力高，但文化程度不高；咱们虽然战力弱了点，但有文化，文化的力量能改天换地，你们睁眼看着，我如何揍得他们满地找牙。"

第二天一大早，宋襄公就命令士兵制作一面大旗，上书"仁义"二字，插在战车上，迎风飘扬，好不壮观。

楚军看到了这面大旗，"哈哈"大笑。一面笑一面就从北岸渡河。

宋襄公的手下尖叫起来，现在进攻，必大获全胜。

宋襄公咆哮大怒："你瞎了！旗子上"仁义"二字看不见？我堂堂仁义之师，岂有乘敌人半渡而击之的道理？"

他的手下只好闭嘴，但心里叫苦不迭。

楚军已全部过河，开始在河边列阵。

那手下又张开了嘴，跺脚道："趁他们阵型未整，赶紧攻击。"

宋襄公这次动了手，抽了手下一嘴巴："你这个不仁不义的家伙，不进攻没列成阵的敌人，这点道理你都不懂？"

楚军已列阵完成，宋襄公派人去询问："按照战役规则，是你先进攻，还是我先进攻啊？"

楚军狂笑，分成三路纵队，中路直攻，另外两路袭击宋襄公的侧翼，宋军惨败。

宋襄公运气不差，居然活着逃回宋国。在乱军中被众将保护，才逃出重围，跑回祖国。

回到祖国后，国人全部号啕大哭。宋襄公也流下眼泪，大失所望。但他不是失望自己大败，而是失望国人的反应。

他对人说："自有战争以来，都是礼仪之兵，不许杀负伤的敌人，不擒拿年纪大的敌人。战场上进攻不能耍诈，面对面地冲锋。可这群野蛮楚国人不讲规则，他不讲规则是他的事，我可要讲规则。我以'仁义'带兵，虽败犹荣。"

这场战役叫泓水之战，宋襄公因此一战而在历史上占据一席之地。

毛泽东评价宋襄公，说他是蠢猪式的仁义。当然也有人认为，宋襄公保持了君子风范，遵礼守德，虽败犹荣。

毛泽东的评价是对的，"仁义道德"这玩意儿在平时说说、做做可以，但到血肉横飞的战场上还玩"仁义"，那就是蠢猪。

岳飞说，将帅用兵的智谋分为五条：仁爱、智慧、信义、勇敢、严谨。

这五条里，"智慧"最重要，所谓"智慧"，就是知道。知道，就能行仁爱、明信义、施勇敢、讲严谨。

单有仁爱、信义、勇敢、严谨，没有智慧，那就是蠢猪。

为什么智慧特别重要？

因为智慧是灵动飘逸的，其他四项智谋是死的。我们无时无刻不在面临情境的变动和转移，这个时候，我们不能用死的智谋来应对，必须心随境转，在什么样的环境中，该怎么做，智慧会告诉你答案。这个智慧，就是王阳明所谓的良知。

确切地说，我们必须和这个世界（各种情境）进行富有成效的互动，从这个世界得到信息，然后调整我们的思想和行为，此时，思想肯定会快速地塑造这个世界（各种情境），并调整自己去适应它，这就是"没有绝对的肯定，也没有绝对的否定，符合义即可"，这就是易（变动），就是良知。

王阳明说，良知是随时变动的，不同情境下，它给出的判定是不一样的。比如收礼，有今日当受的，明日不当受的，该受就受，不该受就不受，这就是致良知了。

同时，我们在人生中无伤大雅的情况下，随俗（遵循风俗、习惯等）就是致良知。

其实说透彻了，就是要人心由境转，情境改变的情况下，你必须也要改变你的规矩。比如进了屠宰场，就别总絮叨"不杀生"的话；比如进了寺庙，就别总吵嚷着吃红烧肉。

武则天时代，告密成风，许多大臣都被冤枉入狱，最后不承认各种罪名（尤其是谋反）而被活活打死。

名臣狄仁杰也被诬陷谋反，投入大狱。审讯他的人是酷吏来俊臣，他至少有一百种办法让狄仁杰承认谋反。

狄仁杰还未等来俊臣动刑，立即承认谋反。背地里，他却用血写了一封申诉书，藏在棉衣里，请求审讯官带回去给自己家人。

审讯官自然不知其中另有乾坤，就送给了狄家。狄仁杰的儿子收到父亲的棉衣后，很快发现了其中的血书，于是托人送到了武则天的手中。

武则天左手拿着狄仁杰的认罪书，右手拿着申诉书，把狄仁杰叫来，问："你若是真的冤枉，为什么还要承认谋反？"

狄仁杰十分沉重地回答说："我若是不承认的话，恐怕早就死在来俊臣手中了。"

你不能说狄仁杰说谎，在什么样的情境下就应该做什么样的事，这就是致良知。

我们不能坚信二分法：要么黑要么白，因为这个世界上没有绝对的黑白、善恶。一切都是相对的，情境转移，黑就是白，善就是恶，所以，一定要坚信你的良知，它才是我们处理人生问题的唯一武器。

良知就是正能量

问："'思无邪'一言，如何便盖得三百篇之义？"

先生曰："岂特三百篇？六经只此一言便可该贯。以至穷古今天下圣贤的话，'思无邪'一言也可该贯。此外更有何说？此是一了百当的功夫。"

【译文】

有人问："'思无邪'一句话怎么能够涵盖《诗》三百篇的意义呢？"

先生说："何止可以涵盖《诗》三百篇？六经只此一句话也可概括。以至于从古至今天下圣贤的话，'思无邪'一句话也能概括了。此外，还能有什么可说的？这真是个一了百了的功夫。"

【度阴山曰】

中国古代知识分子读的书屈指可数：四书（《大学》《中庸》《论语》《孟子》）五经（《诗》《书》《礼》《易》《春秋》）。孔子说，《诗经》三百篇，用一句话说就是，思无邪。思无邪，是纯正、没有诲淫诲盗的意思，就是说，《诗经》所有的内容传播的都是人性之善，都是正能量。

王阳明则说，岂止是《诗经》，其他四经，同样如此，都是传播正能量的。从古至今天下圣贤的话，也都是"思无邪"，除了正能量，经典什么都没说。

这个思无邪、正能量就是良知，一切伟大的经典，都在彰显人性之善，都在教人实现良知。

不过，王阳明同时承认，有"思无邪"就有"思有邪"，有正能量就有负能量，正如有阴就有阳一样。我们必须承认这点，只不过在承认之后，必须提升正能量，必须助长阳，必须做到思无邪。

正能量或者说致良知的重要正在此，因为大多数人致良知的水平不高，所以总在意外在环境。别人对我们的看法能塑造我们，我们对他人的看法，也能塑造他人，我们对社会的看法，同样能塑造社会。

如果我们用良知对待他人，他人就会回我们以良知；如果我们用良知对待这个社会，社会就会报答我们以良知，因为良知是可以交换的。

反之，如果我们用各种负能量对待他人和社会，回馈的就是各种负能量和社会。你每天都收到各种负能量，慢慢地就会变成一个怨妇，满脸苦大仇深，看什么都不顺眼，做什么事都没有欢乐，最终受苦的还是你自己。

正因如此，我们才要传播正能量，和心外的社会达成和谐的交流互通。王阳明的世界观"万物一体"就是这一方式的理论支持：人人都不会戕害自己的身体，总给自己身体最好的关注，那么，身体就会回馈给你健康，如果你把天地万物都当成自己身体的一部分，给他们以正能量的关照，它们就会回馈给你正能量。

他好，你也好，天下就好了。

人只有一个心

问"道心""人心"。

先生曰："'率性之谓道'，便是'道心'。但着些人的意思在，便是'人心'。'道心'本是无声无臭，故曰'微'。依着'人心'行去，便有许多不安稳处，故曰'惟危'。"

【译文】

有人向先生请教"道心""人心"。

先生说："'率性之谓道'，就是'道心'。只要沾染了一些人的意念，就是'人心'。'道心'本来是无声无息的，所以称其为'微'。按照'人心'去行，便会有许多不稳妥之处，所以称其为'惟危'。"

【度阴山曰】

道心就是天理，人心就是人欲。天理和人欲并非势不两立，而是相生相克、辅车相依。其实，天理是由人欲产生的，比如食色（吃和性）就是人的基本欲望，由食色这种基本欲望生出了吃要"细嚼慢咽"和"不乱性"的天理。

人必须是先有基本欲望，天理才可产生，人有求生的欲望，所以不杀生的天理诞生，人有物质和精神满足的欲望，所以幸福的天理产生。

所谓"率性之谓道"，就是顺着这些基本欲望去实现之，这就是道，就是道心。一旦超越了这些基本欲望的追求，就是欲，就是人心。

饿了要吃饭，这就是道心，这种心是无声无息的，没有人会对自己饿了要吃饭而感到惊讶，但饿了非山珍海味不吃，这就成了"人心"，总是超出这种道心，就危险了。

朱熹认为，人心中有个道心，又有个人心，两个心经常进行生死之战，赢的一方就主导了我们。这是典型的、冷酷的二分法，要么是道心要么就是人心。

王阳明不这样认为。他说，人心只是一个，而这个本源是"道心"，但一旦沾染人的意念，就成了"人心"。困了睡觉是人的基本欲望，要睡觉就是道心，但非要找美女陪，这就成了人心。意识到找美女陪是沾染了不好的意念，立即改正，人心又成了道心。

总之，我们只有一个心，就是道心，它会下滑为人心，只要你致良知，就能重新让它还原为道心。

为什么中人以下，不可以语上

问："'中人以下，不可以语上。'愚的人，与之语上尚且不进，况不与之语，可乎？"

先生曰："不是圣人终不与语，圣人的心忧不得人人都做圣人，只是人的资质不同，施教不可躐等。中人以下的人，便与他说性、说命，他也不省得，也须慢慢琢磨他起来。"

【译文】

有人问:"《论语》说:'中人以下,不可以语上。'资质愚钝的人,与他讲高深的学问都无法进步,何况不给他们讲呢?"

先生说:"不是圣人不给他们讲,圣人恨不得人人都能做得圣人,只是由于人的资质不同,施教时不能乱了次序。中等以下资质的人,即便给他讲性与命的道理,他也不明白,还是需要慢慢启发他。"

【度阴山曰】

性,是上天赋予我们的善、正能量、良知;命,则是有生就有死,客观条件,有时候是时势,人很多时候拼不过命的。中人以下,不可以语上,就是不要和他谈"性"谈"命"。

大部分是中人之资,所谓"中人之资",并非他的理解力、感悟力真的很差,而是根本就没有意识到大道。所以,和这种人谈性谈命,纯粹是对牛弹琴。只能以洗脑的方式给他们灌输"行善"的小道。

不和中人以下的人谈性谈命,还有个最根本的原因。如果和他们谈性,人性本善,良知与生俱来,他们就会臆想,既然良知是现成的,人性是善的,那还何须去事上磨炼,完全从心所欲就是了。阳明心学左派后来就都变成这副德行了。他们全凭私意,断章取义,结果比从前还要放纵,这是害了他们。

和他们谈命,有人认为,既然命不可改,那还奋斗什么,于是消沉下去;另外一种人则认为,命既然是上天给我们的,上天无所不能,我们的命也应该无所不能,这种想法会让他们拼命向外求,违背大自然,违背客观规律,结果碰得头破血流。

人的认知肯定不同,良知有大小。同样一个道理,有人认识到真谛,而有人则流向偏门,所以和中人以下的人,先谈高深的大道,就是在害他们,必须从最低等的道德入手,循序渐进,慢慢把性和命的道理传给他们。如此,才是致良知,才是不作恶。

读书的目的到底是什么

一友问:"读书不记得,如何?"

先生曰:"只要晓得,如何要记得?要晓得已是落第二义了,只要明得自家本体。若徒要记得,便不晓得;若徒要晓得,便明不得自家的本体。"

【译文】

一位学友问:"读书记不住,怎么办?"

先生说:"只要理解便可,为何非要记住?理解已经落在第二位了,首要的是要明白自己的心体。如果只想要记住,便不能理解;如果只想要理解,便不能明白自己的心体。"

【度阴山曰】

这段话,如果只看表面文字,充满了矛盾。

古人读书,最先就是读,读了许多遍后就要背诵,背诵得精熟了,根本不必老师指点,其文章内涵自然水落石出。这就是"书读百遍,其义自见"的意思。

王阳明小时候同样如此,中国古人相信,若想深刻了解一本书的本意,第一步就是把它背诵起来。但在这里,王阳明说,读书只要理解,而不需要记得。

这显然和中国传统教育是冲突的,可我们应该注意的是,王阳明这段话是说给成年人听的,而不是小孩子。

成年人如果读书还仅局限在背诵记住的层面,那和三岁小孩有何区别?为什么有些人非要记得,原因就在于其念头不正。他记住了很多书中的内容,不过是想炫耀自己知识渊博,知道很多东西。

王阳明则说,读任何书,都是为了自己的心体,或者说,读书的目的是涵养自己的心,除此而外,都是错误的。

无论是理解还是记得,这念头都不对,都有一种向外施展、炫耀的心。读书就该偷偷摸摸,让自己的心宽阔、厚实起来,如此,才是读书的真谛。

何时该杀身成仁，何时该委曲求全

问"志士仁人"章。

先生曰："只为世上人都把生身命子看得太重，不问当死不当死，定要宛转委曲保全，以此把天理却丢去了。忍心害理，何者不为？若违了天理，便与禽兽无异，便偷生在世上百千年，也不过做了千百年的禽兽。学者要于此等处看得明白。比干、龙逄，只为也看得分明，所以能成就得他的人。"

【译文】

有人向先生请教《论语》中"志士仁人"一节。

先生说："只是因为世人都将自己的身家性命看得太重了，不问是否应当赴死，都想保全自己的性命，却把天理给丢了。忍心残害天理，还有什么事做不出来呢？如果违背了天理，与禽兽有什么区别，即便苟且偷生千百年，也不过是做了千百年的禽兽。为学之人在此处必须看得明白。比干、龙逄，只因为他们看得明白，所以能够做到他的为人之本。"

【度阴山曰】

孔子的"杀身成仁"和孟子的"舍生取义"是中国儒家最高的精神，虽然向往生是基本人欲，但前提是，这种生必须符合天理。当"生"与我们的良知、尊严的相冲突时，我们就要弃"生"而选择良知和尊严。

人类历史上，有无数杀身成仁和舍生取义的志士仁人，王阳明举的例子是夏桀的大臣关龙逄和商纣的大臣比干。这两人有个共同的特点：当君主胡作非为，让天下不太平，百姓遭受灾难时，为了让天下太平、百姓不遭受痛苦，奋起反抗他们的主子，最后杀身成仁。

王阳明说，这二人看得透，所以虽然死了，但做到了永远不死——永远活在大家心中。

怎样才算看得透？只有致良知才能看得透。依凭良知的判定去行动，该生则生，该成仁则成仁，不要偷生，否则活一千年，也不过是一千年的禽兽，而不是人。

如何判断自己是否该勇于抗争呢？就是遇到一个能抗争的机会，如果没有抗争，你在以后的日子里是否活得心安。倘若还是心安理得，没有抗争就是正确的，反之，就是错误的。

我们要说的是，什么时候不要抗争。

中国历史上有勾践为了生存而品尝敌人的粪便，韩信为了活下去而钻刁难者的裤裆，他们为什么不在那种羞辱，尊严丧尽下，舍身成仁呢？

王阳明说："圣贤处世，待人应物，有时而委屈，其道未尝不直也。"意思是，大圣大贤的人也会遇到低谷期，在低谷期遇到别人对自己的挑战，委曲求全，也是正确的，是正道。

什么时候该委曲求全呢？

第一，人生不如意十之八九，高峰少，低谷多，人在低谷若想爬上高峰，必须忍辱，活着才是真理。

第二，古语云，小不忍则乱大谋，忍受小的屈辱，是为了以后的大谋。也就是说，你必须有大谋。所谓"大谋"，用王阳明的说法就是，你必须知道在你人生中，何谓第一等事。再浅显而言，你的人生终极目标是什么。凡是和你人生终极目标不相干的，都应该忍下来，别让这些小辱干扰你。一遇凌辱，拔刀而起的是匹夫。匹夫是没有人生终极目标的，因为他们没有人生规划。

第三，在正视"人生有高峰也有低谷"和有"大谋"的情况下，你应该有这样的意识：所谓尊严，在低谷时一文不值。你的尊严、价值并不仅仅由你主宰，很多时候是由别人决定的。所以，暂时放弃尊严，是为了以后获取更大的尊严，这并不矛盾。

第四，你若一遇小侮辱，就撸胳膊、挽袖子，对你心性和解决问题的能力提高毫无帮助。有所忍才能有所不忍。"居常无所见，惟当利害，经变故，遭屈辱，平时愤怒者到此能不愤怒，忧惶失措者到此能不忧惶失措，始是能有得力处，亦便是有用处"。

杀身成仁的事很少，委曲求全的事很多，我们要学的是在良知指引下的委曲求全，少点杀身成仁。

惟庸人无咎无誉

问："叔孙、武叔毁仲尼，大圣人如何犹不免于毁谤？"

先生曰："毁谤自外来的，虽圣人如何免得？人只贵于自修，若自己实实落落是个圣贤，纵然人都毁他，也说他不着。却若浮云掩日，如何损得日的光明？若自己是个象恭色庄、不坚不介的，纵然没一个人说他，他的恶慝终须一日发露。所以孟子说：'有求全之毁，有不虞之誉。'毁誉在外的，安能避得，只要自修何如尔。"

【译文】

有人问："《论语》中记载叔孙、武叔诋毁孔子，大圣人为何也免不了被诽谤呢？"

先生说："诽谤都从外面来，即便是圣人又怎能避免？人贵在自我修养，如果自己实实在在是个圣贤，纵然他人都诽谤他，也没有什么损害。好比浮云遮住了太阳，又怎能损害太阳的光明呢？如果自己只是做出个恭敬端庄的样貌，内心却没有任何坚定的意志，纵然没有一个人诽谤他，内心的恶念终究会有一天爆发出来。所以孟子说：'想保全声誉却遭到毁谤，在预料不到的时候反而受到称誉。'毁誉都是外在的，如何能避免，只要加强自身修养即可。"

【度阴山曰】

梁启超撰写的《李鸿章传》是一部经典，其开篇第一句话更是经典中的万王之王，这句话就是"惟庸人无咎无誉"。

大意是说，只有平庸的人，才很少有赞誉和毁谤。只要你不是庸人，或不甘心平庸而想创建事功，那赞誉和毁谤必然接踵而来。

李鸿章就是这样的人，他官居极品，做了很多受人称赞和诟病的大事，临死前，还对世人不理解他而懊丧。极少的一部分人赞誉他为王朝的中兴名臣，绝大多数人骂他是卖国贼、奸臣、贪污犯，凡是你所能想到的屎盆子都扣在了他的头上。

梁启超圆睁怒目，拍案叫道：李鸿章是伟人。

如今我们已对李鸿章有了清晰的认识，他是那个时代最有能力，也最心甘情愿出力的人。他从未因毁谤而不去做事，他有所为，迥然有别于那些不作为的饭桶官员。

人，只要做事，就是个人。反之，浑浑噩噩度日，离人的标准就会越来越远。

仅在中国历史上，毁誉参半的人不胜枚举，如商鞅、王安石、张居正、曾国藩、李鸿章……当然，更包括心学宗师王阳明。

他们有个共同点，心中抱定一个伟大的信念，矢志不移地去行动，不惧人言，只问事情的走向。

在人类历史上，那么多无咎无誉的人，你一个都没有记得，就是因为他们没有在做事。不做事，就如一尊佛像，你能指摘出它什么来？

大唐中兴名将郭子仪，平定"安史之乱"，功勋盖世。当他在战场浴血奋战时，大奸贼鱼朝恩对他百般诋毁，甚至挖了他的祖坟。

郭子仪班师回朝后，连皇帝都战战兢兢，认为郭子仪会大闹一场。在那个时期，郭子仪想要大闹一场，没有人有能力阻拦。

但是，郭子仪跑到皇帝面前，痛哭流涕。他说："这肯定不是鱼朝恩干的，我带兵多年，杀人无数，仇人多如牛毛，一定是我的仇人挖了我的祖坟。"

大唐皇帝极度惊骇，郭子仪这种解释哪里是凡人的风度，简直是神人附体。

事后，郭子仪对心腹说："我何尝不知是鱼朝恩挖了我的祖坟，但我已是功高震主，如果非要让皇帝惩治鱼朝恩，那皇上岂不是更加确定我功高震主了？"

心腹愤愤不平地说："虽然如此，可您这处理方式也太窝囊了吧？"

郭子仪叹息说："有人说我挽救了大唐王朝，有人则诋毁我居功自傲，你说我到底是哪种人？"

心腹脱口而出："当然是拯救大唐王朝的人。"

郭子仪摇头道："不对，如果我认为自己是拯救大唐的人，那其实也就认定了我是居功自傲的人。赞誉和毁谤是共进退的兄弟，你不能只要赞誉，不要毁谤。所以，我既不是拯救大唐的人，也不是居功自傲的人。"

有人问王阳明："如何避免毁谤？"

王阳明回答："毁谤是外来的，连孔子那样的圣人都无法避免，何况是我们。"

人再问："那就真的没有办法了吗？"

王阳明回答："有啊，你只要把别人对你的毁谤看作对他人的毁谤，正如你见到有人欺负弱小，虽然很生气，但也不会被气死。"

人笑了，这是啥方法？不是逃避吗？

王阳明叹息道："其实应对毁谤，哪里有那么容易。不过，若想把外来的毁谤不当回事，首先要做的是把外来的赞誉不当回事。倘若你对外来的赞誉很当回事，那你肯定会把外来的毁谤也当回事。如果你对外来的赞誉一笑置之，那你就能在应对外来毁谤时做到不动心。"

人这种动物，就是喜欢别人的赞美，不喜欢别人的毁谤。这就是典型的欲——好善恶恶。

你喜欢某些东西，就肯定厌恶某些东西，如果你什么东西都不喜欢，那自然就什么东西都不厌恶。

所以，应对毁谤有两种方式，一就是浑浑噩噩地活着，少做事；二就是对赞美不要动心，自然对毁谤就无所谓。

这就是无善无恶，不对善意动心，自然不会对恶意动心。

当毁谤来时，正好练心，这是王阳明心学的基调。

当然，我们也做如是想：正因为有毁谤来，才证明了我在做事，而不是尸位素餐。无论是多大的组织里，凡是那些无誉无咎的人，绝对是很少做事的老油条，凡是那些有誉有咎的人，一定是想要做事的伟人。

毁谤之来，大多在生态环境中。当一个生态环境中，很多人都对自己的言行不负责，没有良知，只有私欲时，那些真正做事的人，就很容易遭到毁谤，当然也有赞美。

不过，毁谤比赞美要来得多，来得更猛烈。

唯有在毁谤的大风大浪中坚持信念，遵循良知，才能立于不败之地！

说起来容易，做起来难。关键是，你如果真是个做事的人，做事情还做不过来，哪里还有闲心纠缠于咎誉上？

厌弃外物的静坐就是邪恶

刘君亮要在山中静坐。

先生曰:"汝若以厌外物之心去求之静,是反养成一个骄惰之气了。汝若不厌外物,复于静处涵养却好。"

【译文】

刘军亮要去山中静坐。

先生说:"你如果只是以厌弃外物之心去求静,反而会养成骄奢懒惰的习气。你如果不厌弃外物,又在静中存养,倒是挺好的。"

【度阴山曰】

静坐是修习阳明心学的第一步,它是个手段,不是目的。而佛家是常常把静坐当作目的,而非手段。这个叫刘军亮的人要去善中静坐,就是把静坐当成目的,而不是手段。

王阳明奉劝他,不要跑进深山老林中去搞什么灵修,和外界完全隔绝的静坐是巫术,不是灵修。真正的灵修静坐,是以不厌弃外物为第一要务的。跑进深山老林,静坐时间一久,尤其是有吃有喝后,人就会变得懒惰,喜欢出世,不喜欢入世。

凡是"厌弃外物"的静坐,都是邪恶。当然,这是儒家的立场,佛、道二教就不这样认为,他们认为,和外界隔绝,才能修成正果。

不同的立场,有不同的解释,对错很难分。但有个疑问:作为社会人,主动隔绝于社会后,是否还算作人?

不端不装，是为知行合一

王汝中、省曾侍坐。

先生握扇命曰："你们用扇。"

省曾起对曰："不敢。"

先生曰："圣人之学，不是这等捆缚苦楚的，不是妆做道学的模样。"

汝中曰："观'仲尼与曾点言志'一章略见。"

先生曰："然。以此章观之，圣人何等宽洪包含气象！且为师者问志于群弟子，三子皆整顿以对。至于曾点，瓢飘然不看那三子在眼，自去鼓起瑟来，何等狂态！及至言志，又不对师之问目，都是狂言。设在伊川，或斥骂起来了。圣人乃复称许他，何等气象！圣人教人，不是个束缚他通做一般，只如狂者便从狂处成就他，狷者便从狷处成就他。人之才气如何同得？"

【译文】

王汝中和黄省曾陪着先生。

先生拿着扇子说："你们也用扇子吧。"

黄省曾站起来说："学生不敢。"

先生说："圣人的学问不是这样拘束痛苦的，不是要装作道学家的样子。"

王汝中说："这从《论语》中'仲尼与曾点言志'一节便大概可以看到。"

先生说："是的。从这章来看，圣人是何等宽宏包容的气象！老师问学生们的志向，子路、冉有、公西华三人都正颜色、整仪容，认真回答。到了曾点，却飘飘然全然不把三人放在眼里，独自弹起瑟来，这是怎样的狂态！他谈到志向时，又不针对老师的问题，满口狂言。要是换作程颐，恐怕早就责骂他了。孔子却称许他，这是怎样的气象！圣人教人，并非束缚人，使得人人做得一样，而是对狂放不羁的人要在其狂处成就他，对洁身自好的人要在其狷处成就他。人的才能、习气又怎会相同呢？"

【度阴山曰】

"仲尼与曾点言志"是《论语》中的一段重要内容,说的是孔子和弟子子路、曾点、冉有、公西华四人谈人生和理想。

子路最先说道:"我的志向是治国平天下。"

孔子微微点头。

冉有第二个说:"我的志向比子路小,只要治理一方即可。"

孔子又点了点头,问公西华的志向。

公西华说:"我想做外交官,纵横捭阖。"

孔子点头微笑,看向曾点。

曾点一点都不严肃,人家在那里谈理想、谈人生,他却在一旁鼓瑟,用世俗的看法,这太没有礼貌了。

孔子问曾点:"你有什么理想?"

曾点推开瑟,站起来回答:"我与他们的理想有所不同。我的理想是,暮春三月,春天的衣服早就穿上了,陪同五六个大人,六七个小孩子,到沂水边洗洗澡,在舞雩台上吹吹风,然后一路唱着歌回家。"

孔子鼓掌叫好,赞叹说:"我欣赏你的志向啊!"

这就是孔子"仲尼与曾点言志"的故事,或许有人认为,孔子是不是老糊涂了,呕心沥血传道授业,难道就是为了培养曾点这种浪荡弟子?

这要从孔子思想说起。孔子很少谈"性"和"天道",因为这东西太玄乎,你总是谈玄乎的东西,就会忘了当下的实际。孔子思想,重点在人际关系的处理上,以"仁"(爱人)为根基,非常扎实。另外,"天道"难违,如同客观规律一样,孔子也很少谈"命",命就是时势。时势不可造,只能等待。

子路、冉有、公西华的理想虽然很正点,但有个外在条件:无论是平天下,还是治国,或者是外交家,必须有平台,这个平台就是"命",它不受我们控制。

再看曾点的理想,全部都能由自己控制,不受"命"的干扰,随遇而安,自得其乐。所以孔子才给曾点点赞,而对其他三位,只是微微点头而已,意思是,只要你们有这样的"命",那就去做,没有这"命",也不要苦苦苛求。

曾点的最大优势就是,不像那三位一本正经,满脸严肃,谈起理想如同谈世界和平,他很随意,而这种随意,恰好是阳明心学的眉批:不端不装。

就如王阳明所说的那样：圣人的学问不是拘束痛苦，而是释放心灵的，不要装作一本正经的道学家模样。

北宋理学鼻祖程颐和哥哥程颢都是当时鹤立鸡群的人物，但二人性格大大不同，程颐极端严肃而程颢则平易近人。

程颐有一次去给小皇帝讲课，看到蛋壳孵出小鸡，微微动容道："生意。"

小皇帝问："什么？"

程颐说："观此小鸡，则知天地万物生生不息之理。"

小皇帝观到了小鸡，却没发现天地万物生生不息的理。他折了一根树枝，想要认真思考。程颐却变了脸，如同见到世界末日一样地说："此时正是春天，万物生长，您怎么可以摧折生灵？！"

如你所知，没人会喜欢程颐这种极端严肃、一本正经的人，自然也包括他的哥哥程颢。

程颢说："咱们既然拥有思想，应该把这思想全面铺开。"

程颐说："真理只能掌握在知识分子精英手里，那些凡夫俗子岂能听懂咱们的思想？"

程颢说："那就用普通话让他们听懂啊。"

程颐摇头："孔子说了，民可使由之，不可使知之。如果他们都知了，要咱们干吗？"

程颐和程颢后来在思想上分道扬镳，程颐成了一本正经的理学鼻祖，而程颢则成了活泼灵动、直指本心的心学鼻祖。

今人都讨厌理学，喜欢心学，缘由就在两个鼻祖身上。一个装，一个不装。

南北朝时期的南朝，门第世家制度兴起，每个世家都在装，都端着个臭架子。南宋帝国皇帝刘裕最亲信的大臣王弘想当士大夫，进入世家阶层。刘裕一摊双手，说："我虽是皇帝，却没有办法，你想进入这个阶层，王球（当时的世家）允许你和他同坐才好。"

王弘鼓起勇气去找王球，谈了一会儿，正要和王球并肩而坐，王球用扇子轻轻一挥："你没资格和我同坐。"

王弘哭着去找刘裕，刘裕哭丧着脸说："那我就没有办法了。"

装着、端着，迟早会出事。南宋路太后的侄子路琼之，拜见世家的王僧达。他走后，王僧达把路琼之坐过的凳子、用过的茶碗，全都扔掉，扔得大张旗鼓，深恐别人不知道。

路太后知道后，大发雷霆，下令她儿子——皇帝刘骏，处死王僧达。

这恐怕是人类历史上第一个因端架子而被宰掉的案例。

南北朝后期，门第世家灰飞烟灭，和他们总端架子有直接关系。

你自贴或被贴上了"思想家"的标签，你在凡夫俗子面前的架子就起来了。你自贴或被贴上了"董事长""总裁""总经理"的标签，你在员工面前的架子也起来了，你自贴或被贴上"家长"的标签，在孩子面前的架子就起来了。

人人都在被贴的标签上，装着、端着，纵然是"屌丝"的标签，也有一副"我是屌丝我怕谁"的架子。

心里已确定别人的意见是对的，但因为身上有标签在，所以死不承认，装着、端着，这就是知行不一。

或许有些人的确在某些方面才华横溢，是一个出色的领导人，一个优秀的厨子，一个五百年才冒出的思想者。这样的人，应该要装一装，端一端，创造属于自己的气场。

但是，王阳明说，你之所以能成为出色的领导人或者是某个领域的精英，只是你侥幸激发出了你良知固有的这份能量，再加上时势而已。

人皆有良知，如果运气相等，人人都能激发出良知固有的那份能量。

所以我个人认为，如果你已很成功，请别装，别端着，因为你的成功不过是激发了良知某一方面的能量而已，别人也可以；如果你还不成功，又特别鄙视那些装、端着的人，那请你激发你良知固有的能量，踩上他的脑袋。

请相信，只要你肯知行合一，也就是按良知的判断去行事，骑在装着和端着的人脖子上轻而易举。

最后请记住，无论你是什么人，在什么样的阶层，只要不装、不端着，就是在知行合一。

心学的两个特点

先生曰："孔子无不知而作，颜子有不善未尝不知，此是圣学真血脉路。"

【译文】

先生说:"孔子从来没有自己不知道还乱写的,颜回对于自己做不好的地方也没有不知道的,这就是圣学真正的脉络。"

【度阴山曰】

什么是圣学,就是圣贤之学,用王阳明的话来解释则是,圣学,心学也。通往圣贤之路的各种学习,都必须用心,心外无学,凡是用心去学的学说,都是圣学,因为它是成就每个人心体的。

那么,圣学的特点是什么呢?

以阳明心学为例,它至少有两个特点,而这两个特点就藏在上面这句话中。

第一个特点:经过实践验证——孔子从来没有自己不知道还乱写的。无论是孔子还是王阳明,乃至那些古圣先贤,其所留下的思想都是经过验证的,知道的就写,不知道的、不确定的或者未知的从来不写。所以你就明白,为什么中国传统哲学都关注"人生观",而很少有对"世界观"的阐述。因为心外的世界太难知晓,所以中国古代哲学家干脆不讲,只关注人生观,这导致了另外一个问题:自然科学的低落。

第二个特点:反躬自省——颜回对于自己做不好的地方也没有不知道的。中国古人坚信,如果一件事没有做好,得罪了一个人,最大的问题不在那件事上,也不在别人身上,而在自己身上。这种结果促成了中国传统哲学始终向内求的反省精神。

经过实践验证、反躬自省就是圣学、阳明心学的两大特点。理想状态下,只要你的理论是经过实践验证的,就去行动;发生问题后,反躬自省,向内求而不是向外,那你就能成为圣人。

立志做圣人

何廷仁、黄正之、李侯璧、汝中、德洪侍坐。先生顾而言曰:"汝辈学问不得长进,只是未立志。"

侯璧起而对曰:"珙亦愿立志。"

先生曰:"难说不立,未是'必为圣人'之志耳。"

对曰:"愿立'必为圣人'之志。"

先生曰:"你真有圣人之志,良知上更无不尽。良知上留得些子别念挂带,便非'必为圣人'之志矣。"

洪初闻时心若未服,听说到此,不觉悚汗。

【译文】

何廷仁、黄弘纲、李珙、王畿、钱德洪等人陪同先生。先生看着大家说:"你们的学问没有进步,原因只是没有立志。"

李珙站起来回答:"我愿意立志。"

先生说:"也不能说你没有立志,只是你立的不是'一定要做圣人'的志向罢了。"

李珙回答说:"我愿意立'一定要做圣人'的志向。"

先生说:"你如果真的有做圣人的志向,在致良知时就一定会竭尽全力。如果良知上还留有别的私心杂念,就不是'一定要做圣人'的志向了。"

钱德洪刚听闻时心中不服,听到这里,不禁浑身是汗。

【度阴山曰】

立志,几乎是阳明心学的一条主线,王阳明无时无刻不在谈立志。其实不只是王阳明谈,凡是古圣先贤,都谈。你翻开著名人物的传记,扑面而来的就是立志。王阳明也不能免俗。他说,志不立,天下无可成之事。有志向,就如马有了缰绳,船有了舵手。你让马左转,它不会右跑,你让船转弯,它不会直行。大有"一志在手,天下我有"的架势。

谈到志向，所有人都会说，这玩意儿简单得很啊，人孰无志？有了志向，就能天下无敌？

没错，人皆有志向，从真命天子到贩夫走卒，每个人心中都有个梦，就是一个民族和国家也必须有志向，所以我们常能听到美国梦、中国梦。

问题是，真正的圣人，能把志向坚持到底，庸人常立志，却从未把一个志向坚持到底。圣贤立志，坚定不移，雷打不动，遇到艰难困苦时，总会返回初心，去回忆那个志向，然后继续向前。

志向是一个人将念头形成影像，深深地刻在心上。

王阳明所谓的立志，其实就是做个善人，最低限度，不要害人。他说，如果你做好人，亲戚朋友都嫌弃你，那你就不要做了；如果你做恶人，亲戚朋友都喜欢你，那你就做下去。

天地虽大，但有一念向善，心存良知，虽凡夫俗子，亦可为圣贤。立志成为善人，就是要时刻关照自己的内心，听凭其对你言谈举止的善的判定。

做好人，其实很难，因为如果你没有做好人的志向，好人好事，就只能偶尔为之。若想成为圣贤，就要先成为不害人的好人。若想成为不害人的好人，就必须让良知明明白白，不能有一点私欲沾染。如此，才能成为圣贤。

良知的神奇

先生曰："良知是造化的精灵。这些精灵生天生地、成鬼成帝，皆从此出，真是与物无对。人若复得他完完全全，无少亏欠，自不觉手舞足蹈，不知天地间更有何乐可代！"

【译文】

先生说："良知是造化的精灵。这些精灵能够生天生地，成就了鬼神、天帝，一切都是从此而出，任何事物都无法与之比拟。人如果能完全彻底地恢复良知，没有任何欠缺，自然就会在不知不觉间手舞足蹈，不知道天地间还有什么快乐可以代替它！"

【度阴山曰】

良知到底有多神奇，上面这段话就是王阳明对良知神奇的最精彩描述。首先，我们要确定的一点是，良知是我们与生俱来的道德感和判断力。道德感告诉我们，什么是我们应该做的；判断力告诉我们，什么是我们有能力做的，二者合一，就是良知妙用。

良知是造化的精灵，这些精灵能够生天生地，成就了鬼神、天帝，一切都从此出。这段话的意思是，我们的心上有良知，所以心能生万物。心生万物，并非我们的心真的生出了万物，而是我们以良知赋予了万物价值。

好比说，一个青花瓷，一件名人的画作，它本身根本不值那么多钱，但我们人以良知赋予了它们高价值，所以它们才有了存在的理由。

天地万物，固然是客观存在的，但沙漠里的一粒沙，倘若你不和它发生联系，用良知赋予它沙子的价值，那它和你就没有任何关系，对你而言，它就是不存在的。

一切事物的存在，必须有价值，而事物本身根本没有价值，所有的价值都是我们人以良知之心赋予它们的。当赋予它们价值的刹那，它们就存在了。一堆狗屎，你只有看到它，赋予它"臭"的价值，它才存在。

由此可知，良知生万物，心生万物，心外无物。

人的良知如果不被遮蔽，那就能无善无恶地赋予客观事物正确价值：见到美色，赋予美；闻到狗屎，赋予臭；面对不义之财，赋予不能取；面对功名利禄，赋予"得之我幸，不得我命"的超脱价值。

倘若良知被遮蔽，就无法客观地赋予事物价值，事物也就不存在了。面对财色，赋予其无所不用其极追求的价值；面对困难、苦难，赋予其消沉颓废、不思进取的价值；面对别人的成功，赋予其嫉恨的价值，这都不是致良知。

王阳明说，一旦你真诚地致良知，那种感觉就能让你手舞足蹈。当然，这是一种境界，必须亲自践行、体悟，才能感受得到。

至少到今天，恐怕只有王阳明达到了这种境界。

如何致良知

一友静坐有见，驰问先生。

答曰："吾昔居滁时，见诸生多务知解口耳异同，无益于得，姑教之静坐。一时窥见光景，颇收近效；久之，渐有喜静厌动、流入枯槁之病。或务为玄解妙觉，动人听闻。故迩来只说'致良知'。良知明白，随你去静处体悟也好，随你去事上磨炼也好，良知本体原是无动无静的。此便是学问头脑。我这个话头，自滁州到今，亦较过几番，只是'致良知'三字无病。医经折肱，方能察人病理。"

【译文】

一位学友在静坐中有所领悟，就跑来向先生请教。

先生回答说："我过去在滁州时，看到学生们大多注重口耳间的知识理解，争辩同异，没有什么收获，所以姑且教他们静坐。他们很快就能看到一些道理的大概，短时间内收获不错；久而久之，却渐渐有喜静厌动、沦入枯槁的毛病。有的人只追求那种神妙的感觉，借此夸耀于人。所以近来我只讲致良知。良知明白了，随你在静坐中体悟也好，在事上磨炼也罢，良知的本体原本就是不分动静的。这就是做学问的宗旨。我说的这番话，从滁州以来，也经过了几番思考，只是'致良知'三字没有任何弊病。好比医生要自己骨折过，才能了解骨折的病理一样。"

【度阴山曰】

1519年，王阳明用了不到五十天的时间，彻底平定了拥有精锐二十万的宁王朱宸濠。这就是致良知的结果，以绝对劣势的兵力击败强敌，这就是良知的威力。

呼风唤雨，撒豆成兵，在这一功业面前，恐怕只是小儿科。

事后，他总结自己的成功经验时，如此说道："致良知，就是对境应感……"

所谓对境应感，就是突然身临其境，感同身受，与境合一，便能得出最佳应对的方法。

王阳明说，在突发状态下，最容易体现良知的宏大价值。平时不遇急事，从容不迫，有充足的时间考虑。但战场上，呼吸存亡只在一念间，必须全神贯注，刹那之间，念头顿生，抓住这个念头，以良知判定，良知一判，立即行动，绝不容转念和思考。在这刹那之间，不欺良知，不忘良知，即能天人合一，情境合一，知行合一。

不要不相信这种论调。

良知就是个巨大的能量源，一旦爆发，就能改变宇宙。很多人之所以在面临突发危机时，无法处理好。原因只有一个：良知被遮蔽，无法发挥威力。而遮蔽良知的，就是利害毁誉，确切地说，就是得失之心。

人一旦有得失之心，就会瞻前顾后，前思后想，结局就是没有抓住那个刹那之念，万事成空。

这就是致良知的法门，是万无一失的功夫。但有了得失心，抓不住那个念头，就成了"一失"，一失，就万无。

王阳明平定朱宸濠时，理所应当有得失之心，平定不了，朱宸濠造反成功，必会反噬，王阳明三族就会灰飞烟灭。纵然可以平定，因为违抗圣旨，所以仍有后患。

按王阳明的说法，当时哪怕有一点心思考虑这些，之后的功业就是笑谈。

然而，在致良知的情况下，这一切都无足挂齿了。

这还不是致良知的最高境界，王阳明的弟子王畿说："死天下事容易，成天下事大难；成天下事容易，不居其功大难；不居其功容易，能忘其功尤其大难。"

王阳明说，致良知的最高境界就是，虽然创建了不世之功，但只不过是一时良知的应迹，过眼便为浮云，马上忘了。

良知还有很多事情要指引他的主人，过去的绝对不会留存在心。良知绝不会躺在功劳簿上美滋滋睡大觉，也不会陷在过去的痛苦中无法自拔。

它很冷酷，来一件事就解决一件事，解决完毕，马上忘怀。

人生就应该如此，这就是致良知的最高境界。

致良知不是静坐凭空想象，也不是如枯木死灰般什么都不想，它是要你不欺良知地事上练。其所提倡的"事上练"，到各种诱惑、困难上去练心。磨炼到最后，真诚无欺成为你的本能，不必考虑，不必运筹，面临情境，立即发动，这就是真正的致良知了。

我们必须经历一些大利害、大毁誉，才能真正体悟良知的妙用，才能真正做到致良知。

大利害、大毁誉，并非一定要和江山社稷挂钩，在我们的日常生活中，这种大利害、大毁誉到处都是，对某些人而言无足挂齿的事情，对你而言恐怕就是比天还大的事情。在这些事情上，努力致良知，形成惯性，这就是我们人生最好的道路。

致良知要形成惯性

一友问："功夫欲得此知时时接续，一切应感处反觉照管不及。若去事上周旋，又觉不见了。如何则可？"

先生曰："此只认良知未真，尚有内外之间。我这里功夫不由人急心，认得良知头脑是当，去朴实用功，自会透彻。到此便是内外两忘，又何心事不合一？"

又曰："功夫不是透得这个真机，如何得他充实光辉？若能透得时，不由你聪明知解接得来，须胸中渣滓浑化，不使有毫发沾滞始得。"

【译文】

一位学友问："下功夫想让良知不间断，但是在应付事物时又觉得良知照管不到。如果在事情上周旋，又感觉不到良知了。如何是好？"

先生说："这只是对良知认识不够真切，还存在内与外的区分。我的功夫不能以求速之心去做，知道致良知的宗旨，踏踏实实用功，自然会体察明澈。到了那一步自然将内与外的区分给忘记了，又何愁心与事不能合一呢？"

先生又说："功夫不能透悟良知的真谛，怎能使它充实光大呢？如果想要透悟，不是靠你的聪明才智去掌握许多知识，而是要将心中的渣滓化去，使得心中没有丝毫沾染与滞留才行。"

【度阴山曰】

东汉时有个叫杨震的官员，常以"清白吏"为标准要求自己，所谓"清白吏"就是两袖清风，秉公执法。

某年，杨震被调到东莱担任太守，赴任路上路过昌邑。昌邑县令王密提前得知消息后，不禁大喜。王密当初做秀才时，受过杨震的恩惠，后来他进入仕途，也是杨震举荐。王密想趁此机会报答杨震。

首先，王密请杨震吃大餐，杨震很高兴，吃饱喝足后回住处，王密跟了过来。两人谈天，夜已很深，杨震就打起哈欠来。王密向外探望了半天，连鬼都睡觉了。

王密拿出带来的箱子，打开后，全是金子，大概有十斤。他对杨震说："感谢您多年来对我的照顾和举荐，这是我答谢您的。"

杨震立即板下脸，正色道："我们俩相交，我自认了解你，但你却如此不了解我，你现在这么做是在凌辱我。"

王密拿出官员的伶俐来，说："勿要见怪，今晚这事是没有人知道的。"

杨震大摇其头，声音洪亮地回道："天知道，地知道，我知道，你知道，怎么能说没人知道呢？"

这就是杨震著名的"四知"论，后来世人就称杨震为"四知先生"。

伟大的杨震终生都奉行这种价值观，有人让他给儿女积累些财富，他说，要让儿女也做清白吏。

有人问王阳明："我总是很认真地下功夫要让良知不间断，可应付事物时突然发现良知照管不到，这该如何是好？"

此人的疑惑，是大多数人的疑惑。人在无事时，没有诱惑时，总觉得自己是圣人，一旦有事，诱惑一来，马上就钻了进去。钻进去后，才大吃一惊："哎呀，我的良知呢？"

王阳明告诉疑惑者："你这就是对良知认识得不真切，所以有内外之分。所谓'内'就是未经事情时，良知不会发动，所谓'外'，就是事情来了，良知发动。同样一个良知，内时有，外时无，原因就是对良知认识不真切。"

为什么会对良知认识不真切呢？因为你根本没把良知的指引当回事，正如你不把一个人当回事，那就不会去深入了解他，不深入了解他，你们之间的关系就会疏远，关系疏远，就等于没有了关系。你和良知没有了关系，对良知的认识肯定就不真切了。

我们如何和良知建立真切的关系？王阳明说，非是靠聪明才智掌握许多知识，而是要将心中的渣滓化去，使得心中没有丝毫沾染与滞留才行。

这沾染和滞留就是对财色名利的沾染和滞留，我们观察杨震的生平，就会发现他平时一直对财色名利保持淡然之态，所以才能拒绝别人的金子。

如果对财色名利始终保持热情，即使平时把大话说得惊天动地，也没有用，一遇诱惑，必然失身。

唐朝中后期，名臣裴佶的姑父在京做官，但他这个官是清水官，没有人巴结他。裴佶常常去看姑父，姑父总说些大义凛然的话，说完这些话，就批评同僚崔昭，说崔昭这家伙没有任何德才，却能得到诸多同僚的赞赏，原因就是崔昭这孙子总送礼给那些人。

裴佶的姑父越说越气，险些把茶杯砸了。就在这个时候，有人来通报："崔昭那孙子来了。"裴佶的姑父大怒："我不见这种人！"

可略一思索，他就跑了出去。过一会儿回来，满面春风地说，崔昭大人真不错，送了我官绸一千匹，哈哈。

裴佶的姑父之所以有如此变化，就在那一千匹官绸上。一千匹官绸未来时，他的良知在心内，大义凛然，忧国忧民。绸缎一来，良知就跑出心外去应对了，应对的结果是，收了绸缎，夸起了崔昭。

这就是内外不一。凡是平时心上沾染财色货利和滞留在财色货利上的人，都是这德行。只有悟透良知的真谛，真切地认识良知，才能避免内外不一，才能知行合一。

天道即良知

先生曰："'天命之谓性'，命即是性；'率性之谓道'，性即是道；'修道之谓教'，道即是教。"

问："如何道即是教？"

曰："道即是良知。良知原是完完全全，是的还他是，非的还他非，是非只依着他，更无有不是处，这良知还是你的明师。"

【译文】

先生说："'天命之谓性'，天命就是本性；'率性之谓道'，本性就是天道；'修道之谓教'，天道就是教化。"

有人问："为何说天道就是教化？"

先生说："天道就是良知。良知本是完完全全的，是就是是，非就是非，是非只依此来判断，更不会有差错，这良知就是你的明师。"

【度阴山曰】

王阳明曾有诗云"千圣皆过影，良知乃吾师"。在这里，他说，良知是极端的，是就是是，非就是非，是非只依此来判断，绝不会有差错，所以，良知就是你终生的师父。

人的自然禀赋被称为"性"，顺着这种本性行事叫作"道"，按照"道"的原则修养叫作"教"，王阳明的解释是，天命就是本性，率性就是顺着本性，就是天道，天道就是教化。

有人问他：为何说天道就是教化呢？

王阳明的回答是，天道就是良知。

为何天道是良知呢？"因为一切道都在我心中，纵然是天之道，也是被我的心认可的，所以，天道就是良知。"

这样看来，我们人就是宇宙的中心，宇宙的心脏，宇宙的良知，宇宙（天）所赐予人间的一切道，都逃不开我们人的评判和接纳。当然，这是人文科学，如果是自然科学，譬如重力这个天道，不管你接纳与否，它都在发挥作用。

朱熹理学还有点科学精神，王阳明心学把自然科学彻底排除，只谈人文科学，只谈人生，不谈自然。

不做噩梦的办法

问"通乎昼夜之道而知"。

先生曰:"良知原是知昼知夜的。"

又问:"人睡熟时,良知亦不知了。"

曰:"不知,何以一叫便应?"

曰:"良知常知,如何有睡熟时?"

曰:"向晦宴息,此亦造化常理。夜来天地混沌,形色俱泯,人亦耳目无所睹闻,众窍俱翕,此即良知收敛凝一时;天地既开、庶物露生,人亦耳目有所睹闻,众窍俱辟,此即良知妙用发生时。可见人心与天地一体。故'上下与天地同流'。今人不会宴息,夜来不是昏睡,即是妄思魇寐。"

曰:"睡时功夫如何用。"

先生曰:"知昼即知夜矣。日间良知是顺应无滞的,夜间良知即是收敛凝一的,有梦即先兆。"

又曰:"良知在'夜气'发的方是本体,以其无物欲之杂也。学者要使事物纷扰之时,常如夜气一般,就是'通乎昼夜之道而知'。"

【译文】

有人向先生请教《周易》中"通乎昼夜之道而知"一句。

先生说:"良知原本就知道昼夜。"

那人又问:"人熟睡时,良知就不知道了。"

先生说:"不知道的话,怎能一叫就有反应?"

那人问:"既然良知常知,为何还有睡熟的时候?"

先生说:"晚上需要休息是天地中的常理。夜晚天地混沌,事物的形色都看不见,人的耳目也看不见、听不到,所有器官都停止运作,这就是良知收敛凝聚的时刻;白昼到来,万物生长,人的耳目也可以看、可以听了,其他器官也都运作起来,这便是良知发生妙用的时刻。由此可见,人心与天地原本就是一体的。所以孟子说'上下与天地同流'。如今的人不会休息,夜间不是昏睡,就是胡思乱想做噩梦。"

那人问:"睡觉时如何下功夫?"

先生说:"知道白天就通晓夜晚了。白天的良知畅行无阻,夜间的良知收敛凝聚,有梦就是先兆。"

先生又说:"良知在'夜气'中生发的才是本体,因为没有物欲掺杂其中。为学之人要在事事物物纷扰的时候,时常像'夜气'生发时一样持守,就是'通乎昼夜之道而知'了。"

【度阴山曰】

李世民发动玄武门之变,杀掉哥哥太子李建成后,登基称帝。但他总是很焦虑,原因是,他杀掉的人不是别人,而是他亲哥哥。这说明一点,人做了错事,他是知道的,知道的理由就是,心上总不安,这是人人皆有的良知在发挥作用。

李皇帝先是白天焦虑,后来夜晚也不消停,他总能在梦中真实地看见浑身是血的哥哥死盯着他看。这就是做噩梦,人晚上做梦不要紧,最怕的就是做噩梦。做噩梦代表你做了亏心事,或是闲思杂虑太多。

晚上做噩梦后,白天焦虑地回想,如此一来,黑夜白昼都不得安宁。

后来,有术士给李世民出了个主意:"邪念最怕正念,邪人最怕正人,您因为做了亏心事,所以现在不是正人,需要找个正人为您守护心灵,不让邪恶进来。"

李世民就找来大将秦琼和尉迟恭,让他俩在自己晚上睡觉时,站在门口。两人站了几天后,李世民不做噩梦了,白天精力充沛,也不焦虑了。再后来,李世民见二人太辛苦,所以就找人画了二人的相貌,贴在门上,这就是中国"门神"的来历。

很多人做了亏心事后,晚上很难入睡,一入睡则噩梦连连。这正如王阳明所说的,良知不但知昼,而且知夜。意思是,良知不仅在白天存在,夜晚也存在。表面上看,人睡觉后,良知就不工作了,可你一叫别人,别人就会从梦中醒来,这就是良知知夜。

如何让自己睡个好觉,不做噩梦而做美梦呢?

还是那句话:知昼就知夜,白天怎样过,决定了你睡觉时如何过。在白天,如果良知畅行无阻,不被遮蔽,那夜间,良知就会收敛凝聚,不会干扰你。

确切地说,我们白天做事都符合良知,晚上良知就会和你的身心一样,处于美好的休息阶段。反之,白天做事总是违背良知,晚上良知就会报复你,让你不停地做噩梦。

若想昼夜心安,就要致良知。

最后,王阳明说,良知在晚上的行为才是它本来面目,因为人在睡觉时,良知和人的身体心灵一起寂然不动,没有任何杂念私欲。人如果能在白天面对事物如同在睡觉中一样,那就是良知光明到极致了。

为何佛道二家不能治国

先生曰:"仙家说到'虚',圣人岂能'虚'上加得一毫'实'?佛氏说到'无',圣人岂能'无'上加得一毫'有'?但仙家说'虚'从养生上来,佛氏说'无'从出离生死苦海上来。却于本上加却这些子意思在,便不是他'虚''无'的本色了,便于本体有障碍。圣人只是还他良知的本色,更不着些子意在。良知之'虚'便是天之太虚,良知之'无'便是太虚之无形。日、月、风、雷、山、川、民、物,凡有貌象形色,皆在太虚无形中发用流行,未尝作得天的障碍。圣人只是顺其良知之发用,天地万物俱在我良知的发用流行中,何尝又有一物超于良知之外,能作得障碍?"

或问:"释氏亦务养心,然要之不可以治天下,何也?"

先生曰:"吾儒养心,未尝离却事物,只顺其天,则自然就是功夫。释氏却要尽绝事物,把心看作幻相,渐入虚寂去了。与世间若无些子交涉,所以不可治天下。"

【译文】

先生说:"道家讲'虚',圣人又怎能在'虚'上增加一丝'实'?佛家说'无',圣人又怎能在'无'上增加一丝'有'?然而道家说'虚'是从养生上说的,佛家说'无'是从脱离生死苦海上说的。佛、道两家在本体上却加了一些意思,就不是'虚''无'的本体了,便对本体有所妨碍了。圣人只是还良知的本来面目，不添加任何意思。良知的'虚'就是天的太虚，良知的无就是太虚的无形。日、月、风、雷、山、川、民、物等，但凡有样貌、形色的东西，都是太虚无形中的发用流行，从未是天的障碍。圣人只是顺应良知的发用，天地万物都在我良知的发用流行之中，何曾有一件事物在良知的外部发生，成为良知的障碍的？"

有人问："佛家专注于养心，然而却不能用来治理天下，为何？"

先生说："我们儒家养心，未曾离开事物，只是顺应天道，自然就是功夫了。佛家却要完全抛却事物，将心看作幻相，逐渐堕入虚空寂静中去。与世间的事物全无交涉，所以佛家的学说无法用来治理天下。"

【度阴山曰】

王阳明年轻时对儒释道三家思想有过精深的研究，最后归于儒家。其对佛道的痴迷可从以下几件事上看出。

1501年，他到九华山上寻找佛道的奇人异士，闻听山中有个叫蔡蓬头的高人，立即钻进深山，四处寻找。后来终于找到，他热情邀请蔡蓬头到他临时住所吃饭喝酒。

蔡蓬头吃得特别高兴，王阳明就趁机问长生不老之术，蔡蓬头吃得上气不接下气，只是回答他两个字："尚未。"

这哑谜更激发了王阳明的追问热情，他不停地问什么是"尚未"。蔡蓬头只是回答他：尚未。

最后，蔡蓬头被追问得走投无路，只好说："我见你第一眼，就看出你非我道家人，你还有世俗相。"

王阳明不罢休，又继续去寻找其他高人。但所有的高人都告诉他："你的世俗相太明显。言外之意是，你要入世，而不是出世。"

在自我冥思苦想了许多日后，他终于明白了佛、道二教的弊端。那就是，佛、道二教都要抛弃亲情，才能成佛成神。但亲情如何能抛弃？

两年后，他在杭州一寺庙内看到一个和尚静坐，有人告诉他，这个和尚已经不视不言静坐三年。王阳明就绕着和尚走了几圈，像是道士捉鬼前的作法。最后他在和尚面前站定，看准了和尚，冷不防地大喝一声："这和尚终日口巴巴说甚么！终日眼睁睁看甚么！"

这句话就是传说中禅宗和尚的禅机。所谓禅机，就是用含有机要秘诀的言辞、动作或事物来暗示教义，让接收方触机领悟。

不知是王阳明的禅机触动了和尚，还是王阳明的大嗓门惊动了和尚，总之，和尚惊慌地睁开眼，"啊呀"一声。

王阳明盯紧他，问："家里还有何人？"

和尚回答："还有老母。"

"想念她吗？"

和尚不语。一片寂静，静得能听到和尚头上汗水流淌的声音。最后，和尚打破了这一死寂，用一种愧疚的语气回答："怎能不想念啊……"

龙场悟道后，王阳明对佛、道二教更是刻意忽视，有弟子问他这方面的内容，他从来不作答，一旦作答，就是臭骂弟子不务正途。

在上面这段话中，我们只需要记得最后一段：佛教虽然养心，但不可治国。

养心就在于格心，佛教和道教格心，是把事物统统格掉，这样一来，世俗事物就成了佛道修行的拦路虎。王阳明说它之所以不能治国，一是刻意，人与生俱来诸多烦恼，客观存在，佛、道二教非要去除，一旦去除不了，就会人格分裂，成为虚伪；二是人与生俱来诸多情感，尤其是亲情，佛、道二教却要和亲情割裂，这就导致佛、道二教无法做到"亲民"；三是佛、道二教格心，却不在事物上格，而治国必须在事物上格心，儒家格心，从不脱离事物，最好的格心就是去事物上格。

人类历史上，用佛、道治国的似乎只有印度阿育王和中国南朝的萧衍。阿育王的孔雀王朝讲佛教慈悲，但更讲"亲民"。南朝梁帝国的萧衍（梁武帝）以佛教治国，自己常常玩"舍身寺庙"的把戏，让大臣拿钱来赎。梁于是出现了最戏剧性的一幕：开国皇帝萧衍后来居然被活活饿死。

所以王阳明说，唯有儒家能治国。原因是儒家看重世俗事物，儒家把修身齐家治国平天下融为一体，儒家能做到"亲民"。

此心不动的境界

先生曰:"孟子不动心与告子不动心,所异只在毫厘间。告子只在不动心上着功,孟子便直从此心原不动处分晓。心之本体原是不动的,只为所行有不合义便动了。孟子不论心之动与不动,只是'集义',所行无不是义,此心自然无可动处。若告子只要此心不动,便是把捉此心,将他生生不息之根反阻挠了,此非徒无益,而又害之。孟子'集义'工夫,自是养得充满,并无馁歉,自是纵横自在,活泼泼地,此便是浩然之气。"

又曰:"告子病源,从性无善无不善上见来。性无善无不善,虽如此说,亦无大差。但告子执定看了,便有个无善无不善的性在内。有善有恶,又在物感上看,便有个物在外。却做两边看了,便会差。无善无不善,性原是如此。悟得及时,只此一句便尽了,更无有内外之间。告子见一个性在内,见一个物在外,便见他于性有未透彻处。"

【译文】

先生说:"孟子的不动心与告子的不动心,差别仅仅在毫厘之间。告子只是在不动心上用功,孟子则是从心原本不动处用功。心的本体原本不动,只在所作所为不合于义时才会妄动。孟子不讨论心的动或不动,只是去'集义',所以所作所为没有不义的,心自然没什么可动的。而告子只是要心不动,便抓住了心不放,反而将心中生生不息的根给阻挠了,这非但没有益处,反而损害了心。孟子'集义'的功夫,是把心存养得充实,没有任何气馁、亏欠之处,自由自在,生动活泼,这就是浩然之气。"

先生又说:"告子的病根,在于他认为性无善无不善。性无善无不善,这么说虽然没有大错,但告子执着于此,便有一个无善无不善的性滞留在心里。认为性有善有恶,是在事物的感觉上看,这就把物视作外了。将心与物视作两边,便会有差错。无善无不善,性本就是如此。领悟得及时,只此一句话便够了,没有什么内外之分。告子看见一个性在内,一个物在外,便知道他对于性的理解还不透彻。"

【度阴山曰】

孟子和告子都说，人要做到不动心，但二人境界有云泥之别。告子让人不动心，是在"不动心"这个行为上用功，正如让人不贪财，是在"不贪财"上下功夫一样。乍一看，这种行为没有错，时刻都在警醒自己，要不动心。但是，告子的办法其实是抓住心不放，始终把心当作敌人，心一"动"，立即斩草除根。

孟子所谓的"不动心"是一种境界，欲达到这种境界，不能只关注境界本身，而是要关注达到这种境界的方法。这个方法就是，集义。所作所为都符合道义，自然就在遇到诱惑时不会动心。

我们如何做到面对不义之财而不动心呢？

告子的办法就是，告诉心，你绝对不能动，你敢动，我就干掉你。

看似有道理，但太苦。你见到不义之财，让心不动；见到美色，还是让心不动；见到声色犬马，还让心不动，岂不得把人累死？

孟子的办法则是，顺着我们本善的心去做就是了。本善的心自然能分辨善恶，分辨了，就按它的答案去行动。

告子说，性无善无不善。这样说没有问题，王阳明也说心是无善无恶的。可告子总是执着，把这件事看得特别重，一遇事，立即想到这句话，总是过度关注性，深怕它到了心外，就成为另外一种模样。

这就是把心物一分为二，总是战战兢兢。

王阳明则说，心外无物，只要遇到物时，顺着良知的判定去行，就没有问题，何必过度关注"无善无恶"呢？

越是关注、执着于某事，某事可能越会让你失望。此心不动的境界，只是让我们凭借良知去行动后的必然结果罢了。

万物一体

朱本思问："人有虚灵，方有良知。若草木瓦石之类，亦有良知否？"

先生曰："人的良知，就是草木瓦石的良知。若草木瓦石无人的良知，不可以为草木瓦石矣。岂惟草木瓦石为然？天地无人的良知，亦不可为天地矣。盖天地万物与人原是一体，其发窍之最精处，是人心一点灵明，风雨露雷，日月星辰，禽兽草木，山川土石，与人原只一体。故五谷、禽兽之类皆可以养人，药石之类皆可以疗疾，只为同此一气，故能相通耳。"

【译文】

朱本思问："人有灵性，所以才会有良知。像草木瓦石等东西，也有良知吗？"

先生说："人的良知，就是草木瓦石的良知。如果草木瓦石没有人的良知关注，便不是草木瓦石了。难道只有草木瓦石是这样吗？天地如果没有人的良知关注，也不是天地了。概而言之，天地万物与人原本是一体的，它最精妙、最开窍之处，是人心的一点知觉灵明，风雨露雷、日月星辰、禽兽草木、山川土石，与人原本就是一体的。所以五谷、禽兽等都可以滋养人的身体，药石等东西可以治疗疾病，是因为人与万物所禀的气是相同的，所以能够相通。"

【度阴山曰】

当我们看到一个小孩在井边玩耍时，会莫名地紧张，这就是同情心。我们看到别人的悲剧时，也会有这种同情心。问题是，我们与小孩、别人，明明就不是一体的，为何会有这种感觉呢？

因为我们有良知，就是心上的一点知觉灵明，它使我们起了同情心，所以，我们和井边的孩子、不幸的人，就是一体的。

当我们看到大好河山时，会不由自主地喜欢而发出赞叹，就如同喜欢自己的美貌一样，但大好河山和我们并非一体，为何会有这种感觉？

因为我们有良知，它使我们起了欣赏之心，所以我们和大好河山也是一体的。

王阳明说，人的良知就是世界，世界如果没有人的良知，就不能称为世界。这意思是说，没有人，这个世界就不可能存在。因为是人创造了世界，风雨露雷、日月星辰、禽兽草木、山川土石之所以存在，就是因为我们人类发现了它们，和它们建立了联系。

此为万物一体，王阳明在此举的例子很特别：五谷、禽兽等都可以滋养人的身体，药石等东西可以治疗疾病，是因为人与万物所禀的气是相同的，所以能够相通。

能相通，就说明我们是一体的，万物一体，就需要我们善待天地万物，如同善待我们的身体一样。

这就是博大精深、悲天悯人的心学世界观。

岩中花树论

先生游南镇。

一友指岩中花树问曰："天下无心外之物，如此花树，在深山中自开自落，于我心亦何相关？"

先生曰："你未看此花时，此花与汝心同归于寂。你来看此花时，则此花颜色一时明白起来，便知此花不在你的心外。"

【译文】

先生游览南镇（浙江会稽山在隋文帝开皇年间被封为南镇）。

一位学友指着岩石中的花树问道："先生说天下间没有心外的事物，像这花树，在深山中自开自落，与我的心有什么关系？"

先生说："你未见到这花时，这花与你的心同归于寂静。你来看这花时，这花的颜色一下子就鲜明起来，由此可知，这花并不在你的心外。"

【度阴山曰】

王阳明最著名的岩中花树论，虽然只是短短的一段话，但异常灵动玄虚，其主题则是"心外无物"。

他那位伟大的朋友说:"这朵花,在深山中自开自落,和我的心无关,既然它不在我心内,那就是在我心外,你却说,心外是没有事物的。你做何解释呢?"

这就是典型的唯物主义:物质是客观存在的,不以人的意志为转移,那朵花自开自落,不以我心(意识)转移,人家就是客观存在。

来看王阳明的回答:你未看此花时,此花与你的心是同归于寂的。就是说,你的心和那朵花没有建立联系(以心去看它)时,你的心对那朵花而言,就是寂静的,没有动。而那朵花固然是客观存在的,由于它没有和你的心建立联系,它对你的心而言,就是寂静的,没有动。

而当你来看此花时,事情就变了。你用眼睛看此花,是受心的指使,心指使眼睛看到了花,心和花建立起了联系。

然后最关键的一点来了:你必须给花赋予一定的价值,这个价值就是鲜艳。天地万物,存在的前提是有价值,而价值必须由我们的心来赋予。你和任何东西建立联系,都会潜意识地赋予它们价值,不建立联系,就不可能赋予天地万物价值,没有了价值的天地万物就不是天地万物,心动才有万物价值,不动就没有。所以,心外无物。

人见到鲜花,会赋予其价值——鲜艳。驴见到鲜花,则会赋予其价值——好吃。鲜花仍是鲜花,但看它的对象不同,其价值就不同了。人会欣赏,驴只会吃。从这一点而言,物质真是客观存在的吗?

王阳明这段"岩中花树"论,只是诠释"心外无物"的绝佳例子,它只是王阳明"心外无物"的低级解释。"心外无物"理论的本源是王阳明心学的世界观"万物一体":既然天地万物都是我身体和心灵的一部分,它们和我的心密切相关,那么,哪里有心外之物?

阳明心学的诸多概念、理论,诸如"一念发动即是行""心外无物""心外无事"既是一种概念,也是一种警醒。"心外无物"警醒我们的是,人须有"万物一体"的世界观,世界观的博大决定你人生的境界,同时也提醒我们,少和那些无聊的事物产生联系,它会耗费你的精力,力争做到心外什么都没有,心里有的全是良知。

万物一体，也有轻重厚薄

问："大人与物同体，如何《大学》又说个厚薄？"

先生曰："惟是道理自有厚薄。比如身是一体，把手足捍头目，岂是偏要薄手足？其道理合如此。禽兽与草木同是爱的，把草木去养禽兽，又忍得？人与禽兽同是爱的，宰禽兽以养亲与供祭祀、燕宾客，心又忍得？至亲与路人同是爱的，如箪食豆羹，得则生，不得则死，不能两全，宁救至亲，不救路人，心又忍得？这是道理合该如此。及至吾身与至亲，更不得分别彼此厚薄。盖以仁民爱物皆从此出，此处可忍，更无所不忍矣。《大学》所谓厚薄，是良知上自然的条理，不可逾越，此便谓之义；顺这个条理，便谓之礼；知此条理，便谓之智；终始是这条理，便谓之信。"

又曰："目无体，以万物之色为体；耳无体，以万物之声为体；鼻无体，以万物之臭为体；口无体，以万物之味为体；心无体，以天地万物感应之是非为体。"

【译文】

有人问："大人与万物同为一体，为何《大学》却要分厚薄来说？"

先生说："只是因为道理本就有厚薄。比如人的身体是一个整体，为何要用手足保护头部和眼睛，难道是故意轻视手足吗？是道理本该如此。人对于禽兽与草木同样热爱，又怎么忍心用草木去供养禽兽呢？人对于人与禽兽同样热爱，又怎能忍心宰杀禽兽供养亲人、祭祀先祖、招待宾客呢？人对于至亲和路人同样热爱，如果只有一碗饭、一碗汤，得到就活，得不到就死，无法两全，又怎么忍心只救亲人而不救路人呢？这是因为道理本该如此。至于对自己和对亲人，更不会区分彼此厚薄。仁民爱物都源于亲情，对此都能忍心，便没有什么不能忍心的了。《大学》所说的厚薄，是良知自然的条理，不能逾越，这就是义；顺着这个条理，就是礼；知道这个条理，就是智；始终坚持这个条理，就是信。"

先生又说："眼睛没有本体，以万物的颜色为本体；耳朵没有本体，以万物的声音为本体；鼻子没有本体，以万物的气味为本体；口舌没有本体，以万物的味道为本体；心没有本体，以天地万物的感应是非为本体。"

【度阴山曰】

人和万物是一体的，因为人有仁爱（良知），但《大学》却指出，仁爱应该有轻重厚薄，否则就是墨子的兼爱，爱别人父亲如同爱自己父亲一样，可谓莫名其妙。

王阳明在这里已经说得很清楚：仁爱为何有厚薄，不必用逻辑论证，它是天经地义的存在。倘若你要牺牲身体的某个零件，是手指还是眼睛？肯定是手指，如果是眼睛和心脏呢？肯定是眼睛。我们和禽兽是一体的，但有朋友来，难道因为和禽兽一体，就给朋友吃糠？肯定要杀只鸡。自己的父亲和别人的父亲都落水，虽然别人的父亲也是我们身体和心灵的一部分，但我们肯定先救自己的父亲。

为何有时候我们会牺牲万物之一，而保留另外的万物之一？就是因为仁爱源自亲情，一切都从亲情出发。倘若只有万物一体，没有轻重厚薄，要么你有不可告人的目的，要么就是白痴。

一旦我们没有仁爱轻重厚薄的意识，就会造成这样的结果：许多付出，注定廉价。

屈原，是战国后期的楚国人，他首先是个拥有磅礴想象力的诗人，然后是个政治家，最后是个肯为国家和君王奉献一切的官员。

楚怀王在位时，苏秦提出东方六个国家联合，抵抗秦国。楚国也参与，屈原主动请缨，负责此事。在那场六国大会上，屈原费了九牛二虎之力，终于说服了其他五国，让楚怀王成为六国联盟的盟长。

他本以为回到楚国后，楚怀王会对他感激涕零。想不到，楚怀王根本没把盟长这事放在心上，只是淡淡地说了句："辛苦你了。"

屈原心理落差很大，但觉得这是自己心甘情愿的。既然是自己心甘情愿付出，和别人有什么关系？

正是抱着这种人生态度，屈原对楚怀王更加不遗余力地付出。他上下奔走，提倡改革，打击权贵，希望让楚怀王以正面形象流传史册。

但楚怀王仍是一副无所谓的态度，那些被打击的权贵联合起来，向屈原发动攻击，楚怀王略一思考，就把屈原贬出了中央政府。

中国文学史上最璀璨夺目的篇章《离骚》就是在这种情形下产生的。

过了几年后，六国联盟瓦解，秦王邀请楚怀王到秦国，共商瓜分天下之宏图。屈原跑到楚怀王面前，大哭大闹，死活不让楚怀王去。

楚怀王才不理他，认为他有点神经病，毅然决然地去了秦国，结果被秦人扣为人质，最后死在了秦国。

屈原得知此事后，悲痛万分，整日疯疯癫癫，再后来，秦军对楚国进行灭绝性打击，楚国危在旦夕。

疯癫的屈原对人生失去了兴趣，就跳了江。如你所知，正因为有了屈原跳江，才有了今天的端午节。

屈原的死，你可以说他是被忠君的思想逼到了悬崖边上，不死不足以证明他忠君。但以人性角度论，他多年对楚怀王的付出，始终得不到正向的回应，这是他最后闭目向江里一跳的根源。

金庸小说《天龙八部》里有个叫游坦之的人，在复仇的路上遇到了阿紫，他太喜欢阿紫了。为了阿紫，他先是心甘情愿被阿紫戴上铁头套，成为卑贱的奴隶。阿紫要练化功大法，用他做实验，若不是他侥幸得了《易筋经》，早死了几十回了。

阿紫如此对他，他竟然仍痴迷对方，为了对方，付出他所能付出的一切。最后，甚至将自己的双眼，奉送给了阿紫。

阿紫得了游坦之的眼睛后，仍然对他毫无感情，实际上从开始到最后，阿紫就没有喜欢过游坦之，全是游坦之在热脸贴冷屁股般无休止地付出。

所以，我个人认为，游坦之是个蠢货。他的所有付出，都被人家拒绝了，他还在那里付出个没完。

或许用时髦的话以游坦之的口中讲出来，就是这样的：我爱你，和你有什么关系；我付出我的，关你什么事。

记住这种人，他们拥有一个共同的名字叫：蠢货。

大名鼎鼎的伍子胥年轻时和老爹一起在楚国做官，他老爹大公无私，所以得罪了很多奸贼。奸贼就在楚平王耳边吹风，最后楚平王把伍子胥老爹捉起来，准备宰掉他。

有人对楚平王说："这老头的两个儿子有超人的智慧，必须斩草除根。"

楚平王就对伍老头说："给你两个儿子写信，让他们来。他们来了，我就放了你。"

伍老头狂笑道："你别做梦了，他们不会来的。"

楚平王大惑不解道："难道他们不忠君孝父？"

传习录·下　429

伍老头说:"那咱们就试试。"

于是他给伍子胥兄弟俩写信,说:"你们来,我就活了。"

伍子胥和兄弟商量道:"咱们老爹为楚国付出这么多,居然也遭遇这种厄运,我们算什么,去了就是死。但咱们又不能不孝。"

伍子胥说:"复仇和杀身成孝,哪个难?"

他兄弟说:"当然是复仇。"

伍子胥说:"那我选复仇。"

后来,伍子胥的兄弟去见老爹,都被楚平王干掉。伍子胥本人逃出楚国,辗转到吴国,最后用吴国的力量灭掉了楚国。

他把楚平王的尸体挖掘出来,鞭尸三百,以示复仇成功。

事后有人问伍子胥:"你带领他国军队灭掉自己的祖国,这算什么?"

伍子胥睁目道:"楚王对我不仁不义,我为何还要对他忠诚?"

我们常常睁着眼说瞎话:付出总有回报。不付出肯定没有回报,但付出未必就有回报。因为付出,必须有接收方,也就是说,付出和回报必须产生感应。

我喊你一声,你答应我,我付出的能量就没有白费;倘若我喊你一万声,你都不应我,我付出的能量就是浪费了。

最后一段话:"眼睛没有本体,以万物的颜色为本体;耳朵没有本体,以万物的声音为本体;鼻子没有本体,以万物的气味为本体;口舌没有本体,以万物的味道为本体;心没有本体,以天地万物的感应是非为本体。"

王阳明以此段话说明了两个道理。第一,要行动,你有眼睛,有耳朵,有鼻子,倘若不去用,这些东西就不会存在。而它们存在的意义就是去看,去听,去闻。尤其是我们的心,它存在的理由就是和天地万物感应互动,倘若没有这些感应互动,我们的心就是个不成材的器官。这段话再一次证明,阳明心学是行动哲学,一切都以行动为标尺。

第二,我们要以心去感应天地万物,在"万物一体"的大环境下,要能感应出轻重厚薄,什么对象是值得你为之付出的?什么对象是你应该弃之如敝屣的?这个,很重要。

生死，全人类的问题

问"夭寿不二"。

先生曰："学问功夫，于一切声利嗜好俱能脱落殆尽，尚有一种生死念头毫发挂带，便于全体有未融释处。人于生死念头，本从生身命根上带来，故不易去。若于此处见得破、透得过，此心全体方是流行无碍，方是尽性至命之学。"

【译文】

有人向先生请教"夭寿不二"。

先生说："学问功夫能够摆脱一切名利嗜好，然而只要有一丝贪生怕死的念头，就是心的本体还有未能融通之处。人对于生死的念头，本来是从生命的根子上带来的，所以要清除并不容易。如果对此能够看得破、想得透，整个心体就会畅通无碍，这才是尽性至命的学问。"

【度阴山曰】

夭寿不二，意思是，无论上寿还是短命，都是一样的。言外之意：人，有生必有死。死亡无法躲开，它是全人类的问题。

1507年，王阳明抵达几乎是洪荒时代的龙场驿，物质的匮乏和精神的折磨让他痛不欲生。在身心双重的折磨下，他感悟出，人到绝境，可以抛弃一切，只有一种东西无法抛弃，那就是生死观。我们为何无法渡过生死关，就是因为它是从生命的根子上带来的，而且它和其他欲望不同，人对生的欲望和对死的厌恶，是绝对的天理。再也没有一种天理比这个更纯粹。

但是，如王阳明所说，倘若我们无法对生死看得破，想得透，整个心体就不会畅通无阻，就无法尽性至命。

自有人类以来，就开始研究生死，希望能长生不死。宗教创造了死后世界，中国儒家创造了"做圣贤，永远活在别人心中"的摆脱生死的方法。

然而，理论很难让人信服，所以人人都怕死，人人在生死面前都会哭天抹泪。

如何摆脱生死观，抛掉未来科技不算，至少有三种方法。

第一，皈依宗教，这种办法很有效，它创造了一个死亡后的世界，让你永远不死。前提是，你要坚信它。若你的理性太多，这种办法就会失效。

第二，关注当下，让自己永远都关注当下的人和事，使自己的脑子停不下来思考生死问题。按王阳明的说法，做好当下每一件事，以良知贯穿其中，生时有意义，死后同样意义重大，就等于长生不死。

第三，前两种是希望借助外力让自己悟道，第三种则是靠自己。无论是第一种还是第二种，死亡这个客观存在是避不开的，所以要勇敢面对。面对的办法就是创造一种让自己信服的理论，这需要的东西很多：智慧、心态、学识以及强大的不为外物所动的内心。

其实，这三种只是不是办法的办法，它们没有逻辑，你可以从第三种跳到第一种，也可以从第一种直接跳到第三种。而最实用的恐怕就是第二种，如果突然第二种失效，那就跳回第一种。

总之，若看透生死观，你就要在三个鸡蛋（三种方法）上来回地跳舞。

热力学第一定律认为，所有的能量在传递与转换过程中都守恒，就是说，能量可以从一个物体传递到另一个物体，转换过程中，能量的总值保持不变。

宇宙中所有的能量都不是凭空制造出来的，也不会凭空消失不见，人体内蕴含的所有能量，在我们死后都会成为别的事物的一部分，也许是蝴蝶，也许是飞鸟，也许是星云的一部分。如此，我们就可明白，现在构成我们身体的每个部分，都曾经是别的事物的一分子。可能来自太阳、月亮、外太空的星云，也可能是猴子、猪、驴。

那些事物当时也惧怕死亡，但在我们身上获得新生。我们现在惧怕死亡，根本没有必要，因为我们在死亡后也会在别的事物上获得新生。

人为何怕死？其实很多人根本不怕自己的死亡，而是担心自己死亡后，亲人如何。这就是王阳明所说的"从生命根上带来的"，我们一生下来，就自动自发地生出责任感，特别是对亲人的责任。

对人生（各种情感）的眷恋，才是我们惧怕死亡的原因。

这样讲来，害怕死亡的人，才是真有良知的人。

规则和原理，哪个重要

一友问："欲于静坐时，将好名、好色、好货等根逐一搜寻，扫除廓清，恐是剜肉做疮否？"

先生正色曰："这是我医人的方子，真是去得人病根。更有大本事人，过了十数年亦还用得着。你如不用，且放起，不要作坏我的方子！"

是友愧谢。

少间曰："此量非你事，必吾门稍知意思者，为此说以误汝。"

在坐者皆悚然。

【译文】

一位学友问："我想在静坐时，将好名、好色、好货等病根逐一找出来，扫除干净，恐怕这是割肉补疮的做法吧？"

先生严肃地说："这是我治病的方子，确实能去掉人的病根。即便有再大本事的人，过了十几年也还用得着。你如果不用就放下，不要糟蹋了我的方子！"

这位学友十分惭愧地道了歉。

过了一会儿，先生说："我猜这也不是你的想法，一定是我那些略通皮毛的弟子这样说，误导了你。"

在座的学生都十分惊恐。

【度阴山曰】

王阳明曾说过，致良知的要点之一就是，在静坐时，将好名、好色、好货等病根逐一找出，扫除干净，如猫捕捉老鼠一样，绝不放过一个，彻底根除。

有弟子就认为，把这些病根都找出，扫除干净，就像是把肉挖掉，倘若把肉挖掉，那不是留下个大疮吗？即使好了，也会留下疤痕。

乍一看，这种论述很正确，王阳明恐怕也拿不出好的理论来反驳，所以他才正色道："这是我治病的方子，确实能去掉人的病根。即便有再大本事的人，

传习录·下 433

过了十几年也还用得着。你如果不用就放下，不要糟蹋了我的方子！"

王阳明的这段话很重要，它其实探讨的就是，规则和原理，到底哪个重要。

什么是规则？

规则就是，你必须这样，不能那样；规则就是，祛除那些病根会留下疮和伤疤，所以这种治疗方法不适用。

什么是原理？

这种方式很有效，因为它经过时间和事情的验证。王阳明说，我的这个方法已经被多人验证过，即便有再大本事的人，过了十几年还用得着。

人生在世，其实遵循的都是规则，很少有人孤注一掷地遵循原理。

因为原理，很多时候是一种直觉和本能，无法用科学证明，却能用实际证明。

我们对规则要有怀疑之心，因为规则是在某个情境中的产物，情境一变，它可能就失效了。我们应该对原理深信不疑，因为原理是随着情境的改变而改变的一种解决问题的方法。

平庸的学说，它永远都能解释所有的问题，但很多时候，它无法解决某些问题。王阳明心学，简易明快，直指本心，它虽然不能解释人世上的所有问题，但它能解决人世上的所有问题。

阳明心学就是原理，而不是规则。

致良知只能靠自己

一友问功夫不切。

先生曰："学问功夫，我已曾一句道尽。如何今日转说转远，都不着根？"

对曰："致良知盖闻教矣，然亦须讲明。"

先生曰："既知致良知，又何可讲明？良知本是明白，实落用功便是。不肯用功，只在语言上转说转糊涂。"

曰："正求讲明致之之功。"

先生曰："此亦须你自家求，我亦无别法可道。昔有禅师，人来问法，只把麈尾提起。一日，其徒将其麈尾藏过，试他如何设法。禅师寻麈尾不见，又只空手提起。我这个良知就是设法的麈尾，舍了这个，有何可提得？"

少间，又一友请问功夫切要。

先生旁顾曰："我麈尾安在？"

一时在坐者皆跃然。

【译文】

一位学友问先生，功夫不真切应该怎么办。

先生说："学问功夫我已经一句话和你说明白了。为何现在越说越远，找不到学问的根了呢？"

那位学友回答说："我已听你讲过致良知的功夫，但还需要进一步说明。"

先生说："既然知道致良知，又有什么需要说明的呢？良知本就明白，实实在在下功夫即可。不肯用功，只在言语上说来说去，越说越糊涂。"

那人说："我正是想请教讲明致良知的功夫。"

先生说："这也必须你自己去探求，我也没有别的方法可讲。过去有一位禅师，有人来问佛法，他就把拂尘提起来。有一天，他的徒弟将拂尘藏了起来，想看看他用什么方法说法。禅师找不到拂尘，只好徒手做了个提拂尘的样子。我说的良知就是这个说法的拂尘，除了它，还有什么可以提起的呢？"

不一会儿，又有一位学友来请教功夫的要领。

先生看看旁边的学生，说："我的拂尘哪儿去了？"

一时间在座的人哄堂大笑。

【度阴山曰】

王阳明"致良知"的法门只一句话：你的良知是自家准则，情境来，良知判定是便是，非便非，不欺它而行，这样就能致良知，就是致良知。

这段话，王阳明大概说了很多次，可还是有很多人来问。有人明明知道了致良知的功夫该如何练，却仍要王阳明再进一步说明。王阳明则认为，既然知道如何致良知了，那还有什么需要说明的？良知如此明白，你在致良知法门上实在下功夫即可。不在这方面用功，只在言语上说来说去，越说会越糊涂。

实际上，欲达到知行合一之境界，王阳明心学提供了两种办法，第一种是被动的，静坐和省察克治；第二种是主动的，就是致良知。王阳明让我们致良知，只是要叫我们去事上磨炼。所谓事上磨炼，就是要立诚，所谓立诚，就是让我们认识知行合一的本体：知行本一，不必曰合。一切所知的就是所行的，一切所行的就是所知的。

你永远无法让一个围棋高手告诉你，他为何会走出天外飞仙的一步；你也无法让一个高明的厨子告诉你，他是如何炒出好菜的。

他们唯一知道的事就是他们做出了这件事，这就是一切所知就是所行，一切所行就是所知。

懂得了这些，我们就会发现，阳明心学只有一个灵魂，那就是知行合一。

倘若不把知行看作一回事，那就不会在致良知上下功夫，因为致良知的目的就是为了把"知""行"合一。而致良知，靠不了别人，只能靠自己。就如王阳明所举例子中的那个拿拂尘的和尚，拂尘就是他的良知，没有了这个，一切都是笑谈。

为什么圣人能预见未来

或问"至诚""前知"。

先生曰："诚是实理，只是一个良知。实理之妙用流行就是神，其萌动处就是几。'诚、神、几，曰圣人'。圣人不贵前知，祸福之来虽圣人有所不免，圣人只是知几，遇变而通耳。良知无前后，只知得见在的几，便是一了百了。若有个'前知'的心，就是私心，就有趋避利害的意。邵子必于前知，终是利害心未尽处。"

【译文】

有人向先生请教《中庸》里的"至诚""前知"。

先生说："诚是实在的道理，只是一个良知。实在的道理妙用流行就是神，它的萌动之处就是几。所以周敦颐说'具备诚德、感悟神化、通晓几微，即是圣人'。圣人并不注重事先知道，即便是圣人也无法免于祸福，圣人只是知道事物的前兆，遇到事情变化能够通达而已。良知则没有前后，只要知道事物的前兆，便能解决所有问题。如果有一个要想事先知道的心，就是私心，就有趋利避害的念头。邵雍硬要追求事先知道，终究是利害之心没有除尽。"

【度阴山曰】

1222年，成吉思汗和道士丘处机见面，成吉思汗之所以要见丘处机，是因为民间都传颂着丘处机能"前知"，懂得长生不死之术。总之，民间传说中的丘处机就是个活神仙。

成吉思汗问丘处机："如何统一天下？"

丘处机回答："不滥杀一人。"

再问："如何治理天下？"

回答："敬天爱民为本。"

又问："如何长生？"

答："清心寡欲为要。"

成吉思汗沉默一会儿，问："仙人可前知？"

丘处机回答："只要心至诚，就能感动天地，天地就会给予前兆，敏锐地抓住前兆，就可预知未来。"

成吉思汗深以为然。

孔子说，命这东西不可知，尽量少谈。因为在中国传统儒家看来，命运很多时候是注定的。

人一旦想"前知"，那就是对命的一种亵渎：命是注定的，"前知"是想在不可能中制造出个可能来。这缘于人的私欲：想要趋利避害。人一旦想要趋利避害，那有些道义之事，因为有害无利，就不会去做。

所以，凡是那些"无事不登三宝殿""要佛祖开示未来"的人，都是有私欲的人。

圣人为何不"前知"？因为圣人也无法免于祸福，圣人只有一个办法可尽量避免祸而得到福，那就是有颗至诚之心。"诚"就是良知，其实就是关注当下致良知。

一旦你能让良知光明，就能在别人浑浑噩噩时发现事物的前兆，抓住前兆，就能抓住事情变化的方向，然后才能解决问题。

而要获取这种辨识前兆的能力，就是要以良知之心对待天地万物。玄一点讲，你关注天地万物，天地万物就会关注你。理性而言，我们专注于某种事物时，就能发现事物的本质，其发展变化的内因就能为我们所知。

倘若你没有把当下做好，而总是"超前"地想要知道未来。这不但是私欲，而且还会忽略当下，让未来转向。世界上所有人都看不到未来，圣人能看到未来，诀窍就是，以至诚之心做好当下。

良知无知而无不知

先生曰："无知无不知，本体原是如此。譬如日未尝有心照物，而自无物不照。无照无不照，原是日的本体。良知本无知，今却要有知；本无不知，今却疑有不知。只是信不及耳。"

先生曰："'惟天下至圣为能聪明睿知'，旧看何等玄妙，今看来原是人人自有的。耳原是聪，目原是明，心思原是睿知。圣人只是一能之尔，能处正是良知。众人不能，只是个不致知。何等明白简易！"

【译文】

先生说："无知而无所不知，心的本体原本就是如此。好比太阳何尝有意去照耀万物，然而无物不照。无意去照却无所不照，便是太阳的本体。良知本来无所谓知，而今要其有知；本来无所不知，而今怀疑其有不知。只是对良知不够相信罢了。"

先生说："《中庸》说'只有天下最圣明的人才能具备聪明睿智'，以前看这句话觉得十分玄妙，如今看来却是人人都具有的。耳朵本来就聪，眼睛本来就明，心思对知本来就敏感。圣人只是具备某种才能，也就是实现自己良知的才能而已。众人之所以不能，只是因为不能实现自己的良知。多么简单明白呢！"

【度阴山曰】

《智囊》记载，诸葛亮有次去找刘备，刘备正和一个人聊天，这人见诸葛亮来，就找了个借口跑了出去。

诸葛亮对刘备说："此人是刺客。"

刘备大吃一惊。

诸葛亮说："他看到我后心神不宁，可见他听说过我的厉害，我就是面镜子，妖魔鬼怪一来，必显形。"

历史上有些以识人闻名的人，比如管仲、杨坚、王阳明、曾国藩……

他们都有个共同的特点，能瞬间洞察对方的心理活动，然后做出最快速最精准的判断。他们之所以能做到这点，是因为本心纯粹，如一面镜子，万事万物到面前，马上映现。说得直白一点，他们与生俱来的天赋，就是能识人、看透人。

张居正未做内阁首辅时，和心学门徒耿定向走得很近。二人常常在一起论道。某次，有个叫何心隐的人来找耿定向。

何心隐也是心学门徒，自诩是阳明心学正宗，除了他的心学，全是歪门邪道，未得王阳明心学精髓。

耿定向热情招待何心隐，二人正谈得热闹，忽有人来报，张居正来了。

何心隐听过张居正的大名，觉得他是官场中人，自己乃布衣，不便相见，于是跑到帷幕后躲了起来。

张居正和耿定向聊了一会儿，就离开了。何心隐面无人色地从帷幕后走了出来，对耿定向说："将来杀我的人，必是此人。"

耿定向大为惊骇，问原因。

何心隐说："你等着瞧，事实会证明一切。"

后来，张居正做了首辅，力推改革，何心隐到处煽动反改革派人士，和张居正对抗。

张居正大怒之下，命人将其逮捕、剿杀。

正如他何心隐所说，自己真就死在了张居正手里。

何心隐和张居正连面都未见，只是听了张居正和其他人的几句聊天，就断定自己会死在此人手里，并非他未卜先知，而是他良知光明看透了张居正。

真正的圣人能"知"他人，就是因为充分发挥了良知。良知并未有意识地告诉他们，我可以知人。但一遇到人，就能知。正如太阳不可能告诉万物，我要照耀你们，可一遇万物，它必然照耀。

良知从来不会有意识地去知，却无所不知，良知知道一切，只要你能光明它。

这是心学的梦想，你行动了，就成现实。

别拿勤奋和别人的天赋拼

问："孟子'巧、力、圣、智'之说，朱子云'三子力有余而巧不足'，何如？"

先生曰："三子固有力，亦有巧。巧、力实非两事，巧亦只在用力处，力而不巧，亦是徒力。三子譬如射：一能步箭，一能马箭，一能远箭。他射得到俱谓之力，中处俱可谓之巧。但步不能马，马不能远，各有所长，便是才力分限有不同处。孔子则三者皆长。然孔子之和只到得柳下惠而极，清只到得伯夷而极，任只到得伊尹而极，何曾加得些子？若谓三子力有余而巧不足，则其力反过孔子了。巧、力只是发明圣、知之义，若识得圣、知本体是何物，便自了然。"

【译文】

有人问："孟子'巧、力、圣、智'的说法，朱熹认为'伯夷、伊尹、柳下惠三人力有余而巧不足'，对吗？"孟子认为伯夷、伊尹、柳下惠以及孔子同为圣人而各有不同。伯夷是"圣之清者"，即十分清雅；伊尹是"圣之任者"，即十分有担当；柳下惠是"圣之和者"，即十分随和；孔子则是"圣之时者""集大成者"，即能够识时务、随时遇而变的圣人。相比之下，伯夷、伊尹、柳下惠的圣德，只是某一种特定的品质。此外，在这里孟子还以巧比喻智，以力比喻圣。

先生说："这三人当然有力，但也有巧。巧与力并非两回事，巧也体现在用力之处，有力而不巧，只是蛮力。以射箭来比喻三人：一个能够步行射箭，一个能够骑马射箭，一个能够很远射箭。他们都能射到一定的距离就是力，而射得中就都是巧。然而能步行射箭的不能骑马射箭，能骑马射箭的不能远处射箭，各有所长，这便是才力的局限有所不同。孔子则兼有三者的长处。然而孔子的'和'只能到柳下惠的限度，'清'只能到伯夷的限度，'任'只能到伊尹的限度，何尝在三人的限度上多加了一些吗？如果说这三人力有余而巧不足，那就是说他们的力反而超过孔子了。巧和力的比喻只是用来说明圣和知的含义，如果能够知道圣和知的本意是什么，便自然了然于心了。"

【度阴山曰】

唐初诗人刘希夷聪颖明敏，特别是在诗歌创作上，有着绝顶天赋。他的舅舅宋之问对这个外甥总是羡慕嫉妒，常常夜深人静时，偷偷搞创作，搞得精疲力竭，写出的诗歌却仍然逊色于刘希夷。

某次，刘希夷拿了一即兴创作的《代悲白头吟》去给宋之问看，其中"年年岁岁花相似，岁岁年年人不同"两句让宋之问两眼冒火。

他酸酸地说："这两句，是你写的还是抄的？"

刘希夷回答："我作诗还用抄吗？"

宋之问转动眼珠说："如果你这诗还没有被人看过，我想要了你这两句。"

刘希夷撇嘴道："这可不成，这两句是我的诗中之眼，如果去掉，全诗就索然无味啦。"

宋之问眉头紧皱，扔了刘希夷的诗，跑进书房，拼命想写出比这两句还好的来。可惜，他写不出。

最后，他找来手下人把刘希夷害死，吞了那两句诗。

没过几年，宋之问因为在政治斗争中站错队，被皇帝勒令自尽。天下人早就知道他私吞刘希夷诗歌的事，闻听他的死讯，都拍手称快。

宋之问是个很会做官的人，他本应该在做官上发挥自己的能力，却总想在诗歌上独占鳌头。

倒霉的是，他遇到了刘希夷。刘希夷作诗，几乎是手到擒来，全是天赋。

宋之问作诗，常常把自己憋得半死不活。这是拿勤奋和人家的天赋比，简直愚蠢透顶。

民国时期，上海滩有三大亨，杜月笙、黄金荣和张啸林。杜月笙起点最低，混上海滩最晚，而且是跟着黄金荣混起来的，但他后来的成就远在黄、张二人之上。

杜月笙有种交际天赋，能在最短的时间里获取别人的高度信任。所以，他的交心朋友特别多。而在当时鱼龙混杂的上海滩，很多人混的就是这种交际能力。谁朋友多，门路就多，门路多，你混得就稳健、高效。

黄金荣后来渐渐没落，杜月笙轻而易举地超越了师父。黄金荣深知杜月笙这种本事，常常和张啸林说："月笙是注定的上海滩老大。"

张啸林不服地说："他有什么本事，不就是喜欢交朋友吗？"

黄金荣说："这就是本事，你看你，交朋友就不怎样。"

张啸林的交际的确不怎样。他说："这个还是可以学到的。"

黄金荣摇头说："学不到，纵然学到，也是照猫画虎，猫就是猫，成不了虎。"

有人天生就有好人缘，根本不必考虑，就知道在人际交往中该做什么。他们就如同一条水中的鱼，不知道水是什么，只知道如何游。

有人把交际经典读了千万遍，一旦遇事，仍是两眼瞪。这就是天赋和勤奋的区别，一个是有源之水，一个则是无源之水。

在所有领域中，都有顶尖高手。如果对他们进行分析就会发现，他们固然很勤奋，真正让他们成为那个领域顶尖高手的却是天赋。凡是某一领域的顶尖高手，都具备了这一领域所要求的天赋。

在斯诺克世界里，奥沙利文是无可置疑的顶尖高手，他的球技肯定要靠后天修炼，但同样的修炼下，你无法练到他那种天马行空的高度。

古代战场上，韩信、成吉思汗、王阳明等出类拔萃的军事家，努力固然有，但天赋才是决定他们成为名将的主要因素。

同样的付出和努力下，项羽就不如韩信，没有人能和成吉思汗相提并论，也没有人能和王阳明平起平坐。

什么是天赋，天赋就是老天爷给你植入的神一般的能力，你来到世界上，只需要把它使用出来即可。

既然是神一般的能力，凡夫俗子怎么能和这种能力比拼？

什么是勤奋，就是希望能通过后天努力得到这神一般的能力。

千万别用自己的勤奋去和别人的天赋比拼，这正如月亮想和太阳争辉一样。人家用一分力，你可能要用百分。人家只要用十分力，就会把你甩出好几条街，让你望尘莫及。

或许有人会说，我的勤奋也能创造奇迹。

没错，你通过勤奋，肯定能在人生试卷上达到一百分。正如曾国藩天赋不高，却通过辛苦努力完成了人生试卷的满分一样。

既然都是一百分，那大家应该都是一样的。但是，曾国藩考一百分和天赋极高的王阳明考一百分截然不同，曾国藩考一百分，是因为他只能考到那个程度，而王阳明考一百分，是因为试卷分数只有一百分。

我们所有人最好的办法就是，找到自己的天赋，让别人吃苦耐劳地来和自己比拼，然后看着他筋疲力尽也追不上我们的痛苦模样。

如何找到自己的天赋，这需要冷静地聆听自己内心的声音。我们的内心从来不会欺骗我们，只要你肯听，它真就会告诉你完美的答案。

这个答案会指出你的天赋所在。

一旦答案确定，我们的内心就会让我们产生热情、动力和精准的判断，只要行动起来，你就是神一般的存在。

千万别拿勤奋和别人的天赋拼，那样，你会被活活累死。

王阳明拿射箭打比方：伯夷、伊尹、柳下惠三人，一个能够步行射箭，一个能够骑马射箭，一个能够在很远的地方射箭。他们都能射到一定的距离就是力，而射得中就都是巧。然而能步行射箭的不能骑马射箭，能骑马射箭的不能远处射箭，各有所长，这便是才力的局限有所不同。

所以，一定要发挥自己的长处，找到天赋，才最容易成功。

良知是好恶之心

"良知只是个是非之心，是非只是个好恶。只好恶就尽了是非，只是非就尽了万事万变。"

又曰："是非两字是个大规矩，巧处则存乎其人。"

【译文】

"良知只是个是非之心，是非只是好恶。知道好恶就穷尽了是非，懂得是非就穷尽了万事万物的变化。"

又说："但'是非'这两个字也只是个大的原则，具体运用还是得因人而异。"

【度阴山曰】

王阳明在此讲述良知的另外一种定义，也是阳明心学语境下最完美的定义：良知就是个好恶之心。

尽人皆知，良知是判定天理和私欲的唯一武器，是决定是非善恶的终极方法，那么，它是如何做到这点的呢？

人类无数哲学家、心理学家都做过关于人最喜欢什么、最厌恶什么的调查和实验。在这些调查和实验中，我们发现，人类大多喜欢正能量，厌恶负能量。

比如人人都喜欢那些热情、肯帮助别人、有同情心、正义的人，所有人都不喜欢那些张狂、冷漠、自私自利的人。当我们看到别人帮助别人时，内心深处就会涌起一股暖流，感觉特别舒服。我们帮助别人，被别人帮助，同样会有这种感觉。

热情、同情心、正义，被我们称为"是"，进而将其称为真理；张狂、冷漠、自私自利，被我们称为"非"，进而将其称为人欲。可你凭什么说"是"的就是真理，"非"的就是人欲，你又有什么有效的逻辑能推导出热情、同情心、正义是"是"，张狂、冷漠、自私自利是"非"呢？

没有有效的逻辑推理，因为根本推不出来。我们之所以能判定某事物、品质的"是和非"，是因为我们喜欢"是"的东西，厌恶"非"的东西，由此可知，喜欢和厌恶就是评定天理和人欲的唯一标准。而我们的喜欢和厌恶就是来自良知。

所以说，良知就是个好恶之心，这个好恶之心到达事物上，就有了事物上的是非之心。好恶之心属内，是我们心上的良知，是非之心属外，是事物上的良知。必须有好恶之心，你才能在事物上有是非之心，唯有事物上有了是非之心，才能证明你的好恶之心。

好恶之心属知，是非之心属行，良知通过这种由内而外的流动，达到了知行合一。

王阳明说，"是非"两字是个大规矩，其之所以能成为规矩，必须有好恶之心的良知帮助。外在事物固然客观存在，但倘若我们不以好恶之心的良知判定它的是非，那么，事物就不可能有是非。一个事物如果没有是非，那就不能称其为事物，所以，心外无物。

你发自真诚地喜欢什么，那就是"是"，你发自真诚地厌恶什么，那就是"非"，良知只是个发自真诚的好恶之心。

情欲即天理

问："知譬日，欲譬云。云虽能蔽日，亦是天之一气合有的，欲亦莫非人心合有否？"

先生曰："喜、怒、哀、惧、爱、恶、欲，谓之七情，七者俱是人心合有的，但要认得良知明白。比如日光，亦不可指着方所，一隙通明，皆是日光所在。虽云雾四塞，太虚中色象可辨，亦是日光不灭处。不可以云能蔽日，教天不要生云。七情顺其自然之流行，皆是良知之用，不可分别善恶，但不可有所着。七情有着，俱谓之欲，俱为良知之蔽。然才有着时，良知亦自会觉；觉即蔽去，复其体矣。此处能勘得破，方是简易透彻功夫。"

【译文】

有人问："先生以太阳比喻良知，以乌云比喻私欲。乌云虽然能遮蔽太阳，那也是天地之间的气所本该有的，私欲难道也是人心中本该有的吗？"

先生说："喜、怒、哀、惧、爱、恶、欲，是人的七情，这都是人心本该有的，只是必须把良知体认明白。比如阳光，也不能局限在一个固定的地方，只要有一丝的光亮，都是阳光的所在之处。虽然云雾蔽日，在空虚之中依然能辨别颜色外貌，这也是因为日光尚存。不能因为乌云会遮蔽太阳，就让天不产生乌云。七情顺其自然地流露，都是良知的作用，不能认为七情有善有恶，但也不能有所执着。执着于七情，就称之为欲，就是良知的遮蔽。不过七情稍有执着，良知也自然会觉察；觉察后便要去掉蒙蔽，恢复本体。对这个问题能够看得明白，才是简易透彻的功夫。"

【度阴山曰】

大明万历初年的首辅张居正独揽大权后，准备进行改革。当时正缺人才，有人就向张居正推荐了海瑞。海瑞在大明乃至整个中国历史，都是大名鼎鼎的，他以清廉、绝对的铁面无私著称。

张居正当政时，海瑞处在待业状态，推荐海瑞的人本以为张居正会立即启用海瑞，但张居正断然拒绝了这提议。

他说："海瑞这人刚正不阿，执法必严，为人处世向来都以人性为出发点，受老百姓爱戴理所当然，但是，他没有情感，冷面无情，不懂得用情感当人际关系、官场中的润滑剂，所以才屡次被同僚弹劾。这种人，只能做旗帜，绝对不能让他参与实际政务。"

人心分为两部分，一部分是人性，一部分是七情六欲、情感、情绪。用七情六欲、情感、情绪推动人性去行动，就是知行合一。你要做一件事，首先它必须符合人性，符合天理，但人性、天理只是指路牌，人不可能只盯着指路牌就能到达目的地，必须有情感的推动。

你对符合人性的事物付出情感，这个事物就会如你心愿，你付出的情感越多，这个事物就会越让你满意。只要你本人付出情感了，觉得事物很满意，那么，人同此心，心同此理，别人也会对你的事物满意。

反之，如果纯靠人性，因为没有情感的润滑和推动，你很难把它做成。在现实生活中，大多数人处理问题、和别人的交往其实靠的都是情感，而不是冷冰冰的人性，虽然它是正能量。

朱熹认为，我们的七情六欲很难控制，所以要把它彻底去除。但这不可能，因为七情六欲是与生俱来的。况且，我们很多的天理，都是由七情六欲生出来的。不可能去除却非想着去除，内心就会产生矛盾、挣扎，最后无法承受，就会变成两面人，人格分裂。

王阳明则认为，七情六欲与生俱来，无法去除，正如天上有云彩，你不能说云彩遮蔽了太阳，就不让天生云，只是要搞清楚，七情六欲是否自然流露。实际上，人如果良知光明，看得明白，七情六欲没有什么。饿了吃饭，困了睡觉，遵循着与生俱来的欲望的规律，以良知贯穿其中，七情六欲也是符合天理的。

很多人一听到"情欲"就觉得它很坏，原因就在于我们对"七情六欲"产生了执着心。饿了吃饭是天理，但我们非要执着于满汉全席，要吃得像样，吃得让别人知道我很有钱；困了睡觉是天理，但我们非要执着于要美女陪睡，非要能满足基本情欲（吃饭、睡觉）的同时，把它搞成与别人不同，这就是人欲，就是恶了。

七情六欲、发自良知的情感以及情绪，倘若不执着，不刻意拔高它，就都是天理。人之所以为人，正能量的人性固然重要，但情感更重要。唯有如此，我们才是有血有肉的人，而不是人格分裂的变态。

海瑞值得称颂，然而社会纷繁复杂，要在这乌烟瘴气的社会中做成事，空有情怀和人性远远不够，必须借助我们人类与生俱来的伟大情感。它是一条通往成功之路的捷径，你走在这条路上，只要带着良知，就没有任何问题。

知行合一的三类人

问："圣人'生知安行'是自然的，如何？有甚功夫？"

先生曰："'知行'二字即是功夫，但有浅深难易之殊耳。良知原是精精明明的，如欲孝亲。'生知安行'的只是依此良知实落尽孝而已；'学知利行'者只是时时省觉，务要依此良知尽孝已；至于'困知勉行'者，蔽锢已深，虽要依此良知去孝，又为私欲所阻，是以不能，必须加人一己百、人十己千之功，方能依此良知以尽其孝。圣人虽是'生知安行'，然其心不敢自是，肯做'困知勉行'的功夫。'困知勉行'的却要思量做'生知安行'的事，怎生成得？"

【译文】

有人问:"圣人'生知安行'是自然而然的,这话对吗?有什么功夫吗?"

先生说:"'知行'二字就是功夫,但是有深浅难易的区别。良知原本是精察明白的,比如想要孝顺双亲。'生知安行'的人只要依此良知切实去孝亲即可;'学知利行'的人只要时时反省觉察,努力按照良知去尽孝而已;至于'困知勉行'的人,因为良知受到蒙蔽禁锢十分深重,虽然要按照良知去行孝,但又被私欲阻隔,所以才做不到,必须付出比别人多千百倍的功夫,才能按照良知去尽孝。圣人虽然是'生知安行'的,然而圣人的心不敢自以为是,愿意做'困知勉行'的功夫。那些'困知勉行'的人却想着去做'生知安行'的事,这怎么做得到呢?"

【度阴山曰】

从知行角度来划分,人分三类。第一类是"生知安行"的人,这种人,良知特别光明,要做什么事,只要按良知的意思去行动即可。

第二类人是"学知利行"的人。这种人,良知也很光明,但必须经过省察克治之功,努力按良知的意思去行动。

最要命的是第三类"困知勉行"的人。因为他们的良知受到蒙蔽禁锢十分深重,即使想按照良知去行动,也会被私欲阻隔,必须付出比别人多千百倍的功夫,才能按照良知的指示去行动。

我们由此可知,如果努力,人人都能知行合一。只不过,有人很容易就能知行合一,而有人要下很多功夫。不管怎样,知行合一是人类能做到,能达到的一种人生最高境界。

它容易之处就在此,但它也有难度,即使是那些"生知安行"的人也不敢自以为是,一旦自以为是就可能达不到知行合一了。至于那些"困知勉行"的人,根本没有努力,就认为自己轻易能达到知行合一的境界,更是痴人说梦。

所以,若想知行合一,先确定自己是哪类人。确定之后,再向知行合一进攻。

遇哀事，是否还有乐

问："乐是心之本体，不知遇大故，于哀哭时，此乐还在否？"

先生曰："须是大哭一番了方乐，不哭便不乐矣。虽哭，此心安处即是乐也，本体未尝有动。"

【译文】

有人问："乐是心的本体，不知遇到父母故去，哀悼痛哭之时，心中的乐是否还存在呢？"

先生说："必须大哭一番后才能快乐，不哭便无法快乐。虽然痛哭，但心安理得之处便是乐，心的本体并不为之所动。"

【度阴山曰】

儒家学派说，乐是人心本体。意思是，乐应该主宰人心，每个人都应该以"乐"为灵魂。

有弟子问王阳明："如果遇到父母故去，哀悼痛哭之后，心中的乐是否还存在呢？"

王阳明回答："父母故去，肯定要哭，这是人之常情。也只有自动自发地尽了此情，快乐才会重新回到我们心中。"

很多人往往沉浸在悲痛中，无法自拔，这是错误的，因为你遮蔽了人心的本体——乐。人就应该时刻保持快乐，哪怕是遇到悲痛欲绝的事，人的第一要务还是须记得人心之本体。

生老病死，本是客观规律，无人能改变，人活着的目的是追求幸福和快乐，如果被这些客观规律阻碍，那就不是人了。

悲痛有限度，快乐无限度，记此，则知人生。

你看到的是鲜花还是坟墓

问:"良知一而已,文王作《彖》,周公系《爻》,孔子赞《易》,何以各自看理不同?"

先生曰:"圣人何能拘得死格?大要出于良知同,便各为说何害?且如一园竹,只要同此枝节,便是大同。若拘定枝枝节节,都要高下大小一样,便非造化妙手矣。汝辈只要去培养良知,良知同更不妨有异处。汝辈若不肯用功,连笋也不曾抽得,何处去论枝节?"

【译文】

有人问:"良知只是一个,然而文王作《卦辞》,周公作《爻辞》,孔子写《十翼》,为何他们对于《易》理的看法不同呢?"

先生说:"圣人怎会拘泥于教条呢?只要大体上是出于相同的良知,即便各为其说又有什么害处呢?好比一个竹园里的竹子,只要长着竹子的枝节,就是本体上的相同。如果拘泥于具体的枝节,非要竹子每一节的高下大小都一样,就不是天地造化的妙用了。你们只要用心去培养良知,只要良知相同,其他方面有差异也无妨。你们如果不肯用功,就好比种竹子连笋都发不出,还谈什么具体的枝节?"

【度阴山曰】

周文王的《卦辞》、周公的《爻辞》、孔子的《十翼》都是对《易》的解释,但看法不同。

王阳明的解释是,只要这种解释不是哗众取宠,不是炫耀学问,而是发自良知地让世人知《易》,那就没有问题。因为同样的事物,因观察者的角度、学识和心胸的不同,而会出现不同的价值判断。这也同时说明,心外无理。

正如竹园里的竹子,只要长着竹子的枝节,就是本体上的相同。倘若拘泥于教条、固定的成规,就会被框死。人必须发自真心地去对待所有事物,而人因为性情的不同,对待事物所秉持的价值观在细节上也会不同,但大体上相同。这大体相同就是遵循良知后的结果。

鲁迅的作品《过客》中，过客向一老人和一小女孩问路。老人告诉他，过了前面的坟墓就到了；小女孩告诉他，过了前面开满鲜花的土丘（坟墓）就到了。

有人于是感叹起来，人啊，心态特别重要。小女孩心态好，看到的是坟墓上的鲜花；老人心态差，看到的只能是坟墓。

人应该学习小女孩的心态，整个人生就会明亮起来；千万不能学那老家伙，否则，人生一片黑暗。

这种说法乍一听动人心弦，其实是一厢情愿的扯淡。

那个小女孩必须看到鲜花，而那个老人必须看到坟墓，二者看到的都是发自良知。

小女孩还没有经历人生的艰辛和随年纪增长对死亡的恐惧，她的世界是开满鲜花的，这就是她的良知。她看到鲜花，并非有意去看到，而是她的良知使然。

如果她看到的是坟墓，那就大有问题了。

老人经历了人生的苦难和年纪渐长后对死亡的恐惧，他的世界是现实而阴森的，这就是他的良知。他看到坟墓，并非有意去看到，而是他的良知使然。

我们的良知是有阶梯的，或者说，我们在人生中的每一阶段都有固定的良知指引。它会告诉我们，什么时候该看到鲜花，什么时候该看到坟墓。

你真有自知之明吗

乡人有父子讼狱，请诉于先生。侍者欲阻之，先生听之。言不终辞，其父子相抱恸哭而去。

柴鸣治入，问曰："先生何言，致伊感悔之速？"

先生曰："我言舜是世间大不孝的子，瞽是世间大慈的父。"

鸣治愕然，请问。

先生曰："舜常自以为大不孝，所以能孝；瞽叟常自以为大慈，所以不能慈。瞽叟只记得舜是我提孩长的，今何不曾豫悦我？不知自心已为后妻所移了，尚谓自家能慈，所以愈不能慈。舜只思父提孩我时如何爱我，今日不爱，只是我不能尽孝，日思所以不能尽孝处，所以愈能孝。及至瞽瞍底豫时，又不过复得此心原慈的本体。所以后世称舜是个古今大孝的子，瞽瞍亦做成个慈父。"

【译文】

乡里有父子俩打官司，请先生裁断。先生的侍从意欲阻止，先生却听着他们说。话还没说完，父子俩就抱头痛哭离去了。

柴鸣治进来，问道："先生说了什么，使他们那么快就悔悟了？"

先生说："我说舜是世间最不孝的儿子，瞽瞍是世间最慈爱的父亲。"

柴鸣治很惊讶，请教先生为何这么说。

先生说："舜时常认为自己最不孝，所以才能孝顺；瞽瞍时常认为自己很慈爱，所以做不到慈爱。瞽瞍只记得舜是自己从小养大的，现在为何不能让自己高兴？却不知道自己的心思已经被后妻改变了，还以为自己能够慈爱，所以越发不能慈爱。舜则一直想到父亲在自己小时候如何爱自己，如今不爱自己只是因为自己不能尽孝，所以每天考虑自己为何不能尽孝，所以越发孝顺。等到瞽瞍高兴的时候，只不过恢复了心中原本慈爱的状态。所以后世称赞舜是古往今来最孝的儿子，瞽瞍也就成了慈爱的父亲。"

【度阴山曰】

这个故事很有意思，精准地诠释了阳明心学的真谛，即心外无理，有此心才有此理，无此心、意必固我，就没有此理。

此故事大致意思是，一对父子吵架，闹上了公堂。所谓"清官难断家务事"，特别是主张伦理信条的中国，官员面对别人的家庭矛盾时，头痛得要死。

王阳明只和这对父子说了一句话：舜是世间最不孝的儿子，瞽瞍是世间最慈爱的父亲。

显然，这话大错特错，舜的老爹瞽瞍有了第二任老婆后，千方百计想把舜搞死，而舜依然对老爹毕恭毕敬，孝顺非常。此乃千秋公案，王阳明却说，舜不孝，瞽瞍最慈爱。

弟子当然不理解，以为王阳明喝绍兴黄酒喝多了。所以王阳明解释说：舜时常认为自己最不孝，所以才能孝顺；瞽叟时常认为自己很慈爱，所以做不到慈爱。

这段解释类似中国传统玄虚文化中的辩证法风格，但它的确是解决问题之道，没有第二条路可走。它提醒我们的是，你信心十足地认定的自己和行为，确定是真实的和正确的吗？

瞽叟为什么不慈爱，就因为他信心满满地认定自己慈爱。的确，舜小时候，他定是慈爱的，有哪个父亲不爱自己的孩子？但自从他娶了第二任老婆后，第二任老婆又有了孩子，枕边风吹来吹去，他在舜身上的慈爱，就荡然无存了。可这种改变，他并未意识到，他以为自己还是从前那个慈爱的老爹。于是，他做任何事都无所顾忌，包括谋杀舜。这种行为的背后就是，我这样慈爱，你却总是背后捣鬼？

人的良知有时候会被蒙蔽，而使自己由善到恶。由于这种发展非常缓慢、悄无声息，所以一般的庸人难以察觉。当改变后，他还以为现在的自己是从前的自己。于是，他做任何坏事，都不觉得有愧，而且认为天经地义。

这就是没有自知之明。一旦没有了自知之明，人就会向恶转化，最后固化，不经一番苦功和别人的帮助，是很难回转的。

关于舜，乍一看，也没有自知之明：明明已特别孝顺了，却认为自己很不孝顺。

其实，这才是真正的自知之明：能认识到自己的不足，而不是认为自己做得很好。舜就是能认识到自己的不足（不够孝），他老爹恰好是认为自己做得很好（十分慈爱）。

知道自己哪些地方不足，才有补的意愿，才能补上来。如果认为自己做得很好，不但没有补的意思，有时候还会减掉些。

长久下去，舜就越来越孝顺，因为他在孝的方面始终在努力地补；他老爹就越来越不慈爱，因为他在慈方面始终没有补的心。

最后，就成了舜大孝，他老爹大不慈。

在人生中，同样如此。真有自知之明的人，会有意识寻找身上的缺陷加以补充，以为有自知之明的人，根本没有这种意识，而且常常去别人身上找问题。

真正的自知之明不但会成全自己，也能成全对方，最后达到"和"之境界。舜有自知之明，不停地努力孝顺，他做到了孝；后来，他老爹的糨糊脑袋突然开窍，被舜感动，开始真正地慈爱起来，做到了慈。

你瞧，舜不但成全了自己的孝之美名，还成全了老爹的慈之美名，可谓皆大欢喜。倘若两人都以为自己很孝很慈，那就完蛋了，舜会先干掉老爹，他如果干掉老爹，孝之美名无法传播，尧也不会把江山交给他。

我们中国的历史顺口溜"尧舜禹"就少了个"舜"，历史将被改写，所以，有自知之明多么重要！

如何说服别人

先生曰："孔子有鄙夫来问，未尝先有知识以应之，其心只空空而已，但叩他自知的是非两端，与之一剖决，鄙夫之心便已了然。鄙夫自知的是非，便是他本来天则，虽圣人聪明，如何可与增减得一毫？他只不能自信，夫子与之一剖决，便已竭尽无余了。若夫子与鄙夫言时，留得些子知识在，便是不能竭他的良知，道体即有二了。"

【译文】

先生说："有农夫来向孔子请教时，孔子并非准备好了知识来应对他，心中只是空空如也，只是孔子根据农夫所问来判断是非，帮他分析，农夫便能够明白。农夫自己知道的是非，是他内心本就有的天赋准则，即便如圣人那般聪明，又怎能增减得一丝一毫？农夫只是不自信，孔子帮他一分析，是非曲直就一览无余了。如果孔子跟农夫讲的时候，想要告诉他一些知识，就不能使他悟到自己的良知，反而将良知与道一分为二了。"

【度阴山曰】

东周时期名家代表人物公孙龙以能言善辩、说服别人著称。某次，他和当时的一些学者说，白马非马。

众人大叫起来，说这是扯淡。公孙龙就说：我说马，你们会找到黄马、黑马，甚至是红马，黄马、黑马、红马是马，但它们不是白马，所以白马不是马。

众人认真一琢磨，公孙龙的逻辑很正确，于是纷纷认同。

公孙龙一高兴，就骑着一匹白马去了城门，城门守卫告诉他，骑马者不能通过，除非把马扣下。

公孙龙又拿出那段解释，希望能说服城守，要他相信白马非马。

城守就是不同意他的理论，最后，公孙龙灰溜溜地骑马回来了。

同一套理论，为什么面对不同的人时，效果截然相反？如果理论有问题，为什么它能说服那群知识分子，如果理论没问题，它为什么无法让城守认可？

原因就在于：当我们说服他人，他人认可我们的主张时，认可的并非我们的能力，而是我们的说法。

王阳明在这里举的例子是孔子的：有个大字不识的农夫来向孔子请教，孔子并没有给他讲任何知识点，而是抛出一个问题，让农夫来辨认对错，农夫知道对错后，孔子再帮他分析，为什么这是对那是错。

如此一来，农夫虽然大字不识，但也认可了孔子。其实他认可的不是孔子，而是自己。

所以王阳明说，农夫自己知道的是非，是他内心本就有的天赋准则，即便如圣人孔子那般聪明，也只能引发对方以自己良知判定，而不是用自己的大理论帮助别人判定。

当有人向你请教时，尽量少卖弄学问，直奔主题，启发对方是非之心的良知，让他们自己判定。不要卖弄学问，夸夸其谈，这看似显得你十分博学，却只会使对方手足无措，最后违心地承认你说的是对的，这就等于把对方的良知遮蔽，你以为你在做一件说服别人的好事，其实是大恶。

如何说服别人？从字义来看，这其实是个伪命题，因为你根本无法说服别人，服人之口，未必服人之心。真若服人之心，必须让对方自己判定对错是非，你所要做的就是用各种方式激发出他的良知，只要激发出他的良知，良知自会知是知非。

感谢在最好的时光里遇见的人渣

先生曰:"'烝烝乂,不格奸',本注说象已进进于义,不至大为奸恶。舜征庸后,象犹日以杀舜为事,何大奸恶如之!舜只是自进于义,以乂熏烝,不去正他奸恶。凡文过掩匿,此是恶人常态,若要指摘他是非,反去激他恶性。舜初时致得象要杀己,亦是要象好的心太急,此就是舜之过处。经过来,乃知功夫只在自己,不去责人,所以致得'克谐'。此是舜'动心忍性,增益不能'处。古人言语,俱是自家经历过来,所以说得亲切,遗之后世,曲当人情。若非自家经过,如何得他许多苦心处?"

【译文】

先生说:"《尚书》有言'烝烝乂,不格奸',旧注认为象已接近于义,不至于去做大奸大恶的事。但舜被尧征召为官后,象还是每天想着要杀舜,还有什么大奸大恶可以与此相比!舜只是自己发扬义,用义来感化他,而不是去纠正他的奸恶。文过饰非,掩盖罪恶,这是恶人的常态,如果要去批评他的错误,反而会激化他的恶性。舜当时就知道象要杀他,但那时想要象变好的心太急切,这是舜的过失。有了这次的教训,舜才知道功夫只在自己,不要去苛责他人,所以才能与象和平相处。这是舜'动心忍性,增益不能'的地方。古人的话,都是从自身经历过的事情上感悟得来,所以说得亲切,流传到后世,经过变通仍能适用于人情事变。如果不是自己经历过,怎能体会得了圣人的苦心呢?"

【度阴山曰】

这一段,是关于舜的家庭的故事。舜的家庭故事是一部魔幻剧。父亲是个盲人,娶了第二任老婆。盲人和老婆还有老婆的儿子象因为贪图舜的财产(这可能是当时社会的一种规矩:老娘死后,家中财产要归儿子),所以总想搞死舜,舜却莫名其妙地总原谅他们。

有一次,盲人让舜到房顶去修理房子,舜一上去,盲人就把梯子拿开了,目的是把舜饿死。舜真就听话，愣是不肯从两人高的房子上跳下来。

直到几个月后，尧把两个女儿送到舜家里给他当妻子的时候，舜还在上面待着，而且没有饿死。

舜有了两个妻子，这更让他弟弟、盲人老爹和后妈恼怒。灵异事件再次上演。三人挖了口井，让舜下去。连盲人都看能出来井有玄机，但舜坦然而入。

舜一进入，三人就把井堵死。

他的弟弟象还跑到他房间，准备把两位嫂嫂变成他的老婆。正当他弹着舜的琴，手舞足蹈时，舜出现在了门口。他弟弟被吓得魂飞魄散，以为见鬼了。但舜告诉他，他没有死。

后来的事就是一部家庭温馨片。盲人父亲改邪归正，他的老婆爱舜比爱她自己还深，至于舜的弟弟象，对哥哥的逢凶化吉、大难不死惊恐不已，彻底没了杀兄的想法，而且他被舜的友爱感动，死心塌地地听舜的话。

象大概一直是犯罪团伙首脑，所以对于舜而言，是个十足的大恶人。王阳明说，恶人有个特点：文过饰非，掩盖罪恶。如果你直接去碰触这个特点，那就是激发了他的恶性，非变本加厉地害你。

你也不能总想让他变好，因为对恶人而言，变好人是难度特别大的事。一旦你着急，还会激发出他的恶性。

最好的办法就是，对他既不憎恨也不关爱，在自己心上用功，把自己锻造得内心强大，以自己的光辉悄无声息地感染他。

当然，如果你被恶人欺负得特别不舒服，你就要想开点，这是老天对我的考验。孟子说了，人若想成为圣人，老天必须先使他的内心痛苦，使他的筋骨劳累，使他经受饥饿，以致肌肤消瘦，使他受贫困之苦，使他做的事颠倒错乱、总不如意；通过那些来使他的内心警觉，使他的性格坚毅，使他具备不曾具备的才能（故天将降大任于斯人也，必先苦其心志，劳其筋骨，饿其体肤，空乏其身，行拂乱其所为，所以动心忍性，增益其所不能）。

一旦这样想，你就会心情大好：原来我总被恶人欺负，是老天让我成为圣人的前奏啊。

这当然有点阿Q精神，但如果你把这些苦难都熬过来，并在苦难中修炼了心，那你离圣人的境界真的就不远了。

李忱（唐宣宗）在青少年时曾受过一次惊吓，后来就变得傻乎乎的。

本来，傻乎乎的王爷应该得到更多的照顾才是，但李忱的运气不好，在最应该被照顾的年纪遇到了无数人渣。

最大的人渣就是他的叔叔李炎（唐武宗），李炎总感觉这个侄子在装傻充愣，所以每次宴会，都拿李忱当玩具，对其嬉笑怒骂，毫不留情。

李忱对任何羞辱总是无动于衷，仿佛是根木头，根本感受不到李炎的侮辱。上有所好，下必从焉，李炎的大臣们也跟着起哄，羞辱李忱。李忱心外无物，傻子一般。

李炎是个特别相信自己判断的人，对李忱就是不放心，暗地派人谋害他。

于是，李忱总能遇到非比寻常的事：打马球时突然马失前蹄，险些摔死；在宫中走着走着突然就被什么东西绊倒，跌了个狗吃屎；吃饭的时候突然就吃到壁虎、蜈蚣等虫子。

好像上天在保佑李忱，他总能逢凶化吉。

某个风雪之夜，李忱被人打了一闷棍，险些冻死。

那是他最好的时光，少年时代、青年时代，就这样在险象环生中度过。

后来，李炎驾崩。宦官们环顾四周，发现只有李忱容易控制，于是辅佐他登基。

李忱一登基，立即摇身一变，成为精明透顶、乾纲独断的明君。

他被后人称为小太宗（李世民的翻版），持续没落的唐王朝，猛然在此一振，让世人叹为观止。

李忱后来和官员、宦官们说："汝等竖起你们的狗耳朵听好了，不要在我面前耍花招，我经历过的事，你们做梦都梦不到，所以，你们那些花花肠子在我眼里就是毛毛雨！"

在最好的时光里遇到人渣，能渡过难关，本身就是一场修行。正如舜在年轻时遇到象一样，王阳明说，如果舜不遇象，舜就不可能在谋害他这件事上格物。

韩信不遇无赖，就不会钻裤裆。不钻裤裆，就不会体验到人下人的滋味，由此萌发奋进之心，冲破千难万阻，抵达人生最高境界。

康熙不遇鳌拜，就不能体会到皇权必须靠自己取得，天下没有免费的午餐。由此才在后来的岁月中珍惜权力，清明执政。

遍观历史上那些伟大人物，都经历过非人的遭遇，因此才能在掌控人生后，正确地对待自己的人生。

不过，一定要在最好的时光里遇到人渣，这个最好的时光就是青少年时代，这个时代，人的思维清晰，想象力活泼，拥有渴望观看世界、统治世界的青春意志。

用孔子的话说，就是热血时代。这个时代最需要磨，那些人渣就是上天赏赐的磨刀石。

你只有经历了最大的艰难，才能把其他的困难视为毛毛雨。

未到这个时代，如果遇到人渣，会对世界产生阴暗心理，导致变异。过了这个时代，如果遇到人渣，已无用处。

在最好的时光里，遇到人渣，是一种荣幸。

在最好的时光里遇到人渣，必须冲破它的牵绊，才是一种荣幸。倘若你被人渣击倒，没有把它当成磨刀石，却把他当成人生中的拦路石，那就不是荣幸，而是悲哀。

当你站在人生巅峰，俯瞰往昔岁月里的人渣时，你要感谢他们。

感谢他们的方式只有一个：复仇！

舜后来当上了天下之主，为了感谢象多年来的"照顾"，把他封赏到当时兔子不拉屎的湖南道县北做有鼻国国君，这个大概就是复仇。

凡事皆在心中求

先生曰："古乐不作久矣。今之戏子，尚与古乐意思相近。"

未达，请问。

先生曰："《韶》之九成，便是舜的一本戏子；《武》之九变，便是武王的一本戏子。圣人一生实事，俱播在乐中。所以有德者闻之，便知他尽善尽美与尽美未尽善处。若后世作乐，只是做些词调，于民俗风化绝无关涉，何以化民善俗！今要民俗反朴还淳，取今之戏子，将妖淫词调俱去了，只取忠臣孝子故事，使愚俗百姓人人易晓，无意中感激他良知起来，却于风化有益，然后古乐渐次可复矣。"

曰："洪要求元声不可得，恐于古乐亦难复。"

先生曰："你说元声在何处求？"

对曰："古人制管候气，恐是求元声之法。"

先生曰："若要去葭灰黍粒中求元声，却如水底捞月，如何可得？元声只在你心上求。"

曰："心如何求？"

先生曰："古人为治，先养得人心和平，然后作乐。比如在此歌诗，你的心气和平，听者自然悦怿兴起，只此便是元声之始。《书》云'诗言志'，志便是乐的本；'歌永言'，歌便是作乐的本；'声依永，律和声'，律只要和声，和声便是制律的本。何尝求之于外？"

曰："古人制候气法，是意何取？"

先生曰："古人具中和之体以作乐。我的中和原与天地之气相应，候天地之气，协凤凰之音，不过去验我的气果和否。此是成律已后事，非必待此以成律也。今要候灰管先须定至日，然至日子时恐又不准，又何处取得准来？"

【译文】

先生说："古代的乐曲不流行已经很久了。如今的戏曲与古代的乐曲还有些相近。"

钱德洪不明白，向先生请教。

先生说："《韶》有九章，就是舜的戏曲；《武》有九变，就是武王的戏曲。圣人一生的事迹，都记录在乐曲之中。所以品德高尚的人听了乐曲，就能知道其中尽善尽美以及尽美而不尽善的地方。后世作曲，只是作一些词调，与民俗风化没有任何关系，这怎么可以用来教化风俗呢！现在要想使民风返璞还淳，就要将当今戏曲中的淫词滥调都删去，只保留忠臣孝子的故事，使得愚笨庸俗的百姓都能人人明白，在潜移默化之中激发他们的良知，这对于风俗教化大有益处，然后古代的乐曲便能渐渐恢复了。"

钱德洪说："我要寻找元声却找不到，恐怕古代的乐曲也难以恢复吧。"

先生说："你说元声去哪里找呢？"

钱德洪回答："古人制造律管来确定节气，这大概就是寻找元声的方法吧。"

先生说："如果你要在草灰稻谷里寻找元声，就好像在水里捞月，怎么可能找得到呢？元声只在你心中寻找。"

钱德洪说："如何在心中寻找？"

先生说:"古人治理天下,先将人心存养得中正平和,然后制作音乐。比如在此吟咏诗歌,你的心气平和,听的人自然能感到愉悦兴奋,这就是元声的发端。《尚书》说:'诗言志',志便是乐的根本;'歌永言',歌便是作乐的根本;'声依永,律和声',音律只要声音和谐,和谐的声音就是制律的根本。何曾向外求过?"

钱德洪说:"那么古人制作律管来确定节气的方法,是根据什么呢?"

先生说:"古人具备中正平和的心体才制作乐曲。我中正平和的心体原本与天地之气相对应,测定天地之气、协调凤凰的声音,不过是为了验证自己的气是否中正平和。这些都是制成音律之后的事了,并非根据这些来制作音律。如今要用律管来确定节气,必须先确定冬至的日子,但是到了冬至的子时,又怕时间不准确,这又要去何处寻找标准呢?"

【度阴山曰】

黄帝发明了指南车后,经过多年的战乱,指南车失传。三国时期,诸葛亮决定复原黄帝发明的指南车,他手下那些谋士们执行力强大,都跑出去寻找关于指南车的蛛丝马迹。但是,没有人能找得到。

诸葛亮说:"你们当然找不到,因为它失传了。而且你们找的方向也错了,既然它已经失传,你去向外找,无论如何都找不到。"

那该去哪里找呢?

后来诸葛亮真的制造出了指南车,他去哪里找的呢?

王阳明给出答案:在心中找。

很多年前教化风俗的音乐消失了,王阳明希望能恢复。有弟子就满脸质疑地道:都失传了,还怎么恢复。

王阳明的回答是:"我何尝要你一板一眼地恢复古代的每一首音乐,我要你恢复的是教化风俗的音乐。只要能教化风俗,就是好音乐。只要内心中正,念头是教化风俗,而不是靡靡之音,用心去创作就是了。何必非要古代的那些音乐呢?!"

他举例说:"世人总喜欢刻舟求剑,譬如节气,你如何确定呢?是根据律管吗?万一律管不灵了,难道就没有冬至了?"

凡事去心中求,而不是向外求,就是让我们用心,念头正。只要用心、念头正，就没有做不好的事。模仿别人固然省时省力，可万一没有模仿的对象，难不成就不做事情了？

人之大患就是喜欢走捷径，总是要等别人做成了，你再做，永远都向别人求，从来没有想过，只要聚精会神于一件事，这件事肯定能成。而这聚精会神，从哪里来，只能从我们的心上来。所以，遇到任何事，先别想着请人帮忙，也别想着别人的成功经验，无论是请人帮忙还是借鉴别人的成功经验，如果你不用心，不在心上努力求取，那最终也会一场空。

自悟和被点化，哪个更重要

先生曰："学问也要点化，但不如自家解化者，自一了百当。不然，亦点化许多不得。"

【译文】

先生说："学问也需要开导，只是不如自己领悟那样一通全通。如果自己不能领悟，靠别人开导，也开导不了许多。"

【度阴山曰】

孙膑和庞涓都是鬼谷子的学生，而且学的是一个专业：兵法。孙膑灵性比庞涓高，但庞涓有个孙膑没有的优点：他特别好学，尤其是对鬼谷子所教授的内容异常上心，几乎能倒背如流。

几年后，鬼谷子对二人说："我所知道的都传授给你们了，你们现在可以选择，是继续在山中学习，还是下山去。"

庞涓选择下山，孙膑劝他再学一段时间。庞涓说："你没有听到老师的吗？他已经把所有的知识都传授给咱们了吗？那咱们还在这里做什么。"

孙膑说："你的确能把老师传授的知识倒背如流，老师一点化，你就立即明白,这点我不如你。但我总觉得你缺少点什么。"

庞涓不同意,兴冲冲地下了山,跑到魏国,很快凭借实力做了大将军。孙膑在山中又学了一段时间,但可疑的是,鬼谷子根本没有传授他任何知识,只是让他自学。

后来,孙膑下山去投奔庞涓。不久,其军事才略就如火山般爆发,把庞涓甩出去几条街。庞涓非常懊悔,臭骂鬼谷子是个骗子,他认为自己走后,鬼谷子又传授了孙膑很多兵法知识。

但孙膑说:"没有,我那段时间只是把从老师那里学来的知识变成了一个体系,这个体系不是老师的,而是我的。"

再后来,庞涓陷害孙膑,孙膑逃到齐国,最终在战场上干掉了庞涓。

这个故事告诉我们,王阳明说得很对:学问的确需要开导,但不如自己领悟那样一通全通。所谓一通全通,就是能建立自己的体系,这个体系是自得于心的。如果自己没有体系,你灵性再高,靠别人开导得到的也只是碎片化知识。

碎片化知识虽然是知识,却无法升华成智慧,这就是靠名师和靠自己的最大区别!

从根上用功

"孔子气魄极大,凡帝王事业无不一一理会,也只从那心上来。譬如大树有多少枝叶,也只是根本上用得培养功夫,故自然能如此,非是从枝叶上用功做得根本也。学者学孔子,不在心上用功,汲汲然去学那气魄,却倒做了。"

【译文】

先生说:"孔子的气魄十分大,但凡帝王的事业他都一一学过,不过这些也都是从他的本心得来。好比一棵大树,无论有多少枝叶,只要在树根上下培养的功夫，自然能够枝繁叶茂，而不是从枝叶上用功去培养树根。学者学习孔子，不在自己的心体上用功，却时刻想着去学孔子的气魄，这是把功夫做颠倒了。"

【度阴山曰】

这个故事发生在战国时的宋国，一户以漂布为生的人家，每天的工作就是将布匹放在燃料中染色，再在冷水中漂洗，不仅单调而且辛苦。

这种工作在冬天，刺骨的冷水常常让漂布之人苦不堪言，甚至还会出现皲裂、冻疮等情形。该户人家在长期的工作中制作出了一种非常有效的油膏，类似我们今天东北地区的"冻手霜"。

有了这种防冻油膏，这家漂布人在冬天也能不受伤害地劳作。

后来有个商人听说此事，就主动找上这家，以一百金的价格买下了"冻手霜"。

这家人收了钱后，就嘲笑那个商人："蠢货，这东西成本不过几钱，你居然出了好几千倍的价格购买。"

商人摇头叹息，走了。

后来，商人把"冻手霜"卖给了吴国，吴国当时和越国正在争霸，很多水兵的手在冬天会生冻疮，用了冻手霜后，吴国士兵的手利索了，作战也勇猛了，最后灭掉了越国。

那个商人因为贡献了冻手霜，被吴王裂土封侯，其所获之利，简直是万万倍。

卖掉冻手霜的那家听说这件事后，悔得肠子都青了。但是，我们很确定的一件事是，冻手霜在他们手中，永远只值几钱，只有到了商人手中，才会翻千万倍。

王阳明说，孔子的气魄特别大，别人就特别关注孔子的气魄，总想学那气魄，就如有人看到拳击手勇猛而去学拳击手的走步一样。殊不知，人有大气魄，是长时间积累的结果，这种积累包括心性的涵养、知识的学习等硬件设施。没有这些，你根本学不来。

正如参天大树，要学大树参天，就要培养树根，而不是去枝叶上搞名堂。否则，就是搞反了。人必须从低处（根处）开始努力，平时多付出，必然有回报。

有了错，不要掩饰错

"人有过，多于过上用功，就是补甑，其流必归于文过。"

【译文】

"人有过错，如果多在过错上用功，就好像修补打碎的瓦罐，时日一长必然会产生文过饰非的毛病。"

【度阴山曰】

人非圣贤，都有过错。所谓圣贤，就是立即改正错误，所谓庸人，就是竭尽全力去掩饰错误。无论是改正错误还是掩饰错误，其实都是良知在发挥作用。

圣人觉得，这是个错，必须改正，否则就离圣人之路越来越远；庸人也觉得，这是个错，但我不改正，我要让人知道自己没有犯错。

掩饰错误，虽然能糊弄住他人，但糊弄不了自己。正如王阳明比喻的：在过错上用功（掩饰），就好像修补打碎的瓦罐，时日一长必然会产生文过饰非的毛病。

文过饰非的毛病要不得，它会让你犯了一个错误，然后再用另外的错误去掩饰。如此一来，形成恶性循环，你的错误就越来越多了。

文过饰非的人总比那些明知道错误而不改，非但不改还不加掩饰的人，要强很多。至少，在掩饰错误的人的身上，我们还能见到良知的一点光亮。

不过，文过饰非是人类的一种防御本能。所有人都认为有了过错要改正而不是掩饰，其实这是站着说话不腰疼，问题没有发生在你身上，你当然希望对方承认错误而且改正。

圣人之所以为圣人，就是把这种负面本能去除了，光明正大地接收别人的批评，改正自己的错误。

你会吃饭吗

"今人于吃饭时，虽无一事在前，其心常役役不宁。只缘此心忙惯了，所以收摄不住。"

【译文】

"现在的人吃饭，即使没有事情要等着做，心中也常常不能宁静。只是因为心忙惯了，所以收不住。"

【度阴山曰】

中国古代有个叫弈秋的下棋高手，他曾教两人下棋，其中一人一心一意，聚精会神，认真听弈秋的教导；另一人虽然也在听讲，可心里想着天上有天鹅飞过，怎样拿弓箭去射它。

此人虽然和那个专心致志的人在一起学习，成绩却不如那个人。

这个故事虽然说的是"专注"，但倘若我们多个疑问，就能从第二个人身上找出重大问题来。

人的心无法专注于某一事物，只有一个原因，那就是还有别的事物牵扯着它。这别的事物未必是具体的、可以描述的，而是一种人欲：对声色货利的长时间追逐和向往。人的心一旦被声色货利俘虏，那他的心就永远在声色货利上。

王阳明在这里举的例子是吃饭，吃饭本身就是修行，在吃饭这件事上，我们最好的修行就是细嚼慢咽，吸收更多的营养。但有人常常是食不甘味，无论什么美味，吃到嘴中如同嚼蜡。

这至少说明以下几点：第一，他的心已经放不到饭上，因为心上被各种物欲遮蔽，所以他吃饭，即使吃饭后没有事，也总是潦草地吃；第二，即使是吃饭这种事，如果你不用心，付诸感情在里面，你也吃不出味道来；第三，人被各种物欲俘虏后，由于欲望无止境，所以永远忙不完，这样一来，你就成了一个特别忙的人，身累心累；第四，王阳明让人关注当下，关键是让你做一件事就倾注所有人性和情感在这件事上,唯有如此,才能心平气和,否则,吃什么都是浪费,根本不懂如何吃饭。

良知是同理心

问:"良知原是中和的,如何却有过、不及?"

先生曰:"知得过、不及处,就是中和。"

"'所恶于上'是良知,'毋以使下'即是致知。"

【译文】

有人问:"良知原本是中正平和的,为何却有过与不及的情况?"

先生说:"知道自己在哪里过与不及,就是中正平和的良知。"

先生说:"'所恶于上'便是良知,'毋以使下'便是致良知。"

【度阴山曰】

如果良知是厌恶上级对你的某种行为,那么致良知就是,不要用这种行为去对待你的下属;如果良知是厌恶下属对你的某种行为,那么致良知就是,不要用这种行为去对待你的上级。

这就是将心比心,换位思考、换位感受、换位行动,也就是我们常常提到的"同理心"。

人若能有这种同理心,就会让别人舒服的同时,也能让自己内心安宁丰盛。这种同理心如何获得呢?

王阳明的答案是,致良知。知道自己在哪里过了或者不及,就是中正平和的良知。矫正自己的"过",补充自己的"不及",就是致良知。

每个人都应该常问自己的良知:我遇到的好事,应该让别人也感受下,我遭遇到的坏事,绝对不能让别人感受。很多人做不到这点,所以中国有句古话叫"奴使奴，使死奴"。一个奴隶能使唤其他奴隶，说明他和从前的主人一样掌管了一点小权力。此时，他不会抱有同理心：从前主人对待我，让我生不如死，我绝对不能让我的奴隶也和我一样生不如死。诸多奴的想法是，我终于可以欺压别人了，要像从前的主人一样欺压那些奴隶。

中国还有句话叫"多年的媳妇熬成婆"，一些媳妇总受婆婆的欺压，当她成为婆婆后，可能就会把婆婆对她的不好复制到媳妇身上。

人失了同理心，没有换位思考的动力和能力，归根结底，就是良知不明，要么是过了：别人给他一棒子，他十棒子对待其他人；要么是不及：别人给他一块肉拯救了他，他觉得理所应当。

诸多人的良知不明，就是在"事上磨炼"环节出了问题。"事上磨炼"是练去除欲望、培养善念，去除恶念之心，很多人却在"事上磨炼"上练就了一颗"以眼还眼以牙还牙"的心。

良知，就是同理心，丧尽天良就是没有了同理心。

良知的妙用

先生曰："苏秦、张仪之智，也是圣人之资。后世事业文章，许多豪杰名家，只是学得仪、秦故智。仪、秦学术善揣摸人情，无一些不中人肯綮，故其说不能穷。仪、秦亦是窥见得良知妙用处，但用之于不善尔。"

【译文】

先生说："苏秦、张仪的才智，也具备了圣人的资质。后世的事业和文章，许多豪杰名家，只是学到了苏秦、张仪的皮毛。苏秦、张仪的学问擅长揣摩人情，没有一点不切中要害的，所以他们的学问不能穷尽。张仪、苏秦也是窥见了良知的妙用，只是把它用在不好的地方罢了。"

【度阴山曰】

苏秦、张仪是师兄弟。战国时期，二人靠一张嘴赢得功名利禄，并名垂史册。二人在当时被称为纵横家，通过说服当时的各个国君而成就功名。

王阳明认可这二人的才智，说他们具备了圣人之资质。同时还说二人擅长揣摩人情，无不中的。为何能有如此奇效，就是因为他们窥见了良知的妙用。

在整个《传习录》中，王阳明常常提到良知的神秘莫测和天下无敌，但举的使用良知的例子都是那些骨头烂掉的、传说中的圣人。在这里，总算举出了两个使用良知、验证良知天下无敌的人——苏秦、张仪。

良知到底有什么用？

在这里，唯一的答案就是，揣摩人情，无不中的。

我们都知道，良知是我们与生俱来的道德感和判断力，它是我们的本能和直觉，尤其是直觉，真正的直觉不是错觉，而是通过天赋和后天的努力，会精准地判断出对方的心。

简单而言就是，如果你的良知足够光明，你就能发现对方心理的缺陷，它对欲望的追求程度，它内心的强大程度，它最想要的是什么，最厌恶的是什么，等等。

只要你知道了对方的心理，剩下的事就是按方抓药。人皆有良知，良知可以交换可以互相感应，在交换和感应的过程中，你能判断出对方的良知是光明还是黑暗。一个良知黑暗的人，必然是私欲强盛的人，那就用各种办法满足或者破除他的私欲，他一旦得到满足，必然就成了你的傀儡。

王阳明说苏秦和张仪没有把良知用到好的地方，可能是他们只关注当时的国君，把国君搞得团团转，而没有拿出良知来让当时的老百姓受益，确切地说，没有做到亲民。

到底该如何理解人性

问:"古人论性各有异同,何者乃为定论?"

先生曰:"性无定体,论亦无定体。有自本体上说者,有自发用上说者,有自源头上说者,有自流弊处说者。总而言之,只是一个性,但所见有浅深尔。若执定一边,便不是了。性之本体,原是无善无恶的,发用上也原是可以为善、可以为不善的,其流弊也原是一定善、一定恶的。譬如眼,有喜时的眼,有怒时的眼,直视就是看的眼,微视就是觑的眼。总而言之,只是这个眼。若见得怒时眼就说未尝有喜的眼,见得看时眼就说未尝有觑的眼,皆是执定,就知是错。孟子说性,直从源头上说来,亦是说个大概如此;荀子性恶之说,是从流弊上来,也未可尽说他不是,只是见得未精耳。众人则失了心之本体。"

问:"孟子从源头上说性,要人用功在源头上明彻;荀子从流弊说性,功夫只在末流上救正,便费力了。"

先生曰:"然。"

【译文】

有人问:"古人论性的说法各有异同,谁的说法可以作为定论呢?"

先生说:"性没有定体,关于性的说法也不存在定论。有的人从本体上说,有的人从发用上说,有的人从源头上说,有的人从流弊上说。总而言之,只是一个性,只是见解有深有浅罢了。如果执着于一家之言,便流于偏颇了。性的本体原本无分善恶,在作用上也只是可以为善、可以为不善的,性的流弊也是有一定的善、一定的恶的。好比眼睛,有高兴时的眼睛,有愤怒时的眼睛,直视时就是正面看的眼睛,偷看时就是窥视的眼睛。总而言之,只是同一个眼睛。如果看到愤怒时的眼睛就说没有高兴时的眼睛,看到直视时的眼睛就说没有窥视时的眼睛,这就都是执着,显然是错误的。孟子说性,都是从源头上说的,也只说了个大概;荀子说性恶,是从流弊上说,也不能认为他说的就一定不对,只是认识得不精到而已。但一般人失去了心的本体。"

那人问:"孟子从源头上说性,要人用功,从源头上开始就明白透彻;荀子从流弊上说性,所以在功夫上就舍本逐末,白费了许多力气。"

先生说："是的。"

【度阴山曰】

关于"人性"的讨论，中国历史上的哲学家几乎倾巢出动，纷纷表达自己的看法。最有名的当属三种：人性本善、人性本恶、人性可善可恶。

哪种是正确的呢？

这就是阳明心学的精明之处。王阳明说，要给人性下个确凿的定义，这不可能。一旦你给某种事物下定义、规则，它就失去活性，没有意义了。

为何会有那么多对人性的看法？原因就是，有人从人性本体上说（人性本善）、有的人从发用上说（人性本恶、人性可善可恶），有的人从源头上说（人性本善）、有的人从流弊上说（人性本恶、人性可善可恶）。

王阳明解释道：性的本体原本无分善恶，在作用上也只是可以为善、可以为不善的，性的流弊也是有一定的善、一定的恶的。

这就很容易让我们理解，为何有些好人会做坏事，而有些坏人也会做点好事，因为性流动起来，倘若没有良知的力量，人是无法看管好它的流向的。

比如眼睛，有高兴时的眼睛，有愤怒时的眼睛，直视时就是正面看的眼睛，偷看时就是窥视的眼睛。总而言之，只是同一个眼睛。如果看到愤怒时的眼睛就说没有高兴时的眼睛，看到直视时的眼睛就说没有窥视时的眼睛，这就都是执着，大错特错。

人类有一种心理叫首因印象，就是首次看到你时，你的某种行为会给他留下深刻印象。而这种印象就是他评判你的标尺。譬如第一次见你，你正在吹胡子瞪眼，那对方就会认定你脾气很差；第一次见你，你正在狼吞虎咽，满嘴流油，那对方就会认定你没有修养，等等。

这就是犯了王阳明所谓的"执着"的错，人的本性是无善无恶的，流动起来会有善恶，但流动起来并非是其人性本体。

我们要让自己的人性美好，不是在它流动时用功，因为它的流动很随意、没有规律。一个脾气特别好的人，有时会突然发怒，一个性格特别开朗的人，会突然焦虑、抑郁。我们必须在源头——人性本体——上用功。

如何用功，只是致良知而已。不停地致良知，形成惯性，让我们人性善的一面永远流动，恶的一面永远不流动。

美好的人生，就是伏羲时代

"人一日间，古今世界都经过一番，只是人不见耳。夜气清明时，无视无听，无思无作，淡然平怀，就是羲皇世界；平旦时，神清气朗，雍雍穆穆，就是尧舜世界；日中以前，礼仪交会，气象秩然，就是三代世界；日中以后，神气渐昏，往来杂扰，就是春秋战国世界；渐渐昏夜，万物寝息，景象寂寥，就是人消物尽世界。学者信得良知过，不为气所乱，便常做个羲皇以上人。"

【译文】

"人在一日之间，从古至今的世界都能游历一番，只是人自己没有意识到罢了。夜晚清爽明白之时，没有视觉和听觉，没有思想和作为，心中淡然平静，就是伏羲的时代；清晨时，人神清气爽，安定庄严，便是尧舜的时代；中午以前，人们礼貌交往，秩序井然，就是夏商周的时代；中午以后，人的精神昏蔽，往来杂扰，就是春秋战国的时代；等到夜晚渐渐昏黑，万物休息，景象寂然，便是人与物都消失殆尽的时代。学者如果能坚信良知，不为气的变化所扰乱，就能一直做伏羲时代的人。"

【度阴山曰】

这一大段话是个比喻，同时也是一种期盼。王阳明把一天比作从古至今（他那时）的时间段。不过，他是先从夜晚开始的，即是说，人真正的开始是从夜晚，而不是早晨。夜晚来临，大家睡着后，没有了视觉、听觉，没有了思想和作为，心中淡然平静，这个时候好比是上古伏羲时代。

"伏羲时代"很长，有整整一夜的时间，然后进入清晨。人如果专心地休息，早上起来后则会神清气爽，安定庄严，但此时人已经有了视觉、听觉，有了思想和作为，开始准备一天的工作和生活。如果准备的心全是正念，那就是尧舜时代。那个时代，有明王在世，万物一体。

上午，人的精力最充沛，正能量十足，大家都会礼貌交往，秩序井然，这就是"夏商周时代"。中午以后，吃饱喝足，人的慵懒本性萌发，精神昏聩，往来杂扰，不能聚精会神于一件事，各种念头杂七杂八，这就进入了"春秋战国时代"。等到夜晚渐渐昏黑，万籁俱寂，人的心和天地万物一起沉寂，绕了个圈子，重新开始。

有的人把一天都过成了春秋战国，有的人则过成了夏商周，但很少有人能把一天过成伏羲时代。这是因为我们不坚信良知，总是被外物牵绊，所以，有人的一天，表面上看有早晨、中午、晚上，其实过的就是中午那个浑噩的春秋战国。

王阳明期盼的是每个人要过伏羲时代，这就需要良知光明，不为外物所迷惑，如此，才是真的内心平静。

不做乡愿，不做道德攻击，因为这都是弱者的表现

薛尚谦、邹谦之、马子莘、王汝止待坐，因叹先生自征宁藩以来，天下谤议益众。请各言其故。有言先生功业势位日隆，天下忌之者日众；有言先生之学日明，故为宋儒争是非者亦日博；有言先生自南都以后，同志信从者日众，而四方排阻者日益力。

先生曰："诸君之言，信皆有之。但吾一段自知处，诸君俱未道及耳。"

诸友请问。

先生曰："我在南都以前，尚有些子乡愿的意思在。我今信得这良知真是真非，信手行去，更不着些覆藏。我今才做得个狂者的胸次，使天下之人都说我行不掩言也罢。"

尚谦出曰："信得此过，方是圣人的真血脉。"

【译文】

薛尚谦、邹谦之、马子莘、王艮坐在先生旁，感叹先生从平定宁王之乱以来，天下诽谤议论的人越来越多。先生就让大家谈谈是何原因。有人说是因为先生的功业权势日盛，天下嫉妒的人越来越多；有人说是因为先生的学说日益

昌明，所以替宋儒争辩是非的人越来越多；有人说是先生从南京讲学以后，同道和信众越来越多，所以四面八方的排挤阻挠也越来越多。

先生说："你们说的这些原因，想来也都存在。只是我有一些自己的感受，你们都没有说到。"

大家向先生请教。

先生说："我到南京以前，还有一些乡愿的想法。如今我确信良知能够知道真是真非，便放手去做，不去遮掩。我如今才有狂放的心胸，即便天下人都说我做的不如说的好也没有关系。"

薛尚谦起来说："相信这个道理，才是圣人真正的血脉。"

【度阴山曰】

乡愿这种东西，在人类历史上、你的身边，比比皆是。他们的主要特点是，常常因照顾别人的情绪和感受，不坚持自己的立场，是非观随别人，永远不是自己的；总是喜欢用世俗道德评判别人，这种行为恰好证明了他自己没有道德。

于是我们即可知道什么是"非乡愿"：在做任何选择时，遵从根植于自己内心的良知去判断、行动。至于其他，什么都不管。

这是一种很少有人能达到的境界，因为很多人都在意别人的评价，都不坚信自己良知的力量，没有高度自信，所以就无法拥有"虽千万人吾往矣"的狂者姿态。

王阳明说，他在南京时还有一些乡愿的想法。这些想法就是，照顾别人的情绪和感受，明明知道对方说错了，仍然默许。同时对世俗道德很热衷，希望能得到别人的道德赞赏，而不喜欢别人的道德批评。

但确信良知能够知道真是真非后，便放开手脚，有一说一，即使天下人都说他做的不如说的好，也不会放在心上，他只听良知的。

乡愿没有自己的是非观，所以注定是弱者。当时王阳明受到的批评如雨后狗尿苔，但他依然凭良知我行我素。于是对他的道德攻击就越发激烈。越是如此，王阳明就越坚信良知的力量，继续不管不顾。因为他坚信一点：弱者的唯一武器，就是道德攻击。

东汉末年，军阀混战，东汉首都破败不堪，汉献帝要投奔各路军阀，可惜没人理他。只有军阀曹操伸出援手，将其接到自己的根据地许昌。在曹操的操盘下，东汉帝国再度雄起，大有王者归来之势。

但叛乱分子不绝如缕，刘备就是其中一支。

刘备造反，是打了"刘皇叔"的名头，鬼知道他和皇族到底是否有关系，但"皇叔"这三个字在乱世的确有用，所以他很快就凑了一支游击队，东奔西走，想要发家致富。

当时的情况是，曹操虽然掌控着汉献帝，但人家可没有废掉汉献帝，东汉政府还是存在的。理所当然，刘备就是叛乱分子。

他当然不会让自己陷入如此尴尬的境地，所以先发制人，以道德为武器攻击曹操。

刘备说，曹操是挟天子以令诸侯，天理不容，所以他才起兵，目的是清君侧。

各路军阀们都跑来起哄，说曹操是个没有道德的畜生。

无论是刘备，还是那些跟着起哄的军阀，内心都明白一点，不是曹操挟天子以令诸侯，而是天子靠曹操以令诸侯。

没有曹操，汉献帝就是个牌位。

对于刘备的谩骂和侮辱，曹操的反应极为平淡。他说："刘备这大耳贼太弱，之所以没有锋利的武器和我抗衡，只能在道德上谴责我。他却不知，我是只注重才能不太注重道德的人，他用错了武器，自然也投掷错了人。"

像曹操这样的人，才是英雄，不被道德武器击倒，对手费了九牛二虎之力，却连他的皮毛都伤不到。

北宋王安石变法期间，以司马光为首的高级士大夫们强烈反对变法。他们对王安石大肆攻击，但王安石深得宋神宗的信任，司马光等人无可奈何，最后都黯然离开京城，跑到洛阳去养老了。

在洛阳，丧失权力的司马光竭尽全力和他的走狗阻挠王安石变法，他对王安石变法挑不出大毛病，就在王安石的道德上做文章。

这文章特别难做，因为王安石几乎没有道德瑕疵。但皇天不负有心人，司马光终于找到了王安石的道德缺陷：这家伙修身不成，几个月不洗澡。这样的人，怎么可能治国平天下？

若干年后，王安石的变法半途夭折，司马光卷土重来，主掌大权。他将当年支持王安石变法的人，全部废黜。

这些被废黜的人也跑到洛阳，对司马光进行道德攻击。

司马光怒不可遏，再次上奏皇上，把他们贬到了南方荒凉之地。此时，他才想起当初对王安石的攻击，最终得出结论：道德是门武器，它只能被弱者使用。

中国人特别喜欢谈道德，只是谈，真正能做到道德完人的屈指可数。中国是个道德至上的国度，尧当初把位子禅让给舜，只有一个理由：舜具备了孝的美德。

孝这种基本美德，竟然有如此洪荒之力，能让一个人成为天下之主。仔细一想，如果舜是个低能儿，尧是不是还要把位子禅让给他？

正因道德如此重要，所以中国人总把它当成一个威力巨大的武器。这个武器当然很有效，因为它纵然搞不倒对手，也会把对手搞臭。

不过我们常常发现这样的问题：把道德作为武器的人永远是弱者，强者从来不用这个武器。

因为这门武器很容易拥有，谁还没有个道德瑕疵？只要有道德瑕疵，那这个武器马上就能派上用场。至于是否立竿见影，那要看对手是谁了，遇到曹操这样把道德当作脚底泥的对手，你就束手无策。

弱者之所以总指摘别人的道德，因为他处处不如人，只能在道德这个虚无缥缈的领域内和对手对垒。谈钱，谈不过人家；谈权谈能力，都不如人家，只能谈道德，再升级一点，就谈人生境界。

正因为处处不如人，所以弱者们总感觉比他强的人都有道德问题，如果没有道德问题，他怎么就那么有钱、有权，混得比我好？

"为富不仁"正是这种心态的写照，这句酸味十足的话就是道德谴责——凡是赚到钱的人都有道德问题。

你不可能用道德创建事功，正如你无法缘木求鱼一样。

你若真有道德，就不会用道德去谴责别人，搞人身攻击，搞道德绑架。

最没有道德的，就是那些总拿道德说事的人。

这种人，不但没有道德，而且会是永远的弱者。

傲慢不是致良知

先生锻炼人处，一言之下，感人最深。

一日，王汝止出游归，先生问曰："游何见？"

对曰："见满街人都是圣人。"

先生曰："你看满街人是圣人，满街人倒看你是圣人在。"

又一日，董萝石出游而归，见先生曰："今日见一异事。"

先生曰："何异？"

对曰："见满街人都是圣人。"

先生曰："此亦常事耳，何足为异？"

盖汝止圭角未融，萝石恍见有悟，故问同答异，皆反其言而进之。

洪与黄正之、张叔谦、汝中丙戌会试归，为先生道涂中讲学，有信、有不信。

先生曰："你们拿一个圣人去与人讲学，人见圣人来，都怕走了，如何讲得行？须做得个愚夫愚妇，方可与人讲学。"

洪又言："今日要见人品高下最易。"

先生曰："何以见之？"

对曰："先生譬如泰山在前，有不知仰者，须是无目人。"

先生曰："泰山不如平地大，平地有何可见？"

先生一言剪裁，剖破终年为外好高之病，在座者莫不悚惧。

【译文】

先生点化人，一句话就能使人有很深切的感受。

一天，王艮出门归来，先生问他："出门看到了什么？"

王艮回答："我看到满街都是圣人。"

先生说："你看满街都是圣人，满街的人倒看你是个圣人了。"

有一天，董云外出归来，见到先生，说："今天看到一件怪事。"

先生问："什么怪事？"

董云说："我看到满街都是圣人。"

先生说："这不过是平常事，有什么好奇怪的？"

大概是因为王艮的锋芒与棱角不能收敛，董沄则是恍然有所领悟，所以对同一个问题，先生的回答不同，这大概是针对他们的话来开导他们。

钱德洪、黄正之、张叔谦、王畿丙戌年参加会试回来，途中讲授先生的学说，有人信，有人不信。

先生说："你们一个个都扮作圣人去跟人讲学，别人看到圣人来了，都害怕逃走了，怎么能讲得通呢？必须扮作愚夫愚妇的模样，才能与人讲学。"

钱德洪又说："如今要分辨人品的高下最为容易。"

先生说："何以见得？"

钱德洪回答："先生好比眼前的泰山，如果有人不知道仰望先生，大概就是不长眼的人吧。"

先生说："泰山不如平地广大，平地有什么值得仰望的？"

经过先生的一言点化，便破除我们多年来好高骛远的毛病，在座之人没有不感到心惊的。

【度阴山曰】

同一个问题，回答不同，这是大师级别的传道者的技巧之一。

王阁下说，满街都是圣人。王阳明的回答是：你看别人是圣人，别人看你也是。因为王阁下平时就很傲慢，他能看到别人是圣人，真是破天荒的事，所以王阳明才说，你们都是圣人，都是平等的，你不比别人高明多少。

董阁下说，满街都是圣人。王阳明的回答是：这是平常事。董阁下跟王阳明学习时已近七十岁，从前根本没有这种感悟，突然来了这样一句，所以王阳明才说："哎，不是你从前不知满大街就是圣人，大部分人就不是圣人，你只是后知后觉罢了，不过不管什么时候知道都不晚，加油！"

这段故事告诉我们：人皆有良知，只要肯致良知就可以成为圣人，所以那些致良知的人都是平等的。既然大家都是平等的，那么我们在为人处世中，就不该自卑——人皆有良知，你也有；更不能自傲——人皆有良知，你有，别人也有。

公元280年，晋帝国对南方的吴帝国发动全面进攻，吴帝国皇帝孙皓投降，被装进精美的囚车，运送到了都城洛阳。

孙皓在路上，总是夜观天象，有人以为他在占卜未来。但他说："我这个人运气不好。"

抵达洛阳后，晋武帝司马炎乐开了花，迫不及待地举行了受降仪式。他高坐龙椅，俯瞰孙皓，一时间，豪气干云。

受降仪式举行完毕，司马炎指着下面的一张高大椅子，对孙皓说："我设这个位子等你很久了。"

这话显然只有胜利者才能说出，背后的意思是，我很牛。让司马炎想不到的是，孙皓竟然反唇相讥道："我在南方也设了这样一个位子等您呢。"

孙皓虽然是个浑蛋，但这句话说得很透彻。他的意思是，司马炎你别以为自己很牛，打败了我，就觉得自己英明神武，其实很多时候，都是运气而已。我若运气好，现在牛的就是我。

很多人的地位和成就不足以证明他的实力，大多数时候只是凭着运气和时势而获取。给那些致良知的人一个运气和时势，人人都能成功。

第一段故事恰好印证了这点：弟子们去讲学，总是高高在上的样子，众人都被吓跑了。为什么他们会高高在上，原因就在于，他们以为懂得比别人多。其实，人只要致良知，天理自然呈现，没有谁比谁更高明。

我们总是钦羡那些如泰山一样的人物，因为他们凸出于地面，可王阳明说，真正大的不是泰山，而是地面，你们却见不到地面。

地面一律平等，人人不可见，却是事实。人不可自傲，不可凸出于地面，一旦凸出地面，虽能让你引人注目，但你实际并不庞大，因为平地比高山大。

放下身段，做平地，不要扯起身段，做高山。

四句教：知行合一的流程

丁亥年九月，先生起复征思田。将命行时，德洪与汝中论学。汝中举先生教言曰："无善无恶是心之体，有善有恶是意之动。知善知恶是良知，为善去恶是格物。"

德洪曰："此意如何？"

汝中曰："此恐未是究竟话头。若说心体是无善无恶，意亦是无善无恶的意，知亦是无善无恶的知，物亦是无善无恶的物矣。若说意有善恶，毕竟心体还有善恶在。"

德洪曰："心体是天命之性，原是无善无恶的。但人有习心，意念上见有善恶在。格、致、诚、正、修，此正是复那性体功夫。若原无善恶，功夫亦不消说矣。"

是夕侍坐天泉桥，各举请正。

先生曰："我今将行，正要你们来讲破此意。二君之见，正好相资为用，不可各执一边。我这里接人，原有此二种：利根之人，直从本原上悟入，人心本体原是明莹无滞的，原是个'未发之中'，利根之人一悟本体，即是功夫，人己内外一齐俱透了；其次不免有习心在，本体受蔽，故且教在意念上实落为善去恶，功夫熟后，渣滓去得尽时，本体亦明尽了。汝中之见，是我这里接利根人的；德洪之见，是我这里为其次立法的。二君相取为用，则中人上下皆可引入于道。若各执一边，跟前便有失人，便于道体各有未尽。"

既而曰："以后与朋友讲学，切不可失了我的宗旨：'无善无恶是心之体，有善有恶是意之动。知善知恶是良知，为善去恶是格物。'只依我这话头，随人指点，自没病痛，此原是彻上彻下功夫。利根之人，世亦难遇。本体功夫一悟尽透，此颜子、明道所不敢承当，岂可轻易望人？人有习心，不教他在良知上实用为善去恶功夫，只去悬空想个本体，一切事为俱不着实，不过养成一个虚寂。此个病痛不是小小，不可不早说破。"

是日德洪、汝中俱有省。

【译文】

嘉靖六年（1527年）九月，先生守孝期满复职，奉命讨伐思恩、田州的叛乱。出征前，钱德洪与王汝中讨论学问。王汝中举出先生的教诲说："无善无恶心的本体，有善有恶是意念发动。知善知恶是良知呈现，为善去恶是格物功夫。"

钱德洪说："这句话的意思怎么理解？"

王汝中说："这恐怕还没有说尽。如果说心的本体是无善无恶的，意念也应当是无善无恶的意念，良知也应当是无善无恶的良知，物也应当是无善无恶的物。如果说意念有善有恶，那么心的本体便还有善恶之分存在。"

钱德洪说："心的本体是天所赋予的本性，原本就是无善无恶的。然而人有沾染习气之心，意念上便看得到善恶。格物、致知、诚意、正心、修身，正是要恢复天性本体的功夫。如果原本就无善无恶，那便不需要说功夫了。"

当天夜晚，两人陪同先生一起坐在天泉桥上，各自说了自己的观点，请先生指正。

先生说："我马上要出征了，正要给你们阐明这个意思。你们两人的见解，正好可以相互补充，切不可各执一边。我开导人的方法一直有两种：天资聪颖的人，直接从本原上体悟，人心的本体原本就明白透彻，原本就是个'未发之中'，聪明的人只要领悟了本体，便有了功夫，人与己、内与外就都贯通透彻了；资质较差的人，心中难免会受到习气的干扰，心的本体受到蒙蔽，所以就教他们在意念上切实去下为善去恶的功夫，功夫纯熟之后，心中的杂念都去干净了，心的本体也就明白了。汝中的见解，是我这里开导天资聪颖之人的；德洪的见解，是我这里开导天资较差之人的。你们两人的观点相互补充运用，无论天资高下，都可以引导入道；如果各执一边，当下就会有许多人不得入道，对于道也不能穷尽。"

先生接着说："以后与朋友们讲学，你们千万不能丢掉我的宗旨：'无善无恶是心的本体，有善有恶是意念发动。知善知恶是良知呈现，为善去恶是格物功夫。'只要照着我这话，随人所需进行指点，便不会有什么差错，这本来就是一以贯之的功夫。天资聪颖的人，世间难遇。本体和功夫一领悟就能全然明白，即便是颜回、程颢先生都不敢当，怎能轻易期望别人呢？人有习气沾染，不教人在良知上切实地下为善去恶的功夫，只凭空去思考心体，一切事情都不切实应对，只会养成好虚喜静的毛病。这不是小病小痛，不能不早向你们说清楚。"

这一天，钱德洪与王汝中都有所省悟。

【度阴山曰】

这就是著名的天泉证道，所证出的道是，无善无恶心之体，有善有恶意之动，知善知恶是良知，为善去恶是格物。世人又称这内容为四句教。

从上面的内容上即可看出，四句教有问题，否则两个弟子不会争论。

王阳明最后给出的解决方式是，对那些资质高（良知光明）的人，你只须和他说第一句和第三句：无善无恶心之体，知善知恶是良知。他一听到这话就明白了是什么意思。为什么呢？因为他的心体光明，始终在行良知，日用而不知罢了。

而对那些资质较差（良知被遮蔽）的人，你就要和他说第二句和第四句：有善有恶意之动、为善去恶是格物。他一听到这话就明白该在"念头"（意）上为善去恶，时刻警醒自己，我的"意"是有善有恶的，千万要谨慎，一定要正念头（格物）啊！

显然，这不是最圆满的一种学说的解释，而是私人定制。既然王阳明没有说明白，是不是四句教真的就是不明不白呢？

若干年后，心学门徒耿定向说，其实四句教称为天泉证道，证的道肯定和王阳明龙场悟道有关。王阳明龙场悟道悟的就是格物，就是心理合一，就是知行合一。所以，四句教一定是这些大同小异的概念的一个步骤。确切地说，是如何让你格物，如何让你知行合一。

来看个故事：初春时节，到处郁郁葱葱，心学大师王阳明就在这生机盎然的天地间，为他的弟子们讲解心学。正当弟子们听得津津有味时，一老农来求见。老农不是来听课的，而是想和王阳明做一笔买卖。

老农说，最近家里财政状况堪忧，很多地方需要现金。可悲的是，他没有现金，所以决定将自己的一块田地卖给王阳明。王阳明当即拒绝。他说："君子应成人之美，不可趁火打劫。你是农夫，田地是你的生存源泉，我若买了你的地，你是能解了近忧，可将来怎么办？"

王阳明决定，借给老农所需要的现金，还款日期不限。老农感激涕零，拿着钱千恩万谢地走了。

故事倘若到此为止，那就成了道德版的小故事大道理，这不是阳明心学的风范，所以必有下文。下文就是，几日后，王阳明和弟子们到山水间游玩。在一处风景如画之地，王阳明看向山凹处一块田地，不禁赞叹道："你们看，那里面山背水，远看如菩萨莲花宝座，实在是风水宝地啊。"

有弟子试探性地问道："老师喜欢这块田地？"

王阳明眉飞色舞。"怎能不喜欢？良知能知善恶，它告诉我这就是'善'的，我真是如喜欢美色（如好好色）一样喜欢这块田地。"随即，王阳明脸色呈现遗憾的神情，"可惜它不是我的。"

该弟子笑道："它理应是您的，只是您舍了。"

王阳明迷惑地看着该弟子。

该弟子解释道："这块田地就是几日前那个来和您做买卖的老农的。他当初要卖给您的地就是这块地。"

王阳明"哎哟"了一声，人人都能听出他语气里的懊悔。

可语音未落，王阳明马上顿足扼腕，说道："我怎么会有这种想法?!"

众弟子茫然。

王阳明找了个地方坐下来，紧闭双眼，静如枯木。许久，才睁开眼，看到弟子们丈二和尚摸不着头脑的神态，缓缓说道："我刚才的那想法就是私欲啊，欣喜的是，总算被我克掉了。"

众弟子恍然大悟。

先看四句教：

无善无恶心之体，有善有恶意之动；

知善知恶是良知，为善去恶是格物。

这里的"善"是中庸、中和、不偏不倚的意思，"恶"是过或不及的意思。"四句教"是阳明心学的精髓，同时也是简易明快了解阳明心学的工具，更是阳明心学的"天机"。那么，上面这个故事和四句教有什么关系呢？

耿定向的解释是，当王阳明和弟子们在山水间游玩时，他的心坦坦荡荡、无牵无挂，是无善无恶的，这就是四句教第一句"无善无恶心之体"。可当他听到关于那片田地的所有信息并产生懊悔之心时，就说明他的意动了，这就是四句教第二句"有善有恶意之动"。

那么，这个"意"是对是错呢？

他顿足扼腕，就说明这个"意"是错的。错就错在，他不该有懊悔的想法，一懊悔就证明他想据为己有，据为己有的心是错心。

他是怎么知的呢？是与生俱来能知是非善恶的良知告诉他的！所以这是四句教第三句"知善知恶是良知"。

他一知道错，马上就静坐，克掉这个错误的"意"，去掉恶，保持善。最后，他如释重负。这就是四句教最后一句"为善去恶是格物"。

无疑，耿定向的这种诠释是阳明心学"致良知"的过程，或者说是程式、法则。

万物一体和事上磨炼

先生初归越时,朋友踪迹尚寥落,既后四方来游者日进。癸未年以后,环先生而居者比屋,如天妃、光相诸刹,每当一室,常合食者数十人,夜无卧处,更相就席,歌声彻昏旦。南镇、禹穴、阳明洞诸山远近寺刹,徒足所到,无非同志游寓所在。先生每临讲座,前后左右环坐而听者,常不下数百人。送往迎来,月无虚日。至有在侍更岁,不能遍记其姓名者。每临别,先生常叹曰:"君等虽别,不出天地间,苟同此志,吾亦可以忘形似矣。"诸生每听讲出门,未尝不跳跃称快。尝闻之同门先辈曰:"南都以前,朋友从游者虽众,未有如在越之盛者。"此虽讲学日久,孚信渐博,要亦先生之学日进,感召之机申变无方,亦自有不同也。

【译文】

先生刚回绍兴时,前来拜访的朋友还寥寥无几,后来四面八方前来拜访的人越来越多。嘉靖二年(1523年)以后,围绕先生居住的人也越来越多,天妃、光相两寺,每间屋里时常有几十人一起吃饭,晚上没有躺卧的地方,就轮流睡觉,歌声通宵达旦。南镇、禹穴、阳明洞等山中远近的寺庙,凡是移步便能到的,都有同道们居住的地方。先生每次讲学,前后左右四周围着听的人,常常不下数百人。迎来送往,一个月当中没有间断的时日。甚至有人听讲了一年多,先生还不能完全记住他们的名字。每次分别时,先生常感慨说:"你们虽然离开了,但还在天地之间,只要我们志向相同,我不记得你们的形貌又有什么关系。"学生们每次听完先生讲学,出门时无不欢呼雀跃。我曾听同门师兄说:"以前在南京讲学,向先生求教的朋友虽然多,但远不如在绍兴那么隆盛。"这固然是先生讲学时日久了,获得的信任越来越多,但关键还是先生的学说日益精进,感召学生的时机和方法巧妙无比,效果自然也会不同。

【度阴山曰】

这段文字,注意以下两点。第一,王阳明的这段话:你们虽然离开了,但还在天地之间，只要我们志向相同，我不记得你们的形貌又有什么关系。第二，弟子说王阳明在浙江讲学和当初在南京讲学不同，弟子越来越多，而且对王阳明越来越钦佩，原因就是，王阳明的学说日益精进。

王阳明说："你们虽然离开了，但还在天地间。"这话就是万物一体的宏大世界观：你们纵然离开我，也逃不出地球，逃不出人间，既然你们在天地间，而那天地万物和我本是一体，所以你们在或者不在我身边，都没有关系；只要我们心中互相有彼此，彼此有感应，就是我中有你，你中有我，大家是一个整体，如同手足是我们的一部分，人怎么能忘记自己的手脚呢？

第二段，很重要。弟子说王阳明学说日益精进，从1508年创建心学到1521年提出致良知，王阳明心学的概念多如牛毛，心即理、立志、知行合一、静坐、事上磨炼、诚意、存天理去人欲、格物致知，直到正式提出致良知，他似乎终于找到了其学说的精髓，或者说是法门。

同时，王阳明在长期讲学过程中积累了丰富的授课经验，使用各种巧妙无比的方法，抓住感召学生的时机。这样一来，他的学生自然就多了。

这也算是事上练吧。

黄以方录

格物就是正事

先生曰："先儒解'格物'为格天下之物，天下之物如何格得？且谓'一草一木亦皆有理'，今如何去格？纵格得草木来，如何反来诚得自家意？我解'格'作'正'字义，'物'作'事'字义。《大学》之所谓'身'，即耳、目、口、鼻、四肢是也。欲修身，便是要目非礼勿视，耳非礼勿听，口非礼勿言，四肢非礼勿动。要修这个身，身上如何用得功夫？心者身之主宰，目虽视，而所以视者心也；耳虽听，而所以听者心也；口与四肢虽言、动，而所以言、动者心也。故欲修身，在于体当自家心体，常令廓然大公，无有些子不正处。主宰一正，则发窍于目自无非礼之视，发窍于耳自无非礼之听，发窍于口与四肢自无非礼之言、动，此便是修身在正其心。

"然至善者，心之本体也，心之本体那有不善？如今要正心，本体上何处用得工？必就心之发动处才可着力也。心之发动不能无不善，故须就此处着力，便是在诚意。如一念发在好善上，便实实落落去好善；一念发在恶恶上，便实实落落去恶恶。意之所发既无不诚，则其本体如何有不正的？故欲正其心在诚意。工夫到诚意始有着落处。

"然诚意之本，又在于致知也。所谓'人虽不知而己所独知'者，此正是吾心良知处。然知得善，却不依这个良知便做去，知得不善，却不依这个良知便不去做，则这个良知便遮蔽了，是不能致知也。吾心良知既不得扩充到底，则善虽知好，不能着实好了；恶虽知恶，不能着实恶了，如何得意诚？故致知者，意诚之本也。

"然亦不是悬空的致知，致知在实事上格。如意在于为善，便就这件事上去为；意在于去恶，便就这件事上去不为。去恶固是格不正以归于正；为善则不善正了，亦是格不正以归于正也。如此，则吾心良知无私欲蔽了，得以致其极，而意之所发，好善去恶，无有不诚矣。诚意功夫实下手处在格物也，若如此格物，人人便做得。'人皆可以为尧舜'，正在此也。"

先生曰："众人只说格物要依晦翁，何曾把他的说去用？我着实曾用来。初年与钱友同论，做圣贤要格天下之物，如今安得这等大的力量？因指亭前竹子，令去格看。钱子早夜去穷格竹子的道理，竭其心思，至于三日，便致劳神成疾。当初说他这是精力不足，某因自去穷格，早夜不得其理。到七日，亦以劳思致疾。遂相与叹圣贤是做不得的，无他大力量去格物了。及在夷中三年，颇见得此意思，乃知天下之物本无可格者，其格物之功，只在身心上做。决然以圣人为人人可到，便自有担当了。这里意思，却要说与诸公知道。"

【译文】

先生说："程颐先生解释'格物'为格天下之物，天底下那么多物要怎么去格呢？还说'一草一木都有理'，如今要怎么去格呢？纵然能够格草木的道理，又如何用来作用于自己，来诚自己的意念呢？我把'格'字解作'正'字，'物'字解作'事'字。《大学》所谓'身，就是耳、目、口、鼻、四肢。想要修身，就是要眼睛非礼勿视，耳朵非礼勿听，嘴巴非礼勿言，四肢非礼勿动。想要修这个身，那么身上的功夫怎么去下呢？心是身体的主宰，眼睛虽然会看，但使眼睛能看的是心；耳朵虽然会听，但使得耳朵能听的是心，嘴巴和四肢虽然会言说、动作，但使得嘴巴、四肢能够言说、动作的是心。所以想要修身，就应该体悟自己的心体，时常令其宽广、公正，没有一点不正的念头。身体的主宰一旦正了，那么作用于眼睛便没有非礼之视，作用于耳朵便没有非礼之听，作用于嘴巴和四肢便能没有非礼之言和动，这就是修身在正心的意思。

"然而至善是心的本体，心的本体何来不善？如今要正心，可以在本体上什么地方用功呢？这就要在心的发动之处才能用功了。心的发动不可能没有不善的，所以必须在此处用功，这就是诚意。如果一念发动在好善上，便切切实实去好善；一念发动在恶恶上，便切切实实去恶恶。意念的发动便没有不诚的了，那么本体怎么会不正呢？所以要正心就在于诚意。功夫用到诚意上，才有了着落。

"然而诚意的根本在于致知。朱熹所谓'人虽不知而已所独知'，正是我们心中良知的所在。知道善却不依良知去做，知道不善却不依良知不去做，良知便被遮蔽了，这就是不能致良知。我心中的良知既然不能扩充到底，那么虽然知道善是好的，却不能切实去喜欢，知道恶是坏的，却不能切实去厌恶，怎能使得意念真诚呢？所以致知是诚意的根本。

"然而也并非凭空追求致良知，致良知要在实际的事物上下手。比如意念指向为善，就要在为善的事上去做；意念指向去恶，就要在去恶的事上去做。去恶固然是纠正不正的念头，使其归于正；为善则是不善已经得到纠正，也同样是纠正不正的念头，使其归于正。这样，我们心中的良知便没有私欲蒙蔽，才能扩充到极致，好善恶恶的意念发动，才没有不真诚的。诚意功夫的切实下手之处在于格物，如果像这样格物，人人都能做到。'人人都能成为尧舜'，正是这个意思。"

先生说："人人都说格物要遵照朱熹先生的教诲，但他们何曾切实把朱子的学说付诸实践？我曾经认真实践过。早年，我同一名姓钱的朋友一起讨论，认为做圣贤就要格尽天下之物，但哪能有那么大的力量呢？我就指了指亭前的竹子，让他去格格看。他从早到晚去穷格竹子的道理，殚精竭虑，到了第三天，便因为劳心劳神生了病。当时我说他是精力不足，于是我就自己去格竹，从早到晚地格，也没看出道理。到了第七天，我也劳思致病了。于是我们互相感叹，认为圣贤是做不成的，没有那般大的力量去格物。然而在贵州龙场的三年，我对格物的道理有了自己的心得，才知道天下的事物本来就没什么可以格的，格物的功夫只需要在自己的身体和心灵上做。这才相信人人都可以成圣人，才有了一分传播圣人之道的担当。这个道理，我要让诸位都知道。"

【度阴山曰】

"王阳明格竹"是人类思想史上的一段佳话，《传习录》中特意将这段故事通过王阳明之口叙述出来，更增添其真实性：早年，我同一名姓钱的朋友一起讨论，认为做圣贤就要格尽天下之物，但哪能有那么大的力量呢？我就指了指亭前的竹子，让他去格格看。他从早到晚去穷格竹子的道理，殚精竭虑，到了第三天，便因为劳心劳神生了病。当时我说他是精力不足，于是我就自己去格竹，从早到晚地格，也没看出道理。到了第七天，我也劳思致病了。于是我们互相感叹，认为圣贤是做不成的，没有那般大的力量去格物。

这是个趣闻，同时证明了无论是做学问还是做事，都应该有一种偏执的态度。王阳明后来能有龙场悟道，和他半生在学问上的进取与偏执密不可分。

朱熹说"格物"，就是探究万事万物，在万事万物上得到道理后，放进我们心里，如果把万事万物全部探究完毕，那我们就成了圣人。

问题是，天地那么大，万事万物那么多，我们纵然活上一千年，也无法完成。所以，理学通往圣人之路，是一条虚幻之路。凭此修行方法，没有人可以成为圣人。

这也是王阳明在1508年龙场悟道前，绞尽脑汁琢磨的一个大问题，他觉得这不可能。另外，即使我们格出万事万物的道理，这些道理真能和我们的心相契合吗？譬如读《山海经》，有人格出的道理是"地理"，有人格出的道理是"神话"，有人还能格出这是对现实的鞭挞。

假设有位权威人士说，《山海经》就是一部地理书，我的心却不认可，那我该怎么办？

如你所知，王阳明的困惑最终得到消除，创建心学。他认为，吾性自足，不假外求——心上有人性，有七情六欲，还有良知，所以吾性自足。我们根本不需要去心外的万事万物上探究道理、真理。于是，他的"格物"之道可以这样理解：格，是"正"的意思；物，是"事"的意思。所谓"格物"，就是在任何事情上正念头。

比如你要吃饭，在吃饭这件事上端正你的念头，这个念头就是细嚼慢咽，而不是狼吞虎咽。你要看美色，在看美色这件事上端正你的念头，这个念头就是只可观赏不可亵玩。你要发家致富，在发家致富这件事上端正你的念头，这个念头就是要凭良知去赚钱，不能为了赚钱而害人。

无论是朱熹的格物还是王阳明的格物，都来自《大学》的八目：格物、致知、诚意、正心、修身、齐家、治国、平天下。

朱熹说，这八条目是递进式的，这种递进式，会造成这样的结果：在家一个样，出门另外一个样。必须先修身，然后才能齐家，问题是，修身修到什么程度才算修成。由此,只能导致知而不行。

王阳明则说,这八条目只是一回事,只是一个"格物"。你如果能像爱护家庭一样爱护你的组织,能像爱护你的组织一样爱护天下,那修齐治平不就易如反掌了吗?

许多人搞不明白这点。最直接的证据就是,有人在家里会注意环境卫生,到了旅游景点就不能,有人对待妻儿如春天般的温暖,可一到社会上对待他人就如对待杀父仇人。这就是内外分离,不是真正的格物。

由此可知,阳明心学简单得要命:无时无刻不在你遇到的所有事情上正你的念头,无关时间、地点和人物。

人人皆可格物

门人有言,邵端峰论童子不能"格物",只教以洒扫应对之说。

先生曰:"洒扫应对就是一件物。童子良知只到此,便教去洒扫应对,就是致他这一点良知了。又如童子知畏先生长者,此亦是他良知处。故虽嬉戏中,见了先生长者,便去作揖恭敬,是他能格物以致敬师长之良知了。童子自有童子的格物致知。"

又曰:"我这里言格物,自童子以至圣人,皆是此等功夫。但圣人格物,便更熟得些子,不消费力。如此格物,虽卖柴人亦是做得,虽公卿大夫以至天子,皆是如此做。"

【译文】

弟子中有人说,大学问家邵雍(字端峰)认为儿童不能"格物",只能教给他们洒水扫地、酬答宾客的道理。

先生说:"洒水扫地、酬答宾客就是一件事。儿童的良知只到这个程度,便教他们洒水扫地、酬答宾客,就是实现他们那一点的良知。又比如儿童知道敬畏师长,这也是他们的良知所在。所以即便他们正在嬉戏玩耍,见到师长也会去打躬作揖，这是他能格物、尊敬师长的良知。儿童有儿童自己的格物与致知。"

先生又说："我这里说的格物，从儿童到圣人，都是这样的功夫。只是圣人格物，功夫更纯熟，不需要费力气。这样的格物，即便是卖柴的人也能做到，即便是公卿大夫，甚至到天子，也都是这样做。"

【度阴山曰】

战国末期，秦国丞相吕不韦门下有个叫甘罗的小孩。他十二岁时，秦国和赵国发生领土纠纷，当时赵国和秦国之间的局势如箭在弦上，战争一触即发，所以无人敢去赵国谈判。甘罗毛遂自荐，跑去赵国，用三寸不烂之舌说服赵国，让出争议领土，甘罗凯旋。

所有人都称赞甘罗年少有为，只有吕不韦说："甘罗年纪如此小，竟然有比成人还高的智慧与辩才，并不是好事。"

人问其故。

吕不韦说："人如树木，发芽时不能遮蔽风雨，成长后不能供人玩耍，这是天道。小孩子就应该天真无邪，成人就该老成持重。如果反了，就是违背天道。"

吕不韦这段话也是邵雍的意思，他认为，儿童不能格物，不是不能格物，而是不应该格物。注意一点，这里的"格物"是探究万事万物真理、规律的意思，是后来朱熹所谓的格物。理学家都认为，孩子天真无邪，就应该以童心看世界，不能期望他们如葫芦娃一样出生就打妖怪。

这是大多数理学家的看法，而王阳明在这里说，小孩子也能格物。他所谓的"格物"是在事上正念头，不是探究万事万物。

王阳明说，洒水扫地、酬答宾客就是一件事，儿童只要在这件事上正自己的念头：用心洒水扫地，发自真诚地酬答宾客，这就是他们儿童的格物，怎么能说儿童不会格物呢？

邵雍说儿童不能格物，理由是儿童还没有分辨是非善恶的能力，所以格物会出问题。王阳明则说，人皆有良知，儿童也不例外，他们无法分清大是大非，但能分得清小是小非。比如儿童知道敬畏师长，这就是他的良知在发挥作用，遇到师长去打躬作揖，这就是在格物。

传习录·下

只不过，儿童的格物相比大人的格物，简单了许多。虽然简单，可也是在格物，也是在致良知，所以大家都是一样的，平等的。

格物并非高不可攀，人人皆能格物，无论你是儿童还是成人，无论你是什么阶级，做什么样的工作，只要明白自己的位置和使命，在人生中发自真诚地致良知，这就是格物。倘若你搞不清自己的位置，想和别人格同一件物，那就麻烦了。

一个砍柴的看到放羊的在山坡上休息，于是跑来和对方谈人生理想。结果傍晚回家，放羊人的羊吃饱喝足回家，砍柴的却两手空空。

儿童不在自己的位置上洒扫应对，并非和大人一样痛苦地思考人生，这就不是格物。所以，人人都能格物，但必须在自己的位置上格，跳出自己的位置去格物，往往是一场空。

良知必须致

或疑知行不合一，以"知之匪艰"二句为问。

先生曰："良知自知，原是容易的。只是不能致那良知，便是'知之匪艰，行之惟艰'。"

【译文】

有人怀疑知行合一之说，向先生请教《尚书》中的"知之匪艰，行之惟艰"两句。

先生说："良知自然知道，原本是容易的。只是因为不能致良知，才会有'知道并不难，做到却很难'的说法。"

【度阴山曰】

《尚书》中说，"知之匪艰，行之惟艰"。意思是，知道并不难，做到却很难。

这也就是说，知和行，本来是分开的啊。王阳明却总是提"知行合一"，知、行怎么能合一。

王阳明的解释是，良知自然知道，原本很容易。只是因为不能致良知，所以才会有"知道并不难，做到却很难"的说法。

做不到，其实等于你没有知道。我们总听别人说，我知道了，但知道之后呢，没有行动。这说明他所谓的"我知道"并没有真正地知道。如果真的知道，那他肯定会去做。

由此可见，王阳明更重视的是行，是做到。因为知道太简单，人皆有良知，良知无所不知。但致良知恐怕就很难了。

有人问王阳明："良知真光明者，是不是必能行。"

王阳明回答："是的。"

人再问："那致良知的"致"是多余的吧？"

王阳明回答："对上等人而言，是多余，对下等人而言，要重点加强'致'字，唯有如此，他才能有意识地去'致'。"

遗憾的是，世间大多数人，都是下等人。所以1521年，王阳明提出"致良知"后，有点沾沾自喜道：我平生讲学，只是"致良知"三字。

因为他感觉自己找到了人类的痛点：有良知没什么了不起，人人皆有，关键是很多人不能致。致，最重要。

心即理的立言宗旨

门人问曰："知行如何得合一？且如《中庸》言'博学之'，又说个'笃行之'，分明知行是两件。"

先生曰："博学只是事事学存此天理，笃行只是学之不已之意。"

又问："《易》'学以聚之'，又言'仁以行之'，此是如何？"

先生曰："也是如此。事事去学存此天理，则此心更无放失时，故曰'学以聚之'。然常常学存此天理，更无私欲间断，此即是此心不息处，故曰'仁以行之'。"

又问:"孔子言'知及之,仁不能守之',知行却是两个了。"

先生曰:"说'及之',已是行了,但不能常常行,已为私欲间断,便是'仁不能守'。"

又问:"心即理之说,程子云'在物为理',如何谓'心即理'?"

先生曰:"'在物为理','在'字上当添一'心'字,此心在物则为理。如此心在事父则为孝、在事君则为忠之类。"

先生因谓之曰:"诸君要识得我立言宗旨。我如今说个'心即理'是如何?只为世人分心与理为二,故便有许多病痛。如五伯攘夷狄、尊周室,都是一个私心,使不当理。人却说他做得当理,只心有未纯,往往悦慕其所为,要来外面做得好看,却与心全不相干。分心与理为二,其流至于伯道之伪而不自知。故我说个'心即理',要使知心理是一个,便来心上做工夫,不去袭义于义,便是王道之真。此我立言宗旨。"

又问:"圣贤言语许多,如何却要打做一个?"

曰:"我不是要打做一个,如曰'夫道,一而已矣',又曰'其为物不二,则其生物不测',天地圣人皆是一个,如何二得?"

【译文】

有弟子问:"知、行如何能够合一?比如《中庸》说'博学之',又说'笃行之',知、行分明是两件事。"

先生说:"博学只是每件事上都学习存养天理,笃行也只是学习不已的意思。"

那位弟子又问:"《易》说'学以聚之',又说'仁以行之',这话如何理解?"

先生说:"也是如此。每件事上学习存养天理,那么心就没有放纵丢失的时候,所以说'学以聚之'。然而,时常存养天理,又没有私欲中断,这就是心体生生不息之处,所以说'仁以行之'。"

那位弟子又问:"孔子说'知及之,仁不能守之',知和行就成了两件事。"

先生说:"谈到'及之',那就已经是行了,只是不能一直去行,有私欲阻隔，所以才说'仁不能守'。"

又问："关于心即理的说法，程颐先生说'在物为理'，先生为何说'心就是理'呢？"

先生说："'在物为理'，'在'字上应当加一个'心'字，心呈现在物上便是理。比如心呈现在侍奉父亲上就是孝，呈现在事君上就是忠，等等。"

先生继而又说："诸位要明白我立言的宗旨。我如今说'心就是理'是为何？只是因为世人将心和理分作两边，所以有许多毛病。比如春秋五霸尊王攘夷，都是为了一己私心，便不符合天理。有人却说他们做得符合天理，这是因为他们的心还不纯正，往往会美慕他们的事功，只求外表做得好看，实则与自己的内心毫不相干。将心与理分作两边，就会流于霸道虚伪而不自知。所以我说'心就是理'，就是要人在心上用功，不去心外求义，这才是至纯至真的王道。这就是我立言的宗旨。"

这位弟子又问："圣贤说了许多话，为何要把它们概括成一个道理呢？"

先生说："并非我要概括成一个道理，比如孟子说'世间的道只有一个'，《中庸》又说'道与物并行不二，道生物神妙不测'，天地与圣人都是一个，怎能把它分作两个呢？"

【度阴山曰】

春秋五霸，名扬天下。但王阳明不承认他们，因为在他看来，春秋五霸都是为了一己之私。为什么这样说呢？

春秋五霸尊王，并非心甘情愿，而是为时势所逼。心里想的是权欲，挂出来的却是光明正大的幌子，这就是本心和事物上的理分裂了。

心即理就是心理合一：发自本心的念头倾注到事物上。知行合一，其实也是如此：依凭本心的良知的指引去行动。所以，知行合一就是心理合一，就是心即理。

管仲临死前，齐桓公去请教未来之路。管仲说："在您的放权和我的管理下，齐国已屹立世界之巅，但需要保持。所以我死后，请你离那三个东西远点。"

管仲所谓的"三个东西"就是齐桓公最宠爱的三个人：易牙、卫开方、竖刁。

三人对齐桓公可谓忠心耿耿。

齐桓公有次对易牙说："大王我什么都吃过，就是没吃过人肉。"

晚饭时，易牙就端上一盘肉，齐桓公吃了后大赞爽口过瘾，问是什么肉。

易牙回答："我儿子的肉。"

齐桓公感动得稀里哗啦。

卫开方本是卫国的公子，不远万里来到齐桓公身边，全身心侍奉。齐桓公曾问他："你远离故土，抛弃父母妻儿，难道不想念他们吗？"

卫开方回答："这一切跟您一比，就是粪土。"

齐桓公为之哽咽。

而另外一个叫竖刁的，自愿阉割自己来宫中伺候齐桓公。

齐桓公始终把这三人当成人生最宝贵的财富，如今管仲却让他远离，他自然感到莫名其妙。

管仲解释道："人性都是自私的，然后是爱自己的妻儿，然后是爱自己的父母。竖刁把自己给阉割了，对自己都敢下狠手，何况对别人？易牙连自己的儿子都能杀，何况对别人？卫开方连自己的妻儿都肯抛弃，何况别人？"

齐桓公说："这才说明他们对我恩重如山，高风亮节呢。"

管仲说："胡扯，您将来会把位置传给儿子，还是传给一个陌生人？"

齐桓公说："当然是传给儿子。"

管仲说："人爱自己胜过爱别人，这是天性。如果有人爱别人胜于爱自己，那就是伪，就是心理不一。心理不一的人，可什么事都能做得出来。"

齐桓公对管仲的这段话大不以为然。管仲死后，他继续宠幸这三人，结果是，当他生病在床，无可救药时，三个高风亮节的人发现效忠他已不能带来利益，立即锁闭宫门，活活饿死了他。

倘若齐桓公懂心学，懂心理合一，就不会有那种下场。当然，这件事也告诉我们，倘若不具备一双慧眼，良知光明，我们很容易被别人做出来的各种"真诚"打动。这个时候，你只要把管仲那段关于人性解析的话拿出来提醒自己就可以了。

心不仅仅是块血肉

"心不是一块血肉,凡知觉处便是心。如耳目之知视听,手足之知痛痒,此知觉便是心也。"

【译文】

"心并不是一团血肉,只要有知觉的地方就是心。比如耳朵眼睛可以听或看,手足知道痛痒,这些知觉便是心。"

【度阴山曰】

现代科学已经证实,控制人的不是心,而是脑。但在中国传统文化中,"心"是个大概念,它不是脑子,而是我们和外界发生感应的桥梁。

王阳明所处的16世纪,大家都是这样认为的:我们的"心"有知觉力,它能控制我们的行为,指使我们去和外界沟通、联系。

那么,为什么王阳明又说"心并不是一团血肉(器官)"呢?

原因是,很多人根本不用心为人处世,活得浑浑噩噩,该看的看,不该看的也看,该听的听,不该听的也听。王阳明说这句话的意思是,让人用心用良知生活,而不是随心所欲,懵懵懂懂。

智慧力来自头脑,它是我们分析和解决问题的关键。但除了分析和解决问题,我们还应该有充满情感的知觉力,这知觉力来自我们的心。人只有先有情感、有知觉力,再加上智慧力,才是真正的人。

所以,王阳明警告我们,别拿心不当心,唯有用心,才能成就人生。

"尊德性"和"道问学"合一

以方问"尊德性"一条。

先生曰:"'道问学'即所以'尊德性'也。晦翁言:'子静以"尊德性"诲人,某教人岂不是"道问学"处多了些子?'是分'尊德性''道问学'作两件。且如今讲习讨论,下许多工夫,无非只是存此心,不失其德性而已。岂有'尊德性'只空空去尊,更不去问学,问学只是空空去问学,更与德性无关涉?如此,则不知今之所以讲习讨论者,更学何事!"

问"致广大"二句。

曰:"'尽精微'即所以'致广大'也,'道中庸'即所以'极高明'也。盖心之本体自是广大底,人不能'尽精微',则便为私欲所蔽,有不胜其小者矣。故能细微曲折无所不尽,则私意不足以蔽之,自无许多障碍遮隔处,如何广大不致?"

又问:"精微还是念虑之精微,事理之精微?"

曰:"念虑之精微,即事理之精微也。"

【译文】

黄以方向先生请教"尊德性"的意思。

先生说:"'道问学'就是为了'尊德性'。朱熹先生说过:'子静用"尊德性"来教诲人,我教人岂不是"道问学"的地方多一些呢?'这是将'尊德性'和'道问学'分作两件事了。如今我们讲习讨论,下许多功夫,无非都是为了存养此心,使自己不失去'德性'罢了。岂有凭空去'尊德性'而不去问学,凭空去问学而全然与'德性'无关的道理?若是如此,就不知道我们现在的讲习讨论和学习的究竟是什么了!"

黄以方向先生请教"致广大"两句的意思。

先生说:"'尽精微'就是为了'致广大','道中庸'就是为了'极高明'。因为心的本体原本就是广大的,人不能'尽精微'就会被私欲蒙蔽,在细微之处无法致知。所以如果能在细微曲折的地方都穷尽精微,那么私意就不足以蒙蔽心体,自然就没了许多障碍阻隔,又怎能不广大呢?"

黄以方又问:"精微是指意念思虑的精微,还是事物道理的精微?"

先生说:"意念思虑的精微就是事物道理的精微。"

【度阴山曰】

《中庸》:"故君子尊德性而道问学,致广大而尽精微,极高明而道中庸。"意为重视德行而致力于学问,追求广大而穷尽精微,十分高明而通达中庸。

"尊德性"是德行修养,道问学是研究学问,陆九渊重视前者,朱熹重视后者,其实二人既重视尊德行,又重视道问学,只不过为了突出自己,故意强化了某一方面。

如王阳明所说,致力于学问的目的是什么?还不是涵养德行!世界上哪里有凭空去涵养德行的事?

我们读书做学问,书中不仅有颜如玉,有黄金屋,还有德行。读书就是为了涵养德行,只是有人读书读偏了,把读书当作发家致富的途径。

"尊德性"和"道问学",是中国传统哲学,尤其是理学、心学特别喜欢讨论的问题。王阳明将这两个问题合二为一,"道问学"就是"尊德性","尊德性"就是"道问学"。一个人德行很好,就是学问,一个人致力于学问,目的就是"尊德性"。

在声、色、货、利上致良知

问:"声、色、货、利,恐良知亦不能无?"

先生曰:"固然。但初学用功,须扫除荡涤,勿使留积,则适然来遇,始不为累,自然顺而应之。良知只在声、色、货、利上用工。能致得良知精精明明,毫发无蔽,则声、色、货、利之交,无非天则流行矣。"

【译文】

有人问:"声、色、货、利,恐怕良知里也不能没有吧?"

先生说:"当然。只是初学用功时,需要将其扫除干净,不能有存留,这样偶然遇到了,也不会为其所牵累,自然能顺良知去应对。致良知只在声、色、货、利上用功。能把良知致得精细明白,没有丝毫遮蔽,即便与声、色、货、利交往,也无非天理的流转罢了。"

【度阴山曰】

北宋初期,南唐未被平定,赵匡胤(宋太祖)很是焦虑,宰相赵普却大大咧咧,认为南唐不足虑,而且消灭它易如反掌,只是要等待个有利时机。

赵匡胤几次催促赵普拿出南征方案,赵普都找各种理由搪塞。有一天,赵匡胤冒雪去赵普家,赵普把他请进书房,两人谈了许久,也没有接触到本质问题。赵匡胤偶然发现赵普书架旁有许多罐子,就询问赵普里面是什么。

赵普支支吾吾,赵匡胤就跑去亲自打开,发现罐子里都是金块。赵普立即承认道,这的确是金块,而且还是南唐政府送来的。

赵匡胤大怒:"好啊赵普,你总是在灭南唐的问题上推三阻四,原来是收了人家的贿赂。"

赵普慌忙跪下道:"皇上,这正是我的计谋。南唐认为收买了我,就可以保他们平安,他们一有这种心思,则会懈怠无防守,正是我们进攻的好机会。"

赵匡胤观察了一下赵普的神情,发现他没有说谎,就心平气和道:"那这些金子,你准备怎么办?"

赵普说:"我留一小部分,剩下的都交给朝廷。"

赵匡胤同意。

赵普贪污不对,但他贪污的念头是正确的。中国古人向来认为,一个人追求利就是坏蛋,一提到利和义,正人君子们就吹胡子瞪眼,因为义、利是势不两立的。所有的人都注重义,很少谈到义。特别是在声色货利这些纯利益上,大家都捂起耳朵不听不谈。当然,不听不谈不代表不去做。

我们如何对待声色货利呢?

王阳明的看法是,利绝对不能没有,因为它是物质保障,没有了物质保障，你还能做成什么事？但谈利的前提是，要以"义"贯穿其中，也就是以良知之心对待声色货利，只要能做到这点，随便别人如何说。

唐德宗时期的官员崔祐甫做了宰相后，开始建立领导班子。崔祐甫效率奇高，很快就向皇帝推荐了八百多人。

后来，唐德宗听到小道消息，说崔祐甫表面公正无私，其实任人唯亲，这次选任的人，大都是和他沾亲带故的。

唐德宗找来崔宰相，把小道消息一说。崔宰相立即承认，他解释道："我既然为陛下您选任百官，就不敢不认真负责，那些我不认识的人，我不知道他们的品行才能如何，如何任用他们？只有我熟识的人，我了解他的能力，以及为人品德，这样才敢放心选任他们哪！"

这是歪理还是天理，只有崔祐甫知道。不过以情理来判断，他说得没有错。什么是对错，你只要依凭自己良知去做的事，管别人说什么。即使是声色货利这种最敏感的事，只要你用良知贯穿其中，你的心必然是安的，既然心安，就是天理。反对天理就是罪孽。

什么是见性

一友举："佛家以手指显出，问曰：'众曾见否？'众曰：'见之。'复以手指入袖，问曰：'众还见否？'众曰：'不见。'佛说：'还未见性。'此义未明。"

先生曰："手指有见有不见，尔之见性常在。人之心神只在有睹有闻上驰骛，不在不睹不闻上着实用功。盖不睹不闻是良知本体，'戒慎恐惧'是致良知的工夫。学者时时刻刻常睹其所不睹，常闻其所不闻，工夫方有个实落处。久久成熟后，则不须着力，不待防检，而真性自不息矣。岂以在外者之闻见为累哉？"

【译文】

一位学友举佛家的例子问道:"佛伸出手指问:'诸位可曾看到?'众人说:'看到了。'佛又把手指缩回袖子里,问:'诸位还能看到吗?'众人说:'看不到了。'佛说:'你们还没有见性。'我不明白佛的意思。"

先生说:"手指有时看得到,有时看不到,但你的本性一直存在。人的心神往往只在看得见、摸得着的地方驰骋,却不在看不见、摸不着的地方切实用功。然而看不见、摸不着才是良知的本然状态,'戒慎恐惧'才是致良知的功夫。为学之人时时刻刻去体察那些眼睛看不到的地方,听闻那些耳朵听不到的地方,功夫才有个切实的着落。久而久之,功夫纯熟之后,便不费力,也不需要时刻提防检查,真正的本性自然生生不息。怎能为外在的见闻所牵累呢?"

【度阴山曰】

佛伸出手指时,众人都能见,佛藏起手指,众人就见不到了。这只是眼见,不是心见,所以佛才说:"你们呀,没有见性。"

心见就是,手指虽然被佛祖藏了起来,但你刚才已经看到它了,如果你是用心看的,那手指已经在你心里,所以说,心外无物。

良知就是这样,人人都在别人和自己能看得见的地方致良知,一旦别人看不见了,自己就把良知藏起来,这就是没有见性。真正的见性,在他人和自己能看得见的地方展现良知,在别人看不见的时候更应该展现良知,这才是真修行,才是真见性。

若要见性,必须心外无物,那就是用心去对待良知,而不是故意炫耀良知。如果你能做到良知在有人见和无人见时都一样展现,那你就能内外合一,不必在有人见时,还要费工夫特意拿出良知。

不为外在见闻所牵累就是这个意思:不能等到事情来了,才想到良知忘家里了。刻意拿出良知对待外在见闻,就是被外在见闻所牵累。

真正见性的人,不会这样。只有那些没有见性的人,才在人前装成一副良知光明的样子。

致良知是"必有事"的功夫

问:"先儒谓'鸢飞鱼跃'与'必有事焉',同一活泼泼地?"

先生曰:"亦是。天地间活泼泼地,无非此理,便是吾良知的流行不息。致良知便是'必有事'的工夫。此理非惟不可离,实亦不得而离也。无往而非道,无往而非工夫。"

【译文】

有人问:"程颢先生认为'鸢飞鱼跃'和'必有事焉',同样都是生动活泼的吗?"

先生说:"这样说也对。天地之间,生动活泼的无非这个理,就是我们的良知流行不息。致良知便是'必有事'的功夫。这个理不仅不能脱离,也确实无法脱离。世间所有的事物都符合大道,世间所有的事物都是这个功夫。"

【度阴山曰】

王阳明所谓的"良知"是个活的东西,它自己能感知,清楚应该喜欢什么厌恶什么。喜欢的就是天理,厌恶的就是人欲。

人生在世,你能发自真诚地去厌恶,去喜欢,那就是圣人。我们每天都会遇到各种各样的事情,这些事情就是"必有事",如何应对这些"必有事",只有一种办法,那就是致良知。

如果良知是生命体,它不需要你再判定是非善恶,它已经告诉了你答案,剩下的事就靠你去行。

王阳明心学灵动、活泼,就在此:良知是个生命体,活泼泼的,可以立即判定是非善恶,不像其他理论,心只能发现理,王阳明则说,心的好恶就是理。"心发现一种事物"和"心就是这种事物"不可同日而语。

你发现理,你不是理本身,发现了还要去判定它,再去行动,效率就降低了。你本身是理,就不需要判定,立即行动,效率提高。

此为知行合一可以提高效率的理论基础。

良知，就是永远都知

一友自叹："私意萌时，分明自心知得，只是不能使他即去。"

先生曰："你萌时这一知处，便是你的命根。当下即去消磨，便是立命工夫。"

【译文】

一位学友感叹："私欲萌动时，心里分明也知道，但是不能立刻去除。"

先生说："你的私欲萌动时能觉察到，这是你的性命之根本。当即能够消除私欲，就是确立性命的功夫了。"

【度阴山曰】

来做一道测试题：有个老妇人栽种了一园李子，成熟时，总有人来偷。老妇人就在园墙下挖了个坑，然后把这个坑当成茅厕。某日，三个伙伴集结在园墙外，闻到李子的味道，就想偷。经过投票，A先翻过墙，意料之中地掉进粪坑。

但他没有警告后面的同伴，所以B翻过来也掉了进来。

B正要提醒C，却被A捂住了嘴，而且还高声大喊："快点啊，这里有世界上最好吃的李子。"

C流着口水跳了进来。

三个小偷爬出粪坑，C就指责两个同伴。B大喊冤枉说："我是想告诉你的，可A不让。"

A笑着说："如果你二人中有一个没有落入坑中，他就会没完没了地嘲笑我。"

现在的问题是，A是否在致良知？

答案似乎很明显，A没有致良知。大家会说，如果他真的致良知，就应该在掉下粪坑后开始警告同伙，即使这个时候不警告，第二个小偷进来要喊时，他就不该阻止。

其实，答案是错的。之所以说A没有致良知，不是因为他在自己掉下井时未发出警告，更不是捂第二个小偷的嘴，而是在翻墙之前。

他不应该翻那道墙，或者说，他就不该存了偷李子的念头。如果这个念头没有产生，或产生后被他去除了，那才是他真的在致良知。

我们常常会因为搞砸一件事而懊悔和愤恨，并且在这件事上倾注过多的精力思考为何会搞砸。可很少有人想过，我们搞砸的许多事，有很大一部分，是不应该有开始的。

三个人都知道，偷窃是不对的，这就是私意萌发时的知道，但很多人不会去除，于是事态就会恶化下去。

王阳明说，私意萌发时，就是你的性命之根本，立即消除这私欲，就是确立性命的功夫。可有几人能做到？

人的良知无所不知，你产生坏念头时，它知道，你有好念头时，它也知。虽然它无所不知，你却不能行，这就是问题所在。

另外，良知的确无所不知，但有时会被遮蔽得暗无天日。

北宋末年，金兵南下，宋徽宗将帝位传给儿子宋钦宗，宋钦宗上任的第一件事就是把引得群情激愤的蔡京贬官，逐出京城。

蔡京做官时贪污了大批金银财宝，虽然官丢了，但并不难过。

在回老家的路上，蔡京难过起来。

沿途百姓深恨蔡京，自动自发地联合起来，不售卖任何东西给蔡京。

蔡京被饿得头晕眼花，不但吃不上饭，连住的地方都没有。任何一家旅店都说住满了人，包括政府本该照顾他的驿站。

蔡京感慨万千，吐出几个字来："想不到我失人心到如此地步了。"

蔡京的故事告诉我们，你在舒适的环境下待的时间太久，就会让良知丧失无所不知的效能，当你知道时，已经晚了。

所以，无论你是什么人，都应该去各种事上磨炼，不要待在舒适区，舒适区很容易成为熟食区。

无善无恶之念

先生尝语学者曰："心体上着不得一念留滞,就如眼着不得些子尘沙。些子能得几多?满眼便昏天黑地了。"

又曰："这一念不但是私念,便好的念头亦着不得些子。如眼中放些金玉屑,眼亦开不得了。"

【译文】

先生曾对为学之人说："心的本体上不能存留一丝念头,好比眼中揉不得一点沙子。一点沙子能有多少?却能使人满眼的昏天黑地。"

先生又说："这个念头不单只私念,即便是好的念头也不能有。好比在眼睛里放一些金玉碎屑,眼睛也一样会睁不开。"

【度阴山曰】

《庄子》中有个故事：南海的帝王名叫倏,北海的帝王名叫忽,中央的帝王名叫浑沌。倏和忽常跑到浑沌住的地方去玩,浑沌像对待兄弟一样对待他们。由于两人总是白吃白喝,所以就想报答浑沌的恩情。浑沌知道后,说："我不需要任何人的报答。"

倏和忽认为浑沌在客气,就商议说："浑沌老哥的确是无所不能,但你发现没有,人都有七窍,用来看外界、听声音、吃食物、呼吸空气,浑沌却没有七窍,咱们就给他凿个七窍出来吧。"

二人说干就干,趁浑沌睡觉时,在他身上开了七个窍。浑沌一命呜呼。

庄子评论说,人的本性无为自然,如果有意地加上心机、智巧等小聪明,人纯净的本性就会遭到破坏而灭亡。人的本性都是好的,但后天被一些人破坏,人就变坏了。

这个故事除了庄子的评析,还有另外的意义,那就是为善是否可行?

王阳明认为不可行,他的两个比喻很有意思：将私欲比喻为尘沙,将善念比喻成金玉屑。单纯从比喻角度,并没有什么错处,私欲就如尘沙般惹人厌恶，善念则如金玉屑般讨人喜欢。

言内之意，王阳明想说的是，人人都讨厌别人的私欲，喜欢别人的善念。按孔子的思路，己所不欲勿施于人，那我们就应该对别人心存善念，不要对别人施加我们的私欲。

私欲肯定要去除，这没有问题，问题就在于：善念是否要永远保持。就是说，当没有对象接收我们的善念时，我们心中是否还要存个善念。

王阳明说，这就如同你眼中放进了金玉屑，眼睛是我们的心，金玉屑是善念，心上时常保持善念，就如同我们的眼睛放了些金玉屑一样。

不能有私欲，很容易理解，但为什么在没有对象接收我们善念时，我们就不需要保持善念？

玄机就在"无善无恶"这四个字上。在王阳明看来，人心非常纯粹时，就是无善无恶的，既没有恶念也没有善念，没有恶念就是善念。倘若我们总是存着善念，就是刻意为之，刻意为之就失去了心之本体的纯粹。

倏和忽给浑沌开窍，就是刻意为之。为何是刻意为之？因为我们人人皆有良知，人人皆可为圣贤，不需要别人的帮助。当你心存善念，去帮助别人时，其实是强行介入了别人的世界。这对你而言是善，对别人而言，被强行介入，就是恶。

我们只有在别人特别需要我们帮助的时候，才能心发善念，去帮助别人。在别人没有许可的情况下，凡是为善，就是为恶。

王阳明为何让你勿存善念，是因为善恶是同时出现的。你能存善念，也必存恶念，因为善会招惹恶，两者是相辅相成的。所以，王阳明要人无善无恶，只要你没有恶念了，就是善念，何必刻意存善念呢！

为什么说万物是一体的

问："人心与物同体，如吾身原是血气流通的，所以谓之同体。若于人便异体了，禽兽草木益远矣。而何谓之同体？"

先生曰："你只在感应之几上看，岂但禽兽草木，虽天地也与我同体的，鬼

传习录·下　507

神也与我同体的。"

请问。

先生曰:"你看这个天地中间,什么是天地的心?"

对曰:"尝闻人是天地的心。"

曰:"人又甚么教做心?"

对曰:"只是一个灵明。"

"可知充天塞地中间,只有这个灵明。人只为形体自间隔了。我的灵明,便是天地鬼神的主宰。天没有我的灵明,谁去仰他高?地没有我的灵明,谁去俯他深?鬼神没有我的灵明,谁去辩他吉凶灾祥?天地鬼神万物离却我的灵明,便没有天地鬼神万物了;我的灵明离却天地鬼神万物,亦没有我的灵明。如此便是一气流通的,如何与他间隔得?"

又问:"天地鬼神万物,千古见在,何没了我的灵明便俱无了?"

曰:"今看死的人,他这些精灵游散了,他的天地鬼神万物尚在何处?"

【译文】

有人问:"人心与万物同为一体,比如我的身体原本是血气流通的,因而可以说是同体。如果对其他人异体了,禽兽草木就相差更远了,还怎能称为同体呢?"

先生说:"你只要在事物感应的微妙之处看,何止禽兽草木,即使天地也与我同体,鬼神也与我同体。"

那人请先生解释。

先生说:"你看这天地中间,什么是天地之心?"

那人回答说:"曾经听闻说人是天地之心。"

先生说:"人又凭什么叫作天地之心呢?"

那人回答:"是因为人有灵性。"

"由此可知,天地之间充塞的,只是这个灵性。人与天地万物,只是被形体间隔开了。我的灵性,便是天地鬼神的主宰。天失去了我的灵性,谁去仰望它的高?地失去了我的灵性,谁去俯视它的深?鬼神没有我的灵性,谁去辨别吉凶灾祥?天地鬼神万物离开了我的灵性,便没有天地鬼神万物了;我的灵性离开了天地鬼神万物,也无所谓我的灵性了。所以说人与天地鬼神万物一气相通，怎能分隔开来呢？"

那人又问："天地鬼神万物，从古至今都在，为何没了我的灵性，就都不存在了呢？"

先生说："你去看那些死了的人，他们的灵魂都散去了，他们的天地鬼神万物还在哪里呢？"

【度阴山曰】

北宋哲学家张载说，为天地立心。

有人就抱了大疑问："天地没有心吗？"

张载回答："有。"

人问："什么是天地之心。"

张载回答："人。"

人大笑："既然天地有心，你又立个心，这不就是二心了吗？"

其实，此人还未悟道。张载所谓为天地立心，就是要人正心。人心一正，天地之心顿立。到王阳明这里，人的正心就是与生俱来的灵性，就是良知。

弟子问王阳明的这句话很犀利："我的身体各个部分和我是一体的，因为血脉流通，可我的身体和其他人、天地万物就是异体了，因为我们没有血脉流通，瞎子都能看得出来，我就是我，他人就是他人，万物就是万物。"

王阳明回答道："你要在感应之几上看，这个'几'是事物互相感应的微妙处，是我们和万物接触时的刹那。"

只要你明白刹那之间的一感应，你就明白了，高山大海没有我的一瞥，它"高大精深"的价值就不能实现，天地鬼神万物没有我的一瞥，它"吉凶灾祥"的价值也不能实现，没有了我的心，没有了我心赋予它们的价值，它们就什么都不是。

一旦我赋予了它们价值，它们就和我是同体了。而没有了它们，我的心就如屠龙之技，看不到任何东西，心也就没用了。你看，天地万物和我的心同等重要，缺了谁都不成。正如我的身体和心，没有了心，身体就没有了，同样，没有了身体，心又有什么用。

这就是感应，我感知它，它就回应。我感知山川，山川就给了我气势雄伟的回应；我感知鬼神，鬼神就给我法力无边的回应。一切都是感应，没有感应,就没有天地万物。一有感应,我就和天地万物成为一体,是为万物一体。

所以,最后王阳明说,那些死掉的人,没有了心,他的天地万物就不存在了,因为没有了感应。

这种论调再次证明,阳明心学要人拥有独立意志和自由精神,不可被外界的绳索捆绑。如果真被捆绑,丧失的不仅仅是思想,恐怕还有生命。

要顺流而不逆流

先生起行征思、田,德洪与汝中追送严滩。汝中举佛家实相、幻相之说。

先生曰:"有心俱是实,无心俱是幻;无心俱是实,有心俱是幻。"

汝中曰:"有心俱是实,无心俱是幻,是本体上说工夫;无心俱是实,有心俱是幻,是功夫上说本体。"

先生然其言。

洪于是时尚未了达,数年用功,始信本体功夫合一。但先生是时因问偶谈,若吾儒指点人处,不必借此立言耳。

【译文】

先生起行征讨思恩、田州,钱德洪与王汝中送先生一路到严滩(浙江桐庐县富春江边的富春山)。王汝中向先生请教佛家的实相和幻相之说。

先生说:"有心都是实相,无心都是幻相;无心都是实相,有心都是幻相。"

王汝中说:"有心都是实相,无心都是幻相,是从本体出发理解功夫;无心都是实相,有心都是幻相,是从功夫出发通达本体。"

先生肯定他的说法。

钱德洪当时尚不明白,几年用功后,才开始相信本体与功夫是合一的。但是,先生当时是因为王汝中的问题才偶然这样说,如果我们儒家要指点人,并不需要这种说法来立论。

【度阴山曰】

赵光义（宋太宗）执政初期，京城有许多人偷读《推背图》——这是唐朝道士袁天罡搞的一本据说能道破天机的奇书，对于统治者而言，这种书危害无穷，虽然不可能有人真的能读懂其中天机，但难保有些人不懂装懂。

大臣们让赵光义禁绝此书，赵光义琢磨了一会儿说："这玩意儿，本来就神秘，能吸引人的好奇心，你一禁绝，岂不是把更多人吸引来了？"

赵光义出了个绝妙的主意：官方出版《推背图》，把敏感神秘的内容删掉，加些无关紧要的内容进去，老百姓一看，内容不过如此，以后也就不看了。

事实证明，赵光义非常英明。老百姓觉得《推背图》不过如此，慢慢也就兴趣全无，民间文化恢复正常。

先来看王阳明上面的这段论述：

从本体出发来理解功夫，说的是怎样做功夫。我们如何做功夫呢？必须有心，要用心，专心致志于功夫本身，而不是三心二意，这就是"有心都是实相，无心都是幻相"。

从功夫出发通达本体，说的是怎样达到本体，如何达到本体呢？做功夫时绝对不能想着怎样达到本体，所以说"有心都是幻相"，只专注去做功夫是正道不问本体，所以说"无心都是实相"。

我们可以用赵光义禁绝《推背图》一事来理解这段话：赵光义不许老百姓看《推背图》是本体，禁绝《推背图》就是功夫。从本体出发，也就是如何做到不许百姓看《推背图》，那就要禁绝，禁绝《推背图》要用心，暴力阻止不是用心。

从禁绝《推背图》这一功夫达到本体（让老百姓不看《推背图》），就是绝对不能想着怎样达到本体，而是要顺着本体——让他们看《推背图》，在本体上下功夫，而不是在功夫上下功夫。

最后，我们就能达到功夫本体合二为一的境界：无论是从本体角度还是功夫角度，都说明，功夫本体是一回事；不逆流而上，要顺着事物的方向而动，在事物的顺向中找方法，而不是逆行。

理障会阻碍你提升心性

尝见先生送二三耆宿出门，退坐于中轩，若有忧色。

德洪趋进请问。

先生曰："顷与诸老论及此学，真圆凿方枘。此道坦如道路，世儒往往自加荒塞，终身陷荆棘之场而不悔，吾不知其何说也！"

德洪退，谓朋友曰："先生诲人不择衰朽，仁人悯物之心也。"

【译文】

曾见先生送两三位老先生出门，回来后坐在走廊上，面有忧色。

钱德洪上前问先生。

先生说："刚才我与诸位老先生谈到致良知的学说，就好像圆孔和方榫之间格格不入。大道就像道路一样，世俗的儒者往往自己将道路荒芜、蔽塞了，终身陷溺在荆棘丛中而不知悔改，我真不知道该怎么说！"

钱德洪退下来，对朋友们说："先生教人，无论对象是否衰老、腐朽，这便是先生的仁人爱物之心。"

【度阴山曰】

王阳明的忧虑，可谓仁人爱物之心。他巴不得人人都能做圣贤，但有些人就是做不了。上面故事中的"二三耆宿"都是当时学识很深的知识分子，他们修习的是朱熹理学，正因为学识深，所以很不容易转变。因为他们有了理障——被从前学到的"理"困住了。

东汉时期边疆司令甘延寿、陈汤领兵西征，干掉了不服东汉王朝的匈奴头领，然后把他的头砍下寄回首都，请中央政府允许将其头悬挂在少数民族居住的地方，以示天下，犯我强汉者，虽远必诛。

中央政府进行了讨论，丞相匡衡深思熟虑后，说："悬挂那颗臭头，不是不可。但有一事须注意。"

皇帝问："何事？"

匡衡一本正经地说："《月令》（当时经典）上说，春天，是掩埋白骨和腐肉的时候，不适宜悬挂腐臭的人头。"

皇帝笑了，众臣也笑了。只有匡衡认为这一点都不好笑，保持着庄严的神态，暗暗叹息：除了皇帝，全是无知的蠢货。

朱宸濠被王阳明擒拿后，关在南昌城一小政府部门内。朱宸濠当王爷时，骄奢淫逸，如今身为阶下囚，仍是死性不改。

他先是大吵大闹，说居所太小，然后又说没有仆人。最后，当有人给他用铜盆端来洗脸水时，他暴跳如雷说："本王一向都用金盆洗脸。"

人回答他："没有。"

他说："那总该有银盆吧，你这破铜盆当我尿壶都不配。"

王阳明听说这件事后，叹息连连，于是，他说了一句话：

"高者蔽于见闻；卑者昏于嗜欲。"

这两句话恰好解释了匡衡和朱宸濠的故事。

匡衡，就是那位小时凿壁偷光的人，经过刻苦攻读，终于做官，而且一直做到宰相，人品可圈可点，是个正人君子。这种人就是王阳明所谓的"高者"，但他却蔽于"见闻"。

所谓蔽于"见闻"，就是被心外的权威、经典所制造的道理绑架，成为外在道理的奴隶。杀死匈奴首领，本是功勋盖世的一件大事，而匡衡却斤斤计较《月令》的记载。

最要命的是，他一本正经，大有我是真理的架势。

大部分人都会被外在的道理所捆绑，比如：科学家说，运动使人健康，大家都去运动；又一天科学家说，静止使人健康，大家就都静坐；再有人说，早睡早起身体好，于是大家就都早睡早起……

当我们被外在的看上去很正确的道理所绑架时，我们就失去了自我，毫无分辨力，和匡衡一样，只知道照本宣科，成为一可悲的奴隶。

朱宸濠显然是"卑者"——昏于嗜欲。

本来，人最低级也最基本的欲望只有两种，食、色。

但太多人都陷在这二者上面，不能自拔。过多的贪欲影响了他们的良知，导致道德感和判断力下降，甚至消失。

最终，他们会走上一条和良知背道而驰的路，这自然也是知行不一，不是致良知。

高者和卑者，虽都不是知行合一，但最可怕的不是卑者，而是高者。

若能将良知的道理以合适的方式灌输给卑者，卑者可能会警醒。

你若将良知的道理灌输给高者，让他警醒，却是难于登天。因为他们心中有太多外在的道理，这些和他们良知并不一定契合的道理已经代替了良知本身。于是，他们会将良知的道理抛弃，坚信心外的那些道理。

秀才遇见兵，有理说不清；兵遇到秀才，纵然能说清理，你以为秀才会听？

傲，是众恶之祖

先生曰："人生大病，只是一'傲'字。为子而傲必不孝，为臣而傲必不忠，为父而傲必不慈，为友而傲必不信。故象与丹朱俱不肖，亦只一'傲'字，便结果了此生。诸君常要体此。人心本是天然之理，精精明明，无纤介染着，只是一'无我'而已。胸中切不可'有'，'有'即'傲'也。古先圣人许多好处，也只是'无我'而已。'无我'自能谦，谦者众善之基，傲者众恶之魁。"

【译文】

先生说："人最大的毛病就是一个'傲'字。做儿子的如果傲慢一定会不孝，做臣子的如果傲慢一定会不忠，做父亲的如果傲慢一定会不慈，做朋友的如果傲慢一定会不诚。所以象和丹朱都不贤明，也只是因为一个'傲'字，便断送了自己的一生。诸位要时常体会这一点。人心本就具备天然的道理，精确明白，没有丝毫沾染，只是一个'无我'罢了。因此，心中绝对不能'有我'，'有我'就是'傲'了。古圣先贤许多长处，也只是'无我'而已。'无我'自然能够谦虚，谦虚是所有善德的基础，傲慢是所有恶行的根源。"

【度阴山曰】

一个暴风雨之夜，你开车经过公交站，站台上有三个人正在焦急等车。一个是浑身发抖的老人，必须尽快去医院；一个是医生，他曾救过你的命；最后一个则是你的梦中情人。你的车里只能坐下一个人，现在，你要做出选择，带上谁？

选择至少有三种，理由都充分。带上老人，因为人都有恻隐之心；带上医生，因为人都有知恩图报之心；带上梦中情人，因为人都有为自己谋取幸福的心。

其实无论你做出哪种选择，都会留下遗憾。但在王阳明看来，倘若良知光明，你做任何事时都不会留下遗憾。那么，为什么这三种选择都不完美呢？

原因就在我们自己身上。无论做哪种选择，车里永远都有一个"我"，我不会下车。因为有"我"，所以我们只能再带一个。

如果我们无"我"呢？也就是说，我下车，让医生带老人去医院，我陪伴梦中情人一起等公交车？

显然，这是个绝妙的办法，办法的玄机只是"有我"转换成"无我"而已，所谓"有我"就是一切以自己为中心，以自己为出发点，不肯放下"我"。正如你不肯下车，就不可能有完美答案一样。

王阳明说，"有我"的原因是"傲"。他说，人生千罪百恶皆从"傲"来：身为子女的傲慢，必然不孝顺；身为人臣的傲慢，必然不忠诚；身为父母的傲慢，必然不慈爱；身为朋友的傲慢，必然不守信。

"傲"，人皆有之，人之所以"傲"，是确信自己在某一方面具有卓越能力，这是一种内在的自我肯定。正如上面测试题中的"车"，它就是我们的卓越能力，公交站的那三个人都没有这个能力——车。

人人都有某方面的卓越能力，做儿子的和父亲比，就有身体强壮的能力，父亲已老，事业定型，做儿子的认为自己将来肯定比父亲强。做臣子的和做君主的比，就有旁观者清的能力，君主处理很多事务，难免出错，臣子就觉得君主不如自己。做父亲的和做儿子的相比，也有社会经验丰富的能力，如果这种能力加强，他就会瞧不起未经世事的儿子。

总之，人一旦刻意放大，且不肯掩藏自己在某一方面的卓越能力，就会傲。不过，傲的人，往往忽视了一件事：人皆有良知，良知能断是非善恶，所以人人都是平等的。从这一点而言，傲的人，其实并没有什么值得傲慢。倘若一个人本性很好，又不自恃己长，与别人和睦相处，以平等的态度对待别人，他人就会真诚坦率地待他。

反之，死抱着自己的卓越能力不放，而且还到处炫耀，你终究什么都得不到。

王阳明说，傲慢是所有恶行的祖宗。即是说，所有恶行，追根溯源，都可以归结为傲慢。没有了傲慢，其他恶行就是无根之木、无源之水，易生也易灭。可一旦有了傲慢，就是给各种恶行提供了营养和温床，要想为善去恶，下的功夫可就旷日持久了。

欲成圣，先去傲，阳明心学如是说。

良知是大道，不须知，只须致

又曰："此道至简至易的，亦至精至微的。孔子曰：'其如示诸掌乎。'且人于掌何日不见？及至问他掌中多少文理，却便不知。即如我'良知'二字，一讲便明，谁不知得？若欲的见良知，却谁能见得？"

问曰："此知恐是无方体的，最难捉摸。"

先生曰："良知即是《易》'其为道也屡迁，变动不居，周流六虚，上下无常，刚柔相易，不可为典要，惟变所适'。此知如何捉摸得？见得透时便是圣人。"

【译文】

先生又说："大道极其简单平易，也极其精微神妙。孔子说：'就像看自己手掌上的东西一样。'人哪天看不到自己的手掌？可是当你问他掌上有多少纹理时，他却不知道。这就像我所说的'良知'，一说就明白，有谁不知道呢？但要真的体认到良知，却又有谁做到了呢？"

有人问："这恐怕是因为良知没有固定的方向和处所，很难把握。"

先生说:"良知就是《易》所说的'道变动不居,周流于天地之间,上下流转没有常态,刚柔变化没有定体,不能以此为根本依据,只有随时而变'。良知要怎样才能把握呢?弄清这个问题就是圣人了。"

【度阴山曰】

中国古人制造出了一种会飞的竹蜻蜓,这是一种儿童玩具:以一根小木棍做轴,轴顶有螺旋桨(羽毛)翼片,人用手把小棍一搓,竹蜻蜓就向上螺旋飞升。

以今天的科学来解释竹蜻蜓就很玄乎:旋转运动产生气流,翼片切入气流,产生升力,这就是直升机的原理。

如果你回到古代,问那个造出竹蜻蜓的人,是否懂这个原理,他肯定大摇其头。这就是我们要探讨的问题:有些时候,明白一个道理很难,但做起来就很简单。或者说,用其然,不知其所以然。

每个人都知道从高楼跳下会摔死,所以没有人喜欢跳楼,但你问他为何不跳,他也只能告诉你,会摔死。而为什么会摔死,是因为万有引力。

若想告诉一个人,人从高处向空中一跳,肯定落地而不是飞上天,会费很多事。你要讲各种物理知识才有可能说服他,但要他做,就很简单了,当然,他不会做。

这就是中国古人常常不离口的"大道至简",真正的"大道"理论上并不简单,它只是做起来特别简单。你让一个人明白消化学,要费很多工夫,但你若让他做,他只需要吃正确的食物就可以了。归根结底,"大道至简"是说起来不简,做起来简。

王阳明举的例子是,人人都有手掌,每天都能见到,可你若问他掌上有哪些纹理,他就蒙了。纹理就是讲大道,见到手掌,使用手掌就是用大道。

谁不会用手掌?

至于"良知",其实大多数人都在行良知,可你若把"良知"的概念、运行原理说给他听,他就会愕然。如何体认良知,就是要在人生中践行、验证。

良知无所不在,无时不在,变动不居,周流于天地之间,上下流转没有常态,刚柔变化没有定体,不能以此为根本依据,只有随时而变。

你不可能把握这种"随时而变"的东西,有意识地去致良知,不是真正的致良知。致良知是一种本能，事物一来，良知自觉发动，你按照它的判定去行动就是了。

如何掌控良知？只有一种办法：让良知掌控你——它一判定善恶是非，你就立即服从它去行动，你和良知才能双赢。

这就是"大道"，说起来不简单，做起来实在太简单。

很多人也意识到，我们无从推理，却能做出决策，原因正在此——我们内心深处的良知从来不做推理，而是直接给出决策。

所以，凡是那些纠缠于良知理论的，都是错的，只有服从良知才是正确的。因为良知没有推理，只有决策。

老师弟子，互相成全

问："孔子曰：'回也，非助我者也。'是圣人果以相助望门弟子否？"

先生曰："亦是实话。此道本无穷尽，问难愈多，则精微愈显。圣人之言本自周遍，但有问难的人胸中窒碍，圣人被他一难，发挥得愈加精神。若颜子闻一知十，胸中了然，如何得问难？故圣人亦寂然不动，无所发挥，故曰'非助'。"

【译文】

有人问："孔子说：'颜回并非有助于我的人。'圣人果真希望弟子帮助自己吗？"

先生说："这也是实话。圣人之道本就没有穷尽，问题疑难越多，精微之处就越能显明。圣人的言辞本就周密完备，然而有问题疑难的人胸中有所困惑，圣人被他一问，便能把道理发挥得越发精妙。像颜回那样的学生，听闻一件事可以推知十件事，心里什么都清楚，又怎会发问呢？所以圣人的心体也就寂然不动，没什么可发挥的，所以孔子才说颜回对自己没有帮助。"

【度阴山曰】

孔子的弟子颜回,在孔门中大名鼎鼎,其成名原因是太聪明,闻一知十。孔子说一句话,他就能悟出九句来。众人都认为孔子收了个好徒弟,孔子却很委屈地说:"颜回这小子是个能人,但绝对不是个好弟子,他一点都帮不了我。"

王阳明的弟子莫名其妙,孔子可是无所不知的圣人,难道还要别人帮助?

王老师就解释道:"圣人之道本就没有穷尽,问题疑难越多,精微之处就越能显明。圣人的言辞本就周密完备,然而有问题疑难的人胸中有所困惑,圣人被他一问,便能把道理发挥得越发精妙。"

这意思似乎是说,圣人的知识如同茶壶里的饺子,虽然有饺子(知识),但若让他主动从壶口向外倒,他倒不出来。弟子的问难,就是打开了壶盖,饺子就能出来了。再举个例子,圣人的知识如同一座金山,金山自己很难变现,而弟子的问难就是挖山采金,这样金子才能发光。

人的学识无论多么深厚渊博,在未经人询问时都处于沉寂状态,这种沉寂,有时候非当事人所愿,圣人有传道授业的急迫心,恨不得把所有学识都拿出来传播天下。但是,学识渊博的人会形成思维惯性,脑子里只有一个大体的思路,他每次讲的内容都无法脱离这个大体思路,这就限制了他的发挥。如果这时有人拿出问题,打开他的思路,他就能延伸出来,滔滔不绝。

弟子向老师的问难是命题作文,老师得到这命题后,仍是用他的大体思路来作文,而由于问题的不同,其回答的角度也不同,于是,如被围堵多年的江河突然决口,思路大开,弟子和老师都受益无穷。

对于一般老师而言,最差的弟子就是一问三不知,这也不行那也不行,最好的弟子就是闻一知十。但对于真正的老师而言,最差的就是那些闻一知十的弟子,最好的则是那些"愚蠢"地常常问难的弟子。

伟大的老师不怕被问住,就怕无人询问,因为一旦无人询问,他那个茶壶里虽然有饺子,却永远都烂在肚子里。这对于伟大老师而言,是最大的伤害。

然而事实是,如孔子、王阳明这样理性的导师实在是凤毛麟角,大多数老师都是傲慢之辈,自信自己的学识天下无敌,人一旦有这样的意识,绝对不会接受别人的问难,不接受别人的问难,茶壶里的饺子就出不来。当然,这种人,他的茶壶里纵然有饺子,也屈指可数。

隋朝末年,杨广(隋炀帝)征召天下儒学泰斗们到洛阳城集会,要他们分享自己的儒学心得。

有个叫孔颖达的儒生也来凑热闹。孔颖达虽然年轻，但儒学造诣极深，并拥有超人的智慧，经过面试后，顺利过关，正式步入儒学分享大会。

那时的分享会可不是现在的温情脉脉，因为有问难这一环节，所以总显得刀光剑影。所谓"问难"，就是分享人说一段，你若有疑问，就可站起来提问，他答一句，你可以再追问一句。如果他答不上来，你就出名了。

孔颖达初生牛犊，听了几堂分享课后，发现这些老夫子讲的东西太平淡，非但没有创新，连保守都做得差强人意。于是，在一堂分享课上，他站出来问难，最后把分享嘉宾问得火冒三丈，举着拐棍要揍他。

孔颖达虽然险些受到拐棍的招呼，但死性不改，接下来的日子，他把凡是上台分享的嘉宾都问得哑口无言、瞠目结舌。最后，这群满口仁义的老夫子雇用了一个杀手，要干掉孔颖达。

幸好孔颖达跟当时的大官杨玄感关系不错，跑到杨玄感家才躲过这场灾难。

孔颖达后来感慨，孔子说，真弟子要向老师问难，这事很难啊，天下恐怕到处都是这样的弟子，但却找不到孔子那样的老师。

所以，无数问难的孔门弟子成全了孔子，无数问难甚至是刁难的王门弟子成全了王阳明。老师、弟子互相成全，合二为一，对老师和弟子而言，这就是知行合一。

养身贵在养心

邹谦之尝语德洪曰："舒国裳曾持一张纸，请先生写'拱把之桐梓'一章。先生悬笔为书，到'至于身，而不知所以养之者'，顾而笑曰：'国裳读书中过状元来，岂诚不知身之所以当养？还须诵此以求警。'一时在侍诸友皆惕然。"

【译文】

邹谦之曾对钱德洪说:"舒国裳曾拿一张纸,请先生写'拱把之桐梓'一章。先生提笔,写到'至于身,而不知所以养之者'一句,回过头笑着说:'国裳都中了状元,难道还不知道应该怎么修身吗?但他还是要诵读这章来警示自己。'一时间在座的朋友都警醒起来。"

【度阴山曰】

"拱把之桐梓"是《孟子》里的内容,孟子说:"细小的桐树、梓树,人如果要它生长,都知道如何去养护它,对于自己的身体,却不知道如何爱惜,这难道是因为爱护自己的身体还不如爱护桐树、梓树吗?是因为不用脑袋思考的缘故啊!"(拱把之桐梓,人苟欲生之,皆知所以养之者。至于身,而不知所以养之者,岂爱身不若桐梓哉?弗思甚也。)

一部《传习录》,从精神上的独立意志开始,到身体的养护结束,恰好阐明了人生存的两大要素:精神和物质。

人类有身体,如同乌龟有壳。没有了身体,一切都是虚无。正如我们常听到的那样:健康是一,其他都是零,没有了健康,后面的零无意义。譬如你家财万贯,很多个零,但没有了健康的一,万贯家财对你而言毫无意义。不过,换个角度说,你的一没有了,别人还有一,你死了,你的万贯家财、妻儿自会有个一进来,后面的零又有了意义。只不过,那些零永远不属于你了。

所以,一定要保重身体。人类历史上那些伟大的人物,面对各种艰难困苦,日夜操劳,身体是支撑。英年早逝的人,没有创建辉煌事功,和身体差关系密切。

如何保养我们的身体呢?

王阳明从小就锻炼身体,他善搏击,轻功了得。当然,这只是一方面,正如细小的桐树、梓树,要它生长,必须给予阳光、水分,这是硬指标。然而,还有软指标,那就是精神养护。

时刻保持快乐的心态,做事尽量符合道义,视听言动听命良知,问心无愧,人常常能心安,负面情绪流露得少,身体就会健康。

中国传统医学讲养生,其实是双管齐下,既要养护身体,又要养护心灵。

利以养身，义以养心。大树能参天，阳光和水分必不可少，但其自身的质量不可或缺，这自身的质量挪移到我们人类身上来，就是义，就是道义，做任何事都依凭良知，就必能符合道义。

养身重养心，养成金刚不坏之身，也只能活一辈子，如果养成普度众生之心，那就永远活在世人心中。所以孟子问了：有些人，你真的懂养护自己的身体吗？

很多人看似懂，天天养生，喝汤吃素，锻炼身体，然而这种养生还不够，至多不过是养了个百年之身。中国古代圣人要你养千万年不死之生，这就是身心俱养。心尤其要好好养！

《传习录》跋

嘉靖戊子冬，德洪与王汝中奔师丧至广信，讣告同门，约三年收录遗言。

继后同门各以所记见遗，洪择其切于问正者，合所私录，得若干条。居吴时，将与《文录》并刻矣，适以忧去，未遂。当是时也，四方讲学日众，师门宗旨既明，若无事于赘刻者，故不复营念。

去年，同门曾子才汉得洪手抄，复傍为采辑，名曰《遗言》，以刻行于荆。洪读之，觉当时采录未精，乃为删其重复，削去芜蔓，存其三分之一，名曰《传习续录》，复刻于宁国之水西精舍。

今年夏，洪来游蕲，沈君思畏曰："师门之教久行于四方，而独未及于蕲。蕲之士得读《遗言》，若亲炙夫子之教，指见良知，若重睹日月之光。惟恐传习之不博，而未以重复之为繁也。请裒其所逸者增刻之，若何？"洪曰然。师门致知格物之旨，开示来学，学者躬修默悟，不敢以知解承，而惟以实体得。故吾师终日言是而不惮其烦，学者终日听是而不厌其数。盖指示专一，则体悟日精，几迎于言前，神发于言外，感遇之诚也。

今吾师之没未及三纪，而格言微旨渐觉沦晦，岂非吾党身践之不力、多言有以病之耶？学者之趋不一，师门之教不宣也。乃复取逸稿，采其语之不背者，得一卷。其余影响不真，与《文录》既载者，皆削之。并易中卷为问答语，以付黄梅尹张君增刻之。庶几读者不以知解承而惟以实体得，则无疑于是录矣。

嘉靖丙辰夏四月
门人钱德洪拜书于蕲之崇正书院

【译文】

嘉靖七年（1528年）冬天，我和王汝中奔赴江西上饶处理先生的丧事，向同门发出讣告，约定三年之期收录先生的遗言。

之后，同门各自将自己记录的遗言寄了过来，我择取其中能够切合先生思想的，加上自己所辑录的内容，共有若干条。在苏州时，我曾想把这些记录同先生的《文录》一并刊刻出来，刚好赶上我回家守丧，未能如愿。当时，四面八方讲授先生学说的人声势日盛，先生的学说既然已经昌明于天下，好像也没有必要再刊刻出版了，就把这个念头打消了。

去年，同学曾才汉得到了我的手抄本，又广为搜集，取名为《遗言》，在江陵刊刻出版。我看了以后，觉得自己当时搜集得不够精细，于是删去其中重复的，削去芜杂的内容，只保留了《遗言》的三分之一，取名为《传习续录》，在安徽宁国的水西书院刊刻印行。

今年夏天，我到湖北蕲春游学，沈思畏先生说："先生的教诲在其他地方传播已经很久了，唯独在蕲春还没有。蕲春这里的有志之士读到《遗言》，就好像亲自聆听先生的教诲，明白良知的作用，好像重见日月之光一样。他们担心搜集不够广博，并不因为其中有重复就认为繁杂。能否请您把散佚的部分增刻出来？"我答应了他。先生致知格物的宗旨，开导后学，为学之人躬身修行，静默领悟，不敢只以知识见解来继承先生的学说，而是通过切实体悟来修行。所以先生整天讲学而不厌其烦，学生们整日听讲也不嫌重复。正是因为先生的教诲专一，所以学生们的体悟日益精进，话未出口便能领悟，意思不待说明学生就能明白，这都是师生间真诚相交的缘故。

现在先生过世还不到三十年，他的格言和宗旨渐渐沦丧、晦暗了，难道这不是我们做学生的实践不力、空谈太多才导致的吗？学生的志向越发不一致，先生的教诲才不能得以发扬光大。于是我又搜集一些散佚的文稿，采集其中不违背先生之意的文字，编为一卷。其余不够真切以及已经与《文录》一起刊印的文字便删去。并把中卷改为问答的形式，交给黄梅县令张先生增刻。我希望阅读者能够不仅从知识见解上看待先生的学问，而要以切身体悟来把握，我才不会怀疑我辑录这本书的意义。

嘉靖三十五年（1556年）夏天四月
学生钱德洪谨拜写于蕲春崇正书院

【度阴山曰】

这是钱德洪为《传习录》所写的跋，所谓"跋"就是后序，对序言的一种补充。在王阳明所有弟子中，钱德洪最看重《传习录》。当然，凡是学阳明学的人，《传习录》是必读书。

钱德洪说，在整理王阳明的遗作时，将一些重复的语录删掉了。但我以为，删得还不够。《传习录》中各段落重复的很多，"心即理""心外无物""心外无事""知行合一""致良知""良知""格物""万物一体"等概念，车轱辘话连篇。当然，这也可能是王阳明的弟子问得太多，王先生因材施教的原因。

同时也证明了一件事，各种让人眼花缭乱的概念，其实只在说明一个概念，那就是"良知"。

王阳明从1508年龙场悟道到1527年提出四句教，二十年时间，他提出的各种概念、理论恐怕连他自己都忘了，他试图找出一个概念让人快速理解他的学说，最后，他提出"致良知"。其实，致良知和良知本就是一回事，就如"知""行"是一回事。只不过，有人良知不明不肯致，非要加上个"致"不可。

王阳明先生的心学简易明快，很容易上脑，但不容易上心，更不容易上手，知行合一的问题，始终是人类的大问题，这更显其学说之伟大。

我们今天学习王阳明，而不是别人，就因为他有事功，立言立功并驾齐驱，可谓是知行合一的完美呈现。

《传习录》之所以是经典，是因为王阳明建立事功的法门就在这里。不过，特别要小心的是，找到法门后立即出门，抛开《传习录》，去实践中行动，去事上练，去致良知，这才算是真正懂了阳明学。

正如钱德洪所说，我希望阅读者能够不仅从知识见解上看待先生的学问，而要以切身体悟来把握。如何才算是"以切身体悟来把握"呢？

就是要以《传习录》中的心学思想来指导自己的生活和工作，开始时，你可能是有意识的，天长日久，你就会形成惯性，最后成为本能。因为《传习录》中所讲述的一切思想，都在我们每个人心中，不须外求，只要把它唤醒即可。

倘若做不到这点，你把《传习录》倒背如流，也是什么用都没有！

激发个人成长

多年以来,千千万万有经验的读者,都会定期查看熊猫君家的最新书目,挑选满足自己成长需求的新书。

读客图书以"激发个人成长"为使命,在以下三个方面为您精选优质图书:

1. 精神成长

熊猫君家精彩绝伦的小说文库和人文类图书,帮助你成为永远充满梦想、勇气和爱的人!

2. 知识结构成长

熊猫君家的历史类、社科类图书,帮助你了解从宇宙诞生、文明演变直至今日世界之形成的方方面面。

3. 工作技能成长

熊猫君家的经管类、家教类图书,指引你更好地工作、更有效率地生活,减少人生中的烦恼。

每一本读客图书都轻松好读,精彩绝伦,充满无穷阅读乐趣!

认准读客熊猫

读客所有图书，在书脊、腰封、封底和前后勒口都有"**读客熊猫**"标志。

两步帮你快速找到读客图书

1. 找读客熊猫

2. 找黑白格子

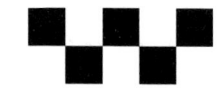